세계 속의 아시아연구 시리즈   019
중앙아시아센터 연구서   002

유라시아의 심장 다시 뛰다!:
중앙아시아 지역의 형성과 역동성

진인진

지은이 (집필순)

신범식　서울대학교 아시아연구소 중앙아시아센터장, 정치외교학부 교수

양승조　서울대학교 아시아연구소 중앙아시아센터 연구원

황영삼　한국외국어대학교 중앙아시아연구소 연구교수

고가영　서울대학교 아시아연구소 중앙아시아센터 연구원

정재원　국민대학교 국제학부 교수

김태연　서울대학교 노어노문학과 강사

김성진　덕성여자대학교 정치외교학과 교수

김영진　한양대학교 아태지역연구센터 교수

조영관　한국수출입은행 해외경제연구소 선임연구원

윤익중　한림국제대학원 대학교 국제학과 교수

유라시아의 심장 다시 뛰다!: 중앙아시아 지역의 형성과 역동성

초판 1쇄 발행 | 2017년 12월 15일

저　　자 | 신범식 외 9인
발행인 | 김영진
발행처 | 진인진
등　　록 | 제25100-2005-000003호
주　　소 | 경기도 과천시 별양상가 1로 18, 614호(별양동 과천오피스텔)
전　　화 | 02-507-3077-8
팩　　스 | 02-507-3079
홈페이지 | http://www.zininzin.co.kr
이메일 | pub@zininzin.co.kr

ⓒ 서울대학교 아시아연구소

ISBN 978-89-6347-361-1　93300

이 책은 서울대학교 아시아연구소 중앙아시아센터가 2015년 서울대학교 아시아연구소 기반구축 사업
(#SNUAC-2015-003) 기금을 지원받아 진행한 공동연구의 산물입니다.

::

목차

감사의 말

이 책은 서울대학교 아시아연구소 중앙아시아센터가 2015년 서울대학교 아시아연구소 기반구축 사업 (#SNUAC-2015-003) 기금을 지원받아 진행한 공동연구의 산물입니다.

본 센터는 "지역"으로서의 중앙아시아가 형성되고 변화하는 과정에서 보여 온 역동성에 대한 관심을 견지하고 있으며, 이와 관련된 주제들을 선정하여 집담회와 공동연구를 지속해 오고 있습니다. 이 책은 이와 같은 노력의 연속선상에서 이루어진 두 번째 결과물입니다. 첫 번째 연구 결과물인 『중국의 부상과 중앙아시아』에 이어 본서가 출판되기까지 많은 분들의 노고가 있었습니다. 이 분들의 노고가 아니었다면 이 책은 세상에 빛을 보기 어려웠을 것입니다.

우선, 여러 가지 한계에도 불구하고 이 책을 펴내는데 동의하고 옥고로 함께 참여해 주신 필자들의 공이 가장 큽니다. 개별적 연구들을 하나의 커다란 주제 속에서 조율해 보려는 시도가 가능했던 것도 모두 본 센터의 연구 진행 의도와 집필 방향에 대한 필진의 아량과 이해가 있었기에 가능했습니다.

또한 책의 출판을 위한 심사과정에서 꼼꼼히 읽고 논평해 주신 심사자들께도 책머리를 빌어 깊은 감사를 표합니다. 깊은 관심과 격려에도 불구하고 권고해 주신 많은 부분을 충분히 반영하지 못한 점에 대해 이 자리를 빌려 사과를 드립니다.

　그리고 이 책을 위해 연구로 참여해 주었을 뿐만 아니라 여러 행적적인 업무로 애써주신 중앙아시아센터의 식구들, 특히 고가영 박사, 양승조 박사, 최아영 박사 그리고 이금강, 소히바 유수포바, 박종요 조교에게 깊은 감사를 표합니다. 아울러 이 책이 나오기까지 물심양면으로 후원해 주신 아시아연구소 소장님과 출판위원회 소속 연구원들께도 감사드립니다.

　무엇보다 늦어지는 원고 제출의 압박 속에서도 신속한 편집으로 애써 주시고 출판 과정을 부드럽게 마무리해 주신 진인진 출판사의 김영진 대표님과 김지인 부장님, 배원일 팀장님께도 깊은 감사를 드립니다

　본서가 국내 학계에 일정한 기여를 할 것을 믿어 의심치 않습니다. 이에 대해서 참여해 주신 필진들께 다시 한 번 감사의 말씀을 올립니다.

필진을 대표하여
서울대학교 아시아연구소 중앙아시아센터장
신 범 식 씀.

서장

신범식

최근 세계를 이해하는 방식으로 '지역region'에 대한 관심이 커가고 있으며, 그에 따라 '지역'을 어떻게 정의할 것인가라는 과제가 지역연구의 도전적 주제로 떠오르고 있다.

과거에 지역을 주로 세계를 구성하는 단위로 취급하기보다 소수의 국가들의 상호작용의 결과로서 분석의 범위나 수준으로 이해하려는 경향이 강했던 것이 사실이다. 이같은 맥락에서 조셉 나이는 지역을 "세계와 국민국가 사이의 중간집"으로 정의하기도 했다. 최근 들어 세계를 구성하는 단위로서 지역의 존재감은 더욱 부각되고 있는 것이 사실이다. 물론 세계화 현상의 진전에 대한 반작용으로 지역화를 이해하려는 설명도 있지만, 사실 다른 차원에서 진행되는 세계화의 일환으로 지역화를 이해할 수도 있는 것이 사실이다. 따라서 세계를 구성하는 다층적인 단위들 가운데 하나로 지역을 이해하려는 시각은 이제 더 이상 새로운 것이 아니며 점차 보편화되고 있는 것이 현실이다.

역사적으로 특정한 지역이 유의미한 하나의 단위로 이해되기 위해서는 지리적으로 일정한 범위 내에서 역사적으로 형성되어 온 공통의 경험을 바탕으로, 특정한 정치적 상징이 동일한 의미로 통용되어야 하며, 역내 행위자들 간의 상호작용이 수렴되고 연계되어 일정한 패턴을 형성하고, 이를 통하여 협력과 통합의 방향으로 권력이 조율되어야 한다. 따라서 역사적 경험을 공유하는 일정한 지리적 범위 내의 국가군이 갈등과 협력이 공존하는 상호작용을 지속하는 가운데, 협력과 통합을 향하여 정형화된 권력의 조율을 이루어 내게 될 경우 이를 국제정치적 단위로서의 지역으로 평가해 볼 수 있을 것이다. 하지만 지구상에는 이같은 다층적 조건을 충족시킬 수 있는 명확한 단위로서의 지역이 많지는 않다. 가장 앞서가고 있는 것으로 여겨지는 유럽도 그 완결성에 접근하고 있다고 볼 수만은 없을 것이다. 그럼에도 불구하고 최근 국제정치에서 이와 같은 '지역 형성'을 향한 노력이 더욱 고조되고 있는 것은 사실이며, 그 성과가 전반적으로 가시화되고 있음은 부정할 수 없을 것이다.

주지하다시피 중앙아시아는 소련 해체 이후 가장 역동적인 변화를 경험하는 가운데 주목받고 있는 유라시아의 주요 지역이다. 이 지역에 형성된 국가들은 유목 문명과 정주 문명이 교차하면서 만들어 낸 도시국가 네트워크의 힘과 약점을 역사적으로 경험하였고, 실크로드로 구체화된 '가치사슬value chain'의 형성과 발전 그리고 쇠락을 깊이 체험하였으며, 소비에트 정권 하 사회주의의 건설과 쇠락의 경험을 공유하고 있다는 의미에서 그 역사적 경험의 동질성의 정도가 매우 높다할 수 있다. 그리고 소련이 해체된 이후 소비에트적 유산 위에 각각 국민국가를 건설해 나가는 공통의 과제를 안고 있는 것도 사실이다.

하지만 이같이 높은 수준의 역사적 경험의 유사성이 이들이 안팎에 쌓여 있는 분열과 갈등 그리고 경쟁의 조건과 계기들을 무조건적으로 상쇄시키지는 못했다. 도리어 소비에트 시기에 집중적으로 도입된 근대성이라는 외피 속에 억압되어 온 미완의 국민국가 건설의 과제와 부국강병을 위한 프로젝트는 역사 해석의 관점의 상이성, 민족의 구성의 단절성, 새롭게 그어진 경계를 넘어서는 관행적이거나 새로운 유인으로 야기되는 이민migration의 유동성, 그리고 지역적 공유 자산의 분배와 관련된 갈등 등과 같은 뿌리깊은 역내 문제들을 표면으로 끌어 올렸다.

게다가 이들 신생 국민국가를 둘러싼 강대국의 세력경쟁, 즉 소위 신거대게임이라 불리는 전통적인 주변 강대국들 간의 각축은 이들 사이에서 지역적 협력과 통합의 행보가 나오는 것을 더욱 어렵게 만드는 조건으로 작용하고 있다. 미국은 탈냉전이 가져온 힘의 공백을 틈타 해양세력으로서는 역사상 최초로 대륙의 심장부heart land에 진출함으로써 이곳에 거점을 마련하는데 성공하는 듯 했다. 그러나 이러한 미국의 시도는 "색깔혁명"을 "서방에 의한 민주주의의 수출"로 이해하게 된 역내 국가 엘리트들의 의구심에 의하여 좌절되었다. 새롭게 힘을 충전한 러시아도 기존 영향력을 회복하기 위하여 부심하고 있으나 아직 가시적인 성과를 맺고 있지는 못하다. 반면, 그간 신장과 티벳 소수민족 문제로 중앙아시아에 대한 빗장을 쉽사리 풀지 못하던 중국은 "일대일로One Road One Belt" 프로젝트를 통하여 이 지역을 향한 적극적인 서진西進 전략을 본격적으로 실행하고 있다. 이로 인해 중앙아시아는 주변 강대국들의 새로운 각축의 장으로 변화해 가고 있다.

하지만 이같은 역동적인 변화의 와중에 중앙아시아 국가들의 경쟁을 넘어서 협력을 향한 노력도 다양한 지역기구의 형성을 통하여 꾸준히 표출되고 있으며, 이러한 가시적인 성과의 축적은 장차 역내 지역주의regionalism의 발전을 위한 중요한 밑거름이 될 것임에 분명하다.

따라서 이 책은 역사적 경험, 상호작용의 역동성, 강대국의 각축과 역내 국가들의 대응이라는 세 축을 따라서 중앙아시아가 하나의 '지역'으로서 형성되고 발전해 나가게 되는 중요한 계기들을 구체적인 사례와 이슈 등을 통하여 검토하는 것을 목적으로 한다. 하지만 이 책은 중앙아시아 지역의 역사 전체를 다루거나 현재 지역 형성 및 발전의 전 과정을 통시적 및 공시적으로 다루고 있지는 못하다. 이는 아직 미완의 과정으로서 현재진행형인 중앙아시아 지역의 형성을 추적하는 작업이 지니는 본연적 한계로부터 연유하는 이 책의 약점이기도 하다.

더구나 이 책이 여러 필자들의 글을 모은 편집서라는 성격은 각각의 연구들이 가지는 시각의 통일성을 찾기 어렵게 할 뿐만 아니라 주제들 간의 유기적 연관성을 파악하기 어렵게 만든다는 한계점을 노정하고 있는 것도 사실이다. 그럼에도 이 책이 국내의 각계에 대하여 중앙아시아 지역에 대한 이해를 제고함에 있어서 일정한 기여를 할 수 있을 것이라고 판단하고 출판을 감행하게 된 이유는 다음과 같다.

우선, 유라시아 및 중앙아시아는 아직도 국내 학계에서 심도 깊은 연구가 많이 이루어지고 있지 않은 지역이라 할 수 있는데, 본서에 실린 글들은 유라시아 및 중앙아시아 지역에 집중하여 다양한 측면의 주제들을 다루고 있다. 따라서 일천한 수준을 아직 벗어나고 있지 못한 동 지역에 대한 척박한 국내 연구 상황에 비추어 볼 때 이 책이 유라시아 및 중앙아시아 지역의 연구 영역을 확대함으로써 관련된 지식을 축적해 나가는 과정에서 분명히 기여할 바가 있다고 생각되었다. 아직까지는 동 지역에 대한 국내 연구가 양적인 축적을 더 이루어 나갈 필요가 분명히 있기 때문이다.

둘째, 이 책에 실린 연구들은 동 지역이 가지고 있는 다양한 측면의 특징들을 조망함으로써 동 지역의 이해에 있어서 필수적인 주제들에 대한 포괄적 구도를 제공하고 있다는 점이다. 이 책에는 중앙아시아 지역의 역사에 대한 연구뿐만 아니라 지역정치 및 국제관계 등의 현재적 주제들에 대한 연구들이 포함되어 있으며, 동시에 민족적 동학, 이주, 정치변동, 송금 경제 등과 같이 지역을 이해하는 새롭고도 선도적 의제를 다루는 연구들도 포함하고 있다. 따라서 이러한 주제들은 향후 동 지역을 이해하는데 핵심적인 주제의 실제적 측면뿐만 아니라 그 학술적 및 이론적 측면의 동향과 기여의 방향을 이해하는데 도움을 줄 수 있을 것이다.

셋째, 본서에 실린 글들은 각각의 주제가 지니는 시의성을 전달하기 위한 노력에 있어서도 특징적이다. 대부분의 연구들이 그 주제에 있어서나 연구의 함의에 있어서 시의성을 담은 내용을 다루고 있으며, 이러한 실제적인 접근들은 우리가 향후 중앙아시아 지역과의 포괄적인 관계를 모색하는 과정에서 요청되는 심도 깊은 이해의 기반을 다지며 구체적인 정책을 수립해 가는 과정에서도 유용한 고려점들을 제공해 줄 수 있을 것이다.

따라서 중앙아시아에 대한 관심이 높지 않고 이 지역에 대한 이해의 정도도 낮을 뿐더러 아직까지도 그 지역적 특성이 생소하게 다가올 수밖에 없는 국내의 여건을 고려해 볼 때에, 본서의 출판은 동 지역을 연구하는 전문적 연구자들뿐만 아니라 이에 대한 일말의 관심을 가지는 학생들이나 일반인들에게까지도 복합적이며 포괄적인 지식을 제공하고, 결국 동 지역에 대한 전반적인 관심을 제고하는데 일조할 수 있을 것으로 기대된다.

본서는 중앙아시아의 지역형성과 그 역동성을 대표하는 세 부분의 대표적인 주제들을 다루는 방식으로 구성되어 있다. Ⅰ부 '중앙아시아 근대 민족국가 형성의 역사적 유산들'은 중앙아시아가 하나의 지역으로 인식되는 데에 중요한 기반이 되는 지역의 역사적 유산에 대한 문제들을 제기하고 있다.

1장 '19세기 후반 중앙아시아를 둘러싼 강대국 대결과 부하라 아미르국'에서 양승조는 19세기 전반에 중앙아시아를 둘러싼 국제적 상황을 러시아의 진출과 역내 국가인 부하라 아미르국의 중앙집권화 과정과 대외적 대응이라는 상호작용을 통해 살펴보고 있다. 우선, 필자는 17세기이래로 중앙아시아에 관심을 가지고 있었지만 오랜 기간 동안 외부 열강들 중 하나에 불과했던 제정 러시아가 이 지역에서 가장 강력한 영향력을 행사하는 세력으로 부상하게 된 과정, 그리고 이 시기에 영국이 주변 강국들을 제치고 새로운 경쟁세력으로 등장하게 된 상황을 잘 추적하고 있다. 이를 통해 필자는 유라시아 대륙을 경영하기 위해서는 우회할 수 없는 곳이라는 의미에서 중앙아시아가 가지는 지정학적 요충지로서의 지리적 위치성이 현재적 현상만이 아니라 이미 과거부터 작용하며 그 가치를 지속하여 투사하고 있었다는 것을 보여주고 있다. 또한 필자는 역내 국가들 중 부하라 아미르국이 이러한 외적 조건들과의 상보적 관계 속에서 근대적 중앙집권화를 시도하면서 외부세계와 성공적으로 상호작용을 했던 역사적 경험을 강조하고 있다. 필자에 따르면 부하라 아미르국은 19세기에 서투르케스탄 지역을 둘러싸고 벌어진 러시아와 영국 사이의 경쟁이라는 조건 하에서 근대적 국가로의 발전을 꾀하였으며, 이를 통해 지역의 주도적 국가로 앞서가기 시작했다. 이러한 설명은 중앙아시아 역사에서 근대적 국가의 존재 가능성을 무시하고 19세기의 '거대 게임'으로 설명되는 외부 열강에 의한 중앙아시아 지역정치의 주도를 정도 이상으로 강조함으로써 역내 세력들의 근대국가 건설을 위한 노력에 충분히 주목하지 못했던 기존 연구들과는 대비가 되는 지점이라 할 것이다. 이 같은 시각은 소련 해체 이후 독립국가로서 새로운 정체성을 수립해가고 있는 중앙아시아 국가들이 아무런 역사적 연원 없이 소련 해체의 격변과정에서 갑자기 창출된 부산물은 아니라는 점을 강조한다. 부하라 아미르국이 근대 국가로 발전하기 위해 추진했던 국가 개조의 경험은 우즈베키스탄의 역사적 경험과 연결되고 공유되는 지점을 지니며, 그 주변 열강과의 상호작용의 패턴 또한 우즈베키스탄의 대외적 정책을 이해하는 단초들을 제공하고 있다는 점에서 이 연구가 시사 하는 바가 적지 않다.

2장 '20세기 초 투르크멘 공화국 체제의 출범'에서 황영삼은 소비에트 시기에 어떤 요인과 과정으로 인하여 투르크멘인들의 민족을 근간으로 하는 국가 형태의 토대가 구축된 것인지를 분석하고 있다. 현재 독립 투르크메니스탄이 영토와 국민을 갖춘 주권국가로서 국제무대에 등장한 것이 30년도 안되지만 국가구성의 원형은 소비에트 체제에서 형성되었다. '민족'보다 '계급'의 연대를 강조했던 소비에트 체제는 역설적으로 중앙아시아 지역에서는 민족을 단위로 한 연방공화국의 성립을 1920년대 초부터 꾀하여 국가적 골격을 갖추게 하였던 것이다. 그 결과 투르크멘공화국은 1924년에 우즈벡공화국과 함께 중앙아시아 최초로 민족의 명칭이 사용된 공화국으로 출범하게 되었다. 특히 필자는 러시아공산당중앙위원회, 중앙아시아국 및 그 산하 영토 소위원회에서 1924년 6개월 가까이 진행되었던 논의과정을 분석함으로써 투르크멘공화국의 성립이 최고위 정치국의 결정에만 의존한 것이라기보다 현지 지역 정황을 반영하는 기구를 통하여 투르크멘 정치지도자들의 강력한 의지가 반영되면서 이루어졌다는 점을 규명하고 있다. 결국 필자는 투르크멘인들이 민족을 단위로 국가를 구성하게 된 것은 볼쉐비키 정권의 '분할과 지배' 정책에서 비롯되었다기보다 투르크멘 정치도자들의 국가수립을 위한 내부적인 노력이 반영된 종합적인 산물로 보아야 한다는 점을 강조한다. 필자는 그 근거로서 중앙이 제시하였던 영토경계의 획정에 반대하여 자신들의 의지를 관철시켰음을 보여주고 있다. 투르크멘인들은 투르케스탄 자치공화국 내의 투르크멘 주와 호레즘 공화국의 타 샤우즈 일대 그리고 부하라 공화국 영역이던 파라브 및 차르조우 일대를 공화국 영토로 확보하면서 인구 90만의 국가체제를 출범시켰는데, 영토 확보의 근거는 모두 투르크 멘인들의 역사적 활동무대와 관련되었기 때문에 우즈벡인들도 강력히 저항할 수 없었다는 것이다. 결국 이러한 성과는 결코 중앙에서 지시하고 명령한 대로 따라간 것이 아니라 민족적 의식 속에서 자신의 영역을 확보해 낸 주체적 의지와 노력의 산물이었으며, 이는 부족 상태로 흩어져 있던 투르크멘 민족이 영토를 근거로 하나의 통합된 국가 체제를 확보해 넘으로써 소련 붕괴 시 독립된 국민국가 투르크메니스탄을 수립하는 기초가 되었다는 점에서 투르크멘 엘리트들이 일궈낸 민족주의적 산물이었음을 필자는 강조하고 있다.

중앙아시아에서 이주 문제는 이 지역의 현재적 역동성을 이해하기 위한 매우 중요한 화두이다. 하지만 이 또한 과거의 유산으로부터 자유롭지 못하다. 고가영은 3장 '크림 타타르인의 중앙아시아로의 강제이주와 귀환운동'을 통해서 과거와 현재를 연결하는 고리로서 스탈린 시기의 강제이주의 유산이 이 지역에서 어떻게 잠재적 형태로 남게 되었는가를 살펴보았다. 특히 강제이주로 인한 중앙아시아의 민족구성이 소련 붕괴 이후 어떻게 변화되었는가를 추적하기 위하여, 소련의 서부에 거주하던 크림 타타르인들의 중앙아시아로의 강제이주의 역사를 분석해 보았다. 먼저 1944년 5월 중앙아시아로 민족 전체가 강제이주 되었던 크림 타타르인들의 강제이주의 원인과 과정, 그리고 중앙아시아에서 유형민으로서 살아야 했던 삶의 여건들을 살펴보았다. 이는 오늘날 중앙아시아 지역의 각 국가들 내부에 100개가 넘는 소수민족들이 함께 거주하는, 마치 '민족의 전시장'을 방불하게 하는 다민족 국가를 형성하고 있는 양상에 대한 이해를 높일 것이다. 아울러 이 글에서는 크림 타타르인들이 소비에트시기에 오랫동안 중앙아시아에서 펼친 귀환투쟁의 전개와 의미를 심층적으로 다루고 있다. 크림 타타르인들의 끈질긴 귀환 투쟁은 소비에트 중앙정부로 하여금 법적 귀환 조치를 제정할 수밖에 없도록 만들었으며, 이는 중앙아시아 내의 다른 소수 민족들을 자극했을 뿐 아니라, 궁극적으로는 소연방 해체에도 영향을 미쳤다는 점에서 중요한 사례연구라 할 수 있다.

Ⅱ부 '중앙아시아 지역정치의 역동성'은 국내정치 및 역내 국가들 간 관계에서 드러나는 중앙아시아 지역정치의 특성을 다룬다. 민족주의와 민주주의와 같은 이데올로기적 정치과정에서 나타나는 정치적 역동성의 문제를 다루는 두 편의 글과 중앙아시아 지역적 특성으로 파악할 수 있는 이주 및 이를 둘러싼 지역정치의 동학의 주요한 패턴을 파악하는 두 편의 글로 구성되어 있다. 특히 이같은 주제들이 지니는 중요

성은 바로 이들이야말로 중앙아시아가 하나의 지역으로 형성되어가는 과정에서 나타나는 안과 밖의 문제에서 핵심적인 주제일 뿐만 아니라 이 지역에서 현재 진행되고 있는 지역적 특성, 즉 '지역성regionness'의 형성과 그 본질을 이해하는데 크게 도움을 줄 수 있다는 점에서 확인될 수 있다. 같은 현상이라도 세계 여러 지역에 따라 달리 나타나는 이질성과 특이점은 있기 마련이다. 이런 차이를 놓치지 않고 포착해 내는 작업이 지역성을 파악하는데 있어서는 필수적인 작업이기 때문이다. 하지만 그 특수성만을 강조해서는 안 될 것이다. 도리어 그 지역적 특성을 보편적 현상의 일부로 위치지울 수 있어야 비로소 지역에 대한 이해를 통해서 세계에 대한 이해에 도달할 수 있는 길을 발견할 수 있기 때문이다. 이와 관련하여 중앙아시아 지역의 이념적 정치 과정에서 나타나는 특징과 이주를 둘러싼 상호작용의 특징이 지니는 일반적 의미를 파악하려는 노력은 가치있는 작업이라 할 것이다.

4장 '민족주의, 이슬람 그리고 민주주의: 타지키스탄 내전과 그 이후'에서 정재원은 내전으로 파괴되고 이슬람 영향으로 복잡한 타지키스탄의 국내정치를 배경으로 중앙아시아에서의 민족주의와 민주주의의 의미를 검토하고 전망한다. 타지키스탄의 체제전환 및 내전, 그리고 종전 이후 국민국가의 건설 과정에서 나타난 정치사회적 변화의 중심에는 이데올로기, 이슬람, 지역주의, 족벌clan, 우즈벡 민족 문제 등과 같은 다양한 요인들이 중요한 영향을 끼치고 있는 것이 사실이다. 하지만 필자가 더욱 주목하고 있는 것은 타지크의 민족주의가 보여주는 동학이다. 소련으로부터 독립한 이후 내전 시기는 물론 체제전환 전 시기를 보내면서 타지키스탄 국내정치 과정에는 자유주의 정치세력으로부터 이슬람주의 정치세력에 이르기까지 다양한 저항 세력이 등장했다. 이들이 보여주는 이데올로기적 차이에도 불구하고 모든 정치세력들의 공통점은 바로 타지크 민족주의였다. 각 정파의 입장의 차이에 따라 내전이 치열하게 전개된 측면도 중요하지만, 그 이후 지난 공산 정권과 달리 라흐몬 대통령의 권위주의 정부가 민족주의의 의제들 중 상당부분을 수용하면서 저항 세력들의 입지가 크게 약화된 점은 민족주의가 지니는 저항세력의 동기들을 잘 드러내 준다고 할 수 있을 것이다.

하지만 소련체제 붕괴의 혼란이 긴 내전으로 정점을 치닫던 시기에 민주화의 핵심적인 이데올로기의 두 축을 감당한 자유주의와 민족주의는 각각 제도적 민주주의의 외피와 시장경제 발전 속으로 흡수되면서 점차 그 급진성을 상실하게 되거나 국민국가 건설 과정에서 라흐몬의 권위주의적 정권의 지배이데올로기의 일부가 됨으로써 그 진보적 성격을 상실하게 된 것으로 보인다. 현재 경제적 침체와 권위주의 강화로 인해 국민들의 불만이 크게 확산되는 가운데 타지키스탄의 재민주화를 염원하는 분위기가 다시 확산될 가능성이 높다. 대안적 이데올로기는 부재하고 세속주의적 온건 야당 세력이 힘을 못 쓰는 상황이 지속된다면, 민주화를 향한 에너지는 외부의 이슬람 근본주의와 결합될 가능성이 높아질 것이라는 것이 필자의 견해이다. 따라서 향후 타지키스탄의 민주주의는 이슬람부흥당과 사회민주당, 그리고 다양한 사회단체들과 민주주의 정치세력들의 역할에 따라 그 미래가 크게 달라질 것으로 판단된다.

5장 '1990년 및 2010년 키르기스스탄 오쉬 사태의 발발 기제'에서 김태연은 1990년 6월과 2010년 6월에 키르기스스탄 남부 오쉬 지역에서 키르기스인과 우즈베크인 간에 발생했던 대규모 유혈충돌을 추적한다. 중앙아시아 지역정치를 규정하는 중요한 도전 중의 하나가 바로 복잡한 민족 구성 자체에서 발생하는 문제보다 도리어 민족의 거주와 국가의 경계가 일치하지 않는데서 발생하는 문제라는 점에서 오쉬 사태가 보여주는 문제의 심각성은 이 지역의 핵심적 문제 중 하나다. 오쉬 문제에 대해 오랜 동안 천착해 온 필자는 이번 글에서는 민족 간 폭력사태가 발생한 원인을 규명하기 보다는 그 발발 기제에 초점을 맞추어 두 차례의 오쉬 사태를 분석하고 있다. 두 사태는 모두 소련 해체 이후 촉발된 현실의 변화가 키르기스인과 우즈베크인 간의 토지 분배와 같은 사회경제적 변동이나 권력의 배분에 관한 정치적인 변화 등이 야기하는 사회적 불확실성이 고조되는 상황에서 정치 엘리트가 그같은 불확실성을 가중시키는 실책을 범하게 되면서 이에 대하여 한 민족집단이 자신의 미래에 가중될 수도 있는 불확실성을 해소하기 위해 폭력을 사용하면서 일어났다는 점에서 유사했다.

하지만 필자의 분석에 따르면 그러한 폭력이 발생한 구조적 조건, 관련된 행위자들, 그리고 갈등의 의제들과 관련된 구체적인 상황과 요인은 사뭇 달랐다. 우선 필자는 두 차례의 오쉬 사태의 전개 과정에 대한 분석을 통해 이 지역에서 오랜 기간 동안 형성된 사회·정치적 현실에 민족적 불평등 요인이 존재한다 하더라도 이것이 민족 간 폭력의 직접적인 원인이 성립되지 않는다는 것을 강조한다. 과거의 유산은 민족 간 폭력의 배경이 될 수는 있지만, 폭력적 충돌이 발화하는 동인이라고 보기는 어렵다는 것이다. 좀 더 중요한 것은 민족적 불평등의 사회정치현실에 변화가 일어나면서 불확실성이 확대될 경우 특정 민족 집단이 진행되고 있는 변화의 방향과 범위를 조정하기 위한 선택과 행동의 여지를 확대시키면서 민족 집단들이 폭력을 통해서라도 불평등과 불확실성을 해소하려는 시도를 선택하는 기재의 작동이다. 이러한 상황에서 오판을 내릴 활률이 높아진 가운데 정치 엘리트가 (비)의도적 실책을 저지를 경우 불만을 품고 있던 민족 집단들은 팽창한 불확실성의 공간에서 탈출하기 위해 폭력을 선택하게 된다. 따라서 민족 간 폭력의 발발을 설명하기 위해서는 본질주의적 시각이나 구조주의적 시각 내지 합리적 선택의 시각에 의한 설명보다 이같은 여러 요인들의 복잡하고 역동적인 관계와 상호작용하여 빚어내는 의도치 않은 결과에 대한 과정을 이해하는 것이 중요하는 것이 필자의 결론이다.

1990년대 귀환 이주가 광범위하게 일어난 유라시아 지역에서 2000년대 들어 발견하게 되는 중요한 변화는 바로 본격적인 노동이주가 나타나게 되었다는 점이며, 국가별로 뚜렷한 패턴의 차별화가 이루어지게 되었다는 것이다. 카자흐스탄과 키르기스스탄은 러시아로의 노동이주가 위주였다면 우즈베키스탄과 타지키스탄은 러시아로부터 다른 나라로의 노동이주가 더 늘고 있다. 또 다른 중요한 변화는 노동이주에서 여성이 차지하는 비율은 절반을 넘어서고 있다는 것이다. 중앙아시아 지역에서 송금경제가 지니는 이같은 중요성을 반영하여 최근 중앙아시아의 이주에 대한 연구가 증가하고 있는 것이 사실이지만, 이주 문제와 관련하여 젠더적 접근을 요구하는 여성이주에 대한 논의는 상대적으로 많지 않은 편이다. 이같은 관점에서 김성진의 글은 흥미롭다.

6장 '중앙아시아 여성이주에 대한 비경제적 요인의 영향'에서 김성진은 중앙아시아 국가들의 여성이주 양상과 요인을 분석하고 동지역의 여성이주의 성격을 분석하고 있다. 세계최대의 이주가 발생하는 지역으로 부상하고 있는 탈사회주의 공간에서의 여성이주는 이주에 대한 젠더적 접근을 요구하고 있다. 필자는 중앙아시아 국가들의 사례는 대체로 소비에트시기부터 이주가 활발하였던 카자흐스탄, 인구대비 비율을 고려할 때 비교적 이주가 제한적이었던 우즈베키스탄, 인구유입국에서 유출국으로 변화가 급격하게 진행된 키르기스스탄과 카자흐스탄 등에서 지속과 변화를 보여주고 있음을 보여주고 있다. 또한 필자는 중앙아시아의 이주문제가 송금을 통한 빈곤문제 완화효과가 있다는 점에서 경제적 문제이면서, 동시에 사회적 불만의 완화라는 차원에서 정치적 의미가 있는 문제라는 점을 강조하고 있다. 특히 여성이주는 전통적인 가장의 역할에 대한 인식의 변화, 가족의 해체, 전통생활방식에 대한 변화를 촉진할 수 있다는 점에서 사회적·문화적 문제라는 것이다.

결국 필자는 중앙아시아 국가들의 사례를 통하여 이주의 경제적 요인과 효과에 대한 논의를 넘어 유출입국의 여성을 특정화한 이주정책과 같은 비경제적 요인이 여성이주에 중요한 영향을 끼치고 있음을 보여주고 있다. 특히 탈사회주의 개혁과정에서 민족과 국가정체성을 형성하는 과정에서 진행된 여성이주에 대한 사회적 정당성 차이는 중앙아시아 국가들 간에 서로 다른 여성이주 양상을 초래하고 있다. 여성이주는 젠더관계는 물론 전통적 가치에 대한 변화를 촉진할 수 있다는 점에서 향후 중앙아시아 국가들의 사회변화를 전망하는데 시사점을 줄 수 있을 것이다. 그리고 향후 탈사회주의 공간에서 진행되고 있는 이주문제의 복합적 성격에 대한 비교분석이 진행될 필요가 있으며, 이러한 분석은 동지역의 사회변화를 전망하는데 의미 있는 시사점을 줄 수 있음을 강조하고 있다.

탈사회주의 공간에서의 이주문제는 귀환이주에 이어 대규모 노동이주가 진행되면서 국가경제에 중요한 영향을 미치고 있는 것이 사실이다. 특히 중앙아시아 지역의 경우 각국의 GDP 대비 송금 의존도가 아주 높은 것으로 알려져 있는데, 타지키스탄의 경우 그것은 50%를 넘고 있다고 한다. 7장 '중앙아시아 이주와 송금경제: 키르기스스탄 사례'에서 김영진은 키르기스스탄의 관세동맹과 단일경제공간SES에의 참가 가능성이 노동시장, 인적자본, 그리고 경제에 미치게 될 파급효과를 보여주고 있다. 이주 및 송금의 형태가 키르기스스탄의 사회경제적 발전에 미치는 영향을 검토하기 위하여 키르기스스탄의 인구학적 특성과 소득, 송금액을 비롯한 이주 인구의 특징을 개관하고, 나아가 외국에 정착된 사회적 네트워크의 중요성을 검토하고 있으며, 특히 키르기스스탄의 관세동맹 및 단일경제공간 가입이 노동이주에 미치는 영향과 관련하여 의미있는 결론을 도출하고 있다. 노동이주는 빈곤한 노동자가 외국에서 노동을 착취당하는 중대한 문제를 안고 있으며, 키르기스 경제를 러시아 와 카자흐스탄의 경제 실적에 과도하게 의존하도록 만듦으로써 국내 정치구조를 취약하게 만들 수 있다. 하지만 본국의 경제에 대한 기여의 정도도 결코 무시할 수 없으며 이 경험을 통하여 귀국 후 독자적 사업을 벌여 국가 경제에 기여할 수 있다.

양날의 칼과 같은 이같은 이주노동의 효과를 긍정적 방향으로 보안해 갈 주요한 조치들이 있다. 필자는 키르기스스탄의 단일경제공간 가입과 노동시장 개방은 전반적으로 이 국가의 경제에 긍정적인 역할을 수행하게 될 것으로 보면서, 특히 단일노동시장에의 참여는 가장 중요한 잠재적인 장점 중 하나가 될 것으로 전망하고 있다. 그러나 노동자원의 질을 개선하기 위한 일련의 조치가 요구되며, 이는 키르기스스탄의 국내 경제에서 고용기회 증가를 직접적인 목표로 하여 주로 고도로 숙련되고 자질을 갖춘 인력을 대상으로 노동시장에서의 적극적인 정책을 통해 보완되어야 함을 강조하고 있다.

Ⅲ부 '중앙아시아를 둘러싼 강대국 정치와 지전략적 동학'은 앞서 보여준 역사적 유산의 현재적 발현으로서의 역동성이 발현되는 기저에 작용하고 있는 강대국 정치의 구조적 성격을 드러내는데 초점을 가지고 있다. 따라서 중앙아시아를 포함하는 유라시아 전략 공간 내에서 강대국들의 지정학적 경쟁이 지역정치에 미치는 영향을 추적하는 작업들로 구성되어 있다.

중앙아시아 지역에서 여러 다자개발은행들의 인프라 투자가 활발하게 추진되는 가운데, 유라시아경제연합EAEU의 활동을 지원하는 목적으로 설립된 유라시아 개발은행의 역할이 주목된다. 8장 '중앙아시아 지역개발을 위한 유라시아개발은행의 역할'에서 조영관은 유라시아개발은행의 특징과 활동을 평가하기 위하여 이 은행이 중앙아시아 국가들의 경제협력이나 인프라 발전, 에너지 개발 등과 관련하여 어떤 역할을 하고 있는가를 살펴보는 한편, 기존의 개발은행들과 유라시아 개발은행이 이 지역에서 행하는 주요 활동 부문과 특징을 비교하고 있다.

중앙아시아에서 다자개발은행들의 역할은 중요한데, 유럽부흥개발은행EBRD과 아시아개발은행ADB이 '트라세카TRECECA'나 '중앙아시아경제협력CAREC'등의 인프라 프로젝트에 활발한 투자를 모색해 오던 중 최근 중국이 주도하여 아시아인프라개발은행AIIB, 브릭스가 주도하는 신개발은행NDB 등이 신설되었고, 러시아 및 카자흐스탄이 주도하여 유라시아개발은행EDB이 설립되면서 중앙아시아의 다자적 금융체제를 둘러싼 경쟁이 고조되고 있다. 하지만 이같은 기존 다자개발은행들의 존재에도 불구하고 중앙아시아 개발을 위한 금융지원은 수요에 비해 크게 부족한 것으로 평가되고 있다. 더구나 새로운 운송로, 에너지 수송로 건설 수요는 더욱 높아지고 있다. 이런 상황에서 AIIB가 새로운 다자개발은행으로서 적극적인 투자를 추진할 것으로 예상되는 가운데, 중앙아시아 4개국을 포함한 57개 창립회원국에 참여하고 있는 AIIB가 2016년 1월 정식으로 출범하였고, 중국이 가장 많은 지분을 보유한 이 은행은 중국의 정책을 적극 반영할 가능성이 크며, 중국이 추진하고 있는 일대일로와 관련하여 중앙아시아 지역에 대한 인프라 부문에 많은 투자를 할 가능성도 높다. 또한 브릭스 국가들이 설립한 NDB도 향후 이 지역에 투자를 할 수 있을 것이다. 이외에도 이슬람개발은행과 상하이협력기구SCO 내 은행위원회도 향후 중앙아시아 지역에서 투자를 추진할 가능성이 높다. 한편 에너지, 운송, 무역 협력 등의 부문을 주요 투자 대상으로 하는 프로젝트 추진 및 금융지원을 주요 사업으로 하는 유라시아 개발은행의 출범에 대해 역내 국가들의 기대는 양면적이다. 역내 국가들의 주도로 설립된 유라시아개발은행은 지역 국가들 차원에서 실질적으로 필요로 하는 분야를 선정할 수 있으며, 유라시아경제연합과 연계하여 참여 국가들의 통합과 관련된 사업을 추진할 수 있다는 장점을 가지고 있다. 하지만 참여국이 많지 않고 자본금 규모가 크지 않으며 참여국들이 에너지의존형 경제구조를 보유하여 국제에너지 가격의 변동에 투자가 영향을 받을 수 있는 취약점도 있다. 결국 유럽, 일본과 미국이 주도해 오던 개발은행군에 최근 중국, 브릭스 국가들, SCO 등이 주도하는 투자기관들이 가세하는 가운데, 러시아가 주도하는 유라시아경제연합과 연계된 유라시아개발은행도 가세함으로서 매우 다양한 투자재원의 마련이 가능해졌으며, 이는 중앙아시아를 둘러싼 강대국의 개발경쟁이 또 다른 거대게임의 한 층위를 형성하고 있음을 잘 보여주고 있다.

9장 '푸틴-오바마 시기 러시아-미국 관계와 중앙아시아'에서 윤익중은 푸틴 집권 3기 동안 중앙아시아 지역에서 러시아와 미국 간 관계발전이 어떻게 이루어지고 있는가, 러시아의 푸틴 정권과 미국의 오바마 정권은 동지역에서 어떻게 협력하고 충돌하고 있는가를 추적하기 위하여, 러시아와 미국의 대 중앙아시아 외교정책을 개괄하고, 푸틴의 대미 정책과 오바마의 대러 정책을 각각 분석한 후, 중앙아시아 지역 관련 안보 및 경제분야의 협력체제의 구축을 둘러싼 양국의 경쟁과 견제과정 등을 분석하고 있다. 2012년 푸틴 집권 3기 이후 2015년 말까지 중앙아시아 지역에서 러시아와 미국의 관계발전이 지니는 의미는 중요하며 이 기간의 양자관계를 깊이 고찰할 필요가 있는데, 이 시기야말로 러시아와 미국을 위시한 서방의 관계가 새로운 국면에 진입하게 되었기 때문이다.

요약하자면 러시아와 미국은 이 시기 중앙아시아 지역에서 지역안보협력과 지역경제협력 측면에서 대결과 견제 구도를 형성하면서 러시아는 '세력 보전'을, 미국은 '세력 확보'를 시도하고 있다고 할 수 있다. 특히, 양국은 유라시아경제연합, SCO, 미군주둔, 미국의 신실크로드전략 등에서 첨예하게 대립하면서 중앙아시아 지역에서 지정·지경학적 우위를 점하기 위하여 21세기형 경쟁의 판을 형성해 가고 있다는 것이다. 결국 필자는 동지역에서의 러시아와 미국의 대외정책과 관계발전을 각각 '지역안보regional security'와 '지역경제regional economy' 측면에서의 협력 및 경쟁의 관점에서 고찰하고 이해하는 것이 중요하며, 푸틴 집권 3기 중앙아시아 지역에서 양국은 결과적으로 이해관계의 '균형' 모색에 실패하면서 경쟁과 충돌 양상을 지속하고 있음을 지적하고 있다. 특히 2014년 러시아의 크림반도 합병 이후 양국관계는 장기적 불신의 시기로 접어들고 있으며 이러한 상황은 상당 기간 지속될 것으로 전망되어진다. 나아가 양국 간 갈등은 가치 투쟁적 측면이 있으므로 단시일 내에 해소될 성질의 것이 아니라는 점을 강조할 필요가 있다. 결국 필자는 러시아와 미국 양국이 새로운 단계의 상호관계로 이행하려면 '또 다른 리셋_{another reset}'이 필요하다고 결론짓고 있다.

10장 '강대국 영향력과 중앙아시아 지역정치 변동'에서 신범식은 중앙아시아 지역정치의 특징을 역내 국가들 사이의 양자관계의 측면에서 파악하는 시각을 넘어 강대국 정치의 맥락에서 나타나는 지역정치의 구조적 측면에서 파악해 보려는 시도한다. 특히 21세기 국제정치의 특징으로서 경쟁과 협력의 복합적 특성을 보이고 있는 강대국의 영향력을 중앙아시아 지역정치의 구도 속에서 드러내 보이려는 것이다. 이를 위하여 필자는 먼저 유라시아에서 강대국 관계가 시기별로 어떤 특징을 보이면서 전개되어 왔는지를 고찰하면서, 시기별 국제정치 및 지역정치적 요청에 부합되는 협력의 틀을 찾기 위한 노력을 러시아와 중국이 협력적으로 만들어 왔음을 보여준다. 중국과 러시아가 중앙아시아에서 추구해 온 목표가 전적으로 상치되기 보다는 서로 다른 목표와 영역을 가지고 전개되어 온 부분이 크기 때문에 지금까지 양국관계가 비교적 협력적 관계를 유지할 수 있음을 보여주고 있다. 또한 필자는 러-중 양자관계가 중앙아시아 컨텍스트 속에서 보인 협력과 경쟁의 양상과 특징 그리고 구조를 파악함으로써 양자의 협력이 가진 내구성과 한계 그리고 전망의 논거들을 양국의 중앙아시아에 대한 무역, 투자, ODA 등에 대한 지표들, 군사적 협력 관계와 지원 등을 살펴봄으로써 직접적 충돌의 제한적 성격을 보여주었다. 또한 최근 지역정치를 이해함에 있어서 다자주의적 협력과 경쟁 그리고 "제도적 균형"에 대한 논의가 점차 중요해지고 있는데, 중국과 러시아가 참여하는 다양한 지역 다자기구들이 활성화되고 있는 중앙아시아에서 양국은 제도적 균형의 양상은 어떠한지 살펴봄으로써 중-러 간에 어떤 힘겨루기가 진행되고 있는지, 그리고 그 힘겨루기는 어떤 제도적 경쟁의 완화 내지 고조의 양태를 띠는지 보여주고 있다.

결국 러시아와 중국은 중앙아시아를 둘러싸고 경쟁과 협력이라는 이중적 성격을 지닌 "신형 강대국관계"의 전형을 형성해 가고 있으며, 이는 중앙아시아 지역 국가들의 대응과 맞물리면서 지역질서를 구성하는 기본적인 축으로 자리잡아가고 있음을 알 수 있다. 하지만 이것은 강대국에 의한 일방적인 게임은 아니라는 점을 필자는 강조하고 있다. 중앙아를 둘러싼 신거대게임이란 것은 점차 역내 국가들의 요구에 주요 강대국들이 얼마만큼 부응할 수 있는가의 싸움으로 변화해 가고 있으며, 그런 의미에서 경제적 자원과 매력은 이 지역 질서의 변화를 주도하려는 강대국들의 중장기적 성공을 담보하는 열쇠가 될 것이다. 이런 의미에서 중국의 중앙아시아에 대한 경제력을 앞세운 매력 공세는 앞으로 더욱 거세질 것이며, 이에 대한 러시아의 균형화를 지향하는 대응도 만만치 않을 것이다. 이 사이에서 중앙아시아 국가들의 지역 내 세력균형을 위한 노력은 때로는 중국의 경제적 팽창에 대한 편승으로, 때로는 러시아와 유럽 등 서방과의 경제관계를 유지, 발전시키는 헤징hedging의 노력으로 나타날 것으로 예상된다.

이와 같이 총 10개 장으로 구성되어 있는 이 책은 서울대학교 아시아연구소 중앙아시아센터에서 진행되고 있는 연구의 두 번째 결실이다. 중앙아시아가 지역으로서 형성되는 역동적인 과정들을 다양한 측면에서 고찰하고자 노력한 이 책이 중앙아시아 지역에 관심을 가지고 있는 전문 연구자들은 물론이고 향후 이 지역을 전공하고자 하는 학생들에게도 조금이나마 도움이 되기를 바란다.

I

중앙아시아 근대 민족국가 형성의 역사적 유산들

01

19세기 후반 중앙아시아를 둘러싼
강대국 대결과 부하라 아미르국[*]

양승조

I. 서론

본 연구의 목적은 19세기 후반에 중앙아시아 지역[1]을 둘러싸고 복잡하게 전개되고 있던 국제정세의 한 가운데에서 주변 강국들과 때로는 경쟁하고 때로는 협력하며 근대적 국가 구성을 시도한 부하라 칸국의 모습을 재구성하는 것이다. 소련 해체 후 독립한 중앙아시아 각국은 주변 강국들 사이에서 균형외교를 추구하고 있으며, 중국의

---

[*] 이 글은 『숭실사학』 36(2016)에 게재된 논문을 본서의 편집 취지에 맞도록 수정·보완한 것입니다.

[1] 부하라 아미르국과 그 경쟁 국가들이 활동하던 공간을 어떻게 부를 것인가 하는 것은 여전히 논쟁적인 이야기이다. 이러한 논쟁에 참여하는 것이 본 연구의 목적이 아니기에, 여기에서는 이와 관련해서 필자가 다른 지면에서 다음과 같이 범주화한 개념을 사용할 것이다. "……이에 따라, '중앙아시아'는 구소련에서 독립한 5개 중앙아시아 국가들의 지리적·정치적 경계를 통칭하는 현재적이고 정치적인 개념에 따른 범주로, '투르케스탄'은 카자흐스탄을 제외한 '중앙아시아' 4개국(서 투르케스탄)과 중국 신장위구르자치구(동 투르케스탄)를 통칭하는 역사적 개념에 따른 범주로, '중앙유라시아'는 "서쪽으로 우크라이나 초원에서 동쪽으로 태평양 연안, 시베리아 삼림의 남쪽 가장자리에서 티베트 고원"에 이르는 유목지역을 지칭하는 문화적 개념에 따른 범주로 정의할 것이다"(양승조, 2015b: 28-29).

지방으로 편입되어 있는 동투르케스탄 지역에서는 위구르인들을 중심으로 독립 움직임이 진행되면서 분쟁지역화 되어가는 모습을 보이고 있다. 그런데 이렇듯 복잡한 이 지역의 상황은 현대에 와서 새로이 부상한 현상이 아니다. 실제로 중앙아시아 지역에서는 이 지역이 가지고 있는 지정학적 특징으로 인해 19세기에도 주변 세력들 사이에서 경쟁과 연합, 그리고 긴장관계가 나타났다. 본 연구는, 이러한 역사적 조건을 감안할 때 중앙아시아 지역에 현재 존재하고 있는 민족들과 민족국가들을 소련 지배의 단순한 산물로 보아서는 안 되며, 19세기에 접어들어 근대적 강국들에 둘러싸이는 변화된 조건 속에서 이에 조응하며 발전해 온 결과물로 볼 필요가 있음을 제시하려는 한 시도이다. 즉, 이 지역에 현재 수립된 정치 공동체들이 외적 요소 외에도 자신들의 고유한 역사적 과거 또한 기원으로서 가지고 있음을 보여주려는 것이다. 이를 위해 본 연구에서는 19세기 중앙아시아 지역에 있던 국가들 사이에서 나타난 이러한 자기 변화의 예로서, 러시아의 카자흐 초원 병합과 서투르케스탄 진출 준비가 진행되고 있었던 19세기 전반에 부하라 아미르국에서 나타난 중앙집권적 국가 건설 과정으로서의 나스룰라의 개혁 정책을 살펴볼 것이다.

19세기 부하라 아미르국의 역사에 대한 이러한 방식의 접근은 그리 많은 관심을 받고 있지는 않은데, 그것은 이러한 시각이 새로운 것이기 때문이 아니라, 이 지역에 대한 연구가 이제야 활성화되고 있는 단계이기 때문이다. 실제로 19세기는 물론이고 20세기 초까지도 트란스옥시아나 지역에 대한 연구는, 여행기나 보고서와 같은 것들을 제외한다면, 정보와 관심 부족으로 인해 커다란 진전이 없었다. 그리고 이 지역에 대한 연구가 본격적으로 진행되기 시작한 것은 소련 시기에 들어와서의 일이다. 중앙아시아 지역에 대한 역사학적 연구는 1920년대에 바르톨드^{В. В. Бартольда}나 세묘노프^{А. Семёнов} 등과 같은 중앙아시아 지역사 분야의 선구적 학자들이 투르케스탄의 사회경제적 관계, 토지보유구조, 농업경제, 수공업 등 다양한 측면들에 대해 관심을 가지기 시작하면서 본격적으로 시작되었다(Бартольд, 1963).

이후 소련 역사가들은 현지 자료들에 대한 분석에 기반을 두어 투르케스탄 지역의 역사적 상황에 대해 보다 세밀한 서술을 제시했다. 대표적으로는, 하이다르 아미르의 서간들에 대한 분석을 통해 토지보유관계, 세금, 부역, 노예소유관계 등과 같은 19세기 초 부하라 아미르국의 사회경제적 발전 상황을 분석한 압두라이모브^{М. А. Абдураимов}의 연구(Абдураимов, 1961), 18세기 후반-19세기 전반에 걸쳐 러시아와 중앙아시아 국가들 사이에서 진행된 통상 및 외교 관계에 대한 할핀^{Н. А. Халфин}의 연구(Халфин, 1960), 16세기에서 19세기 중반까지 서투르케스탄 지역의 정치적, 경제적, 문화적 전개과정을 이 지역의 주요 정치적 실체인 부하라 칸국, 히바 칸국, 코칸드 칸국을 중심으로 개괄적으로 기술하고 있는 이바노프П. П. Иванов의 저작(Иванов, 1958), 19세기에 부하라 아미르국과 제정 러시아 사이에서 진행된 상호 접촉, 교역 및 통상 관계 등을 시간적 순서에 따라 제시한 부나코프Е. В. Бунаков의 분석(Бунаков, 1941: 5-26) 등을 들 수 있다.

소련 해체 이후 제정 러시아와 트란스옥시아나 지역 국가들 사이의 관계에 대한 연구는 소련 시기에 축적된 연구 성과물들의 기반 위에서 외교 및 통상 관련 분야에 주로 집중되어 있으며, 이 외에도 기존 연구를 보완하는 분석들이 진행되고 있다(Джурабаев, 2015: 16). 반면, 중앙아시아 지역의 역사에 대한 국내 연구는 아직 그리 많지 않다. 특히, 연구 범위를 19세기 전반 부하라 아미르국으로 좁히면, (부하라 아미르국의 중앙집권화를 나스룰라의 통치와 연결 지어 살펴보고 있는 이광태의 논문(이광태, 2009) 외에는) 연구 성과물을 찾기가 매우 어렵다. 이에서 알 수 있듯이, 러시아와 중앙아시아 지역에서 진행되고 있는 연구들은 주로 개괄적이거나 구조적이며 거시적인 틀 속에서 제정 러시아와 투르케스탄 국가들 사이의 과거 역사를 살펴보는 데 집중하고 있으며, 반면 국내에서는 이러한 연구마저도 거의 부재한 상황이다.

본 연구는 19세기 전반 부하라 아미르국의 중앙집권화라는 주제를 제정 러시아를 비롯한 주변 강국들과의 관계 속에서 살펴보는 것으로, 이를 통해, 한편으로는 중앙아시아 국가들이 변화하는 주변 정세에 능동적으로 대응했음을 보여주고, 다른 한편으로는 이 시기 중앙아시아 지역에 대한 학문적 주의를 환기하고자 하는 것이다. 이 주제와 관련해서 현재 학자들 사이에서 가장 널리 받아들여지고 있는 시각들 중 하나는 19세기 후반 서투르케스탄 지역의 상황을 주변 강대국들의 정치적·군사적 세력다툼 속에서 살펴보는 이른바 '그레이트 게임'[2]류의 분석이다. 한국에서는 홉커크 P. Hopkirk의 저작이 번역되면서 일반에도 널리 알려진 '그레이트 게임'이라는 개념은 동투르케스탄 식민화 과정을 영제국과 러시아제국 사이에서 벌어진 인도쟁탈전과 연계하여 살펴보는 시각이다. 그러나 이러한 해석은 19세기 후반 중앙아시아와 그 주

---

2 홉커크의 책(Peter Hopkirk. 1992. *The Great Game: The Struggle for Empire in Central Asia*. New York: Tokyo: Kodansha International)이 2008년에 한국어로 번역(피터 홉커크, 2008) 된 이후 한국에서도 '그레이트 게임'이라는 용어가 언론과 대중 사이에서 널리 사용되고 있다.

변지역의 정세를 투르케스탄 지역을 둘러싼 러시아와 영국이라는 두 유럽 강대국 사이의 정치적·군사적 경쟁이라는 틀로 한정하고 있다는 점에서 시각적으로 협소하고 이념적으로 편향된 것이다. 이 지역을 둘러싼 국제적·지역적 관계는 이곳이 유라시아의 내륙 중심에 위치해 있다는 지리적 조건으로 인해 다양한 주변 국가들과의 연관 관계 속에서 매우 복잡하게 전개되었다. 실제로, 청과 제정 러시아에 의한 동·서 투르케스탄 병합은 중앙아시아 지역 내외부의 다양한 세력들 사이의 복잡한 상호관계 속에서 한 국가가 경쟁 국가'들'보다 지리적·정치적·군사적 조건에서 더 유리한 상황에 있을 때 일어났다. 따라서 19세기 후반 중앙아시아 지역의 정세를 보다 입체적으로 재구성할 필요가 있으며, 이를 위해서는 러시아를 비롯한 주변 강대국들의 내부 상황과 이들 사이의 상호관계, 강대국들의 영향력 확대 속에서 중앙집권화된 권력 체계를 구축하고 있던 부하라 칸국의 노력, 그리고 강대국의 제국주의적 영토팽창 정책과 이에 대한 부하라 칸국의 대응 등과 같은 다양한 측면들을 복합적이고 체계적으로 검토할 필요가 있다. 이렇게 범주를 다양화하면 이 지역은 역사적으로 오래 전부터 강대국들 사이에서 각축전이 벌어지던 곳임을 알 수 있다. 그리고 이러한 의미에서 현재 중앙아시아에 대한 중국의 영향력 강화는 역사적 시간 속에서 지속되어 온 교류와 경쟁의 연장선상에서 분석될 수 있으며, 소련 해체 이후 중앙아시아 지역에 등장한 국가들은 이 지역의 과거 역사에서 등장했던 다양한 토착 국가들과의 연속성 속에서 관찰할 수 있게 될 것이다.

이러한 전제 위에서 본 연구는 19세기 중앙아시아의 역사적 경험을 부하라 아미르국과 주변 강대국들 사이의 관계를 중심으로 분석해 봄으로써 다음과 같은 사실들을 재구성하고자 한다. 먼저, 19세기 전반에 중앙아시아 지역을 둘러싼 주변 강국들의 변화상을 제정 러시아의 카자흐 초원 진출, 청의 동투르케스탄 진출과 영국의 등장을 중심으로 살펴볼 것이다. 다음으로, 부하라 아미르국이 망기트 조 아미르들에 의해 중앙집권화 되어가는 모습을 망기트조 부하라 아미르국의 성립, 19세기 전반 아미르 나스룰라의 정치·경제·군사 개혁과 부하라 아미르국의 중앙집권화, 부하라 아미르국의 대외관계와 지역 내 위상으로 나누어 설명할 것이다. 그리고 마지막으로, 이러한 시도에도 불구하고 부하라 아미르국이 제정 러시아에게 실질적으로 병합되어 가게 되는 모습을 기술할 것이다.

II. 19세기의 투르케스탄과 주변 지역의 정세

1. 러시아의 카자흐 초원 진출

러시아의 중앙아시아 진출은 시베리아 정복이라는 동방 진출의 연장선상에서 시작된 것이었다. 러시아 인들에 의한 시베리아 정복은 16세기 이래로 모스크바 국이 동쪽으로 진출하면서 본격적으로 진행되었다. 예르마크의 시비리 칸국 원정을 기점으로 러시아 모험가와 상인은 모피를 따라 동쪽으로 펼쳐진 삼림지대로 진출했으며, 카자크를 중심으로 하는 무장 세력은 국가의 공식적 지원이나 비공식적 묵인 하에 시베리아 지역을 병합해 갔다. 러시아 인들은, 먼저, 교통상의 요지나 군사적 요충지에 요새를 건설하고 이를 중심으로 주변 지역을 평정하는 방식으로 시베리아 지역에 거점지를 마련했다. 다음으로, 이러한 기존 요새를 기점으로 다음 지점으로 진출해서 새로운 요새를 건설함으로써 세력권을 넓혔다. 그리고 마지막으로, 이러한 요새들과 숲들을 목책으로 연결하여 방어선을 구축함으로써 지배권을 확립했다(양승조, 2015a: 147-151). 이 시기 시베리아 삼림지대의 종족들은 정주지대는 물론이고 스텝지대의 거주민들에 비해서도 인구수가 매우 적었고 사회적·정치적·경제적인 면에서 전근대적 방식을 유지하고 있었기에, 소수이기는 하나 잘 훈련되고 근대적 화기로 무장한 러시아 인들에게 점차 복속되어 갔다.

　시베리아 진출을 성공적으로 진행하고 있던 시기에 모스크바 국은 삼림지대 남쪽에 위치한 영향력 확대를 시도하나, 이것은 아시아 스텝지역을 지배하고 있던 두 개의 거대한 제국들에 의해 저지되었다. 먼저, 동아시아 지역에서 추진된 러시아의 남하는 청에 의해 저지되었다. 모스크바 국이 동진하고 있던 17-18세기에 아시아 대륙의 동북 초원지대에는 몽골 계통 유목기마민족들의 정치공동체인 할하가 세력을 형성하고 있었는데, 이들은 17세기 전반기에 여진족을 기원으로 하는 만주족이 세운 청에게 복속되었다. 이러한 이유로 동아시아 초원지대로 세력권을 확대하려고 했던 러시아의 시도는 이 지역에 거주하고 있던 유목민뿐만 아니라 중원을 장악하고 있던 청의 이해관계를 직접적으로 침해하는 것이었다. 이에 따라 동북아시아 지역에서 모스크바 국의 남하는 청에 의해 격퇴되었다. 다음으로, 러시아의 남시베리아와 그 남쪽지역으로의 진출 또한 난관에 부딪히게 되는데, 그것은 이 지역이 17세기 중반부터 18세기 중반에 걸쳐 준가르 칸국의 영향력 아래 들어가 있었기 때문이었다. 17세기 초에 서몽골 지역에 거주하고 있던 오이라트 부족들을 중심으로 형성된 준가르 칸국은 서몽골의 준가리아는 물론이고 남쪽으로는 모굴리스탄과 그 주변지역을 병합하고, 서쪽으로는 카자흐 초원과 트란스옥시아나 지역까지 정벌을 나갔다. 그 결과 17세기 중반에 예니세이 강 유역의 키르기즈 지역으로 영향력을 확대하고 있던 모스크바 국은 당시 이 지역의 지배집단이었던 호트고이드 족을 제압하고 새로운 강자로 등장한 준가르 칸국과 충돌하게 되었다. 17세기에 준가르 칸국은 인구는 물론이고 군사적 역량과 국가조직 면에서도 부족 공동체적 단계에 머물러 있던 시베리아 지역의 종족들과는 비교가 되지 않는 체계 잡힌 국가이자,[3] 당시 동아시아 최강 국가로 등장한 청에 맞설 수 있었던 유일한 유목기마제국[4]이었다. 준가르 칸국의 강력한 유목기마부대와 정면으로 대결할 수 있을 정도로 충분한 병력을 운용할 수 없었던 모스크바 국은 남시베리아 지역으로의 팽창을 저지당하게 되었으며, 이에 따라 외교적 소통과 교역을 통해 필요한 물자를 교환하는 경제적 교류에 만족할 수밖에 없었다(양승조, 2015a: 153-157).

동아시아 지역에서의 남하 시도가 청의 강력한 저항을 받아 무위로 끝나게 된 후 러시아는 외교적·경제적 관계 수립을 통해 이 지역에서 실리를 추구하는 쪽으로 정책 방향을 변경했다. 1689년에 러시아와 청 사이에서 체결된 네르친스크 조약은 그 중요한 결과물이었다. 네르친스크 조약의 결과 모스크바 국은 영토적인 측면에서, 한편으로는 남쪽으로의 영토 팽창을 접게 되었으나, 다른 한편으로는 이미 확보한 시베리아 지역에 대한 우선권을 인정받게 되었다. 그리고 경제적인 측면에서는 청과의 통상권을 획득하게 됨으로써 경제적 실익을 확보할 수 있게 되었다. 사실 동시베리아의 끝까지 진출한 러시아 인들이 방향을 바꾸어 남쪽으로 진출하려고 노력한 이유들 중에는 동방의 부유한 대국인 중국과 무역관계를 수립하려는 것도 있었기에 러시아 당

---

3 군사적으로 준가르 칸국은 10만에 이르는 기마병을 동원할 수 있었으며, 주변 국가들로부터의 수입과 유럽인 포로 등으로부터의 제조기술 습득을 통해 근대적 화기도 갖추고 있었다. 경제적으로도 준가르 칸국은 안정적인 면모를 보여서, 한 예로 바투르(Batur) 시기에는 도시를 건설하고 농업을 장려하며 상거래를 육성함으로써 약탈뿐만 아니라 무역과 생산을 통해 국가 경제 기반을 확충하려는 시도를 했다(양승조, 2015a: 152-153, 154-155).

4 실제로 이 지역을 연구하는 많은 역사가들이 준가르 칸국을 (최후의) 유목제국이라고 부르고 있다(르네 그루쎄(2007); 토마스 바필드(2009) 등등).

국의 입장에서 청과의 통상권 확보는 주요한 소득이었다고 할 수 있다.

네르친스크 조약은 러시아와 중국 사이의 관계 진전이라는 측면에서 뿐만 아니라, 유라시아 국제질서 상의 변화라는 측면에서도 중요한 사건이었다. 17세기 말에 중앙유라시아 스텝지역을 두고 경쟁하던 모스크바 국, 준가르 칸국, 청이라는 거대 삼국 사이의 관계는 동아시아 지역에서 모스크바 국이 네르친스크 조약을 기점으로 중립적 입장을 취하게 되면서 청과 준가르 칸국 양자 간 대립구도로 변하게 되었다. 양자 대결이라는 조건 속에서 청은 준가르에 대해 군사적 공세를 적극적으로 펼치기 시작했으며, 인적으로나 물적인 면에서 모두 청에 비해 열세에 있었던 준가르는 갈단칸이 청과의 대결 과정에서 패퇴하고 사망하게 되는 17세기 말 이후로 점차 약화되어 갔다. 이러한 변화된 지역 상황을 틈타, 러시아 당국은 준가르가 청에 의해 붕괴되어 가던 이 시기에 남시베리아 지역에서 통치권을 확립할 수 있었다(양승조, 2015a: 161-164).

그런데 남시베리아 지역을 병합함으로써 카자흐 평원 지역으로 진출할 교두보를 확보하게 되었음에도 불구하고 러시아가 예니세이 강 남쪽 지역으로 본격적으로 진출한 것은 19세기에 들어와서의 일이다. 준가르 칸국이 몰락한 18세기 중반에도 러시아의 남진이 다시금 저지된 것은 준가르가 붕괴한 후 생긴 힘의 공백을 청이 바로 메워버렸기 때문이었다. 건륭제가 주도한 정벌전으로 준가르는 1757년에 최종적으로 멸망했고, 그 주민들 중 다수는 청군에게 학살되었다. 그리고 이 과정에서 중국의 새로운 (서쪽) 변경, 즉 '신장新疆'으로 병합된 과거 준가르 영토에는 청군이 주둔하게 되었다. 동투르케스탄 지역을 포함한 준가르 영토를 확보한 청은 이에서 그치지 않고 카자흐 초원과 서투르케스탄 지역으로 진출했다. 그리고 그곳에 있던 다양한 정치 집단들과 갈등과 교류 관계를 맺으며 이 지역 정치에 적극적으로 개입하기 시작했다. 이를 통해 청은 카자흐 스텝 지역에서는 제정 러시아와 정치적·외교적 경쟁 구도를 형성하게 되었으며(김상철, 2008: 217-218), 과거 준가르의 세력권이었던 알타이 지역으로는 군대를 파견해서 이 지역에 대한 지배권을 확립하려고 시도했다(제임스 포사이스, 2009: 143-144).

제정 러시아가 카자흐 초원 지대에 대해 영향력을 행사하기 시작한 것은 18세기 초반부터의 일이다. 시비르 칸국을 공격하면서 서시베리아 지역으로 진출하기 시작한 16세기 중반에 러시아 인들은 그 남쪽에 있는 스텝 지역에 정주하고 있던 카자흐 칸국Kazakh Khanate과 접촉하기 시작했다. 초기에는 외교적·상업적 관계가 중심이었던 양자 사이의 관계는 17세기 중반에 서몽골 지역에 준가르 제국이 수립되면서 정치적·군사적 관계로 변하기 시작했다. 17세기 중반에 준가르 칸국은 주변 지역으로 영토를 팽창하는 와중에 스텝을 따라 서쪽에 위치한 카자흐 칸국으로도 적극적으로 진출했다. 이 시기에 카자흐 칸국은 현 카자흐스탄 동남부와 우즈베키스탄 동북부에 해당하는 지역에 위치해 있던 장쥬즈Uly zhuz, 현 카자흐스탄 중부와 동부 지역을 장악하고 있던 중쥬즈Orta zhuz, 현 카자흐스탄 서부 지역에 자리 잡고 있던 말쥬즈Kishi zhuz라는 세 개의 부족연합체들로 분열되어 있었으며,[5] 이런 이유로 강력한 준가르 칸국에 효과적으로 대응할 수 없었다. 특히 준가르 제국과 국경을 접하고 있던 장쥬즈와 중쥬즈는 17세기 중반에서 18세기 중반에 오이라트 군대의 침략을 받아 군사적·경제적·인구적으로 커다란 손실을 보았다. 1730년에 세 쥬즈들은 동맹을 맺음으로써 준가르 군대를 패퇴시키기도 했으나, 이러한 결속은 오래가지 못했다. 그 결과 장쥬즈의 상당 부분이 준가르의 직접적인 지배를 받게 되는데, 이 지역은 준가르가 청에 의해 붕괴한 이후 청의 세력권으로 재편되었다. 이러한 복잡한 주변정세 속에서 약자로 전락한 카자흐 쥬즈들은 제정 러시아를 자신들의 안전을 보장해 줄 수 있는 보호세력으로 선택했다. 즉, 1731년에는 말쥬즈의 아불하이르 칸이, 그리고 1734년에는 중쥬즈 대부분과 장쥬즈 일부가 각각 제정 러시아에 신종했다(김상철, 2008: 212-215; *History of Civilizations of Central Asia. V. 5*, 2003: 98-99).

이러한 상황에도 불구하고 카자흐 초원 지대가 제정 러시아의 영토로 완전히 병합되는 것은 19세기 초가 되어서의 일이다. 사실 카자흐 쥬즈들이 제정 러시아에 신종한 것은 주변 강대국들의 압박을 회피하기 위한 임기응변적인 전술이었으며, 따라

---

5 쥬즈(zhuz)는 '부분' 또는 '지파'라는 뜻을 가진 아랍어 'juz'에서 왔다는 설, 숫자 '백'을 의미하는 튀르크어 'yuz'에서 왔다는 설 등 어원에 대해서는 이견이 있으나, 그 개념은 "일정한 영역을 점유하고 있는 부족들의 집단 또는 연맹"이라는 것으로 동일하다(*History of Civilizations of Central Asia. V.*, 2003: 93). 카자흐 쥬즈는 크게 세 개가 존재했는데, 본 글에서는 현재 국내에서 이 세 쥬즈들을 구분하는 용어를 기존에 사용하고 있는 '상·중·하' 대신에 원어 의미에 맞춘 '장(長)·중(中)·말(末)'로 바꾸는 것을 제안하는 바이다. 이와 관련된 자세한 내용은, 양승조 (2016c: 286 주) 12)를 참조하라. 다만, 양승조(2016c: 286 주) 12)에는 "울리(Ulı), 오르타(Orta), 키시(Kişi)"가 '손아래(말), 중간(중), 손위(장)'라고 설명되고 있으나, 이는 잘못된 것으로, '손위(장), 중간(중), 손아래(말)'로 정정될 필요가 있다. 따라서 변경 명칭도 장쥬즈(Uly zhuz), 중쥬즈(Orta zhuz), 말쥬즈(Kishi zhuz)가 되어야 한다.

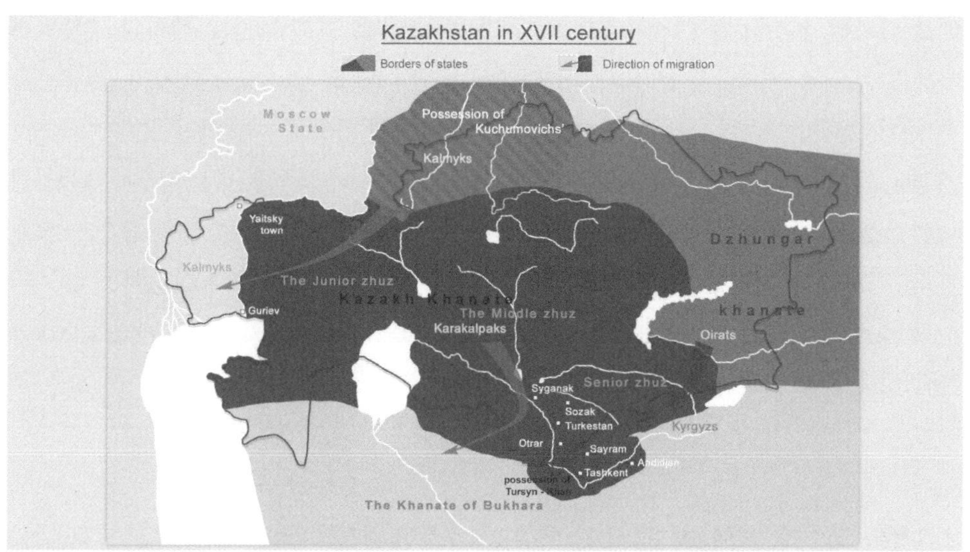

지도 1　카자흐 칸국과 쥬즈들: 17세기

* 출처: www.mfa.kzmobiledemosc3_en.htmlpage=7 (검색일: 2017.04.11)

서 이것은 제정 러시아로의 완전한 복속을 의미한 것도, 제정 러시아에 대한 절대적인 충성을 보장하는 것도 아니었다. 그러나 세 쥬즈들 사이의 상호 경쟁과 준가르/청, 코칸트 칸국, 부하라 칸국 등 외세의 압력 속에서 카자흐 초원의 유목기마부족들은 정치적·외교적으로 비교적 밀접한 관계를 가지고 있었던 제정 러시아에 점차 편입되어 갔다. 말쥬즈는 1730년에 아불하이르Abul Khair 칸이 러시아에 신종한 이후 세 쥬즈들 중에서 비교적 러시아와 협조적인 관계를 이어간 곳이었다. 그 결과 말쥬즈의 내부정치에 대한 러시아의 영향력 또한 점차 강해져서, 칸이 사망한 후 권좌를 놓고 벌어진 상호 경쟁에서 승리한 자는 러시아 황제의 추인을 받음으로써 정통성을 확보할 수 있었다. 이러한 정치적 특징은 제정 러시아가 말쥬즈의 내정에 간섭하기 좋은 여건을 제공해 주었으며, 마침내 1824년에 말쥬즈는 러시아에 통합되었다. 중쥬즈는 러시아에 대한 신종 서약에도 불구하고 독립적인 경향이 강했다. 중쥬즈 역시 말쥬즈와 마찬가지로 1730년에 제정 러시아에 대한 신종을 약속했지만, 이 이후에도 제정 러시아의 보호 아래 있던 바쉬키르를 공격하거나, 준가르와, 그리고 준가르 몰락 후에는, 청과 우호관계를 맺는 등 19세기 초까지도 독자적인 행보를 유지했다. 그러나 18세기 말 이래로 내부 권력 투쟁으로 세력이 급격히 약화되었으며, 그 결과 말쥬즈와 마찬가지로 1824년에 러시아에 통합되었다. 장쥬즈는 동쪽의 준가르와 청 그리고 남쪽의 우즈벡 계통 칸국들의 직간접적인 진출로 인해 제정 러시아의 영향력이 가장 미미하게 미치는 곳이었다. 즉, 17세기 후반 이래로 장쥬즈 지역의 많은 부분들은 준가르의 영향권에 들어갔으며, 18세기 말에는 준가르를 대신해서 동투르케스탄 지역을 지배하게 된 청에 복속되었고, 19세기 초에는 이 지역으로 진출한 코칸드 칸국의 영토로 편입되었다. 이러한 이유로 제정 러시아의 장쥬즈 지역 통합은 코칸드 칸국 원정에 성공하는 19세기 중반에 와서야 달성되었다(김상철, 2007: 402-426; 김상철, 2008: 215-220; 고마츠 히사오 외, 2005: 355-356; *History of Civilizations of Central Asia. V. 5*, 2003: 99-101).

2. 청의 영향력 약화와 영국의 아프가니스탄 침공

17세기 중반에 동아시아에서는 새로운 제국이 건설되고 있었다. 여진족 부족연합체인 만주족이 세운 후금은 건국 초기 만주를 중심으로 동몽골의 할하를 제압하면서 동아시아의 신흥 강국으로 성장했으나, 노쇠한 중원 국가인 명의 수성전을 뚫지 못하고 고전하고 있었다. 그런데 만주족에게는 다행스럽게도 명은 이자성의 난으로 인한 내부 혼란으로 붕괴하고 만다. 1644년에 청[6]은 명의 항장 오삼계를 앞세워 북경을 함락한 후 자신들이 중원 국가의 정통성을 이어받았다고 천명했다. 이후 청은 빠른 시간 내에 중원 대부분 지역을 평정함으로써 만주에서 중원에 이르는 직접 통치지역과 동몽골의 할하라는 변경지역을 세력권으로 둔 동아시아 제국이 되었다.

그 결과 17세기 후반에 중앙유라시아 지역에는 청, 모스크바 국, 준가르 칸국이라는 세 개의 거대한 제국이 병립하는 구도가 형성되었는데, 이들 삼국이 국경을 접하고 있던 동아시아 스텝지역에서 가장 강력한 세력은 청이었다. 17세기 중반에 중앙유라시아 지역에는 만주에서 일어나 중원과 동몽골 스텝을 제패한 대청국, 우랄 서쪽의 스텝지역을 통합한 후 그 여세를 몰아 시베리아로 진출한 모스크바 국, 그리고 서몽골과 동투르케스탄 지역을 중심으로 초원지대를 장악하고 있었던 준가르 칸국이 상호 견제와 대립 속에서 공존하는 구도가 형성되었다. 이 중에서도 동아시아의 중원을 장악하고 있었던 청은 인구수와 경제력에 있어서 다른 두 제국을 압도하고 있었는

---

6 후금은 청 태종인 홍타이지(숭덕제) 시기에 국호를 '대청'으로 개칭한다.

데, 특히 경제적으로는 유라시아 전역을 관통하는 동서교역의 거대한 한 축을 담당하고 있었다. 군사적인 면에서도 청은 만주와 동몽골의 기마병은 물론이고 중원 정복으로 확보하게 된 한병漢兵과 그들의 전투기술도 동원할 수 있게 되었다. 이와 비교해 볼 때, 모스크바 국은 군사적으로는 근대적 화기로 무장한 카자크를 시베리아 지역에서 운용하고 있었으나 그 수가 매우 적었으며, 경제적으로는 물산이 풍부한 중국과의 교역이 새로이 병합한 동방 영토를 유지하기 위해 반드시 필요했다. 준가르 칸국은 막강한 군사력을 보유한 유목제국이었으나, 경제적으로는 중원 국가와의 무역에 크게 의존하고 있었다. 따라서 이 시기 중앙유라시아 지역에 있었던 이 세 거대세력들 사이의 상호관계에서 상대적으로 우월한 위치에 있었던 것은 청이었다.

이러한 이유로 동아시아 스텝지역에 형성되어 있던 삼국 사이의 세력 균형은 모스크바 국과 준가르 칸국이 청과 어떠한 외교적·군사적 관계를 맺는지에 따라 변동되었다. 17세기에 시베리아 지역 대부분을 정복하는데 성공한 모스크바 국은 동아시아 지역에서 청과 네르친스크 조약을 체결했다. 그리고 이를 통해 러시아 인들은 기존에 정복한 지역들에 대한 지배권을 인정받게 되었을 뿐만 아니라 중국과의 무역권이라는 경제적 이득도 얻게 되었다. 이와는 달리 준가르 칸국은 동몽골 지역을 놓고 청과 경쟁하는 관계에 있었다. 그러나 준가르 칸국은 청에 비해 협조적인 관계를 유지하고 있었던 모스크바 국이 아시아 지역에서 영토적·경제적 안정을 유지하는 과정에서 유목 국가보다는 정주 제국과의 우호적 관계 구축을 선택하게 되면서 청의 집중적인 견제를 받게 되었다. 그 결과 준가르 칸국은 시베리아 지역으로 진출한 러시아와 동쪽에서 압력을 가하고 있던 청 사이에서 운신의 폭이 점차 줄어들게 되었으며, 마침내 18세기 중반에 건륭제의 정벌군에 의해 멸망하게 되었다. 청은 준가르 칸국이 투르케스탄 지역에서 차지하고 있던 영토들(동투르케스탄) 대부분을 변방 영토로 귀속시켰으며, 이를 발판으로 서투르케스탄과 카자흐 초원 지대에 자리 잡고 있던 정치집단들과 조공관계를 맺음으로써 이 지역의 정치 질서에 영향력을 행사하기 시작했다(양승조, 2015a: 157-164; 고마츠 히사오 외, 2005: 337).

청은 만주를 기점으로 서쪽으로 나아가 신장과 티베트를 병합하면서 팽창의 정점을 찍었으며, 이후 정주지역과 유목지역을 아우르는 거대한 영토를 관리하고 개발하는데 집중했다. 새로이 병합한 서쪽 변경 지역에 군대를 주둔시키고, 이와 함께 동쪽의 인구밀집지역으로부터 주민을 이주시킴으로써 병합한 지역을 개발하고 중원 지역과의 정치적·경제적 연계망을 강화해 나갔다. 이러한 노력은 중원과 변경 양 지역에 긍정적인 결과들을 가져왔다. 변경 이주로 인구가 밀집되어 있던 중원지역에서는 인구 압력이 완화되었고, 인구가 유입된 변경지역에서는 개발 속도가 빨라졌으며, 농지, 광산 등의 개발로 인해 변경지역의 자급 능력이 증대되었다. 이러한 정책들은 중앙에서 파견한 강력한 권한을 가진 관리들을 통해 진행되었다. 중앙 정부의 감독권이 확립되어 있고 파견된 관리의 능력이 뛰어난 이주 초기에 변경 개발은 많은 진전을 보였다. 그러나 19세기로 접어들면서 베이징 정부 자체가 부패하고 지역에 대한 감독과 통제 능력이 떨어지게 되자 변경에 파견된 관리들은 자신에게 주어진 막강한 권력을 사욕을 채우는데 사용했다. 이 시기에 청은 대외적으로도 그 위세가 약화되고 있었으나, 비대한 제국은 자신들이 이룩한 업적에 취해 변화된 조건에 빠르게 대응하지 못했다(피터 C. 퍼듀, 2012: 697-702).

　약화된 청은 중앙아시아 지역에 대한 영향력 또한 상실하게 되었다. 중앙정부의 무능과 이에 따른 변경 관리들의 부패로 신장 지역을 중심으로 하는 청의 중앙아시아 정책은 점차 수세적으로 바뀌게 되었으며, 이에 따라 이 지역 정치의 주도권은 '마 와라 알 나흐르' 지역[7]의 우즈벡계 국가들에게로 넘어가게 되었다. 이 시기에 중앙아시아 지역에서 부상한 대표적인 국가가 청의 신장 지역과 직접 경계를 접하고 있던 코칸드 칸국이다. 18세기 중엽에 페르시아가 서투르케스탄 지역을 침공함으로써 이 지역이 혼란에 빠지자, 이 기회를 틈타 페르가나 계곡에서는 우즈벡 계통 부족인 밍 Ming을 중심으로 코칸드 칸국이 수립되었다. 이후 코칸트 칸국은 주변 지역으로 영토를 팽창해서 19세기 초까지 페르가나 지역, 타슈켄트와 장쥬즈 지역, 중쥬즈 남부지역 등을 병합했으며, 그 결과 서투르케스탄 지역에서 부하라 아미르국, 히바 칸국과 대등하게 경쟁하는 강력한 국가로 성장했다. 코칸드 칸국이 이렇듯 빠르게 성장할 수 있었던 배경에는 강력한 군사력 외에도 청과의 통상로에 위치해 있다는 경제적 요인이 중요하게 작용했다. 건국 초기 코칸드 칸국은 청의 종주권을 인정하면서 조공이라는 형식을 통해 청과 무역을 진행했다. 그러나 18세기 말에서 19세기 초에 베이징의 중앙권력이 약화되고 신장 지역이 정치적으로 혼란스러워 지자 코칸드 칸국은 청과의 무역관계에서 주도권을 쥐기 시작했다. 즉, 코칸드 칸국은 청에게 자신들이 원하는 바를 요구조건으로 제시했으며, 이것이 받아들여지지 않으면 신장 지역의 무슬림 부족들을 선동하거나 때에 따라서는 직접적으로 군대를 동원해서 카슈가르와 같은

7　'마 와라 알 나흐르'는 "강 너머 땅"이라는 뜻인 트란스옥시아나의 아랍어 명칭이다.

신장의 주요 지역들을 점령하기도 했던 것이다. 반면 당시 경제적으로나 군사적으로 여유가 없었던 청은 이러한 도발에 군사적 징벌을 가하지 못한 채 코칸드 칸국의 요구사항들을 수용하곤 했다(고마츠 히사오 외, 2005: 341-342).

중앙아시아 지역에 대한 영향력을 상실하게 된 청을 대신에서 제정 러시아의 새로운 경쟁세력으로 부상한 것은 인도를 점령한 후 북쪽으로의 진출 기회를 살피고 있던 영국이었다. 18세기에서 19세기에 걸쳐 영국은 오스만 제국과 페르시아에서부터 중국과 극동지역에 이르는 유라시아 대륙의 여러 지역들에서 제정 러시아와 식민지 경쟁을 벌이고 있었다. 이 중에서 영국에게 있어 가장 중요한 곳은 인도였다. 18세기 말에 영국은 북아메리카 식민지를 반란을 일으킨 식민지 주민과 이들을 지원한 프랑스로 인해 상실했으나, 유럽의 경쟁 국가들을 물리치고 인도 아대륙을 장악함으로써 이러한 손실을 상쇄할 수 있었다. 동인도회사와 인도인 용병부대인 세포이를 전면에 내세우고 중요한 순간들에는 영국군이 직접 군사적 개입을 함으로써 영국은 비교적 적은 수의 인원과 장비로 남아시아의 거대한 땅과 주민을 복속시킬 수 있었다. 그리고 영국은 이렇게 확보한 인도 아대륙과 그 주변 지역에 대한 방어를 자국의 전 세계적 식민지 전략의 핵심 사안으로 확립했다. 그 결과 중앙아시아 지역은 카자흐 스텝지역으로부터 남하하고 있던 러시아와 인도로부터 북상하고 있던 영국 사이에서 대립이 가장 첨예하게 나타나는 지역으로 부상하게 되었다. 나폴레옹 전쟁으로 인해 중앙아시아와 그 주변지역에서 제정 러시아와 영국 사이의 경쟁이 잠시 유보되기도 했으나, 1815년에 워털루 전투에서 프랑스 군이 최종적으로 패배하자 두 제국은 다시금 이 지역에서 식민지 팽창과 유지를 놓고 대립하게 되었다.

영국인들이 보기에 제정 러시아가 중앙아시아로의 팽창 정책을 통해 달성하려는 것은 인도로 가는 통로 확보였다. 19세기 전반기에 러시아 인들은 캅카스 전쟁Кавказ-ская война을 통해 산악 부족들은 물론이고, 캅카스 지역의 오래된 그리스도교 민족들인 조지아와 아르메니아 또한 복속시켰다. 이 시기에 영국과 페르시아 사이의 관계도 소원해져서, 영국이 적극적이고 우호적인 외교관계 수립에 나서지 않자 카자르Qajar조의 모함메드Mohammad 샤는 제정 러시아와 긴밀하게 접촉하기 시작했다. 러시아 세력의 팽창은 중앙아시아 지역에서도 진전되어서, 19세기 초에 제정 러시아는 형식적 종주권을 가지고 있던 카자흐 스텝지역을 자국 영토로 완전히 병합하는데 성공한다. 이렇듯 서투르케스탄 지역이 러시아에 병합될 가능성이 커지게 되면서 인도에 대한 러시아의 위협은 점차 현실화되었으며, 이에 따라 중앙아시아 지역에서 제정 러시아와 영국 사이의 충돌 가능성은 점차 커졌다.

이러한 상황 속에서 제정 러시아 세력의 남진을 견제하고 인도를 보호하기 위해 유용하고 신뢰할만한 완충지대를 구축할 필요성을 느낀 영국은 아프가니스탄 지역에서 군사 작전을 진행했다. 1830년대에 아프가니스탄 지역을 장악하고 있었던 것은 골육상잔으로 약화된 두라니Durrani 조의 통치자들을 물리치고 바라크자이Barakzai 조를 창건한 도스트 무함마드Dost Mohammad 아미르였다. 아프가니스탄 지역에 새로운 통치자가 등장하자 영국뿐만 아니라 러시아도 그와 유대관계를 맺기 위해 외교적 노력을 진행했다. 그런데 이 과정에서 도스트 무함마드가 러시아 측으로 기우는 것 같은 정황이 포착되자 영국은 아프가니스탄에 대한 군사 원정을 결정했던 것이다. 영국은 원정을 통해 아프가니스탄을 무력으로 점령하고, 이곳의 지배자를 영국에 협조적인 두라니 조 출신의 슈자Shujah 샤로 교체하려고 했다. 그리고 실제로 전쟁 초기인 1839년에 영국인과 인도인으로 구성된 원정군은 카불을 점령하고 슈자 샤를 새로운 통치자로 추대하기도 했다. 그러나 카불에 주둔하고 있던 원정군은 곧 아프가니스탄 인들의 반격을 받게 되었으며, 군사적 열세로 인해 후퇴하는 과정에서 전멸 당하고 말았다.[8] 영국군은 새로운 원정군을 투입하여 다시 한 번 카불을 점령하기도 했으나, 이들이 인도로 돌아가자 도스트 무함마드가 카불로 재입성함으로써 영국의 아프가니스탄 원정은 커다란 성과 없이 종료되었다.

III. 19세기 전반 부하라 아미르국의 발전과 중앙집권화

1. 망기트 조의 등장과 부하라 아미르국의 발전

18세기 전반 부하라 칸국은 대내외적으로 위기상황에 빠져 있었다. 이 시기 부하라

---

8 아프가니스탄을 침공한 외국군대의 비극적 종말 중 한 부분을 차지하고 있는 영국군의 카불 퇴각 작전과 그 비참한 결과는, Tanner(2010: 249-295)에 잘 나와 있다.

칸국의 권좌를 장악하고 있던 것은 아슈타르한 조Ashtarxoniylar[9]였다. 아슈타르한 조의 선조는 아스트라한 칸국 출신으로, 16세기에 아스트라한 칸국이 모스크바 국에게 멸망하게 되자 부하라 칸국으로 이주해 온 이들이었다. 17세기 초에 아슈타르한 조의 실질적 창시자인 자니 무함마드Jani Muhammad는 샤이바니 조의 피르 무함마드Pir Muhammad 2세를 공격하여 살해하고 자신의 아들 보키 무함마드Boqi Muhammad를 칸으로 옹립함으로써 새로운 왕조를 개창했다. 그러나 아슈타르한 조는 무력을 사용해서 권좌를 강탈한 외부 유입 세력이라는 한계성으로 인해 부하라 칸국 내에 있던 우즈벡 부족들을 정치적·군사적으로 확고하게 장악하지 못했다. 게다가 이러한 상황은 군주 가문 내에서 칸위를 놓고 빈번히 발생한 분쟁들로 인해 더욱 악화되었다(Иванов, 1958: 68). 그 결과 부하라 칸국에서는 지방에 할거하고 있던 우즈벡 부족들[10]에 의한 권력 분점이라는 상황이 점차 강화되어 갔다. 나아가 유력 부족들은 국내에서 자신들의 영향력을 확대하려고 시도하고 있었으며, 그 결과 18세기 전반에 이르면 칸국 내 주요 지역들을 거점지로 삼고 있던 강력한 우즈벡 부족들인 유즈Yuz, 콩기로트Qo'ng'irot(옹기라트), 나이만Nayman, 케네게스Keneges, 망기트Mangit 등이 세력 팽창 과정에서 상호 분쟁과 무력충돌을 공공연하게 일으키고 있었다. 또한 칸국 외부에서는 서쪽의 히바 칸국, 북쪽의 카자흐와 칼믹크, 그리고 무엇보다도 이란 지역에 수립된 페르시아계 왕조들이 마 와라 알 나흐르 지역에 군사적 압박을 가하고 있었다. 그러나 18세기 전반의 아슈타르한 조는 이러한 대내외적 위기를 해결할 능력이 부족했으며, 그 결과 칸국의 실권은 점차 망기트 부족에게로 넘어가기 시작했다.

17세기 후반 이래로 부하라 칸국의 중심 세력들 중 하나로 부상하기 시작한 망기트 부족은 18세기 중반에 아슈타르한 조를 대신해서 부하라 칸국의 새로운 통치 집단으로 부상하게 되었다. 1740년대에 부하라 칸국은 당시 이란 지역을 통치하고 있

---

9 '아슈타르한'이라는 명칭은 현재 볼가 강 하류에 있는 아스트라한(Астрахань)을 가리키는 것이다. 아슈타르한 조의 선조는 1556년에 아스트라한 칸국이 이반 4세가 파견한 모스크바 국 군대에 의해 붕괴된 후 이 지역에서 부하라 칸국으로 이주해 온 이들이다. 아슈타르한 조는 '자니 조'라고도 불리는데, 이는 아슈트라한 조 출신의 첫 번째 부하라 칸인 보키 무함마드 칸의 아버지로서 샤이바니 조 말기 부하라 칸국의 실권을 장악하고 있었던 자니 무함마드 칸(또는 자니벡 칸)의 이름에서 연원한 것이다.

10 우즈벡을 구성하고 있는 부족수에 대해서는 32개 부족, 92개 부족 등 이견이 분분하다(Иванов, 1958: 128).

던 아프샤르 조의 나디르 샤Nadir Shah가 이끄는 군대에게 패배한 후 이란의 정치적 영향권 아래 들어가게 되었다. 이때 부하라 칸국 내에서 우월한 입지를 점하고 있던 망기트 부족은 나디르 샤와 긴밀한 관계를 맺는데 성공하며, 이를 배경으로 부하라 칸국 내에서 정치적 영향력을 보다 크게 확대할 수 있었다. 그리고 이러한 배경 속에서 1745년에 망기트 부족의 지도자인 무함마드 라힘Muhammad Rahim 비biy[11]는 칸국 내에서 발생한 반란 진압을 빌미로 나디르 샤의 군사적 지원을 받아 부하라에 입성할 수 있었다. 그리고 1747년에는 당시 부하라 칸국의 통치자였던 아불파이즈Abulfayz 칸을 처형함으로써 모든 권력을 장악했다. 이후 무함마드 라힘은 아불파이즈 칸의 어린 아들들을 차례로 칸으로 내세우며 '아미리 카비르amīr-i kabīr', 즉 부하라 칸국 내에 있는 '모든 아미르들 위에 있는 아미르'[12]로서 국가를 실질적으로 다스리다가, 마침내 1756년에 칸의 자리에 오름으로써 1920년까지 이어지는 망기트 조를 개창했다.

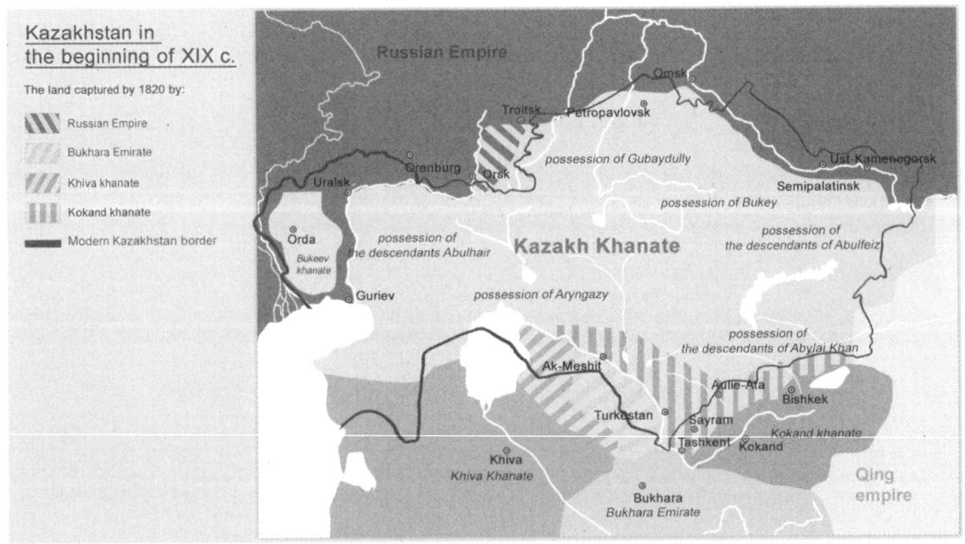

지도 2　19세기 초 중앙아시아와 주변 세계
* 출처: http://www.mfa.kz/mobile/demos/c3_en.html (검색일: 2017.04.11)

---

11 '비(biy)' 또는 '벡(bek)'은 중앙아시아 지역에서 부족장을 가리키는 명칭이다.

12 '아미리 카비르(amīr-i kabīr)'는 대 아미르(Great Emir)라는 의미로, 무함마드 하킴(Muhammad Hakīm)이 아슈타르한 조 하에서 부하르 칸국의 권력을 장악한 후 사용한 칭호이다. 그가 사망한 후 이 호칭은 그의 아들인 무함마드 라힘에게 승계되었다(*History of Civilizations of Central Asia*. V, 2003: 57).

그런데 망기트 조 시기 부하라 칸국의 군주들 중 대부분은 칸 보다는 아미르를 최고 통치자의 칭호로 사용했다.[13] 그것은 칭기즈칸과 그의 자손들이 이끄는 몽골 군대가 유라시아 대제국을 건설한 이래로, 스텝초원지대에서는 칭기즈칸의 혈통만이 칸이라는 호칭을 사용할 수 있는 정통성을 가지게 되었기 때문이었다. 부하라 칸국의 초기 두 통치가문들인 샤이바니 조와 아슈타르한 조는 각각 주치의 다섯 번째 아들인 쉬반Shiban과 열세 번째 아들인 투카 티무르Tuka Timur의 후손이었기에 칸의 칭호를 사용할 수 있었다. 그러나 망기트는 몽골 계통으로 칭기즈칸의 원정에 참여한 주요 부족들 중 하나이긴 했으나, 칭기즈칸의 직계 혈통은 아니었다. 이러한 이유로 망기트 조를 개창한 무함마드 라힘은 칸으로서의 정통성을 획득하기 위해 1756년에 자신이 처형한 아불파이즈 칸의 딸과 결혼한다(Иванов, 1958: 103-104). 그러나 그의 사후 1758년에 군주권을 행사하게 되는 다니욜Doniyol은 무함마드 라힘의 숙부로 혈연적으로 칭기즈칸 가문과 어떠한 연관도 없었다. 이러한 이유로 그는 실질적으로는 전권을 휘두르는 최고 권력자였음에도 불구하고, 형식적으로는 라힘 칸의 어린 손자를 명목상의 칸으로 옹립하고 자신은 그 밑에 있는 오탈리크Otaliq[14]로서 국가를 통치했다. 이와는 달리 1785년에 다니욜로 부터 권력을 승계한 그의 아들 쇼흐무로드Shohmurod는 군주로서의 정통성을 유목 전통이 아니라 종교적 전통 속에서 찾았다. 즉, 쇼흐무로드는 무함마드의 후손과 혼인을 통해 혈연관계를 형성함으로써 이슬람에 기반을 둔 종교적 정통성을 통치 기반으로 확보했으며, 그 연장선상에서 '칸'과 함께 '아미르amīr'[15]를 최고 통치자의 호칭으로 사용하게 되었던 것이다.[16] 이러한 이유

<hr>

13 19세기 초에 부하라를 방문한 메이엔도르프에 따르면, 이 시기 부하라 아미르국의 최고 통치자는 '칸'과 "아미르-알-무미닌(эмир-уль-муминин)", 즉 '아미르'라는 호칭을 모두 사용했다(Мейендорф, 1975: 131).

14 오탈리크(Otaliq)는 직역하면 '의부(подобный отец)' 또는 '대부(заменяющий отец)'라는 뜻으로, 부하라 아미르국의 최고위관직들 중 하나이다(*Записки о Бухарском ханстве*, 1983: 32 주) 24).

15 '아미르'는 '신도들의 지도자'라는 의미인 '아미르 알 무미닌(Amīr al-Mu'minīn)'의 약칭으로, 전근대시기 이슬람 지역에서 신정일치적 통치자를 의미하는 지위이다. 즉, '아미르'는 종교적 지도자일 뿐만 아니라 정치적 통치자이기도 했다.

16 이러한 이유로 망기트 조 시기 부하라 국가를 '칸국'뿐만 아니라 '아미르'국이라고도 부르게 되었는데, '부하라 아미르국'이라는 명칭을 사용하는 것에는 망기트 조가 칭기즈칸의 후예

로 망기트 조 부하라 칸국은 이후 부하라 아미르국이라고도 불리게 되었다.

군주 호칭에 대한 논란에서 알 수 있듯이, 부하라 칸국에서는 우즈벡 집단의 제 부족들이 강력한 권한을 보유하고 있었다. 사실 부하라 칸국에는 마지막 왕조인 망기트 조가 들어서는 시기에 조차 중앙 집중화된 국가권력과 근대적 행정체계가 확립되어 있지 못했다. 칸국 내 각 지방을 자신들의 정치적·경제적·군사적 기반으로서 분점하고 있던 우즈벡 부족들은 부하라의 통제력이 약화되는 모습을 보이면 이를 놓치지 않고 군주권에 도전하곤 했다(Иванов, 1958: 129). 예를 들어, 부하라 칸국 내에서도 경제적으로 풍요로운 지역인 샤흐리샵즈Shahrisabz를 근거지로 삼고 있었던 케네게스는 아슈타르한 조 시기부터 망기트와 경쟁관계에 있던 우즈벡 부족으로, 망기트가 부하라 칸국의 새로운 통치 집단이 된 뒤에도 아미르에 대한 신종을 번복하고 자치권을 주장하곤 했으며, 때에 따라서는 독자적으로 또는 다른 반아미르 세력들과 연합해서 중앙 권력에 도전하곤 했다(Мейендорф, 1975: 79; Иванов, 1958: 119)[17]. 망기트 조 시기 부하라 아미르국의 대외 상황도 그리 좋지는 않았다. 무엇보다도 이웃해 있던 히바 칸국과 코칸드 칸국은 부하라 칸국과 마찬가지로 우즈벡 계통의 부족들이 지배하고 있었던 국가들이었으나, 영토적으로는 중앙아시아 여러 지역을 놓고 경쟁하는 관계에 있었기에 이들 사이에서는 상호 분쟁이 지속되고 있었다. 이에 더해 부하라 아미르들이 추진한 북쪽의 카자흐 평원과 남쪽의 아프가니스탄 지역으로의 영토 팽창 시도는 이 지역에 거주하거나 이해관계를 가지고 있는 지역 세력들과의 마찰로 이어지곤 했다(Иванов, 1958: 117-120; 이광태, 2009: 36-37).

18세기 말에서 19세기 전반에 이르는 시기 동안 망기트 조의 군주들은 이러한 대내적 분열과 대외적 위기에 대처하는 과정에서 분권적 국가 구조를 타파하고 아미르를 정점으로 하는 단일하고 중앙집권적인 통치 체계를 수립하기 위해 노력했다.[18] 쇼

가 아니라는 의미에서 정통성의 결여를 강조하는 면도 있다(이광태, 2009: 33 주1), 38). 본 글에서는 이러한 정치적 배경에 어떠한 강조도 두지 않고 있으며, 단지 망기트 조 부하라 국가가 '칸'과 '아미르'라는 두 개의 칭호를 다 사용했다는 의미에서 '부하라 칸국'과 '부하라 아미르국'을 혼용해서 사용하고 있다.

17 메이엔도르프에 따르면, 케네게스는 유사시에 약 20,000기의 기병을 동원할 수 있었다.

18 바르톨드의 지적처럼, 이들은 이러한 권력을 부하라 아미르국뿐만 아니라 투르케스탄 전역으로 확장해서 적용하려고 했다. "부하라 칸국이 영토 크기에 있어서는 코칸드 칸국에게 밀리게 되었으나, (부하라 칸국의 – 인용자) 아미르는 투르케스탄 삼국의 권력자들 중에

흐무로드는 권좌에 오른 후 아버지 다니욜 시대에 행정부와 사법부의 최고 수장들이었던 다울라트Daulat와 니자무딘Nizāmu'ddīn을 처형함으로써 권력을 자신에게 집중시켰으며, 이를 보다 확고하게 하기 위해서 샤리아에 위배되는 불법적인 세금들을 폐지[19]하고 사법 체계를 개선하는 등 행정과 사법 분야에서 개혁을 단행했다(*History of Civilizations of Central Asia. V*, 2003: 58-59). 1800년에 쇼흐무로드의 뒤를 이어 부하라 아미르국의 통치자 자리에 오른 하이다르Haydar[20]는 아버지와 마찬가지로 행정 및 사법 개혁을 지속했으며, 이에 더해 군 개혁 또한 단행했다. 하이다르의 치세는 군사적으로 혼란스러운 시기로, 국내적으로는 반란과 봉기가 반복적으로 발생했고, 대외적으로는 코칸드 칸국 및 히바 칸국과 접경지역을 놓고 여러 차례에 걸쳐 전쟁을 치렀다. 이러한 상황 속에서 하이다르는 1820년에 러시아에서 파견한 네그리A. Ф. Негри 사절단의 일원으로 부하라에 온 루스키(슬라브계 러시아 인) 병사들과 카자크들의 도움을 받아 기존의 군 조직에 상비군을 포함하는 군 개혁을 추진했다(Бабаев, 2010: 155).

아미르를 정점으로 하는 행정체계 조직과 상비군 설치는 그 이전과는 비교할 수 없는 막대한 비용 지출을 요구했다. 하이다르는 아미르가 되자 사천 명의 관료를 새로이 임명했으며, 그 결과 19세기 초 부하라 아미르국에서는 '탄호tanho'[21]라는 식읍

서 투르케스탄 전역에 자신의 통치권을 수립하려고 시도한 유일한 사람이었다"(Бартольд, 1963: 290).

19 이른바 "불법적인" 세금을 금지한 쇼흐무로드의 세제개혁은, 그러나 실효성은 적었던 것으로 드러났는데, 그것은 실제로는 그의 치세에 이 세금들이 계속해서 수취되고 있었기 때문이었다(Иванов, 1958: 107).

20 동시대인들 사이에서 하이다르에 대한 평가는 극단적으로 나뉜다. 1860년에 나스룰라의 뒤를 이어 아미르가 된 무자파룻딘(Muzaffaruddin) 치세에 활동한 사미(Мирза Абдал Азим Сами)는 하이다르를 "학식있고, 관대하며, 정의로운 군주"라며 긍정적으로 평가하고 있는데, 그의 이러한 평가는 하이다르의 신실한 신앙심을 높이 평가한데 따른 것이었다(Мирза Абдал Азим Сами, 1962: 53). 반면, 하이다르 치세인 1820년에 부하르를 방문한 독일계 러시아 귀족인 메이엔도르프는 하이다르의 통치를 "전제적"이라고 통칭하면서, "미신, 호전성과 탐욕이라는 유명한 기질 등이 부하라 정부의 반(半)야만적인 특징"이라고 설명한다(Мейендорф, 1975: 131, 142). 흥미로운 것은, 하이다르의 종교적 신실함이 현지인에게는 덕으로 평가된 반면, 외부인에게는 전근대성의 상징으로 인식되고 있다는 사실이다.

21 '탄호(tanho)'는 부하라 칸국에서 국가가 관료들에게 현물 급여의 일종으로 정해진 기간 동

을 받는 관료의 수가 12,000명에 달했다. 상비군 수 또한 지속적으로 증가해서 이미 하이다르 시기에 부하라 한 곳에만도 약 12,000기의 기마병이 있었는데, 이들 또한 국가로부터 급여를 받아 생계를 유지했다. 전쟁이 벌어지면 상비군에 대한 지출은 더욱 늘어났는데, 망기트 조의 다른 군주들과 마찬가지로 하이다르 역시 대내외의 많은 분쟁들에 엮여 있었기에 수많은 전투들을 치렀으며, 이에 따른 지출은 국가 재정에 커다란 부담이 되었다. 그 결과 하이다르 시기에 국가재정 지출은 빠르게 증가해서, 하이다르와 동시대에 살았던 우즈벡 학자 무함마드 요쿱Muhammad Yoqub ibn Doniy-olbiy의 증언에 따르면, 하이다르 시기에는 아버지인 쇼흐무로드 시기보다 국고 수입이 두 배 더 많았으나, 이것으로도 국비 지출의 절반만 충당할 수 있었다(Иванов, 1958: 129-130). 그 결과 1826년에 하이다르가 사망했을 때 "국고에서는 오천 틸라 тилла22(7만 루블)도 찾을 수 없었다"(*Записки о Бухарском ханстве*, 1983: 19)[23].

2. 나스룰라의 집권과 중앙집권체제 수립

1827년에 새로운 아미르로 등극한 나스룰라는 권력을 장악하기 위해 형제간 골육상잔도 마다치 않았다. 1826년에 하이다르가 사망할 당시 그에게는 여섯 아들이 있었는데, 나스룰라는 그 중 둘째 아들이었다.[24] 아버지 사망 후 첫째 아들 후사인Husayn

----

안 제공한 지대수취권이다. 탄호를 부여 받은 자는 자신에게 허용된 지역에서 지대만을 수취할 수 있었고, 이 땅에 대한 사법적-행정적 권리나 토지에 대한 소유권을 가지고 있지는 않았다. 보통은 무력봉사에 대한 대가로 지급되었다(Абдураимов, 1961: 11).

22　메이엔도르프에 따르면, 19세기 초 부하라 아미르국에는 금화인 틸라(тилла), 은화인 텐가(теньга), 그리고 동화인 풀(пул)이라는 세 종류의 주화가 있었다. 그의 추산에 따르면, 1틸라 = 16아시그나치야루블 = 16프랑(프랑스)이고, 1텐가 = 76(동)코페이카 = 76상팀(프랑스)이며, 1풀 = 1.38코페이카 = 1.38상팀(프랑스)이다(Мейендорф, 1975: 112).

23　데메죤은 이나마도 당시 재상이었던 하킴 쿠쉬베기의 노력이 있었기에 남게 된 것이라고 증언하고 있다.

24　하이다르 사망 시 그의 자녀들 중 권좌를 승계할 수 있는 나이에 도달해 있던 아들은 후사인, 나스룰라, 우마르 등 세 명이었는데, 이들 중 후사인이 장남이라는 것은 분명하나 나스룰라와 우마르 중 누가 윗길인지에 대해서는 의견이 분분하다(이광태, 2009: 39). 예를 들어, 나스룰라의 아들인 무자파루딘(Muzaffaruddin) 시대에 활동했던 사미는 이 둘을 "동년

이 아미르 지위를 계승할 것임이 분명했음에도, 나스룰라는 군대를 이끌고 부하라로 진출한다. 그러나 부하라에 있던 하킴 쿠쉬베기가 성문을 걸어 닫고 지키다가 후사인을 먼저 들임으로써 나스룰라의 시도는 실패하게 된다. 그런데 아미르의 자리에 오른 후사인은 아편중독 또는 독 때문에[25] 재위 삼 개월 만에 사망한다. 이제 나스룰라가 둘째 아들로서 권좌에 오를 차례였으나, 부하라의 고관들은 그가 "음흉하고 흉악한 성격мрачный и злой характер"(*Записки о Бухарском ханстве*, 1983: 64)을 가진 사람이었기에 동생인 우마르Umar를 아미르로 추대한다. 이러한 결과를 인정할 수 없었던 나스룰라는 근거지인 카르시Qarshi에서 군사력을 보강한 후 1827년 봄에 자신을 지지하는 우즈벡 부족들을 이끌고 부하라를 공격한다. 사마르칸트를 손쉽게 접수한 후 진격해 온 나스룰라 군대에 포위된 부하라의 우마르 지지자들은 식량 부족으로 점차 전의를 상실해 간다. 이 때 부하라의 고관들과 사이가 좋지 않았던 하킴 쿠쉬베기가 오래 전부터 나스룰라와 내통하고 있다가 부하라가 포위되고 성내 방어군의 사기가 떨어지자 성문을 열어 나스룰라에게 항복하며, 그 결과 전쟁은 끝나게 된다(*Записки о Бухарском ханстве*, 1983: 64-67; 이광태, 2009: 39-41; *History of Civilizations of Central Asia. V*, 2003: 60).

하이다르가 사망한 후 우즈벡 부족들의 지원을 받아 형제간 권력 투쟁에서 승리함으로써 부하라 아미르국의 새로운 통치자로 등극한 나스룰라Nasrulla의 앞에는 난제들이 산적해 있었다. 대내적으로는 권력 투쟁 과정에서 유목 부족들에게 분산된 힘을 다시 중앙으로 집중시키고, 자신에 대한 국내의 비우호적인 정서를 되돌리며, 비대해진 관료조직과 상비군으로 인해 고갈되어 가던 재정을 확충할 필요가 있었다. 대외적으로는 카자흐 초원을 통합한 제정 러시아의 남진과 인도를 기반으로 중앙아시아 지역으로 진출하고 있던 영국의 영향력 확대에 대응해야만 했다. 나스룰라는 대외정세

배(ровесники)"라고 표현하고 있고(Мирза Абдал Азим Сами, 1962: 54), 나스룰라 치세에 부하리를 방문했던 데메죤은 나스룰라가 하이다르의 둘째 아들이라고 기술(*Записки о Бухарском ханстве*, 1983: 64, 65)하고 있다. 여기서는 *History of Civilizations of Central Asia. V*(2003: 60)의 기술을 따라 나스룰라를 하이다르의 둘째 아들로 상정한다.

25 후사인의 사인에 대한 나스룰라 시기의 공식적 사인은 아편중독이다(이광태, 2009: 40). 그러나 당대부터 이러한 기술에 대해 의문이 제기되고 있어서, 데메죤에 따르면, 당대의 부하라 사람들은 후사인이 독살되었을 것이라고 생각했다(*Записки о Бухарском ханстве*, 1983: 64).

에 능통했던 무함마드 하킴Muhammad Hakim 쿠쉬베기qushbegi[26]와 함께 부하라 아미르국의 문제들을 해결해 나가기 시작했다. 하이다르 시기부터 쿠쉬베기 직책을 맡고 있었던 무함마드 하킴은 나스룰라 집권 초기에도 쿠쉬베기로 있으면서 국정과 재정을 총괄했다. 먼저 그는 오랜 관료생활을 통해 쌓은 풍부한 외교 경험을 활용하여 중앙아시아 주변국들과의 분쟁을 자제하며 관계를 개선했다. 한 예로, 1833년 여름에 샤흐리샵즈 원정에서 초기 패배로 많은 병력을 잃은 나스룰라가 전쟁 지속 여부를 놓고 고민할 때, 하킴 쿠쉬베기는 코칸드 칸국의 전쟁 위협 상황을 상기시키며 샤흐리샵즈와 그 연합세력들에 대적해서 전쟁을 지속하는 것은 불가능하다고 나스룰라를 설득했다. 또한 하킴 쿠쉬베기는 주변의 경쟁 국가들은 물론이고 러시아, 영국, 페르시아, 오스만 제국과 같은 강대국들과도 적극적으로 접촉함으로써, 한편으로는 지역 안정을 추구하고, 다른 한편으로는 지역 내 경쟁 국가들을 견제할 수 있었다. 경제적인 면에 있어서 하킴 쿠쉬베기는, 아시아의 동과 서는 물론이고 남과 북에 있던 국가들과 집단들이 교역을 위해 반드시 거쳐야만 한다는 부하라 아미르국의 지리적 이점을 최대한 활용하여 무역을 장려하는 정책을 펼쳤다. 그의 무역 장려책은 상당한 성과를 거둬서, 이 시기에 부하라 아미르국을 경유하는 상단과 부하라에 설치된 무역관의 수가 빠른 속도로 증가했으며, 그 결과 국고 수입의 주요 원천들 중 하나였던 관세 수입 증가로 국가 재정이 점차 안정되어 갔다(*Записки о Бухарском ханстве*, 1983: 18-19; 이광태, 2009: 43-44).

정치적·재정적 안정을 갖추어가게 되면서 나스룰라는 군 체제를 개편할 필요성을 느끼게 되었다. 나스룰라 치세 초기에 부하라 아미르국 군대는 비상시적 정규군인 "나우카르наукар"와 비상시에 소집되는 "카라-치리크кара-чирик"로 구성되어 있었다. 나우카르는 우즈벡 부족 출신자들로, 칸이나 부족장에게 무력봉사를 제공하는 유목 기마병을 가리키는 말이다. 이들은 주로 농촌에 거주하고 있었으며, 평시에는 경찰력의 역할을 하다 전시에는 군사력으로 투입되었다. 이들은 현물과 현금 형태로 급여를 받았으며, 국가에 대한 모든 형태의 의무를 면제받았다(Абдураимов, 1961: 52 주)

---

26 쿠쉬베기(qushbegi)는 원래 군주의 사냥과 관련된 사항들을 관리하는 직책이었으나, 19세기 부하라 아미르국에서는 재상으로서의 역할을 하게 되었다. 재상으로서 쿠쉬베기는 모든 국사를 전담했으며, 아미르 부재 시 그를 대신하여 국정을 관할했다(*Записки о Бухарском ханстве*, 1983: 9 주) 12).

134). 카라-치리크는 상민常民이라는 뜻인 "카라кара"와 부대라는 뜻인 "치리크чирик" 가 합친 말로, 전근대시기 마 와라 알 나흐르 지역에서 전쟁이 발생했을 때 부역의 일종으로 동원된 예비병력(의용군)을 가리키는 말이다. 카라-치리크는 기병과 보병 으로 구성되어 있었으며, 주력군인 나우카르를 보조하는 역할을 했다(Абдураимов, 1961: 53 주) 137). 1833-1834년에 부하라 아미르국을 방문했던 데메죵이 파악한 바에 따르면, 당시 부하라 아미르국의 나우카르 수는 19,000기였는데, 이 중 12,000 기는 부하라에 주둔하고 있었고, 나머지는 사마르칸트(2,500기), 카르쉬(Qarshi, 2,500기), 마이마나(Maymana, 1,000기), 카라쿨(Karakul, 1,000기)에 주둔하고 있 었다. 여기에 우즈벡 고관들이 거느리고 있는 3-4천기와 투르크멘 인들로부터 지원 받을 수 있는 18,000기 정도를 합쳐, 1830년대에 부하라 아미르국에서는 약 36,000 기의 유목기마병을 동원할 수 있었다고 한다.[27] 그런데, 데메죵의 평가에 따르면, 이 것은 수치상의 전력에 불과한 것으로 실제로는 국가 내에 있는 모든 나우카르들이 아 미르의 명을 충실히 이행하지 않았으며, 이에 따라 당시 부하라 아미르국에서 실제 로 동원 가능했던 최대 병력은 10,000-12,000기에 불과했다(*Записки о Бухарском ханстве*, 1983: 71-72).

군 전력의 상당부분을 우즈벡 부족들에 의존하고 있었으며 국가 위급 시에 양적으 로나 질적으로 충실한 군사력을 보장받지 못하고 있다는, 이러한 이유로 나스룰라는 강력하면서도 충성스러우며 자신을 상시적으로 보호해 줄 수 있는 군대의 창설을 추 진했다. 하킴 쿠쉬베기는 나스룰라의 군 개혁에도 깊이 관여한 것으로 보인다. 사실 이러한 의미에서의 상비군 창설은 그의 아버지인 하이다르 시기부터 시작되었었는 데, 하킴 쿠쉬베기가 하이다르 시기부터 쿠쉬베기 직을 수행하고 있었다는 사실을 감 안하면, 그가 하이다르의 군 개혁에도 깊이 관여하고 있었으리라고 추정할 수 있다. 하이다르 사망 후 계승분쟁으로 개혁 작업은 잠시 중단되었으나, 나스룰라가 권좌에 앉음으로써 정치적 안정이 확보되자 하킴 쿠쉬베기는 근대적 상비군 창설이라는 작

---

27 하이다르 시기인 1820년에 부하라를 방문한 메이엔도르프에 따르면, 부하라 아미르국 군 대는 모두 기마병으로, 이들은 25,000기의 상시 주둔군의 역할을 하는 용병(наемник) 과 60,000기 이상의 국가 비상시에 동원되는 봉건적 유목기마병(вассалы)으로 구성되 어 있다. 상시 주둔하고 있는 25,000기의 용병은 두 부분으로 나뉘어서, 12,000-13,000기 는 부하라와 그 주변지역을 보호하며, 나머지는 주요 국경 지역에서 수비를 담당하고 있다 (Мейендорф, 1975: 139).

업을 지속할 수 있었다. 1836년에 비트케비치가 부하라를 방문했을 때 하킴 쿠쉬베기는 그에게 부하라 아미르국이 "상시성регулярство"과 "규율порядок"이라는 두 가지 기준을 중심으로 군 개혁을 진행하고 있으며, 타타르 인들과 포로로 잡힌 루스키들로 부대를 구성하고 있다는 이야기를 해 주었다. 비트케비치에 따르면, 실제로 나스룰라는 상비군 조직을 목적으로 카자크 10여 명과 포로로 잡혀서 노예가 된 루스키 25여 명을 모았다(*Записки о Бухарском ханстве*, 1983: 108).

이러한 준비과정을 거쳐 나스룰라 치세인 1837년에 근대식 상비군이 창설되었다. 나스룰라의 상비군은 기본적으로 보병으로, 창설 당시에는 800명의 소총병으로 이루어진 "사르바즈сарбаз"와 약 250명의 포병으로 이루어진 "툽치тупчи"로 구성되어 있었다. 사르바즈 부대는 각각 100명씩으로 구성된 7개의 중대로 나뉘어 있었다. 이 외에도 40명의 군악대가 있었는데, 이들 중 28명은 각 중대에 4명씩 배치되었다. 나스룰라에 의해 구성된 사르바즈는 중앙아시아 최초의 화기로 무장한 근대적 정규 군대였다. 이들에게 지급하기 위해 국가 전체에서 화승총을 징발했으며, 또한 외국인 장인의 감독 아래 화기를 직접 제작[28]하기도 했다. 나스룰라 시기 부하라 아미르국에는 모두 50문의 크고 작은 포들이 있었는데, 이들 중 32문은 부하라에, 그리고 나머지 18문은 주요 거점도시들에 분산되어 있었다. 모든 무기는 국가에서 준비하고, 지급하며, 관리했다. 전투를 위해 지급된 무기는 전쟁이 끝나고 돌아오면 바로 무기고로 반납되었다. 나스룰라는 중앙 당국의 권력을 강화하고 우즈벡 부족들을 견제하기 위해 모든 상비군 구성원을 포로나 노예, 그리고 평민 중에서 선발했는데, 이 중에는 18-20명 정도의 루스키도 있었다. 모든 상비군 구성원은 병영생활을 했으며, 평생 동안 복무했다. 나스룰라는 모든 사르바즈들을 결혼시키고, 이들과 그 가족들이 살 집을 지어주어서, 약 800여 채의 가옥으로 구성된 "사르바즈하나Сарбазхана"라는 마을이 형성되었다. 이들에게는 3년에 한 벌씩 러시아에서 수입한 제복이 지급되었다. 급여는 금전과 현물로 지급되었고, 전쟁에 나서게 되면 출전수당이 지불되었다. 이러한 군 개혁의 결과 나스룰라 아미르는 보병대와 포병대로 이루어진 근대적 정규군을 직속 상비군으로 보유하게 되었다. 그리고 이를 바탕으로 나스룰라는 국내적으로 우즈벡 부족장들을 제압할 수 있게 되었을 뿐만 아니라, 서투르케스탄 지역 내에서

---

28 예를 들어, 1840년대 중반에 부하라에서는 20여 명의 영국인 포로들이 대포 주조 및 수리와 화약 제조 등을 담당하고 있었다(Тимченко, 2003: 96-97).

경쟁관계에 있던 주변 칸국들에 대해서도 군사적 우위에 설 수 있게 되었다(Бабаев, 2010: 156-160).

외교적·경제적·군사적 정책들이 성공적으로 추진되고, 그 결과 국내외적으로 안정되고 강력한 국가로서의 위상을 갖추기 시작하면서 나스룰라는 자신을 중심으로 하는 중앙집권적 권력체계를 수립하는 작업에 본격적으로 착수했다. 권좌의 경쟁 상대였던 형제들이 이미 집권 초기에 제거된 상황에서, 남아 있는 걸림돌은 국가 행정을 장악하고 있던 하킴 쿠쉬베기와 확고한 지역적 기반을 가지고 있으며 부하라 아미르국 군사력에서 커다란 부분을 담당하고 있었던 우즈벡 부족들이었다.

나스룰라 시기 하킴 쿠쉬베기는 아미르 다음가는 권력자이면서 동시에 국가 내의 모든 사람들로부터 비난을 받고 있던 사람이었다. 하이다르와 나스룰라 시기에 부하라 아미르국은 수많은 대내외적인 분쟁들에 휘말렸다. 전쟁이 일어나면 쿠쉬베기는 비용을 마련해야만 했는데, 국고가 부족했기에 이것은 백성에 대한 수탈을 통해 충당되었다. 그런데 이러한 수탈에 대한 원망은 – 적지 않은 경우에서 전쟁 발발의 직접적 원인이자 – 통치자인 아미르가 아니라 전쟁 수행을 위한 비용 마련을 위해 세금을 부과했던 쿠쉬베기에게로 향했다. 쿠쉬베기에 대한 적대적 감정은 지배층 내에서도 팽배해 있었다. 전쟁으로 군사력이 필요해지게 되면 아미르는 우즈벡 부족들로부터 군대를 소집했다. 우즈벡 부족 지도자들은 이러한 군사적 봉사에 대해 대가를 요구했는데, 만일 이러한 요구가 쿠쉬베기의 거부나 국가 재정 부족으로 충족되지 못하게 되면 이들은 이를 기화로 "……쿠쉬베기를 적이자 국고 착복자라고 공개적으로 공언함으로써 그를 실각시키거나 최소한 그의 권력을 약화시"키려고 했다. 하킴 쿠쉬베기가 추진한 주변 세력들과의 평화적 공존 노력 또한 우즈벡 귀족들에게는 불만족스러운 것이었다. 예를 들어, 우즈벡 부족장들이 보기에 1833년 샤흐리샵즈 원정이 후퇴라는 불명예스러운 실패로 끝나게 된 것은 아미르에게 전쟁 중단을 종용한 하킴 쿠쉬베기 때문이었다(*Записки о Бухарском ханстве*, 1983: 19). 이렇게 볼 때 쿠쉬베기가 대중으로부터 탐욕스럽고 인색하다는 평가를 받고 우즈벡 부족 지도자들로부터 견제를 받은 것은 아미르가 져야 할 짐을 대신 지는 면이 컸다.

그런데 1833-1834년에 부하라 아미르국을 다녀온 데메존의 평가에 따르면, 하킴 쿠쉬베기가 백성들과 지배층 사이에서 이렇듯 부정적인 평가를 받게 된 데에는 본질적으로 그 자신에게도 원인이 있었다. 데메존에 따르면, "그(하킴 쿠쉬베기 – 인용자)는 자신의 개인적인 이익을 위해 부하라의 번영과 군주의 명성을 희생하면서, 오직 자신의 에고이즘에 따라 자신의 권력과 평화의 보장을 위해 온 힘을 기울이고 있다"(*Записки о Бухарском ханстве*, 1983: 19). 즉, 하킴 쿠쉬베기가 의도치 않은 비난을 받은 면도 있지만, 그가 주변 사람들로부터 과도한 비난을 받게 된 또 하나의 본질적인 이유는 국가나 지배층, 또는 군주가 아니라 자기 자신의 개인적인 이익을 우선적으로 추구한 그의 의도 때문이었다. 그 가장 극단적인 예로, 하킴 쿠쉬베기는 위험에 처하게 되면 자신이 추대한 군주를 죽이거나 배신하는 일도 서슴지 않았다. 후사인이 사망했을 때 부하라 인들 사이에서는 그가 독살되었으며 이를 주도한 것이 하킴 쿠쉬베기라는 이야기가 떠돌았다(*History of Civilizations of Central Asia. V*, 2003: 60). 또한 후사인 사망 후 부하라 관료들이 추대한 새로운 아미르인 우마르가 나스룰라와 대립하게 되어서 부하라가 나스룰라 군대에 의해 포위되자, "하이다르 아미르의 베지르везир[29]인 무함마드 하킴 쿠쉬베기는 다른 (우즈벡 부족들의 – 인용자) 아미르들과는 상의하지 않은 채 나스룰라 아미르와 협상한 후 성문을 열었으며, 나스룰라 아미르를 성 안으로 들이고 나라를 넘겼"던 것이다(Мирза Абдал Азим Сами, 1962: 55). 이러한 공로로 새로운 아미르 밑에서 다시 등용된 하킴 쿠쉬베기는 앞에서 살펴 본 나스룰라 치세 초기의 여러 개혁 조치들을 추진하며 권력의 중심으로 부상하게 되었다. 얼마 전까지 자신의 굳건한 지지 세력이었던 강력한 우즈벡 부족장들을 제어하면서 산적한 국가적 문제들을 해결하는 쉽지 않은 과제들을 안고 있던 나스룰라 밑에서 하킴 쿠쉬베기는 아미르의 충실한 조력자 역할을 담당하면서 다시금 권력의 핵심으로 부상할 수 있었다. 그의 주도 하에 국내에서는 지역 내 평화, 무역 진흥, 대외관계 개선, 군 개혁 등 다양한 정책들이 진행되었으며, 이를 통해 국력을 신장시킬 수 있었을 뿐만 아니라 우즈벡 부족들의 지도자들 또한 제어할 수 있게 되었다(이광태, 2009: 45). 그런데 외부에서 보기에 이러한 성과들은 군주권의 하락과 쿠쉬베기의 권력 장악으로 비쳤으며, 그 결과 부하라 아미르국의 지배층 내에서는 하킴 쿠쉬베기에 대한 거부감이 크게 확산되어 있었다. 나스룰라가 하킴 쿠쉬베기의 조력을 받아 국가를 통치하고 있던 시기인 1833-1834년에 부하라를 방문했던 데메존에 따르면, 부하라 아미르국의 고관들은 힘없는 아미르가 쿠쉬베기에 의해 조종되고 있다고 여기고 있었다. 이러한 생각은 데메존에게도 영향을 미쳐서, 그는 자신의 글에서 나스룰라 아미르와 하킴 쿠쉬베기를 "무력한 칸ничтожность хана"과 "탐욕스러운

---

29 '베지르(везир)'는 전근대시기 이슬람계 국가들에서 최고위관료, 즉 재상을 가리키는 명칭이다.

쿠쉬베기корыстолюбие кушбеги"라고 표현하고 있다(*Записки о Бухарском ханстве*, 1983: 113).

그러나 나스룰라 아미르와 하킴 쿠쉬베기에 대한 우즈벡 지배층과 데메존의 이러한 평가는 최소한 절반은 부정확한 것으로 드러났다. 즉, 쿠쉬베기가 권력과 이익에 집착했다는 점은 맞을 수도 있으나, 아미르가 무력하다는 것은 잘못된 생각이었다. 나스룰라는 통치자의 자리에 오르기 위해 골육상잔도 마다하지 않을 정도로 권력에 대한 집착이 강한 인물이었으며, 이러한 연장선상에서 자신에게 도전하거나 경쟁할 만하다고 여겨지는 존재는 가차 없이 제거했던 사람이었다. 부하라에 입성한 후 아미르의 자리에 오른 나스룰라는 당시 이름난 이슬람 학자인 마블라비 샤리프 호자Мавлави Шариф-ходжа의 청에 따라 자신에게 권좌를 빼앗긴 우마르를 풀어주었다. 목숨을 건진 우마르는 자신의 신변을 확실히 보장받기 위해 코칸드 칸국으로 향한다. 그러나 그는 코칸드에 도착할 즈음에 반란의 원천을 완전히 제거하기 원했던 나스룰라가 파견한 하이랄라흐Хайраллах 벡에게 살해되었다(Мирза Абдал Азим Сами, 1962: 55). 골육상쟁은 이에서 그치지 않고 남아있던 나머지 세 남동생들에게까지 미치게 된다. 나스룰라와 우마르 사이에서 분쟁이 진행되고 있던 시기에는 아직 어렸던 아래 세 동생들이 점차 성장하게 되자 나스룰라는 이들이 자신의 권력에 도전할지도 모른다고 생각하게 되었다. 그는 동생들을 아무다리야강 연안에 주둔하고 있는 국경 주둔군 지휘관으로 파견하는데, 이곳에서 세 동생들은 알려지지 않은 이유로 모두 사망했다.[30] 이렇듯 나스룰라는 자신의 권좌에 도전하거나 경쟁할 만한 가능성이 있다고 여겨지는 이는 형제조차도 거리낌 없이 제거했다. 사미가 말하고 있는 것처럼, "그(나스룰라 – 인용자)는 잔인하고 피에 굶주린 군주였으며, 모든 일에서 그 누구도 존중하지 않았다"(Мирза Абдал Азим Сами, 1962: 55).

이러한 나스룰라의 권력 지향적 성격을 감안할 때, 그가 집권 초기에 커다란 권한을 가지고 있었던 하킴 쿠쉬베기를 경계했을 것이라는 점은 쉽게 짐작할 수 있다. 그러나 형제간 분쟁을 통해 집권하는 과정에서 나타난 우즈벡 부족장들의 권한 강화, 형제 살해에 따른 국내의 반감, 부족한 국가 재정, 대외 관계에 있어서의 불안정 등과 같은 집권 초기의 문제들로 복잡했던 나스룰라에게 있어 하이다르 이래로 오랜 국정

---

30 데메존에 따르면, 당시 부하라 사람들은 이들이 나스룰라에게 피살되었다고 여기고 있었다 (*Записки о Бухарском ханстве*, 1983: 68).

경험을 가지고 있었으며 경제와 군 개혁의 핵심 인사였던 하킴 쿠쉬베기는 원활한 국정 운영을 위해 매우 필요한 인물이었다. 이러한 이유로 나스룰라는 하킴 쿠쉬베기에 대한 견제보다는 그와의 적극적인 협조를 선택했던 것이다. 이러한 조건 속에서 하킴 쿠쉬베기는 나스룰라 집권 초기에 진행된 개혁들을 실무적으로 관장했는데, 이 과정에서 그의 역할과 권한은 더욱 커지고 강해지게 되었다. 그러나 외교적 교섭과 경제적·군사적 개혁을 통해 국가가 안정되었다고 판단되자 나스룰라 아미르는 부담스러운 존재가 된 그를 권력에서 축출했으며, 이에서 그치지 않고 자신의 형제들에게 했던 것과 마찬가지로, 처형해 버렸다.[31] 사미의 말처럼, "그 결과(나스룰라를 아미르로 세운 결과 – 인용자) 아미르 나스룰라 치세에 그(하킴 쿠쉬베기 – 인용자)는 이에 대한 보답으로 봉직할 수 있는 권리를 획득했으나, 이러한 봉직에 대한 보답은 자신의 죽음이었다. 즉, 그의 훌륭한 직무수행에 대한 포상으로 그의 목을 잘라버렸던 것이다"(Мирза Абдал Азим Сами, 1962: 55).

국가 중앙에서 경쟁자가 사라지게 되자 다음으로 나스룰라의 공격 대상이 된 것은 지역의 우즈벡 부족장들이었다. 사실, 지배 지역을 기반으로 군주권에 도전할 수 있을 정도로 강력한 세력을 이루고 있었으며, 무엇보다도 부하라 아미르국 군사력의 기반이었던 이들 우즈벡 부족들을 굴복시키고 국가 전 영토 위에 아미르의 통치권을 확립하는 것은 쉬운 일이 아니었다. 이러한 이유로 먼저, 그는 주요 관직에 타직계 인사들을 등용함으로써 부하라에 있는 우즈벡계 고위관료들을 핵심 권력에서 배제했다. 우즈벡 부족 출신의 지도자들과 관료들은 다루기도 어려울 뿐더러 언제든지 자신에게 등을 돌릴 수 있다고 생각하고 있었던 나스룰라는 크고 작은 잘못을 꼬투리 삼아 이들을 주요 직책에서 몰아냈다. 그리고 그 자리에 연고나 배경이 없기 때문에 자신에게만 충성을 바칠 사람들, 사미의 표현에 따르면, "시정잡배базарная чернь", "멍청한 잡인неразумная чернь", "하층민 출신자들люди, выдвинутые из низов"을 중용했다. 군사적으로는 근대식 무기로 무장한 부대로 보강된 상비군을 창설함으로써 우즈벡 부족들에 대한 군사적 의존도를 크게 낮추고, 국내외의 강력한 경쟁세력들에 대한 물리적 우위를 획득했다. 그리고 이를 기반으로 1839-40년에는 마 와라 알 나흐르 지역에서 부하라 아미르국의 강력한 경쟁 상대였던 코칸드 칸국을 공격해서 일시적이나마 코

---

31 Бартольд, В. В., 1963. "История культурной жизни Туркестана." *Сочинения*. Т. 2. Ч. 1. М.: Наука. с. 290-291.

칸드를 정복하기도 했으며, 1855-56년에는 케네게스의 거점지역으로서 오랜 기간 동안 반독립상태로 있으면서 망기트조 아미르들을 괴롭혔던 샤흐리샵즈를 다시 병합했다. 그리고 샤흐리샵즈를 정복한 후 부하라 아미르국 내에서 나스룰라에게 대적할 자는 더 이상 존재하지 않게 되었다(Мирза Абдал Азим Сами, 1962: 55-56).

3. 19세기 전반 부하라 아미르국의 대외 관계

19세기 초에 서투르케스탄 지역의 내부 정치상황은 매우 복잡했다. 18세기 이래로 이 지역에는 우즈벡 계통의 세 칸국들(부하라 아미르국, 코칸트 칸국, 히바 칸국)이 지역 패권을 놓고 대립하고 있었고, 타슈켄트, 우라-튜베Ura-Tyube, 후잔드Khujand, 샤흐리샵즈, 키탑Kitab 등은 독립적이거나 반독립적인 정치세력을 구축한 채 세 칸국과 종속관계를 맺거나 이들과 반목하곤 했다. 게다가 부하라 아미르국과 직간접적으로 연계되어 있었던 아프가니스탄 북부지역[32]은 이러한 상황을 더욱 복잡하게 만드는 외부요인의 역할을 하고 있었다. 그 결과 이 모두를 포함하면 19세기 초에 서투르케스탄 지역에서는 십여 개의 크고 작은 세력들이 이해관계에 따라 합종연횡을 하며 상호 반목하고 있었던 것이다.

외부에서는 남시베리아 지역을 따라 북쪽에서부터 내려오고 있던 제정 러시아 세력과 인도 지역을 장악하면서 그 일환으로 아프가니스탄 지역으로의 진출을 모색하고 있던 영국이 투르케스탄 지역을 놓고 경쟁하고 있었다. 18세기에 이 지역은 제정 러시아, 청, 영국, 페르시아, 오스만 제국과 같은 외부 강대국들의 간섭으로 복잡한 국제정치적 상황에 처해 있었다. 이들 중에서 페르시아는 지리적 인접성을 기반으로 직간접적으로 마 와라 알 나흐르 지역 정치에 개입했고, 오스만 제국은 종교적·종족

---

32 18세기 중반에 아흐마드 샤(Ahmad Shah Durrani)는 아프가니스탄 지역을 중심으로, 남쪽으로는 현재의 파키스탄과 인도 일부, 서쪽으로는 이란 동부, 북쪽으로는 아무다리아 강 남부, 남쪽으로는 아라비아 해에 이르는 국가인 두라니 제국(Durrani Empire)을 건설한다. 그러나 두라니 제국은 아흐마드 샤가 사망한 후 그의 자손들 사이에서 벌어진 권력다툼으로 급격히 약화되었다. 부하라 아미르국은 아프가니스탄의 이러한 혼란을 이용해서 18세기 말 이래로 아프가니스탄 북부 지역으로 영향력을 확장해 갔다. Stephen Nanner. 2010. 『아프가니스탄: 알렉산더 대왕부터 탈레반까지의 전쟁사』. 서울: 한국해양전략연구소, 190-205쪽.

적 친연성을 바탕으로 이 지역에 대한 영향력을 유지하고 있었으며, 준가르 제국을 붕괴시킨 후 동투르케스탄 지역을 병합한 청은 페르가나 지역의 할거세력들로부터 신종 서약을 받아내는 등[33] 서투르케스탄 동부지역과도 긴밀한 연관관계를 맺고 있었다. 그러나 18세기 후반에서 19세기 전반에 걸쳐 이들 아시아 제국들은 국력이 약화되면서 투르케스탄 지역에 대한 영향력을 상실하게 된다. 그리고 이들을 대신해서 이전에는 중앙아시아 지역 정치에 크게 영향력을 행사하지 못하고 있던 제정 러시아와 영국이 각각 남시베리아와 인도를 발판으로 진출을 시도하며, 이 과정에서 서 투르케스탄과 아프가니스탄 지역은 제정 러시아와 영국이라는 두 유럽 제국이 경쟁하는 공간이 되었다. 특히, 제정 러시아는 18세기와 19세기에 걸쳐 카자흐 초원지대로 영토를 팽창하며 이 지역 부족들을 복속시킴으로써 서투르케스탄 지역과 직접 경계를 접하게 되었으며, 이를 기반으로 마 와라 알 나흐르 지역으로도 적극적으로 정치적 영향력을 확대했다.

이렇듯 19세기 전반에 본격화되기 시작한 트란스옥시아나 지역에 대한 제정 러시아의 영향력 강화에 대해 이 지역에 있던 세 칸국들은 서로 다른 형태로 대응했다. 이 시기에 히바 칸국과 코칸드 칸국은 제정 러시아에 대해 적대적인 입장을 보이고 있었는데, 그것은 이 두 국가가 카자흐 초원지대를 놓고 제정 러시아와 경쟁 관계에 있었기 때문이었다. 그리고 이러한 갈등은 19세기 초에 제정 러시아가 말쥬즈와 중쥬즈를 완전히 병합하면서 심화되었다. 서투르케스탄 동북지역에서는 중쥬즈 지역에 대한 종주권을 주장하는 코칸드 칸국과 타슈켄트와 그 주변에 위치한 장쥬즈 지역에 대한 지배권을 확보하려는 제정 러시아 사이에서 충돌이 발생했다. 아랄 해 주변지역에서는 러시아의 팽창에 따른 압력과 말쥬즈 지역 카자흐 부족들에 대한 종주권으로 인해 히바 칸국이 제정 러시아와 대립하고 있었다. 이렇듯 제정 러시아와 비교적 좋지 않은 관계를 유지하고 있었던 두 칸국들과는 달리 부하라 아미르국은 사절단과 통상단을 상호 교환하는 등 러시아 인들과 우호적인 관계를 수립하고 있었다.

그런데 이렇듯 부하라 아미르국과 제정 러시아가 우호적인 관계를 유지했던 것은 양국이 서로를 신뢰했기 때문이 아니라 양자의 이해관계가 서로 맞닿아 있었기 때문

---

33 Иванов П. П., 1958. *Очерки по истории Средней Азии (XVI-середина XIX в.).* М.: Издательство Восточной литературы. с. 108.

이었다.[34] 한편으로, 19세기 초반 부하라 아미르국은 카자흐 초원지대와 거의 경계를 접하고 있지 않았기에 히바 칸국이나 코칸드 칸국과는 달리 카자흐 부족들에 대한 지배권을 놓고 제정 러시아 당국과 다툴 이유가 없었다. 다른 한편으로, 부하라 아미르국과 제정 러시아는 공동의 적을 가지고 있었다. 카자흐 초원을 놓고 제정 러시아와 대립하고 있었던 코칸드 칸국과 히바 칸국은 부하라 칸국에게도 구래의 숙적들[35]이었으며, 19세기 초반에 외교적·경제적으로 뿐만 아니라 군사적·영토적으로도 아프가니스탄 지역으로 진출함으로써 아프가니스탄 북부지역에 대한 부하라 아미르국의 이해관계를 침해한 영국(Иванов, 1958: 141)은 제정 러시아와 세계적 차원에서 제국주의적 식민지 경쟁을 벌이고 있었던 국가였던 것이다.

이렇듯 부하라 아미르국과 제정 러시아 사이에 놓인 이해관계의 중첩으로 인해 1830년대에 양국은 사절단을 파견하며 협력 관계를 유지했다. 양국 간 교섭을 통해 부하라 아미르국 측이 제정 러시아로부터 얻기를 원했던 것은 크게 두 가지였다. 하나는 보다 활발한 무역관계 수립이다. 러시아와 부하라 양 측은 모두 트란스옥시아나 지역을 통한 무역 활성화에 대해 관심이 컸다. 부하라 아미르국으로서는 카자흐 스텝지역을 장악함으로써 근접한 지역에 위치하게 된 제정 러시아가 유럽의 근대적 문물을 전달받을 수 있는 통로라는 점에서 러시아와의 교역에 관심을 가지고 있었다(Халфин, 1960: 52). 후발 산업국으로서 유럽 시장에 대한 접근이 제한적이었던 제정 러시아에게 있어서도 중앙아시아는 자국의 공업 생산품을 팔 수 있는 시장이 될 수 있다는 점에서 뿐만 아니라, 러시아 상품이 인도 등 아시아의 다른 지역으로 진출할 수 있는 교두보 역할을 할 수 있다는 점에서 중요했다(Залесов, 1862: 3)[36].

---

34 데메존은 부하라 인들이 러시아에 대해 가지는 적대감이 히바인들 못지않으나, 현실적인 이유로 이를 감추고 있다고 적고 있다(*Записки о Бухарском ханстве*, 1983: 21).

35 메이엔도르프에 따르면, 부하라 아미르국의 다른 칸국들에 대한 무시 정책과 히바 칸국의 약탈 경제로 인해 부하라 아미르국과 히바 칸국 사이에서는 충돌과 상호보복이 반복적으로 나타나고 있었던 반면, 코칸드 칸국은 부하라 아미르국과의 관계에 있어 본질적으로는 히바 칸국에 동조하고 있으나 부하라와의 무역 관계와 군대의 위세 때문에 조심스러운 모습을 보이고 있었다(Мейендорф, 1975: 140-141).

36 이미 표트르 1세 시기부터 러시아 인들은 경제적인 면에서 트란스옥시아나가 가지고 있는 지리적 가치에 주목하며, 이 지역으로의 진출을 시도했다(Иванов, 1958: 91). 실제로 이 지역이 러시아에게 유용하다는 것은 나폴레옹 시기에 입증되어서, 대륙봉쇄령으로 영국과

부하라 아미르국이 경제적 교류 외에 제정 러시아와의 교섭을 통해 확보하기를 원했던 다른 한 가지는 군사적 협력이었다. 이것은 다시 두 가지 형태로 제시되었는데, 하나는 공동의 적에 대한 협력대응이었고, 다른 하나는 부하라 아미르국 자체의 군사력 강화를 위해 필요한 무기와 기술의 확보였다. 1837-1838년에 히바, 상트페테르부르크, 부하라 사이에서 벌어진 외교적 교섭은 부하라 아미르국이 러시아로부터 원하는 바와 이를 통해 달성하고자 하는 것이 무엇인지를 잘 보여주는 한 예이다. 1830년대에 히바 칸국과 제정 러시아 사이의 관계는 악화되어가고 있었다. 이러한 양자 관계를 정상화시키기 위해 히바 칸국의 알라쿨리Allakuli 칸은 1837년에 러시아로 사절을 파견하나, 러시아 측은 이에 대해 냉담한 반응을 보였다. 이에 히바 측은 부하라 아미르국에 사절을 보내 대러시아 동맹을 제안한다. 아미르 나스룰라는 히바 측의 제안을 거절한 후, 1838년에 러시아에 사절단을 파견해서 히바 문제에 있어 러시아 측에 협조할 의사가 있음을 밝힌다. 그리고 이에 대한 대가로 러시아 광산기술자의 부하라 파견을 요청했다. 러시아 측은 이에 응해서 오렌부르크에서 두 명의 광산전문가를 부하라로 파견했다(Жуковский, 1915: 111-113). 이러한 예에서 알 수 있듯이, 부하라 아미르국은 러시아와 우호적인 관계를 유지함으로써 적대 세력에 대한 공동대응과 물적·기술적 지원을 확보하길 원했다.

중앙아시아 지역에서 영국의 부상 또한 부하라 아미르국과 제정 러시아 사이의 협조적 관계 형성을 자극하는 요인이었다. 1840년대 이래로 서투르케스탄 지역에서는 영국의 활동이 크게 증가하고 있었다. 이러한 모습은 경제 부문에서 특히 두드러져서, 1830년대 후반부터 중앙아시아와 그 주변지역에서는 영국 상품이 강한 경쟁력을 가지고 시장을 장악해 가고 있었다. 그 결과 영국 물품의 시장 장악과 러시아 상품의 퇴조가 이 시기 중앙아시아와 그 주변지역에서 전반적으로 나타나서, 한 예로, 1840년대 초가 되면 페르시아 시장에서 러시아 상품은 영국 상품에 의해 완전히 밀려나게 되었다. 영국은 경제적으로뿐만 아니라 정치적·군사적으로도 중앙아시아 지역으로 활발하게 진출했다. 즉, 한편으로는 1840년대에 서투르케스탄 지역에 있는 국가들로 사절들을 파견해서 반러시아 협력관계를 수립하려고 시도했으며(Тимченко, 2003: 86-87, 88-89), 다른 한편으로는 1838년에 아프가니스탄을 침공함으로써 중앙아시

직접적인 거래가 불가능했던 시기에 러시아는 영국령 인도에서 생산된 상품을 부하라 아미르국을 거쳐 오렌부르크로 수입할 수 있었다(Мейендорф, 1975: 130).

아 지역으로의 영토적 팽창을 추구했다. 그런데 영국의 이러한 정책들은 영국에 대한 부하라 아미르국의 불신과 경계심을 더욱 높이는 계기로 작용했다. 경제적으로는 영국인들의 상품 판매 정책이 문제가 되었다. 중앙아시아 시장에 진출한 영국 무역상들은 초기에는 매우 싼 가격에 상품을 제공함으로써 시장 경쟁력 확보에 치중하다가, 경쟁자가 사라지고 시장에서 지배적 위치에 서게 되면 상품 가격을 두 배 이상으로 올리는 정책을 폈다. 이러한 영국의 시장 장악 정책은 중앙아시아 지역에서 불공정한 행위로 여겨졌으며, 이에 따라 영국식 경제 정책은 신뢰를 상실하고 있었다(Tимченко, 2003: 89). 또한 영국의 아프가니스탄 침공과 아프가니스탄 부족들의 (우즈벡 종족들이 다수 거주하고 있었고 부하라 아미르국이 정치적 영향력을 행사하고 있었던) 북아프가니스탄 지역 진출에 대한 영국의 지지는 아무다리야강 남쪽 지역에서 종족적·영토적 이해관계를 가지고 있던 부하라 아미르국으로서는 묵과할 수 없는 행위였다. 이러한 이유로 부하라 아미르국은 지역 내 패권 유지와 외세와의 관계에 있어 상대적으로 덜 위협적이고 더 협조적이라고 판단되는 제정 러시아와 우호적인 관계를 맺게 되었다.[37]

IV. 제정 러시아의 서투르케스탄 진출과 부하라 아미르국의 명운

19세기 초반에 제정 러시아는 형식적으로는 복속해 있었으나 실질적으로는 독립적인 상태에 있었던 말쥬즈와 중쥬즈의 카자흐 부족들을 통치체제로 완전히 통합한 후, 카자흐 초원에 군사 거점지들을 건설했다. 이러한 상트페테르부르크 당국의 카자흐 초원 병합은 카자흐 부족 측의 반발을 야기하기도 했는데, 이 중 가장 커다란 분쟁이 케네사리Kenesary Kasymov 칸의 저항이다. 중쥬즈의 마지막 칸인 케네사리 칸은 1830

---

37 심지어 부하라 측은 러시아와의 외교적 접촉 시에 영국과 아프가니스탄의 동향을 알려주기도 했다. 예를 들어, 1836년에 러시아에 파견된 부하라 아미르국 사신은 영국과 아프가니스탄 양 측이 자국에 사절을 보내 각각 통상과 군사 동맹 체결을 요청했다는 사실을 전달했다(Залесов, 1862: 7).

년대 말에서 1840년대 중반에 걸쳐 카자흐 초원에서 기습-약탈-후퇴라는 전술을 사용하며 러시아 인들을 괴롭혔다. 그러나 러시아가 몇 차례의 원정을 통해 저항 세력을 압박하자, 입지가 좁아지게 된 케네사리 칸은 영향력을 확대하는 과정에서 경쟁 카자흐 부족과 전투를 벌이다 사로잡혀 처형되었다(Baumann, 1993: 53). 케네사리 칸의 사망으로 카자흐 초원지대에서 러시아 인들에게 대적하는 대규모 저항은 더 이상 나타나지 않게 되었으며, 제정 러시아는 주요 지역들에 구축한 요새들을 중심으로 이 지역을 제국의 일부로 확고하게 편입시키게 되었다. 그리고 상트페테르부르크 당국은 내부 분란 방지와 코칸드 칸국과 히바 칸국과 같은 위협세력들로부터 스텝지역을 방어하는 차원에서 카자흐 초원 지대에 방어선 건설을 진행했다.

카자흐 부족들을 복속시키는데 성공한 제정 러시아는 다음 단계로 서투르케스탄 원정에 본격적으로 착수했다. 19세기 중반에 러시아 내부에서는 서투르케스탄을 병합해야 한다는 주장이 조성되고 있었으며,[38] 그 결과 정부 당국자들 사이에서도 외교적·군사적 압박을 통한 종속 관계 수립보다 완전한 병합이 더 좋은 선택이라는 생각이 퍼져있었다(Baumann, 1993: 56). 이렇듯 러시아 내에서 중앙아시아 지역의 무력 병합이라는 공격적 분위기가 조성된 데에는 영국의 중앙아시아 진출이라는 국제정치적 요인도 주요한 원인으로 작용했다. 1840년대에 영국은 외부세력, 특히 러시아의 남진으로부터 인도를 방어하고 중앙아시아 지역으로 영향력을 확대하려는 목적에서 아프가니스탄 원정을 단행했다. 그런데 이러한 영국의 행동은 다시 반대로 제정 러시아 당국을 자극해서 러시아 인들이 서투르케스탄 지역 병합을 서두르게 되는 계기로 작용했던 것이다(Baumann, 1993: 56-57).

러시아 인들은 먼저 히바 칸국에 대한 원정을 단행했다. 사실 러시아 인들의 히바 칸국 원정은 18세기 초에도 시도된 적이 있었다. 1717년에 표트르 1세는 체르케스족 출신인 베코비치-체르카스키А. Бекович-Черкасский를 대장으로 하는 원정군을 히바 칸국으로 파견했다. 당시 트란스옥시아나 북쪽의 스텝 지대는 카자흐 칸국의 지배하에 있었기에 베코비치가 이끄는 모스크바 국 군대는 러시아 영토에서 멀리 떨어진 곳에 고립되어 물적·인적 지원을 받지 못한 채 독자적으로 작전을 수행해야 했다. 그 결과 본국으로부터 보급을 비롯한 어떠한 지원도 받지 못했고 지역에 대한 정보도 거의 없었던 이 모험적이고 무모한 원정군은 히바 인들의 속임수에 넘어가 모두 전멸하

---

38 예를 들면, Залесов(1862).

고 만다. 그로부터 한 세기를 지나면서 러시아 인들은 카자흐 초원 지대를 통합하게
되었으며, 무역상과 사절단, 그리고 그들과 함께 파견한 정보원을 통해 서투르케스
탄 지역에 대한 정보를 축적할 수 있었다. 이렇듯 표트르 1세 시기에 비해 훨씬 유리
해진 조건 속에서 제정 러시아 당국은 다시 한 번 히바 칸국에 대한 원정을 추진한다.
그러나 1839년 가을에 아랄해 서안을 지나 사막을 통과하는 최단거리를 따라 히바로
출발한 페롭스키^{B. A. Перовский}가 지휘하는 러시아 군은 히바에 도착하기도 전에 추
위와 물자 부족, 질병 등의 문제로 5,000명의 원정군 중 1,054명을 상실한 채 후퇴해
야만 했다(Baumann, 1993: 54-55).

　　서쪽 루트를 통해 히바를 먼저 공격함으로써 트란스옥시아나 지역으로 진출하려
던 계획이 사막이라는 자연지물과 정보부족으로 인해 실패하게 되자 러시아 인들은
원정 방향을 동쪽으로 바꿨다. 제대로 된 거점지 조차 없었던 아랄해 서쪽의 사막지
대와는 달리, 1840년대에 제정 러시아는 중쥬즈 지역에 요새들을 구축함으로써 발하
슈호수에서 시르다리야강 유역으로 이어지는 지역에 거점지들을 확보할 수 있었다.
그리고 이를 기반으로 장쥬즈 지역은 물론이고 중쥬즈 지역에서도 러시아 인들과 경
쟁을 벌이고 있던 코칸드 칸국에 대해 공격을 가하기 시작했다. 그 결과 1853년에는
시르다리야 강변을 따라 카자흐 초원 남부 깊숙한 곳에 건설된 코칸드 칸국의 요새인
아크-메쉬트^{Ak-Mechet}(현 키질오르다)를 점령했으며, 1854년에는 발하슈호수 남쪽에
있는 요충지에 베르늬^{Верный} 요새(현 알마티)를 건설했다. 크림 전쟁으로 잠시 중단
되었던 러시아의 남진은 1860년대 중반에 다시 이어져서, 1864년과 1865년에 연이
어 시도된 두 차례의 공격 끝에 러시아 군은 코칸드 칸국이 차지하고 있던 장쥬즈 지
역의 중심 도시인 타슈켄트를 점령했으며, 1866년에는 부하라 아미르국이 차지하고
있던 후잔드를 빼앗았다(Baumann, 1993: 55-58)[39].

　　코칸드 칸국을 제압한 러시아 군은 부하라 아미르국으로 공격의 방향을 돌렸다.
러시아가 투르케스탄 지역으로 본격적으로 진출하게 되면서 부하라 아미르국에는 두
가지 조류가 형성되었다. 한쪽에는 히바 칸국과 코칸드 칸국이 러시아의 공격을 받음
으로써 약화되는 것을 부하라 아미르국이 마 와라 알 나흐르 지역에서 주도권을 잡을
수 있는 기회로 여기는 이들이 존재했던 반면(Иванов, 1958: 146), 다른 한쪽에는

39　코칸드 칸국은 1876년에 내부에서 일어난 반란 진압을 빌미로 공격해 온 러시아 군에 의해
　　코칸드가 함락됨으로써 제정 러시아에 병합되었다(고마츠 히사오 외, 2005: 364).

러시아의 예봉이 코칸드와 히바에서 그치지 않고 부하라로 향하게 될 것임을 직감한 이들이 주변 국가들과 동맹을 맺음으로써 러시아에 맞서야 한다고 주장하고 있었다 (Baumann, 1993: 59). 이 두 흐름 중에서 주도권을 잡은 것은 전자인 것으로 보인다. 그것은 러시아 군이 코칸드 칸국을 침공해서 타슈켄트를 점령했을 때, 부하라 아미르국은 이를 기화로 코칸드 칸국을 공격해서 후잔드와 코칸드를 점령했기 때문이다. 그러나 부하라 아미르국의 이러한 성공은 러시아가 공세를 부하라 쪽으로 돌리자 바로 사라졌다. 투르케스탄 총독 카우프만К. П. Кауфман의 지휘 하에 부하라 아미르국을 침략한 러시아 군은 먼저 사마르칸트를 공격하여 함락시켰으며, 이어서 당시 부하라 아미르였던 무자파룻딘Muzaffaruddin이 파견한 부하라군 또한 격파했다. 당시 부하라군의 주력인 사르바즈는 나스룰라 시기에 창설된 근대적 상비군으로 중앙아시아 지역의 주변 국가들이 보유한 군대들 보다는 비교적 근대적인 체제와 무장을 갖추고 있었다. 그러나 서유럽의 직접적인 영향 아래 표트르 1세 이래로 근대화를 추진해 온 러시아군에 비해서는 훈련과 무장 등에 있어 커다란 열세를 보이고 있었다. 게다가 사르바즈는 북쪽에서 온 침략군에 비하면 양적으로도 충분하지 않은 상황이었다. 이에 따라 부하라 아미르국은 전시에 소집하는 전통적인 우즈벡 기병에 여전히 크게 의존할 수밖에 없었다. 이러한 이유로 부하라 아미르국의 군대는 질적으로나 양적인 면에서 압도적으로 우세했던 러시아 군에게 커다란 피해도 입히지 못한 채 패배하게 되었다. 1868년에 양국 사이에서는 조약이 체결되어, 부하라 아미르국은 제정 러시아에 배상금 지불, 시장 개방 등과 같은 양보와 특권을 제공하게 되었다. 비록 러시아가 재정 부족, 영국과의 긴장관계 조성 회피, 지역 정보 부재 등의 이유로 아미르를 권좌에서 끌어내지는 않았지만(Khalid, 1998: 46-47), 이 조약의 결과 부하라 아미르국은 실질적으로 주권을 상실하게 되었다.

V. 결론

소련 해체 이후 중앙아시아 지역에 성립된 신생 독립국가들의 역사적 기원과 관련해서는 다양한 논의들이 진행되고 있다. 이 중에서도 우즈베키스탄은 그 중심 집단인 우즈벡 민족의 기원이나 국가 근원으로서의 역사적 과거를 놓고 국내외 학계에서 많은 관심을 받고 있는 국가이다. 이러한 논의의 과정에서 상이한 입장에 따라 우즈베키스탄을, 한편에서는 소련 시대에 진행된 근대적 "민족 창조"의 결과물이라고 말하고 있는 반면(구자정, 2012), 다른 한편에서는 천 년 이전에 이미 민족적 정체성을 형성한 유구한 역사를 가진 국가라고 설명하고 있다(Камолиддин, 2005). 본 연구에서는 이렇듯 큰 차이를 보이며 진행되고 있는 우즈베키스탄 근대국가 건설에 대한 주요 논의 지점들 중 하나인 제정 러시아 진출 시기 서투르케스탄 지역에 수립되어 있던 이 지역 국가들의 상황을 부하라 아미르국을 중심으로 살펴보았다.

18세기 말에서 19세기 전반에 걸친 시기에 서투르케스탄 지역은 지역 내 국가들과 주변 제국들이 성쇠를 거듭하며 복잡하게 얽혀 있었다. 당시 이 지역에는 부하라 아미르국, 히바 칸국, 코칸드 칸국 등 세 국가들과 반독립적인 지방할거 세력들이 상호 견제와 이합집산 속에서 위태로운 균형을 유지하고 있었다. 이러한 상황은 제정 러시아, 청, 영국, 페르시아, 아프가니스탄 등과 같은 주변 강국들의 존재로 인해 더욱 복잡해졌다.

이러한 상황 속에서 17세기 이래로 이 지역에 대해 지속적으로 영향력을 행사한 것은 러시아 인들이었다. 서시베리아 진출과 함께 남쪽으로의 팽창에도 관심을 가졌던 러시아 인들은, 그러나 동방에 있던 강력한 제국들로 인해 18세기 전반까지 카자흐 초원 지역으로 진출하는데 어려움을 겪었다. 즉, 17세기에는 동투르케스탄 지역을 중심으로 강력한 제국을 건설하고 있었던 준가르 칸국이 유목국가로서 카자흐 초원 지대와 서투르케스탄 지역에 강력한 영향력을 행사했으며, 18세기에는 준가르 칸국을 붕괴시키고 그 영토를 병합한 청이 이 지역에서 러시아의 새로운 경쟁세력으로서 영향력을 행사했던 것이다. 이러한 이유로 제정 러시아가 이미 18세기 후반 이래로 형식적으로나마 신종관계를 통해 영향력을 행사하고 있었던 카자흐 초원 지대를 완전히 병합할 수 있게 된 것은 청이 쇠퇴한 이후인 19세기에 와서의 일이다.

그러나 청이 쇠약해진 후에도 제정 러시아는 중앙아시아 지역에서 유일한 강자가 아니었다. 남아시아 지역을 기반으로 이곳으로 진출하고 있던 영국이 강력한 경쟁세력으로 이 지역으로 진출했던 것이다. 18세기 후반에 제정 러시아는 중앙유라시아 곳곳에서 영국과 식민지 경쟁을 벌이고 있었는데, 당시 인도 아대륙 대부분을 식민화하는데 성공한 영국은 러시아의 남진을 견제하고 인도 북쪽 지역에서 영향력을 확대하기 위해 중앙아시아 국가들과 활발한 교역 및 외교 관계를 수립했다. 그런데 이러한 영국의 진출은 이 지역에 대한 제정 러시아 측의 정책이 보다 공격적으로 진행되도록 자극하는 역할을 해서, 19세기 전반에 러시아 인들은 카자흐 초원 대부분을 합병한 후 이곳에 요새들을 구축함으로써 '마 와라 알 나흐르' 지역으로 진출할 수 있는 토대를 확립했다.

중앙아시아 지역을 둘러싼 국제정세가 러시아, 청, 페르시아, 오스만 제국에서 러시아와 영국 중심으로 바뀌고 있던 18세기 후반에 부하라 칸국에서는 새로운 왕조가 성립되었다. 즉, 아슈타르한 조의 칸들이 골육상쟁과 외부의 침략으로 약화된 틈을 타서 망기트 부족이 국가 권력을 장악하게 되었던 것이다. 칭기즈칸의 직계혈통이 아닌 망기트 부족 출신의 통치자들은 군주권을 확보하기 위해 중앙집권화 된 국가 체제 수립을 지속적으로 시도했다. 그러나 이러한 시도는 19세기 초에 아미르가 된 하이다르 시기까지도 커다란 성과를 내지 못한다.

망기트 조 군주들의 중앙집권화 노력은 나스룰라 시기에 와서 빛을 발하게 된다. 나스룰라는 아버지인 하이다르가 사망한 후 골육상쟁을 통해 형제들을 물리치고 아미르의 자리에 올랐다. 권좌를 차지한 나스룰라 앞에는 부하라 아미르국이 고질적으로 안고 있던 경제적 문제들, 지방에 할거하고 있던 강력한 우즈벡 부족들, 중앙에서 행정권을 장악하고 있던 (대부분 우즈벡 부족들 출신인) 고위 관료들 등과 같이 해결해야 할 난제들이 산적해 있었다. 이러한 문제들을 정리하기 위해 나스룰라는 통치 초기에 아버지 시대부터 쿠쉬베기로 있던 경험 많고 노회한 무함마드 하킴을 다시 기용해서 교역 진흥과 상비군 건설을 추진한다. 그리고 국가 개혁이 안정적인 궤도에 오르게 되자 나스룰라는 다음 단계로 우즈벡 부족장들을 제압하고 하킴 쿠쉬베기를 숙청한다. 그 결과 나스룰라는 아미르를 정점으로 하는 중앙집권화를 수립하는데 성공할 수 있었다.

대외적으로 나스룰라는 국가 개혁을 진행하면서 지역 내 경쟁세력들 사이에서 주도권을 확보해 나갔다. 19세기 전반에 서투르케스탄 지역 주변에서는 청과 페르시아 세력이 빠르게 퇴조하고 있던 반면, 남시베리아와 카자흐 스텝 지역에서 끈기 있게 진출을 모색하고 있던 제정 러시아와 인도를 기반으로 새로이 진출해 온 영국이 남과 북에서 영향력을 확대하고 있었다. 러시아와 영국은 모두 트란스옥시아나 지역에 있는 국가들, 특히 부하라 아미르국과 외교 및 통상 관계를 수립하려고 사절단들을 파견했다. 특히, 러시아는 히바 칸국과 코칸드 칸국이라는 경계를 접하고 있는 두 국가들과는 관계가 점차 악화되어 가고 있었으며, 이러한 이유로 부하라 아미르국과의 관계 설정을 중요하게 생각하고 있었다. 부하라 아미르국 역시 경제적 교류 과정에서의 무례와 아프가니스탄 침공을 통한 무력시위로 인해 영국에 대해 거부감을 가지고 있었기에 제정 러시아와 보다 긴밀한 관계를 확립해 나간다. 그리고 19세기에 서투르케스탄 지역을 둘러싼 러시아와 영국 사이의 진입 경쟁이라는 외부적 조건 속에서 부하라 아미르국은 근대적 국가로 발전하기 위한 구조를 갖추어 가며, 이를 기반으로 이 지역의 주도 국가로 앞서가기 시작했다. 그리고 국가 개조를 통해 획득한 힘을 바탕으로 나스룰라는 주변 칸국들과의 경쟁에서 우위를 확보하게 되었다.

그러나 부하라 아미르국은 나스룰라 시기에 정점에 이른 중앙집권화와 근대적 제도 수립 시도들이 성숙하기 전에, 보다 앞서 근대화를 추진했고 그 속도 또한 더 빨랐던 제정 러시아에게 병합되고 말았다. 19세기 초에 와서야 시도되었던 부하라 아미르국의 중앙집권적이고 근대적인 국가 개조 작업은 서유럽 국가들은 물론이고 근대화의 물결을 가장 늦게 타기 시작한 제정 러시아에 비해서도 시기적으로 늦고 내용적으로 빈약한 것이었다. 부하라 아미르국이 실질적으로 근대적 국가 체계를 갖추고 주변 강국들과 경쟁하기 위해서는 더 많은 시간이 필요했다. 그러나 중앙아시아 지역 국가들보다 앞선 시기에 근대화를 시작했으며 유럽 밖의 세계를 놓고 식민지 팽창 대결을 벌이고 있었던 유럽 강국들은 중앙아시아의 이슬람 국가가 성장하는 것을 기다려주지 않았다. 부하라 아미르국은 이러한 서구 강국들의 대결 구도 속에서 제정 러시아에 병합되고 말았다.

이렇듯 19세기 전반에 마 와라 알 나흐르 지역을 중심으로 진행된 지역 국가들과 주변 강국들 사이의 경쟁과 연합의 모습은 우리에게 다음과 같은 두 가지 사실을 시사해 주고 있다. 첫째, 중앙아시아 지역이 유라시아 지역에서 차지하고 있는 지리적 위치, 즉 한 지역의 세력이 다른 지역으로 진출하기 위해서는 반드시 거쳐야만 하는 곳이라는 입지적 특성으로 인해 이곳은 지역 세력들과 외부 강국들이 끊임없이 부딪히는 공간이었다는 점이다. 이러한 점에서 19세기 전반에 부하라 아미르국이 그 주변에 있던 지역 국가들 및 주변 강국들과 맺었던 상호관계는 이 지역이 가지고 있는 지정학적이고 지경학적인 중요성이 현재적 현상에 그치는 것이 아니라 오랜 과거부터 지속되어 온 숙명과 같은 것임을 보여준다. 둘째, 소련 해체 이후 독립국가로서 새로운 정체성을 수립해가고 있는 중앙아시아 지역 국가들이 아무런 역사적 연원 없이 소련 해체라는 역사적 격변 과정에서 급작스럽게 창출된 부산물이 아니라는 점이다. 앞에서 살펴보았듯이, 부하라 아미르국은 우즈베키스탄이라는 국가와 역사적으로 연결되어 있다는 점에서 중요하며, 이에 더해 근대적 국가로 발전하기 위한 다양한 국가 개조를 시도하는 초입에 들어서 있었다는 점에서도 의의가 크다.

참고문헌

고마츠 히사오 외. 2005. 『중앙유라시아의 역사』. 서울: 소나무.

구자정. 2012. "이식된 근대, 만들어진 민족, 강제된 독립: 소비에트식 "민족창조"를 통해 본 중앙아시아 지역 유럽 근대성의 착종."『역사문화연구』44. 169-229쪽.

김상철. 2008. "중앙아시아 주요 토착민족 공동체의 상이성 연구: 우즈베크 및 카자흐의 국가형성 과정과 대제정러시아 관계를 중심으로."『중소연구』118. 179-222쪽, xii-xiii.

김상철. 2007. "중앙아시아의 소수민족관계 연구: 카자흐스탄 사례를 중심으로 - 카자흐 부족공동체의 사회구조적 변화에 대한 역사적 접근 - ."『역사문화연구』27. 387-426쪽.

르네 그루쎄. 2007. 『유라시아 유목제국사』. 파주: 사계절.

양승조. 2015a. "17세기 후반 18세기 전반 모스크바국의 동방 진출과 동투르케스탄의 주변화(周邊化): 준가르 제국을 중심으로."『역사문화연구』54. 141-172쪽.

양승조. 2015b. "러시아, 중국, 그리고 근대 중앙아시아: 역사적 회고." 신범식 외, 『중국의 부상과 중앙아시아』. 과천: 진인진, 23-49쪽.

양승조. 2015c. "예카테리나 2세 시기 제정 러시아의 이슬람 정책과 오렌부르크이슬람종무청(ОМДС)의 역할."『러시아연구』26-2. 269-297쪽.

이광태. 2009. "19세기 부하라의 權力構造와 아미르 나스룰라(Naṣr Allāh)의 中央集權化."『중앙아시아연구』14. 33-53쪽.

제임스 포사이스. 2009. 『시베리아 원주민의 역사』. 서울: 솔출판사.

토마스 바필드. 2009.『위태로운 변경: 기원전 221년에서 기원후 1757년까지의 유목제국과 중원』. 서울: 동북아역사재단.

피터 C, 퍼듀. 2012. 『중국의 서진: 청(淸)의 중앙유라시아 정복사』. 서울: 길.

피터 홉커크. 2008.『그레이트 게임: 중앙아시아를 둘러싼 숨겨진 전쟁』. 파주: 사계절.

Tanner, Stephen. 2010. 『아프가니스탄: 알렉산더 대왕부터 탈레반까지의 전쟁사』.

서울: 한국해양전략연구소.

Абдураимов М. А. 1961. *Вопросы феодального землевладения и феодальной ренты в письмах эмира Хайдара. Опыт краткого исследования источника.* Ташкент: АН УзССР.

Бабаев Б. 2010. "Из истории организации регулярного войска в Бухарском эмирате при эмире Насрулле /1827 – 1860/." *Ученые записки Худжандского государственного университета им. академика Б. Гафурова. Гуманитарные науки. 03 – История. Исторические науки* 1(21). с. 155-163.

Бартольд В. В. 1963. "История культурной жизни Туркестана." *Сочинения. Т. 2. Ч. 1.* М.: Наука. с. 169-433.

Бунаков Е. В. 1941. "К истории сношений России с среднеазиатскими ханствами в XIX в." *Советское востоковедение* 2. с. 5-26.

Джурабаев Д. Х. 2015. "Изучение политической истории Бухарского эмирата в советский и постсоветский периоды." *Вестник Таджикского государственного университета права, бизнеса и политики. Серия гуманитарных наук* 2(63). с. 13-21.

Жуковский С. В. 1915. *Сношения России с Бухарой и Хивой за последнее трехсотлетие.* Петроград.

Залесов Н. 1862. "Очерк дипломатических сношений России с Бухарою, с 1836 по 1843 год." *Военный сборник* 3. с. 3-46.

Записки о Бухарском ханстве: (Отчеты П. И. Демезона и И. В. Виткевича), 1983. М.: Наука.

Иванов П. П. 1958. *Очерки по истории Средней Азии (XVI – середина XIX в.).* М.: Издательство Восточной литературы.

Камолиддин Ш. 2005. "О понятии этногенеза в "Этническом Атласе Узбекистана"." *Этнографическое обозрение* 1. с. 52-55.

Мейендорф Е. К. 1975. *Путешествие из Оренбурга в Бухару.* М.: Главная редакция восточной литературы.

Мирза Абдал Азим Сами. 1962. *Та'рих-и салатин-и мангитийа(История мангытских государей)* / Изд. текста, предисл., пер. и примеч. Л.М. Епифановой. М.: Изд-во восточной литературы.

Тимченко С.В. 2003. "Англо-русское соперничество в Средней Азии в 40-е гг. XIX в." *Центральная Азия и Сибирь: Первые научные чтения памяти Е.М. Залкинда. Материалы конференции.* Барнаул: АзБука. с. 86-99. (E-Book: http://new.hist.asu.ru/biblio/zalk/index.html).

Халфин Н. А. 1960. *Политика России в Средней Азии (1857-1868).* М.: Изд-во восточной лит.

Baumann, Robert F. 1993. *Russian-Soviet Unconventional Wars in the Caucasus, Central Asia, and Afghanistan. (Leavenworth Papers no. 20).* Leavenworth: Combat studies Institute.

History of Civilizations of Central Asia. V. Development in Contrast: from the Sixteenth to the Mid-nineteenth Century. 2003. Paris: UNESCO.

Khalid, Adeeb. 1998. *The Politics of Muslim Cultural Reform: Jadidism in Central Asia.* Berkeley: University of California Press.

02

20세기 초 투르크멘 공화국 체제의 출범

황영삼

I. 서론

소련 붕괴 이후 독립국가로 국제무대에 등장한 투르크메니스탄은 풍족한 에너지 자원과 독특한 정치문화 및 철저한 사회보장제가 특징인 국가로서 인근의 우즈베키스탄이나 카자흐스탄 그리고 아제르바이잔 등과 같은 사회주의 체제를 경험한 국가와 차별성을 지니고 있다. 천연가스 수출은 국부의 원천이며 투르크메니스탄 산업발전의 원동력 역할을 하고 있고, 국가민주당의 정치적 우위 유지와 강력한 대통령의 통치형태는 서구의 비판을 받고 있지만, 상징적인 수준의 전기, 가스, 수도사용료와 무상교육 및 의료비 지원을 통한 안정적인 사회보장제 등은 바로 현대 국제사회에서 투르크메니스탄이 보유하고 있는 특수성에 해당한다.

국제지역학의 측면에서 특정한 지역 혹은 국가에 대한 관계를 모색하려면 그 지역의 역사적 측면을 간과해서는 안 된다는 점이 중요하다. 우리는 그 동안 투르크메니스탄과의 관계교류에서 지나치게 경제적인 차원에서만 접근하였는데, 그도 그럴 듯이 에너지 자원의 확보에서 진행되었기 때문이었다. 그러나 경제교류의 선결조건은

---

* 이 글은 『슬라브학보』 제30권 1호(2015)에 게재된 논문을 본서의 편집 방향에 맞게 재구성한 것입니다.

바로 그 국가의 국가적 특성 및 역사적 측면에 대한 연구일 것이다.

오늘날 투르크메니스탄 국가는 소련 붕괴 이후 독립국에서 출발한 것은 분명한 사실이지만 투르크멘 민족은 천년 혹은 그 이상의 역사를 가지고 있다. 물론 부족과 민족의 차원이 다르긴 하지만 언어와 문화적 습성으로만 볼 때 분명히 투르크멘인들은 적어도 천년(통념적 역사), 길게는 오천년 이상(루흐나마의 기술)의 역사를 소유하고 있는 집단임을 명심할 필요가 있다.[1]

오늘날 독립 투르크메니스탄은 일정한 영토와 국민을 가진 주권국가로서 국제무대에 등장한 지 20년이 되었지만 국가구성의 원형은 역설적이게도 소비에트 체제에서 형성되었다. 왜냐하면 '민족'보다 '계급' 즉 개별 민족의 독립성보다는 노동자계급의 연대를 강조했던 소비에트 체제에서 민족을 단위로 한 연방구성 공화국의 성립이 1920년대 초부터 이루어졌기 때문이다. 1924년에 우즈벡 공화국과 함께 중앙아시아 지역에서 최초로 '투르크멘' 민족의 명칭이 들어간 '투르크멘 소비에트 사회주의 공화국Туркменская Советская Социалистическая Республика, Turkmen Soviet Socialist Republic'[2]이 출범하게 된 것이다. 본고는 바로 이 시기에 어떤 요인과 과정으로 인하여 투르크멘인들의 민족을 근간으로 하는 국가형태의 토대가 구축된 것인지를 분석하는 것을 목적으로 한다.

이렇게 하는 것은 독립 투르크메니스탄이 단지 20여 년의 짧은 역사를 가진 국가가 아니라, 비록 소비에트 체제 하에 있었지만 70년 가까운 국가적 기틀을 유지하고 있었던 국가였음을 이해시키고자 하는 데 있다. 투르크멘 공화국의 설립으로 부족들의 연합체 성격을 가지고 있던 투르크멘인들이 민족을 단위로 하고, 일정한 지리적 영역을 기반으로 하는 국가적 기틀을 만든 것은 아이러니한 일이었다.[3] 따라서 본 연구를 통하여 피지배 거대 영토에 대한 '분할과 지배divide and rule' 라는 전통적인 제국주의적 방식이 소비에트 체제에서 오히려 '민족국가nation state'의 태동을 야기했다는

---

1 이에 관해서는 황영삼(2009) 참고.

2 이하 본문에서 '투르크멘 공화국'으로 표기한 것은 '투르크멘 소비에트 사회주의 공화국'을 뜻하며, 오늘날의 '투르크메니스탄 공화국'과 구분하기 위해서이다. 서술을 위한 편의상의 구분이다. 현재의 투르트메니스탄 공화국 또한 간략히 투르크멘 공화국이라고 한다.

3 투르크멘 민족을 이루는 주요 5대 부족으로는 테케, 요무드, 사리크, 초디르, 에르사리 등이 있으며 지역별로 특화되어 있다. Кадыров(2001), Edgar(2004)를 참고.

역설에 대해서도 쉽게 이해할 수 있다.

본 연구는 1917년 러시아혁명을 전후해서 1924년 투르크멘 공화국의 성립에 이르는 시기를 다루지만 특히 1924년의 반 년간 진행되었던 러시아공산당 중앙위원회, 그리고 중앙아시아 국경 재설정을 위해 설립된 중앙아시아 뷰로Среднеазиатское Бюро[4] 및 그 산하의 영토소위원회에서 치열하게 전개된 논의과정을 분석한다. 그 논의과정에서 투르크멘 공화국의 성립이 결코 위로부터의 결정, 즉 최고위 정치국 결정에만 의존한 것이 아니라, 현지 지역사정이 감안된 기구를 통하고 동시에 투르크멘 정치지도자들의 강력한 의지가 반영된 결과였던 사실을 규명하고자 한다.

Ⅱ. 러시아혁명기를 전후한 중앙아시아 지역의 지정학적 변동

1. 러시아혁명 전후의 중앙아시아 지역의 상황 및 투르크멘인

투르크멘인들이 중심이 되고 '투르크멘'이라는 용어가 사용된 국가형태가 출범하게 된 최초의 사건은 1917년 러시아혁명으로 인한 일련의 사태인데, 그 이유는 제정러시아가 붕괴되고 이어지는 급진적 역사변환과 함께 마침내 1924년에 투르크멘 국가가 소비에트 사회주의 체제의 형태로 출범하기로 결정되었기 때문이다. 1917년부터 1924년까지 즉 7년 동안 혁명과 내전, 인민소비에트 정부 수립을 거치면서 투르크멘인들의 국가수립 노력이 가일층되었다. 물론 오늘날의 투르크메니스탄 공화국처럼 완전한 대외적 독립성을 띤 국가는 아니었지만 투르크멘인들에 관한 한 역사적으로

---

4 중앙아시아 뷰로를 굳이 중앙아시아국(局)으로 표기하지 않은 것은 국(國)이라는 의미와 혼동될 수 있다는 필자의 판단에서 나왔다. 정치국, 서기국과 같은 표기는 국가명을 연상하지 않는 용어이기 때문에 큰 문제가 없지만 지역명과 혼합된다면 국가명과 혼동될 수 있다. 동 기구는 1922년부터 1934년까지 러시아공산당(나중에 소련 공산당) 중앙위원회 내에 조직된 부서였다. 본문 제Ⅱ장 참고.

민족을 단위로 한 국가의 출범은 이때 처음 이루어졌던 것이다.[5]

19세기 말부터 20세기 초 당시 중앙아시아 지역의 지리, 행정적 구조는 지금과 판이하게 달랐는데, 즉 스텝 주(오늘날 카자흐스탄 중북부 지역), 투르케스탄 총독부령, 히바 칸국 및 부하라 에미르국 등의 형태로 정립되어 있었고, 특히 후자의 2개 국가는 제정러시아의 보호국 수준으로 되어 있어서 정치 및 경제적 자치가 유지되고 있었다. 투르크멘인들이 주로 거주하던 지역은 투르케스탄 총독부령의 자카스피 주, 히바 칸국 및 부하라 에미르국을 흐르던 아무다리아 강변 지역 등이었는데 순서대로 전체 투르크멘 민족비율상 각각 43, 30, 27% 정도를 차지하고 있었다(Edgar, 2004: 66). 즉 투르크멘 민족은 투르케스탄 총독부령의 자카스피 주, 히바 칸국, 부하라 에미르국에 거의 삼분되어 거주하고 있었던 것이다. 그 결과 투르크멘인들은 민족이라는 단위보다는 지역적 편중성이 높았던 부족이라는 단위가 더 결집력이 높았던 것이 사실이었기에 이 세 지역을 모두 통합하는 국가를 수립하는 일은 외부적 환경이 조성되지 않았을 경우 거의 불가능한 일이라고도 볼 수 있다.

러시아혁명 직후 발생한 내전의 혼란 속에서 중앙아시아 지역의 정치적 변동은 심각한 수준이었다. 즉 제정러시아의 직접 지배하에 있던 투르케스탄 총독부령과 제정러시아의 보호령 체제하의 준독립국인 히바 칸국 및 부하라 에미르국 체제는 붕괴되고, 볼쉐비키 정권을 지지하는 집단과 현지 민족주의적 노선을 고수하던 집단들이 등장하면서 심각한 권력 투쟁 양상이 전개되었던 것이다. 러시아 제국을 붕괴시키고 권력을 장악한 볼쉐비키 정권이 해결해야 했던 최대의 과제는 반혁명 세력, 즉 러시아 차르의 권위를 지지하는 백위군을 궤멸시키는 것과 동시에 거대한 지리적 영역에 걸쳐있던 각 지방에 볼쉐비키가 주도하는 소비에트 정부를 신속하게 구성하는 일이었다.

히바 칸국 지역에서는 명목적 군주이던 아스판디야르 칸Асфандияр-хан이 혁명 운동의 와중에서 사실상 권력을 상실하고 대신 호전적인 주나이드 칸Джунаид-хан이 정권을 장악했는데, 주나이드 칸은 대표적인 요무드 투르크멘 부족에 속한 인물이었다.[6] 그는 히바 칸국 내의 우즈벡인들에 대하여 세금을 크게 부과하고 투르크멘인들

---

5 투르크멘인들의 역사와 역사의식의 강조는 투르크메니스탄 초대 대통령 사파르무랏 니야조프가 강력히 시행했던 분야였다(황영삼, 2009: 504).

6 소비에트적 시각에서 볼 때 주나이드 칸은 대표적인 투르크멘 바스마치로 간주된다. 바스마치 활동에 대해서는 Olcott(1981)을 참고.

지도 1   1920년 당시 행정구역

사선으로 표시된 넓은 지역이 투르케스탄 자치공화국(제정러시아 시기의 투르케스탄 총독부령), 1 영역이 호레즘 인민공화국, 2 영역이 부하라 인민공화국. 부하라 영역 남단의 아무다리아 강 유역을 자세히 보면 강 좌안 일대가 모두 부하라 영토로 되어 있다. 히바 영역 또한 아무다리아 강 좌안 영역이다. 아무다리아 강 좌안 및 우안 근처 일대는 투르크멘 부족들이 다수 거주하고 있던 영역이다.

출처: http://memoryoffuture.blogspot.kr/2010/06/1919-1920.html(검색일: 2014.12.10)

중심으로 군대를 증강하였다. 주나이드 칸의 기본적인 정책은 소비에트 혁명 세력을 물리치고 독자적인 국가건설을 수립하는 것이었다. 따라서 이러한 방향은 혁명군이던 볼쉐비키 적위군과 기득권 민족이던 우즈벡인들 모두의 저항을 야기시켰다.[7]

결국 1920년 2월 2일 혁명적인 히바 칸국 사람들의 봉기로 인하여 히바 칸국 최후의 칸으로 주나이드 칸이 옹립한 세이드 압둘라Сеид Абдулла-хан 칸이 폐위되고 사실상 국가의 주인이던 주나이드 칸은 지지자들과 함께 카라쿰 사막 지역으로 도주하였다. 1920년 4월 혁명세력이던 호레즘 쿠룰타이Курултай는 제1차 회의를 열고 마침내 히바 칸국 체제의 종식을 선언하였다.[8] 대신 히바 칸국의 영역에는 호레즘 인

---

7 호레즘 지역에 관한 정변에 관해서는 Погорельский(1984)에서 상세히 밝히고 있다.

8 РГАСПИ, ф. 62, Оп. 2, Д. 102, Л. 038(об). К Национально-государрственному размежеванию (Тезисы для докладчиков) 민족국가 경계설정에 대한 글.

민소비에트 국가Хорезмская Народная Советская Республика, Khorezm People's Soviet Repub-lic(1920.4.20-1925.2.17)[9]가 성립되었다(**지도 1 참고**). 그러나 호레즘 인민소비에트 국가 내부에는 우즈벡인들과 투르크멘인들 간의 적대감정이 심각한 수준에 있었기 때문에 효율적인 정부 운영이 불가능할 정도였는데 이러한 점이 1924년 국경결정 논의에 큰 영향을 주게 되었다.

호레즘과 부하라의 투르크멘-우즈벡 민족감정의 격화는 주로 토지경작의 불공정성에서 나타났다. 칸국 시기에는 이미 좋은 경작지들이 정착민인 우즈벡인들이 주로 차지하고 있었기 때문에 나중에 경작지를 부여받은 유목민족 투르크멘인들은 척박한 토지를 부여받았다. 이와 같은 경향은 호레즘 지역에서 더욱 더 심각하였다.[10] 그리고 망기쉴락 반도 지역을 비롯한 자카스피 주의 목초지를 두고 카자흐인들과 투르크멘인들 간의 분쟁 또한 심화되었다.[11] 이와 같이 과거 히바 칸국 영역에서는 투르크멘인과 우즈벡인, 그리고 투르크멘인과 카자흐인 간의 민족갈등이 급격한 정치 환경의 변화와 함께 수면 위로 부상하였다.

한편 부하라 에미르국 영역에 관해서는 1920년 8월 28일 미하일 프룬제Михаил Васильевич Фрунзе(1885-1925) 장군이 지휘하는 볼쉐비키 적위군이 부하라를 공격하여 그 결과 에미르 알림 칸Алим-хан은 두샨베 지역으로 도피함으로써 부하라 에미르국 또한 사실상 막을 내리게 되었다. 이어서 9월에 부하라 혁명위원회가 설치되고 정부 수반에 파이줄라 호자예프Файзулла Ходжаев(1896-1938)가 임명되었다. 잘 알려진 것처럼 부하라 에미르국의 붕괴로 인하여 바스마치 항거가 1920년대 중반까지 지속적으로 진행되어 신생 소비에트 정부를 공격하였다. 따라서 새롭게 구성된 부하라 인민소비에트 공화국Бухарская Народная Советская Республика, Bukharan People's Soviet Repub-lic(1920.10.8-1925.2.17)에 대한 러시아 공화국의 지원은 필수적인 일이었다.

---

9 호레즘 인민소비에트 공화국은 1923년 10월 20일에 호레즘 사회주의소비에트 공화국으로 개칭되었는데, 이러한 사실은 당시 호레즘 국가의 존립 가능성을 염두에 둔 작업이었지만 결과적으로 보면 성립되지 못한 채 끝나게 되었다. 1924년 10월에 호레즘국은 투르크멘 공화국, 우즈벡 공화국 및 카라칼팍 자치주(카자흐 자치공화국 귀속)로 삼분하기로 최종 결정되었기 때문이다.

10 РГАСПИ, Ф. 62, Оп. 2, Д. 102, Л. 039(об).

11 РГАСПИ, Ф. 62, Оп. 2, Д. 102, Л. 039(об).

부하라 에미르국 남단을 흐르는 아무다리아 강 우안 지대에는 강을 따라 투르크멘 종족들이 거주하고 있었고 특히 파라브와 차르조우Чаржоу는 강 좌안에 위치하여 자카스피 주의 투르크멘인들과 지리적으로 근접한 특징이 있었다. 이들 지역에 거주하는 투르크멘인들은 당연히 새롭게 설정되는 영토설정 프로젝트에서 우즈벡인들이 우세한 위치에 있던 부하라 공화국 또는 연이은 우즈벡 공화국보다는 투르크멘 공화국 설립에 더 높은 관심을 가지고 있었다. 그 중 차르조우 지역은 신생 투르크멘 공화국의 중심이 되어야 한다는 주장도 함께 등장하게 되면서 투르크멘 영역의 당위성을 증대시켜 주었다. 아무다리아 강변을 따라 하류 방면으로 길게 펼쳐진 강 양안은 우즈벡 공화국으로서는 영토와 인구의 상실을, 투르크멘 공화국으로서는 영토와 인구의 증가를 의미하는 중차대한 문제였다.

마지막으로 투르크멘인들의 거주 영역인 투르케스탄 총독부령의 자카스피 주와 이를 이은 투르케스탄 자치공화국Туркестанская Автономная Советская Социалистическая Республика, Turkestan Autonomous Soviet Socialist Republic(1918.4.30-1924.10.27)[12] 내의 투르크멘인 거주 영역이 있다. 러시아 혁명 직후 중앙아시아 최대의 지역이고 이슬람 민족이 압도적 다수를 차지하던 이 지역은 볼쉐비키 권력이 타쉬켄트를 중심으로 일찍이 권력을 장악했고, 1918년 2월에는 코칸드 자치정부를 궤멸시킨 바 있었다.[13] 그리고 성립된 것이 바로 투르케스탄 자치공화국이었는데 이는 러시아공화국 내의 자치국으로 규정되었으며 정부에 해당하는 중앙집행위원회 핵심 멤버들 16명 중 8명이 볼쉐비키였고, 나머지 8명도 사회혁명당 좌파들로 구성되어 친볼쉐비키 성향을 가지게 되었다(Агзамходжаев, 2006: 255-256). 투르케스탄 자치공화국은 호레즘과 부하라 지역을 제외한 광활한 투르케스탄 영역에서 소비에트 정권의 안정화를 위한 노력을 기울여야 했는데 지역인사와 지역민들의 지지 여부가 최대의 관건이었다.

내전의 혼란 속에서 볼쉐비키 정권은 거대한 중앙아시아 지역을 장악하기 위한 전

---

12 러시아 혁명 직후의 투르케스탄 지역의 자치정부 수립에 대해서는 Агзамходжаев(2006)을 참고.

13 코칸드 자치정부는 중앙아시아 이슬람 민족주의자들이 중심이 되어 1917년 11월에 구성한 자치정부로서 소비에트 체제를 지지하지 않는 자주적인 노선을 가졌으므로 신생 혁명정부와의 대립이 불가피하였다. 그 결과 백위군과의 결탁을 선택한 코칸드 정부는 1918년 2월 6일(구력)에 적위군의 공격을 받아 붕괴되었다.

략을 펼치지 않을 수 없었다. 곧 1919년 5월 24-30일 기간에 타쉬켄트에서는 무슬림 공산주의자 회의가 개최되었고, 이는 현지 토착민들의 참여로 투르케스탄 정부를 구성하도록 하는 공산당의 초기 정책에서 기인하였다. 이어서 2주간 지속된 투르케스탄 공산당 제3차 대회에서 투르케스탄 지역당 위원회 내에 소속된 지역 무슬림 뷰로가 설립되었다. 여기에는 리스쿨로프Турар Рыскулов(1894-1938, 카자흐 볼쉐빅), 호자예프Низаметдин Ходжаев(1885-1942, 우즈벡 볼쉐빅) 등 투르케스탄의 현지 지도자들이 포함되었는데, 7월에 무슬림 뷰로는 지방의 예하 조직을 구성하였다. 이것은 어느 정도 자치적인 무슬림 뷰로가 러시아 쇼비니즘에 대한 무슬림들의 분노를 다소 완화시킬 것이라는 희망에서 나왔다(Keller, 2003: 282).

이러한 움직임이 점차 투르케스탄 자치공화국 형성으로 진행하기 위한 일이라는 것은 당연한 일이었다. 한편 이 시기에 투르크멘인 영역과 관련해서 보면 망기쉴락 반도 영역이 투르케스탄 자치공화국이 아니라 당시 키르기즈 자치공화국(1925년에 카자흐 공화국으로 개칭) 관할로 변경되면서 투르크멘인들의 영역이 일단 축소되었다. 망기쉴락 영역은 역사적으로 투르크멘인들과 카자흐인들의 영역 다툼이 지속되어 온 지역이었기에 그 지역이 키르기즈(카자흐) 자치공화국으로 편입된 것은 투르크멘인들의 거주 영역이 그만큼 축소된 결과를 가져오고 이후 전개되는 영토 재획정 논의에 호레즘 영역에 대한 집착을 강화시키게 되었다. 즉 망기쉴락 지역을 포기하는 대신에 보다 비옥한 호레즘 영역을 취득하려고 하는 계기로 작동하게 된 것이다.

2. 투르케스탄 뷰로 및 중앙아시아 뷰로의 설립 및 활동

1920년에도 러시아 내전은 계속되고 있었고 볼쉐비키 정권은 전국적인 권력 장악을 위하여 막바지 전투를 지속 하고 있었는데, 중앙아시아 전역은 카라쿰 사막 일대와 파미르 고원 지역을 제외하면 이미 적위군의 수중으로 떨어진 상태였다. 제9차 볼쉐비키 러시아공산당 당대회(1920.3.29-4.5)에서는 당 중앙위원회 산하에 각 지역의 당 조직을 관리하기 위하여 6개의 뷰로를 설립하게 되는데, 그 중에 하나가 바로 투르케스탄 뷰로(또는 간단히 투르크 뷰로)였다.[14] 투르케스탄 뷰로는 지역명 그대로

---

14 나머지는 시베리아, 캅카즈, (카자흐) 스텝, 우랄, 극동 뷰로 등이었다. 스텝 뷰로와 투르크

 유라시아의 심장 다시 뛰다!: 중앙아시아 지역의 형성과 역동성

투르케스탄 자치공화국의 공산당을 지도하고 통제하는 임무를 가지고 있었다. 문제는 군사적 우위를 유지한 상태에서 정치적인 안정을 위한 새로운 정치, 행정 질서를 해결하는 일이 중요했는데, 이 과정에서 투르케스탄 뷰로는 중앙과 지방을 연결하는 가교 역할을 하였다.

투르케스탄 뷰로의 구성원은 스탈린의 제안으로 현지 민족 출신의 비율을 적절히 균등하게 하는 방향으로 결정되어 러시아계 인물과 중앙아시아 투르크계 인물이 공히 선택되었다. 이때 투르크멘인은 아타바예프Кайгысыз Сердарович Атаба-ев(1887-1938)였고, 그 외에도 우즈벡, 유태인, 러시아인들이 투르케스탄 뷰로의 주요 멤버로 활동하였다. 따라서 구성원 또한 유럽계 민족(비 중앙아시아 토착민)와 현지 중앙아시아 토착 민족엘리트를 적절히 조합한 형태가 선택되었다. 향후 투르케스탄 뷰로의 역할은 중앙아시아 지역에서 소비에트 정권이 뿌리를 내릴 수 있도록 지역 공산당의 조직을 체계화하고 모스크바와의 의견 조정이 잘 이루어질 수 있도록 활동하였다.

그런데 투르케스탄 자치공화국의 경우와는 달리 히바 및 부하라 지역의 소비에트 세력과 볼쉐비키 공산당 조직은 체제 정비가 시급한 상태에 있었다. 이 지역의 소비에트 및 공산당 조직에 대해서는 투크케스탄 뷰로의 영향력이 미치지 못하고 있었다. 이러한 중앙아시아 현지 토착 민족들 간의 분규로 인하여 효율적인 조정과 권력 강화를 위해서는 투르케스탄 뷰로에 모스크바에서 파견된 고위층 지도자들이 포함되었다. 러시아공산당 중앙위원회 조직국의 수장이던 스탈린은 역시 공산당 간부이며 노동조합 의장을 역임한 루주탁Ян Эрнестович Рудзутак(1887-1938, 1922년에 중앙아시아 뷰로 의장으로서 1년 여 활동함), 구세프Сергей Иванович Гусев(1896-1933, 1922년에 투르케스탄 뷰로 의장이 됨), 카가노비치Лазарь Моисевич Каганович(1893-1991) 등을 뷰로의 멤버로 기용했던 것이다. 그리고 비중앙아시아계 지도자들은 투르케스탄 공산당의 주요 포스트를 유지하였는데 특히 부의장인 류비모프Исидор Евстигнеевич Люби-мов(1882-1937, 프룬제 측근 러시아인)가 있었다. 투르케스탄 뷰로는 설립 2년이 지나는 시기에 새로운 거대한 프로젝트를 시동시켰는데 명목적 독립국이던 부하라 및 호레즘 인민공화국과의 투르케스탄 경제연합 계획이었다(Keller, 2003: 283-284).

한편 앞서 지적했던 대로 청년 히바 급진세력들이 권력을 장악한 호레즘 인민공화

뷰로가 관할하던 영역이 현재의 중앙아시아 전역과 거의 비슷하다.

국 내에서는 이들을 반대하는 투르크멘인들의 세력이 있었고, 이들 간의 상호 충돌은 피할 수 없었다. 1922년 5월에 개최된 제2차 호레즘 소비에트 대회 선거에서 새로운 정부가 구성되고 그 결과 청년 히바인들은 축출되었는데 그 중 일부는 카라쿰 사막에서 은거 중인 주나이드 칸의 군대에 합류하였다.[15] 호레즘 공화국에서 한때 지배적인 위치에 있었던 주나이드 칸은 아프가니스탄으로 도주한 바도 있었지만 재차 카라쿰 일대의 사막으로 돌아와 전력을 키우고 있었던 것이다. 주나이드 칸은 항상 호레즘의 정치적 불안을 기다리며 재차 기회를 엿보고 있었기 때문에 자신들의 세력 확대는 고무적인 일이었다.

1922년도에 접어들면서 투르케스탄 자치공화국, 호레즘 및 부하라 공화국 등 3개 국가에서 볼쉐비키 공산당이 권력을 장악하고 소비에트 정부 체제가 기틀을 잡게 되자 모스크바 지도부는 기존의 투르케스탄 뷰로를 폐지하고 보다 넓은 범위를 통괄할 수 있는 새로운 뷰로를 조직하기로 결정하였다. 그 결과 1922년 5월 19일에 중앙아시아 뷰로가 타쉬켄트를 본부로 하여 공식적으로 출범하게 되었는데, 뷰로가 맡게 될 가장 중요한 임무는 현지 공산당 조직을 지휘 감독할 뿐만 아니라, 민족을 단위로 한 새로운 공화국을 설정하고 구체적인 영토경계를 확정시키는 일이었다.

이제 중앙아시아 뷰로의 임무는 내전 이후 볼쉐비키 러시아공산당이 권력을 장악한 투르케스탄, 호레즘, 부하라 지역에서 체제 안정과 경제개발을 위한 정책을 구상해야 하는 것과 동시에 현지 지역민의 정치적 동향 등을 면밀히 분석하여 중앙에 보고하도록 되어 있었다. 그리고 뷰로의 효율적인 운영을 위하여 현지 중앙아시아 엘리트의 등용을 적극적으로 추진할 수밖에 없었다. 그 이유는 막바지에 다다른 내전의 종식과 새로운 소비에트 정권의 안정을 위해서는 레닌의 주장대로 현지 민족의 자결권을 중시하는 차원에서 현지화 정책을 추진해야 했기 때문이었다.

따라서 처음부터 중앙아시아 뷰로는 투르케스탄 출신을 기용했는데 튜라쿨로프, 라힘바예프, 파이줄라 호자예프 등이 초기의 집행위원회를 담당했고, 호레즘 출신은 마흐무도프Ахмет Махмудов가 대표로 차출되었다. 투르케스탄 뷰로의 부의장이었던 구세프는 1923년 말까지 있었고, 모스크바 정치국은 전 민족문제인민위원회 의장이던 카르클린O. Карклин을 중앙아시아 뷰로의 부의장으로 임명하였다. 중부아시

아 뷰로에 대한 최종 권한은 정치국이 행사하고는 있었지만 스탈린이 수장이던 조직국이 사실상 평상시의 업무에 관하여 인적 충원 등을 통하여 지배하고 있었다(Keller, 2003: 288).

호레즘 공화국에서 진행되고 있던 민족 간의 분규는 최대의 난제였고 무엇보다도 두 공화국이 소비에트 체제를 표방하고는 있지만 사회주의 체제를 국호로 내세우지 않고 있다는 점이 거론되었다. 그 결과 호레즘 소비에트 쿠룰타이 제4차 회의에서는 1923년 10월 20일자로 기존의 '호레즘 인민소비에트 공화국'에서 '호레즘 소비에트 사회주의 공화국'으로 명칭을 변경하기로 결정하고 소비에트 연방의 구성공화국 가입을 목표로 설정하였다.[16]

이와 같이 중앙아시아 뷰로는 중앙아시아 지역에서 볼쉐비키 공산당의 조직을 강화하고 동시에 국가조직을 중앙 정부와 일치하게 조정하고 명령하는 역할을 수행하는 일이 제일 큰 사명이었지만, 당시 중앙아시아 각 지역에서 전개되고 있던 논쟁과 투쟁으로 난관에 빠지는 일이 다반사였다.

1923년 12월부터 1924년 초에 걸쳐 투르크멘 요무드족의 전사 주나이드 칸은 카라쿰 사막 지역에서 군대를 재조직하여 호레즘을 침공하였는데, 이번에는 그가 전진하는 곳마다 대중적 반정부 봉기를 일으켰다. 심지어 중앙아시아 뷰로의 멤버들도 이들 봉기자에게 관심을 두어 카르클린에게 편지를 보내기를 호레즘 정부는 권위도 없고 단지 국민들의 경제파탄 위에 군림할 뿐이었다고 하였다. 반소비에트 투르크멘 군대는 3주 동안 히바 시를 포위하였다가 사막으로 퇴각하였다. 볼쉐비키 적위군이 주나이드 칸 부대를 소비에트 영토로부터 물리친 것은 그해 7월 경이었는데 이러한 사실을 두고 쇼샤나 켈러는 당시 호레즘을 비롯한 투르케스탄 지역에서 나타난 볼쉐비키의 허약한 권력 장악력을 지적한 바 있다(Keller, 2003: 292-293).

하지만 볼쉐비키 당국에게 바스마치로 간주되었던 주나이드 칸의 군대가 사실상 와해되면서 중앙아시아 뷰로가 안고 있던 반혁명 집단의 추방이라는 미해결의 과제가 해결되었다. 이제 남은 것은 해당 지역에서 새롭게 영토설정을 어떻게 할 것인가 하는 문제가 대두되었다. 중앙아시아 지역의 영토 재설정 분배는 혁명 직후 내전기에 이미 거론된 바 있어서 크게 두 가지 갈래로 제안되었다. 하나는 투르케스탄, 호레즘,

---

16 이러한 문제는 1922년 12월 제10차 러시아 소비에트 대회에서 스탈린이 지적하였다(Погорельский, 1984: 129).

부하라 지역을 통합하여 하나의 공화국 체제를 수립하는 것[17]과 다른 하나는 민족거주 지역을 기준으로 개별 공화국을 여러 개 수립하는 것 등이었다. 결국 민족을 단위로 한 여러 개의 개별 공화국을 수립한다는 제안이 채택되어 1924년 내내 이에 대한 대규모 토론과 조정이 진행되었다.

Ⅲ. 중앙아시아 지역의 민족단위 공화국 설립을 위한 논쟁과 쟁점

1. 중앙아시아 뷰로의 활동-투르크멘 공화국 설립을 위한 논의와 조정을 중심으로

1924년 4월 28일 러시아공산당 중앙위원회의 중앙아시아 뷰로와 투르크멘 공산당 중앙위원회 집행부 합동회의에서 중앙아시아 지역의 새로운 행정구역 개편을 위한 실무작업이 개시되었다. 여기서 중앙아시아 뷰로는 민족분포를 기준으로 한 새로운 영역획정을 위한 사전 조사를 개시하고 이를 위하여 민족별 소위원회를 구성하였다. 회의에서는 민족영토 기반의 새로운 경계 설정이 시의 적절한 것으로 수용하고 타당한 일로 간주되었다. 이러한 경계설정에 관련한 모든 문제는 소위원회에서 먼저 검토하도록 하고 소위원회 구성은 카르클린, 라힘바예프Рахимбаев, 아타바예프, 호자노프Ходжанов, 무헤트지노프Мухетдинов, 아지나예프Адинаев, 리쿠노프Рыкунов, 압두라흐마노프Абдурахманов, 메쥘라우크Межлаук, 풀라토노프Пулатонов 등으로 이루어지며 보고서를 5월 10일까지 중앙아시아 뷰로에 제출하도록 하였다.[18]

---

17 이 시기에 파이줄라 호자예프는 중앙아시아 일대의 우즈벡인들을 규합한 거대한 우즈벡 공화국의 수립에 매우 열정적이었다. 부하라와 호레즘의 통합은 그의 희망이기도 했는데 이는 오히려 모스크바 지도부의 의구심을 자아낼 뿐이었다(Karasar, 2008: 1,254).

18 РГАСПИ, Ф. 62, Оп. 1, Д. 20, Л. 209. 러시아공산당 중앙위원회 중앙아시아 뷰로 및 투르크멘 공산당 중앙위원회 집행부 공동 회의, 회의록 78호(1924/4/28).

중앙아시아 뷰로의 활동 결과 투르크멘 공화국 경계설정에 관하여 다음과 같은 결의안이 도출되었다.

투르크멘 공화국 경계는 이전의 자카스피 주와 그리고 부하라, 호레즘 지역의 투르크멘인 거주지역을 합한 곳으로 설정한다. 투르크멘 공화국의 경계는 카스피 해부터 아트렉, 호라산 산지, 세락스-쿠쉬카 지역 및 아프간 국경을 따라 아무다리아 강 연안의 켈리프까지로 한다. 켈리프에서 시작되는 경계는 아무다리아 강 우안을 따라 차르조우까지 이어진다. 아무다리아 좌안으로는 국경선이 다르간-아타까지 이어지고 거기서 경작지 좌안을 따라 히바까지 이어진다. 히바에서 국경선은 호레즘의 경작지대로 깊게 들어가고 샤야바트, 하자바트, 타흐타, 타샤우즈, 포르브 및 쿠냐우르겐치 지역의 거주지를 포함시키며 방향을 서쪽으로 튼다. 여기서 키르기즈(현 카자흐스탄-역자주) 국경선을 따라 다시 카스피 해 방향으로 가면서 카라-부가스 만을 절반으로 나눈다.[19]

중앙아시아 지역의 행정구역 대개편에 실무적인 역할을 담당한 중앙아시아 뷰로의 현지 조사 및 견해를 바탕으로 러시아공산당 중앙위원회 정치국은 다음과 같은 최종 결정을 내렸다.

안건: 투르케스탄, 부하라, 호레즘 지역의 민족공화국 설정에 관하여

1. 투르케스탄 소비에트 사회주의 공화국, 부하라 인민 소비에트공화국, 호레즘 소비에트 사회주의 공화국 등 3개 지역을 민족분포를 기준으로 하여 영역을 재설정한다. 즉 상기 세 지역의 우즈벡인들의 거주지를 중심으로 하여 우즈벡 소비에트 사회주의 공화국을, 마찬가지로 상기 세 지역에서 투르크멘인들의 거주지를 통합하여 투르크멘 소비에트 사회주의 공화국을 수립한다.
2. 투르케스탄의 키르기즈 지역은 키르기즈 공화국(역자주: 키르기즈=카자흐)으로
3. 카라키르기즈 자치주는 러시아공화국의 직할령으로 바꾼다(역자주: 카라키르

---

19 РГАСПИ, Ф. 62, Оп. 2, Д.100, Л.5. 1924년 5월 13일 중앙아시아 지역 공화국의 구체적 영토설정을 위한 러시아공산당 중앙위원회 중앙아시아 뷰로 지역소위원회 회의내용. 연이어 2항, 3항에 의하면 우즈벡 공화국과 키르기즈(카자흐) 자치공화국 및 오쉬 지역 구도에 관해서도 명시되었다.

기즈=키르기즈).

4. 우즈벡 소비에트 사회주의 공화국 영역 하에 타지크 자치주를 둔다.

5. 우즈벡 및 투르크멘 공화국은 독립공화국 지위로 소비에트 연방을 직접적으로 구성한다.

6. 투르케스탄 공산당, 부하라 공산당, 호레즘 공산당 조직은 우즈베키스탄 공산당, 투르크메니스탄 공산당 및 주*область* 수준의 카라키르기즈 공산당과 타지크 공산당 등으로 재편된다. ...... [20]

정치국 결정문을 보면 기존의 중앙아시아 지역의 행정구역이 대대적으로 재편됨을 알 수 있다. 기존의 투르케스탄 자치공화국 영역은 키르기즈 자치공화국, 투르크멘 공화국, 우즈벡 공화국 등으로 삼분되어 폐지되고, 부하라 및 호레즘 공화국 또한 우즈벡 공화국과 투르크멘 공화국 등으로 재편성되었다. 재편성의 근거 기준은 민족 주거지를 중심으로 한 지리적 경계 재설정이었다.

그러나 구체적으로 어떤 지리적 경계로 설정되느냐 하는 문제는 기본적으로 중앙아시아 뷰로의 결정에 의존하였다. 다만 투르케스탄 자치공화국의 카자흐인 영역은 키르기즈(카자흐) 자치공화국에 편입시킨다는 것과 호레즘 공화국을 존속시킨다는 방침이 강조되었다. 그러나 실제로 전개되는 사태과정은 또다른 문제를 야기했는데, 그 이유는 중앙아시아 토착 민족들의 이해관계가 첨예하게 대립된 새로운 제안들이 등장하였기 때문이었다. 가령 투르크멘 공화국 설정과 관련해서 보면 호레즘 공화국과 부하라 공화국 영역이 해당되는데, 호레즘 공화국의 존속 문제가 최대의 걸림돌로 작용되었고, 동시에 부하라 공화국 내의 투르크멘 다수 거주지역의 투르크멘 공화국 편입 문제가 대두되었던 것이다.

호레즘 공화국의 경우 호레즘 공산당 중앙위원회는 결국 1924년 6월 9일에 공화국 해체를 결의하고 러시아공산당 중앙위원회가 제기한 제안을 수용하기에 이르렀다 (Karasar, 2008: 1254). 1924년 7월 중앙아시아 뷰로는 각 민족별 영토획정을 위하여 소위원회를 구성하고 각 소위원회는 8월 12일까지 중앙아시아 뷰로로 구체적 실행계획서를 제출하도록 하였다. 당연히 각 소위원회의 안은 각 민족의 이익을 고수하고 있었기 때문에 국가의 경계, 분쟁 도시의 귀속 문제, 경제적 자산 등에 관한 광범위한

---

[20] РГАСПИ, ф. 62, Оп. 1, Д. 20, Л. 289. 정치국 회의 결정문(1924/6/12).

조정이 수반되었다. 특히 호레즘 국가의 존속 문제는 가장 예민한 것이었는데 여기에 관련된 사안은 투르크멘인들의 거주 지역이 신생 투르크멘 공화국에 귀속될 것인지, 그럼에도 호레즘 국가가 유지될 것인지, 그리고 카라칼팍인들의 자치주 문제는 어떻게 정리될 것인지에 관한 것과 연관되었다.[21]

2. 투르크멘 국가설정과 관련된 핵심 이슈

1924년 7월 15일 중앙아시아 뷰로의 최종적인 결론은 다음과 같은 원칙에 입각하여 각 공화국의 경계를 설정한다는 것이었다.

1) 부하라 및 투르케스탄의 우즈벡인 거주 지역을 분리하여 독립 우즈벡 공화국을 만든다. 2) 투르케스탄, 부하라, 호레즘의 투르크멘인 부분을 분리하여 독립 투르크멘 공화국을 만든다. 호레즘 공화국에서 투르크멘인 지역을 분리하는 것에 관해서는 호레즘 공화국을 유지한 채 새로운 공화국 및 주 경계선의 공동구역을 명확히 하면서 투르크멘을 분리한다. 3) 투르케스탄의 키르기즈인 구역들은 키르기즈 공화국에 편입시킨다. (키르기즈=카자흐, 역자주) 4) 카라키르기즈 자치주를 분리하여 러시아공화국의 직할로 둔다. (카라키르기즈=키르기즈, 역자주) 5) 타직 자치주를 우즈벡 공화국에 소속시킨다. 6) 오는 소비에트 연방의 소비에트 대회에서 소비에트 연방과 투르크멘 및 우즈벡 독립공화국 간의 연방 가입 조약을 체결한다. 7) 우즈벡, 투르크멘, 호레즘 공화국 및 카라키르기즈, 타직 자치주의 경제문제 조정을 위해서 경제소비에트를 설립한다. 8) 중앙아시아 당통합(러시아 공산당 중앙위 중앙아뷰로) 문제. 우즈베키스탄 및 투르크메니스탄의 공산당 및 타직 및 카라키르기즈 주

---

21 여기서 카라칼팍인들의 민족적 정체성은 역사와 문화적으로 투르크멘인이나 우즈벡인들보다도 카자흐인들에 더 가깝다는 점을 인식해야 한다. 카라칼팍인들은 투르크멘인들과 함께 오랫동안 우즈벡인들 위주인 히바 칸국에서 생활해 왔고, 1924년의 영토재개편 움직임에서는 독자적인 영역 수립을 위해 노력했었기 때문에 호레즘 공화국 내의 구성 민족 간 의견 통합은 그만큼 더 힘든 일이었다. 즉 호레즘 공화국의 문제는 먼저 히바 칸국의 주역이던 우즈벡인들, 그리고 언제든지 이탈하려고 하는 투르크멘인들, 그리고 독자적인 카라칼팍인들 등 세 민족집단의 대립과 갈등과 연관되어 있었다. 이 과정에서 모스크바 정치국의 결정은 이를 활용하는 방안으로 일을 진행하게 된다.

그리고 호레즘 공화국 당통합이 유지된다. 9) 상기 사항을 결정하기 위하여 9월 한 달간 전 부하라 및 호레즘 쿠룰타이를 개최한다... [22]

이와 같이 7월 15일의 결정사항에 의하면 투르케스탄 자치공화국과 부하라 인민 공화국의 해체가 확정되고, 동시에 우즈벡 공화국, 투르크멘 공화국, 호레즘 공화국 등 3국을 수립하는 조정안이 만들어졌다. 그리고 타직 자치주[23]가 우즈벡 공화국 내에 설치되며 카라키르기즈(현 키르기즈) 자치주가 러시아공화국 직할 소속으로 되고, 투르케스탄 카자흐인들의 영역이 카자흐 초원지대의 영역과 통합되어 거대한 카자흐 자치공화국이 러시아공화국 산하로 편제되었다. 문제는 여기서 끝난 것이 아니며 이러한 조정안 심의를 위하여 9월 한 달 동안 부하라 및 호레즘 공화국 내의 쿠룰타이를 개최하도록 한 점이었다. 최종안을 위한 합의안 도출은 많은 논쟁점을 안고 있었는데 그 중 가장 큰 문제는 호레즘 공화국 존속 문제에 관한 것이었다.

호레즘 공화국은 부하라 공화국과 함께 러시아 혁명 직후의 내전기에 지역 노동자와 소비에트 세력을 주축으로 결성된 국가였지만 중앙 정부의 지원 없이는 생존이 힘든 경제적 취약성을 가지고 있었고, 동시에 소속 국가 내의 다민족들의 이해관계가 첨예한 결과 국가적 분열상이 심한 상태로 노출되어 있었다. 이에 중앙정부 차원에서 대대적인 행정구역 개편의 대상이 된 것이다. 중요한 점은 볼쉐비키 지도부의 강압적 지시로 개편작업이 진행되지 않았고 해당 토착 민족들의 의견을 청취하는 형태로 전개되었다는 점이다. 이러한 과정에서 투르크멘인들과 우즈벡인들 간의 의견대립이 심각하게 노출되었다. 특히 양 민족 간 갈등이 심했던 곳은 바로 상업과 무역이 발전한 타샤우즈Ташауз[24] 지역이었다.

---

22 РГАСПИ, Ф. 62, Оп. 2, Д. 102, Л. 40. (총 12개 항목임) 러시아공산당 중앙위원회 중앙아시아 뷰로 승인, 1924년 7월 15일. 폴토라츠크(Полторацк, 현 아쉬가바트) 국가인쇄소 300부 간행.

23 타직 자치주에서 타직 자치공화국으로 변경되는 것은 1924년 10월의 최종적인 합의안 결과였다.

24 현재 투르크메니스탄 공화국의 다쇼구즈(Дашогуз)로서 다쇼구즈 주의 주도이며, 농촌 지역에는 중앙아시아로 강제이주되었던 고려인들의 콜호즈가 한때 발전한 바 있었다. 이에 대해서는 황영삼(2014) 참고.

중앙아시아 뷰로의 회의에서 투르크멘 공화국 설립을 강력하게 추진한 아이타코프Недирбай Айтаков(1894-1938)는 타샤우즈를 포함한 투르크멘인 다수 거주 지역을 신생 투르크멘 공화국으로 편입시키자고 주장하였다.[25] 아이타코프는 비록 타샤우즈에 다수의 우즈벡인들이 거주하고 있어서 그들의 상시 거주를 인정하지만, 동 도시가 투르크멘 영역으로 이미 포함되었다는 사실을 기정사실화하고 있었다.

호레즘이 분할되거나 아니면 분할되지 않거나 하는 호레즘 문제는 투르크멘 문제와 별개다. 이 문제는 해결되었고 우리는 투르크멘 주의 주도를 타샤우즈에 세우는 문제를 제기할 것이다. 현재 타샤우즈에는 주 집행위원회가 소재해 있기 때문에 이 문제는 여기에서만 해결될 수 있다. 우리는 투르크멘 분할 문제가 이미 해결된 것으로 간주하며, 그리고 이 문제가 결정된 것으로 생각해야 하며, 나아가 우리는 이 문제에서 벗어날 필요가 있다고 본다.[26]

아이타코프의 취지는 호레즘 공화국의 존속과 관계없이 타샤우즈 지역을 투르크멘 공화국 영역으로 편입시켜 국가의 수도로 만들겠다는 것이다. 1924년 당시를 기준으로 투르크멘인들은 주로 농촌 지역에 거주하고 있었고 도시 거주민들은 거의 없었다. 단지 역사적 연고관계로 타샤우즈가 투르크멘 공화국 영역으로 편입되어야 한다는 논리가 아이타코프를 비롯한 투르크멘인들의 취지였다.

그러나 우리는 투르크멘 공화국을 건설할 것이며 타샤우즈 없이는 다른 방도가 없다. 이러한 문제가 호레즘 공화국 중앙위원회 총회와 호레즘 공화국 중앙집행위에서 심의되었을 때, 그들은 다른 도시를 찾을 수 없었다. 그래서 타샤우즈는 투르크멘 공화국에 주어졌고, 호레즘 공화국 동지들도 이에 동의하였다. 분할하기로 한 지금도 타샤우즈에는 우즈벡 사람들이 거주하고 있다는 사실에 동의한다. 그러나 타샤우즈는 국가의 수도가 될 것이며 이는 투르크멘 공화국을 위한 일이다. 우리는 타샤우즈가 투르크멘 영역으로 설정될 것을 요구한다.[27]

---

25 РГАСПИ, ф. 62, Оп. 2, Д. 104, Л. 87.

26 РГАСПИ, ф. 62, Оп. 2, Д. 104, Л. 89.

27 РГАСПИ, ф. 62, Оп. 2, Д. 104, Л. 212.

호레즘 공화국은 자체 경제력이 매우 취약하여 러시아공화국에 의존적이었고, 동시에 행정을 담당하는 조직의 무능력 속에서 투르크멘인과 우즈벡인 간의 갈등이 심각하게 대립되는 상황을 맞이하고 있었다. 이러한 사실은 중앙아시아 뷰로의 부의장 카르클린의 현장 방문에서도 확인되어 어떤 형태로든 호레즘 공화국의 재편성 문제는 불가피한 상태로 인식되었다.[28]

타샤우즈 시의 투르크멘 귀속논리에 대하여 나자로프Бекджан Назаров(1895-1937)의 주장은 온건한 반대 어조로 전개되었다. 나자로프에 의하면 타샤우즈 시에 우즈벡인들이 다수 거주하고 있으므로 투르크멘인들에게 넘겨주는 것은 옳은 일이 아니지만, 투르크멘인들이 거주하는 지역으로서 타샤우즈는 도시이기도 하고 장래 수도로서의 가능성 때문에 투르크멘들의 행정 영역으로 편입시키는 것 또한 수용할 만한 일이라는 것이다. 동시에 타샤우즈에 거주하던 투르크멘인들과 우즈벡인들 간의 민족적 적대감정이 지적되었고, 특히 바스마치 세력을 주도하던 주나이드 칸이 비난 대상이 되었다.

동지가 말하기를 타샤우즈 시는 우즈벡사람들로만 에워싸여져 있다. 그래서 타샤우즈를 투르크멘인들에게 넘겨주는 일은 옳지 않다. 물론 엄격한 구분을 하기에 힘든 지역도 있다. 사실 타샤우즈는 우즈벡 사람들이 사는 곳이다. 그 결과 우즈벡 도시이다. 하지만 우즈벡인과 투르크멘인들 사이에는 오랜 동안의 적대감정이 존재한다. 이러한 적대감정은 주나이드 칸이 만든 것이다. 그래서 투르크멘인들을 우리 편으로 끌어들이기 위하여 그들이 또한 평화적이고 교양있는 생활 모습에 주목하도록 하게 한다. 왜냐하면 투르크멘인들에게는 타샤우즈 외에 다른 도시가 없기 때문이다. 그래서 현재의 호레즘 투르크멘 지역의 중심인 타샤우즈를 투르크멘인들에게 넘겨 줄 필요가 있고 다른 도시는 없다. 타샤우즈, 이 작은 우즈벡 도시가 작은 도시에서 큰 도시로 되는 것을 기다릴 수는 없다.[29]

다만 호레즘 공화국 영역 중 투르크멘인들이 주장하였던 지역에 관한 논의가 진행되었을 때 히바 지역이 분명히 우즈벡 공화국 영역으로 설정될 것임에는 이의가 없

---

28 이러한 사실에 대해서는 Keller(2003: 293)의 분석에서도 찾아볼 수 있다.

29 РГАСПИ, ф. 62, Оп. 2, Д. 104, Л. 209.

었다.[30] 따라서 타샤우즈와 히바의 중간선으로 경계가 이루어지는 쪽으로 의견이 수렴되었다. 이미 아이타코프의 지적처럼 투르크멘인들의 도시는 내전과 바스마치들의 활동으로 거의 다 파괴되었고, 대부분의 투르크멘인들은 농촌 지역에 거주하고 있었으므로 도시 타샤우즈는 그들에게 절실히 필요한 것이었다.[31] 이와 같이 투르크멘 공화국 설립을 위한 아이타코프의 논리는 강경하였다.

투르크멘인들의 영역 확장 노력은 아무다리아 강변의 도시 차르조우와 파라브Фараб 귀속 문제에서도 나타났다. 두 도시는 투르크멘인들과의 역사적 연고가 있는 지역임에도 불구하고 오랫동안 부하라 에미르국에 속해 있었다. 특히 아무다리아 강 좌안을 따라 길게 펼쳐진 영역은 지리적으로 볼 때 부하라 영역보다는 자카스피 주에 속하는 것이 지리적 특성을 부각시키는 것이었겠지만 현실은 정치적으로 부하라 통치자의 관할 하에 있었다. 차르조우는 아무다리아 강 좌안의 교통 요충지였고, 강 바로 맞은편에 있는 파라브는 강 우안의 도시였다.

따라서 두 도시의 소속 문제가 논의되었다는 것 자체가 바로 우즈벡인들이 다수였던 부하라 인민공화국 또는 이를 이을 우즈벡 공화국에게 치명적 영토 손실 가능성이 있는 문제였다. 이 문제는 투르크멘인과 우즈벡인 그리고 투르크멘 공화국과 우즈벡 공화국의 영역 확정과도 관계되었다.

투르크멘, 부하라, 호레즘 간의 국경선 설정에 관한 중앙아시아 뷰로의 회의에서 파라브 거주 투르크멘인들과 자카스피 주 거주 투르크멘인들 간의 관계에 대한 논의가 펼쳐졌고, 여기서 파라브 귀속 문제의 선택 문제가 제기되었다.[32] 이 회의에서 투르크멘인들은 파라브가 역사적으로 투르크멘인들에 의하여 개척되었기 때문에 당연히 투르크멘 공화국 영역의 당위성이 있다는 것이었다.[33] 그런데 파라브 문제는 앞서 논의된 타샤우즈 도시의 귀속 문제와 연결되어 있었다. 만약 우즈벡인 지도부가 타샤우즈를 투르크멘 공화국에 편입되는 것에 동의한다면 투르크멘인 지도부는 파라브 문제를 거론하지 않는 것으로 입장이 정리되었다. 그만큼 투르크멘인들에게는 파라브의 편입도 중요하지만 타샤우즈 시의 확보가 더 중요한 것으로 간주되었다. 그러나

30　РГАСПИ, ф. 62, Оп. 2, Д. 104, Л. 211.

31　РГАСПИ, ф. 62, Оп. 2, Д. 104, Л. 211.

32　РГАСПИ, ф. 62, Оп. 2, Д. 104, Л. 92.

33　РГАСПИ, ф. 62, Оп. 2, Д. 104, Л. 92.

이러한 방안은 초기 영토 획정을 위한 논의과정에서 가졌던 투르크멘인 지도부의 협상 전략이었음은 최종적인 영토 획정안에서 그대로 나타나게 된다.

투르크멘인들과 우즈벡인들 간의 영토 설정안 신경전은 아무다리아 강변의 중요한 교통요충지인 차르조우 문제에서도 나타났다.[34] 현재의 지명이 투르크메나바트 Туркменабат인 차르조우는 분명히 부하라 에미르국 관할 하에 있었지만, 국경재획정 논의가 전개되면서 이곳 또한 투르크멘인들의 연고권이 주장된 지역으로 등장하였다. 이 지역은 파라브 지역과 함께 투르크멘 공화국과 우즈벡 공화국의 영역 설정과정에서 매우 중요한 의미를 가진다. 즉 부하라 에미르국-부하라 인민공화국에 걸친 지리적 범위는 아무다리아 강변을 중심으로 했을 때 좌안 일대가 강변을 따라 자카스피 주와 경계를 이루었다. 그러나 재설정 논의에서는 먼저 부하라 영역이던 좌안 일대가 투르크멘 공화국으로 됨은 물론 나아가 우안 일대의 투르크멘인 거주 지역까지 투르크멘 공화국 영역으로 설정되는 형태로 진행되었다. 아무다리아 강 좌안에 위치해 있던 차르조우는 이 과정에서 투르크멘인들의 행정 구역으로 편입되도록 의견이 수렴되고 있었다.

더 나아가 신생 투르크멘 공화국의 국가 수도를 차르조우로 하자는 의견이 등장하면서(나자로프 등) 기존의 자카스피 주의 주도인 폴토라츠크(현 아쉬가바트)와 앞서 언급된 타샤우즈와 함께 논쟁대상으로 부각되었다.[35] 일단 투르크멘 공화국 수립과 함께 설정된 신 수도 결정문제는 투르크멘인들의 내부 문제화되었는데 일단의 폴토라츠크 결정론자(파스쿠츠키 등)와 새로운 수도로서 차르조우를 주장하는 자들로 대립하였다. 후자의 입장을 지지하는 논거는 우선 폴토라츠크가 지리적으로 지나치게 외곽에 치우쳐져 있다는 점에서 국가의 운영에 불리하다는 것과 함께 동시에 차르조우가 수도가 되면 새롭게 편입된 영역의 투르크멘인들을 잘 통합시킬 수 있다는 것이었다. 그러나 자카스피 주의 주도로서 행정 중심 역할을 한 폴토라츠크 주장론자 또

---

34 РГАСПИ, ф. 62, Оп. 2, Д. 104, Л. 91. 투르크멘인 대표들은 타샤우즈와 차르조우 두 도시에 관해서는 집요하게 요구하였고, 때로는 파라브를 양보하는 자세를 취했다. 그러나 이러한 요구에 대하여 많은 우즈벡인들과 해당 지역 거주 우즈벡인들이 반발하였음은 물론이었다. 이러한 문제는 투르크멘인 대표들이 참석한 우즈벡 소위원회에서 다루어졌다.

35 РГАСПИ, ф. 62, Оп. 1, Д. 22, Л. 225. 러시아공산당 중앙위원회 중앙아시아 뷰로 회의록 (1924/08/23-9/28).

한 강력하였다. 이들의 논리는 모스크바의 경우를 사례로 들면서 수도로서의 정당성을 피력하였다. 즉 폴토라츠크가 중심이 되면서 차르조우와 타샤우즈 등 지방의 관리를 출장의 형태로 관리할 수 있다는 것이었다.[36]

이제 투르크멘 공화국의 수도 설정문제는 폴토라츠크, 타샤우즈, 차르조우 3개 도시를 두고 신중한 토의와 의견 교환이 이루어지게 되었다.[37] 이때 의장은 아이타코프였으며 참석자들은 아타바예프, 나자로프, 5명이 있었는데 여기서 논의된 주요 의제는 투르크멘 공화국 영토 경계를 최종적으로 결정하고, 수도를 정하며, 중앙기관의 인적 구성을 정하는 일이었다. 새롭게 구성될 국가의 중앙집행위원회 위원은 아이타코프, 아타바예프, 나자로프, 사핫-무라도프Халмурат Сахат-Мурадов, 아르틱-라흐마노프Артык-Рахманов 및 파스쿠츠키Паскуцкий 등이 포함되는데 결국 폴토라츠크가 투르크멘 공화국 수도로 결정되었다.[38]

이로써 1924년 10월 11일 러시아공산당 중앙위원회 정치국은 투르크멘 공화국 설정을 포함한 중앙아시아 영토경계를 최종적으로 확정지었다. 1924년 11월 투르케스탄, 부하라, 호레즘 소비에트 중앙집행위원회는 행동을 자체 종식하고 새롭게 구성된 공화국의 혁명위원회에 그 권한을 위임하였는데, 투르크멘 공화국의 경우 아이타코프가 혁명위원회 의장을 담당하고 있었다. 공식적인 공화국 출범은 1925년 2월 14일부터 19일까지 폴토라츠크에서 개최된 투르크멘 공산당 대회와 투르크멘 소비에트 회의에서 소비에트 사회주의 공화국으로 선포됨으로써 시작되었다. 1925년 5월 19일 제3차 소련 소비에트 대회에서 투르크멘 공화국은 우즈벡 공화국과 함께 소비에트 연방의 구성공화국 가입을 위한 공식적인 가입절차를 마쳤다(Погорельский 1984: 145).

---

36 РГАСПИ, ф. 62, Оп. 1, Д. 22, Л. 225.

37 РГАСПИ, ф. 62, Оп. 1, Д. 22, Л. 56. 투르크멘 민족소위원회 회의(1924/08/25).

38 РГАСПИ, ф. 62, Оп. 1, Д. 22, Л. 57. 투르크멘 민족소위원회 회의(1924/08/25).

Ⅳ. 투르크멘 공화국 경계 확정과 주요 정치엘리트 분석

1. 투르크멘 공화국의 영토 및 인구 분석

1924년 9월의 최종안을 토대로 10월에 걸쳐 중앙아시아 지역의 민족공화국 경계가 최종 확정되었는데, 아래 지도에서 보듯이 우선 투르케스탄 자치공화국 영역이 투르크멘 공화국 영역(줄친 부분 ①)과 키르기즈 자치공화국 영역(하얀 부분 ①)으로 양분되었다. 호레즘 공화국은 줄친 ② 영역(아무다리아 강 좌안까지)이었는데 완전히 폐지되어 투르크멘 공화국, 우즈벡 공화국 및 카라칼팍 자치주[39] 영역으로 삼분되었다. 거의 많은 부분이 투르크멘 공화국 영역으로 편입되었는데 이는 역사적으로 투르크멘인들의 거주지였을 뿐만 아니라 실제로 다수의 투르크멘인들이 거주하고 있었고 투르크멘 정치엘리트들이 투르크멘 영토로 강력히 주장한 결과에서 비롯되었다.

투르크멘 공화국과 우즈벡 공화국의 경계는 아무다리아 강을 기준으로 설정되었지만 부하라 공화국 때와는 달리 강 우안 일대가 강을 따라 투르크멘 영토로 되었다. 앞서 〈**지도 1**〉과 비교한다면 그 내용을 정확히 파악해 볼 수 있다. 확실히 중앙아시아 지역의 민족국가 수립 및 영토재설정으로써 토착 민족 중 가장 이득을 본 민족은 바로 투르크멘인들이었음을 알 수 있다. 우즈벡인들이 건설했던 히바(호레즘)국과 부하라 공화국이 폐지된 것은 우즈벡인들에게 가장 큰 타격이었으며,[40] 〈**지도 2**〉에서도 볼 수 있듯이 신생 우즈벡 공화국(1930년까지는 수도가 사마르칸드) 내에는 타직 자치공화국[41]이 포함되어 있었다.[42]

---

39 하산 알리 카라사르(2008: 1,257)교수의 지적에 의하면 당시 카자흐인들이 카라칼팍 자치주가 우즈벡 공화국 영역으로 편입되지 않도록 강력히 희망했고, 실제로 그렇게 정리되었다.

40 그러나 카자흐인들이 강력히 요구했던 타쉬켄트 지역을 우즈벡 공화국으로 편입시킨 일은 우즈벡인들에게 영토 크기와 인구 면에서 유리하게 작용하였다. 우즈벡인들이 다수 거주하던 타쉬켄트 북쪽 인근의 도시인 침켄트의 경우는 카자흐인의 영토로 결정되었다(Rahimov, 2007: 297).

41 타직 자치공화국이 1929년에 구성공화국으로 승격함로써 우즈벡 공화국의 영역은 더욱 더 축소되었다. 그러나 1936년에 러시아공화국으로부터 카라칼팍 자치공화국을 넘겨받음으로써 오늘날 크기의 우즈벡 공화국이 형성되었다.

42 그 외에도 카라키르기즈 자치주가 러시아공화국의 관할로 설정되었고, 1924년의 논쟁 중에

지도 2   중앙아시아 민족공화국 경계설정 최종결과(1924-1925)

① 투르케스탄 자치공화국 영역 ② 호레즘 인민공화국(소비에트 공화국) 영역 ③ 부하라 인민공화국 영역 (모두 작은 점선으로 표시된 것이 경계임). 아무다리아 강 표시 영역 또한 작은 점선이지만 아랄해로 향하고 있음. 진한 검은 실선은 최종 경계 확정 이후 만들어진 공화국 간(러시아공화국-투르크멘 공화국-우즈벡 공화국) 경계선임.

출처: http://dic.academic.ru/dic.nsf/sie/11870/ (원자료: Советская историческая энциклопедия. ‑ М.: Советская энциклопедия . Под ред. Е. М. Жукова. 1973-1982) (검색일: 2014.12.20).

결과적으로 투르크멘 공화국은 영토경계는 1924년의 중앙아시아 뷰로의 결정과 러시아공산당 중앙위원회 정치국 회의의 결정에서 거론되었던 부분을 거의 수용한 결과였다. 즉 투르케스탄 자치공화국 내의 투르크멘 주 영역, 차르조우와 파라브 지역을 포함한 아무다리아 강 유역의 투르크멘인 거주지역 그리고 타샤우즈 지역을 포함한 호레즘 지역 등이 모두 투르크멘 공화국 영역으로 최종 결정되었던 것이다.[43]

서 가장 중요한 의제 중의 하나인 ①영역의 투르케스탄 자치공화국 영역이 별도의 공화국이 아닌 키르기즈 자치공화국(현 카자흐스탄)에 편입된 점은 중요한 결정이었다. 그리고 호레즘 내의 카라칼팍인들을 위한 카라칼팍 자치주가 별도로 설정되어 키르기즈 자치공화국 내로 편성되었다. 오늘날 모습의 중앙아시아 5개국 형태는 1936년에 최종적으로 결정된다.

43 중앙아시아 지역 공화국의 구체적 영토설정을 위한 러시아공산당 중앙위원회 중앙아시아 뷰로 지역소위원회 회의내용 참고. 그리고 투르크멘 공화국은 1924년 12월에 투르케스탄 자치공화국의 투르크멘 주, 호레즘 공화국 및 부하라 공화국의 일부가 합하여 형성되었다. 1925년 1월 투르크멘 중앙집행위원회는 우예즈드(уезд)와 볼로스치(волость)를 폐지

신생 투르크멘 공화국의 수도는 타샤우즈와 차르조우 등 두 도시도 후보군으로 거론되었지만 결국 기존의 자카스피 주의 중심 도시이던 폴토라츠크가 최종 결정되었다. 그 이면에는 오랫동안 러시아인들과 교류가 많았던 도시가 폴토라츠크였고 사회기반시설이 비교적 양호했기 때문이었다.

새롭게 구성되는 투르크멘 공화국의 중심 민족은 당연히 자카스피 주의 투르크멘인들었지만, 그 외에도 호레즘과 부하라 일부 영역이 투르크멘 공화국 영토로 편입되면서 그곳에서 주거하던 투르크멘인들이 포함되었다. 특히 부하라 영역의 투르크멘인들은 25만 명 정도에 이르렀는데 이는 1924년 당시 공화국 투르크멘 민족 66만 명 중 38%에 이르는 높은 비율이었다. 문서에 기록된 민족별 구성은 다음 표와 같다.

〈표 1〉에서 보면 부하라 공화국의 편입된 지역을 포함하여 신생 투르크멘 공화국을 구성하는 주요 민족은 투르크멘인(660,007명, 75%), 우즈벡인(약 93,000명, 10%), 러시아인(약 48,000명, 5%), 타직인(2%) 등으로 되어 있음을 알 수 있다. 그리고 부하라 지역의 편입 전 통계를 기준으로 농촌 인구의 대부분은 투르크멘인들이었고(84%), 타민족과 대비하여 투르크멘인들은 거의 다 농촌 지역에 거주하고 있었다(99%, 413,361명 중 412,585명). 도시에 거주하는 다수 민족의 순서는 러시아인, 페르시아인, 아르메니아인으로서 각각 32,618명, 15,582명, 12,270명 등으로서 1만 명 이상의 규모였다(부하라 지역 편입전). 투르크멘인들의 경우 도시 거주자는 겨우 627명에 불과하였다.

투르크멘 공화국 인구에 대한 통계는 1926년에 실시된 소련 전국인구조사(**표 2**)에서도 알 수 있는데 전체 인구는 975,599명이고 그 중 투르크멘인은 719,792명으로 전체 대비 약 74%를 차지하는데 이는 앞선 자료와 거의 동일한 비율이다. 투르크멘인의 경우 농촌 거주 인구는 전체 719,792명 중 710,002명(98.6%), 도시 거주는 9,790명(1.4%)이었고 수도인 폴토라츠크에도 전체 43,495명 중 투르크멘인은 1,129명에 불과하였다. 즉 투르크멘인들의 절대 다수는 도시보다도 농촌지역에 거주하였

하고 대신 오크루그(округ)와 라이온(район) 제도를 실시한다는 법령을 반포하였다. 투르크멘 공화국의 영토는 473,000km^2, 인구는 914,600명(도시인구는 109,000명, 농촌 인구는 805,600명이었다(1925/01 기준). 행정 구역은 5개 오크루그, 31개 라이온, 426개의 셀 소비에트(면 소비에트) 체제를 갖추었다. 참고로 우즈벡 공화국은 면적 322,000km^2, 인구 4,803,600명(도시인 741,000명, 농촌인 4,062,600명)이었다. 7개 오블라스치(구베르니아), 33개 우예즈드 체제를 갖추었다(Народный Комиссариат Внутренних дел, 1926: 14).

표 1 　투르크멘 공화국에 소속된 민족별 인구구성 현황

민족구분 및 인구	투르크멘 공화국(부하라 및 케르키 지역 제외) (A)				부하라공화국 에서 편입된 지역의 인구 (B)	차르조우 및 케르키 지역 과 합한 투르 크멘 공화국 총계(A+B)
	소계	도시인	철도 주변인	농촌인		
우즈벡 및 사르트	56,910	1,912	16	54,982	35,872	92,782
키르기즈 카자흐	11,749	16	22	11,711	-	11,749
카라키르기즈	82	82	-	-	-	82
타직	19	19	-	-	17,603	17,622
투르크멘	413,361	627	149	412,585	246,646	660,007
카라칼팍	2,400	-	-	2,400	-	2,400
타란치	2	2	-	-	-	2
토착 케레이	983	982	-	1	735	1,718
러시아인	39,626	32,618	2,069	4,939	7,715	47,341
페르시아인	17,385	15,582	508	1,295	204	17,589
타타르인	1,580	1,517	-	63	-	1,580
아르메니아인	12,452	12,270	37	145	1,340	13,792
기타	8,431	4,167	96	4,168	2,784	11,215
총계	564,980	69,794	2,897	492,289	312,899	877,879

출처: РГАСПИ, Ф. 62, Оп. 2, Д. 110, Лл. 87-88.

표 2 　투르크멘 공화국 지역별, 민족별 인구구성(1926년 소련 인구조사)

관구명	타샤우즈	레닌스크	메르브	케르키	폴토라츠크	(수도 폴토라츠크)	소계
투르크멘인	77,928	131,521	212,152	104,559	193,632	(1,129)	719,792
러시아인	804	8,839	20,011	3,799	41,904	(27,044)	75,357
우즈벡인	42,650	43,675	633	17,821	162	(103)	104,971
카자흐인	1,564	3,209	1,902	11	2,785	(289)	9,471
카라칼팍인	1,537	0	0	0	0	0	1,537
기타	917	4,807	30,736	2,128	25,913	(14,930)	64,471
총계	125,400	192,051	265,434	128,318	264,396	(43,495)	975,599

출처: http://demoscope.ru/weekly/ssp/sng_nac_26.php?reg=2543 (검색일: 2014.12.10) 원자료: Всесоюзная перепись населения 1926 года.М.: Издание ЦСУ Союза ССР, 1928-29. Том 10-16. Таблица VI. Население по полу, народности. 인구조사에는 기타 소수민족들의 항목이 많았으나 본 논문에서는 논지 전개상 생략하여 포괄적으로 재계산함.

음을 알 수 있다.

우즈벡인들은 투르크멘 공화국에서 10만 명 정도였고 대개 타샤우즈 관구 및 레닌스크(차르조우) 관구 즉 우즈벡 공화국과 인접 지역 그리고 과거 히바 및 부하라 에미르국 영역에 살던 사람들과 관계있었다. 카라칼팍인들은 타샤우즈 관구에만 거주하였으며 전체적으로 1,500명 정도에 불과하였다. 그리고 러시아인들은 수도인 폴토라츠크 및 그 주변 지역에 주로 거주하고 있었으며 전체적으로 75,000명 정도 규모였다. 즉 투르크멘 공화국에서 다수를 차지하는 민족은 투르크멘인들로서 전체의 3/4 정도를 차지하였고, 동시에 이들의 절대 다수는 농촌 지역에 거주하였다. 타샤우즈 및 레닌스크 관구에는 우즈벡인들이 8만 명 정도 거주하였고, 러시아인들은 수도 및 지방의 주요 도시 지역에 거주하고 있었던 것으로 정리된다. 카자흐인은 케르키 지역을 제외한 차르조우, 메르브, 타샤우즈 등지에 2천여 명 가량씩 모두 9천여 명 거주한 것으로 밝혀졌다.

전체적으로 볼 때 투르케스탄 총독부 및 투르케스탄 자치공화국 내의 투르크멘 주에 거주하던 투르크멘인들과 히바, 부하라 지역에 거주하고 있던 전체 투르크멘인들이 하나로 통합되어 민족을 단위로 한 공화국이 출범되었다는 것은 부족들 간의 통합 여부가 문제로 남아 있기는 하나 투르크멘인들의 역사에서 중요한 의의를 가진다고 볼 수 있다.

2. 투르크멘 공화국 수립 당시 주요 정치엘리트의 성향

1924년 중앙아시아 지역의 민족공화국 수립에 관한 논의가 진행되면서 점차 투르크멘 공화국 수립이 결정되는 쪽으로 흘러가던 6월에 모스크바의 당 정치국은 해당 국가의 지역 공산당 설립을 지시하였다. 그 결과 투르크멘 공산당이 지역 공산당으로서 조직되었다. 앞서 언급된 6명의 정치지도자들은 이러한 조직의 핵심 멤버가 되었으며 같은 해 10월 30일에 당 정치국은 투르크멘 공산당 중앙위원회의 집행국에 해당하는 지도자들 12명 임명함으로써 소비에트 공화국의 체계를 갖추게 하였다(Edgar, 2004: 103).

이들 중에서 특별히 두드러진 엘리트들의 출신 배경과 역할을 정리하는 일은 투르크멘 공화국 지도부의 근본적 성격을 규명하는데 일조하게 될 것이다. 무엇보다도 행정부 수반격인 인민위원회Совет народных комиссаров, Совнарком, The Council of People's Commissars 의장, 소비에트 회의체의 대표격인 중앙집행위원회Центральный исполнительный комитет, The Central Executive Committee 의장, 그리고 공화국 공산당을 책임지는 투르크멘 공산당 중앙위원회 제1서기 등 3인이다. 각각 아타바예프, 아이타코프, 사핫-무라도프 등이 이에 해당한다.[44]

자카스피 주 카호킨스크 군에서 출생하여 테젠 지역에서 성장한 아타바예프는 1918년 메르브 소비에트 위원으로 혁명운동에 가담하였다. 이어서 1918년 10월 투르케스탄 자치공화국 소비에트 위원으로 활동하였고 1919년에 볼쉐비키 러시아공산당에 가입하였다. 내전 동안 자카스피 전선에서 활약한 아타바예프는 1919년부터 1920년까지 아쉬하바드 주 혁명위원회 위원을 맡았다. 그는 1920년부터 1922년까지 투르케스탄 자치공화국 중앙집행위원회 의장을 역임하고 이어서 1923년까지 러시아공화국 민족문제위원회 위원으로 활동하였다. 1923년부터 1924년 중반까지 부하라 공화국 인민위원회 부의장으로 활동한 후 1924년 11월에 투르크멘 공화국 혁명위원회 위원이 되었다. 1925년부터 1937년까지 투르크멘 공화국 인민위원회 의장으로 활동하면서 공화국의 기반을 구축하였다.[45]

아타바예프는 1922년 투르케스탄 자치공화국의 중앙집행위원회 의장을 맡고 있던 시기에 모스크바로부터 소환을 받고 '바스마치 단체 지도자인 바흐라무-쿠르바쉬와 관련되었다는 이유로 해임된 바 있다. 그러나 레닌의 도움으로 다시 러시아공화국 민족문제위원회 위원으로 복직한 후 부하라 공화국으로 파견되었다. 누구보다도 여러 민족과 관련된 투르케스탄 자치공화국의 문제를 잘 알고 있던 아타바예프는 민족을 단위로 한 공화국 설립에 찬성하는 쪽을 지지하였으며 1925년 2월에 아이타코프

---

44 최소한 스탈린이 1930년대 대숙청을 통하여 권력을 완전 장악하기 전까지 국가권력의 중심은 그리고 1920년대까지는 공산당보다 국가기구, 즉 인민위원회(소브나르콤)에 있었다고 본다. 레닌 생존시 권력구도를 보면 이러한 사실을 알 수 있는데 인민위원회 의장인 레닌이 공산당 중앙위원회 서기장인 스탈린보다 높았다는 것은 누구나 동의하는 사실이다. 소련에서 정부기관보다 공산당 권력이 더 강하게 된 것은 스탈린 때문이었다고 볼 수 있다. 따라서 1924년 투르크멘 공화국 수립 당시 권력 서열은 공산당 제1서기보다 인민위원회 의장이 더 높았다.

45 (Кадыров, 2001: 114-115). 아타바예프는 1937년 대숙청 기간에 체포되어 이듬해에 처형되었는데 죄목은 민족주의적 국가분리주의자였다.

로부터 투르크멘 공화국 정부를 책임지는 자리를 이어받았다.

아이타코프는 망기쉴락 어부 집안의 출신으로서 성장하여 혁명운동에 가담하였다. 1920년부터 1921년까지 지방의 면 소비에트^{аулсовет} 의장으로서 활동한 아이타코프는 동시에 크라스노봇스크 군 소비에트 위원으로 승진하였다. 아이타코프는 1922년에 크라스노봇스크 소비에트 집행위원회 의장으로 활동하였으며 그해에 볼쉐비키 러시아공산당에 가입하였다. 1923년에 투르케스탄 자치공화국 중앙집행위원회 부의장으로 선출된 아이타코프는 1924년 1월에는 의장으로 승진하였다. 이로써 투르케스탄 자치공화국의 행정을 책임지는 제1인자로 등장하였던 것이다. 1924년 11월부터 1925년 2월까지 아이타코프는 투르크멘 공화국 혁명위원회 의장 겸 인민위원회 의장으로서 아타바예프에게 직책을 넘겨 줄 때까지 잠시 정부의 수반으로 활동하였다. 이후 아이타코프는 투르크멘 소비에트 중앙집행위원회 의장으로서 1937년까지 임무를 수행하였다.[46]

아이타코프는 1924년의 영토경계에 관한 논쟁시에 호레즘의 타샤우즈 시를 투르크멘 공화국으로 편입시킬 것을 강력히 주장하였고, 그 근거로서 호레즘 공화국의 본질적인 민족분열상과 타샤우즈 지역의 역사적 정당성을 내세웠다. 많은 반발을 받기도 했지만 결국 타샤우즈 일대를 투르크멘 영역으로 확정시키는데 성공하였다.

투르크멘 공산당의 최고 지도자인 사핫-무라도프는 아쉬하바드 출신으로서 1919년 11월에 볼쉐비키당에 입당하면서 공산당 무슬림국의 자카스피 지부의 서기를 맡았다. 민족경계 분리를 위한 논의가 있기 전까지 사핫-무라도프는 투르크멘 지방 당위원회 및 폴타라츠크 시 당위원을 맡고 있었다. 1921년에 잠시 투르케스탄 자치공화국의 모스크바 대표부에서 일한 바 있는 사핫-무라도프는 마침내 1925년에 투르크멘 공산당 중앙위원회 제1서기로 임명되어 공산당을 지도하였다.[47]

에드가 교수의 분석에 의하면 위 3인의 경력에서 볼 수 있는 특징은 우선 학창시

---

46 (Кадыров, 2001: 97-98). 아이타코프 역시 대숙청 기간에 민족주의자로 분류되어 아타바예프와 함께 처형되었다. 주요 인물에 관한 내용은 다음 저서를 참고. Государственная власть СССР. Высшие органы власти и управления и их руководители. 1923-1991 гг. Историко-биографический справочник / Сост. В. И. Ивкин. М.: РОССПЭН, 1999.

47 (Кадыров, 2001: 260). 사핫-무라도프 역시 스탈린의 대숙청기에 '인민의 적'으로 몰려 처형되었다.

절은 모두 현지 러시아인 학교에서 수학하여 러시아어 구사에 문제가 없었다는 점이다. 이것은 모스크바 중앙 및 현지 러시아계(비 중앙아시아계) 지도자들과의 교류에 언어적으로 효과적이었다는 것과 중앙아시아에서 태동하는 소비에트 공화국들이 소련에서 분리할 가능성이 매우 낮을 수 있다는 자신감을 주었다(Edgar, 2004: 104-106). 즉 민족을 단위로 한 공화국이 설립된다고 하더라도 반소비에트적인 체제로 전환될 가능성이 거의 없고, 주나이드 칸이나 바스마치 집단들과는 이념적으로 문제 없는 이력을 소지한 자들이 바로 앞서 언급한 3인의 엘리트들이었다. 아타바예프, 아이타코프, 사핫-무라도프 등은 모두 투르케스탄 자치공화국을 기반으로 한 투르크멘 엘리트들이었다면, 아르틱-라흐마노프와 나자로프는 각각 부하라 및 호레즘 지역의 투르크멘인들을 대표하는 엘리트들이었다.

아르틱-라흐마노프는 부하라 지역의 투르크멘인 거주지에서 출생하여 1918년에 공산당에 가입하였고 당시 부하라 공화국령이었던 차르조우 및 케르키 지역의 집행위원회 위원으로 활동하였다. 1923년 9월부터 1924년 9월까지 차르조우 지역의 지방 행정을 담당하였다. 1924년 10월에 투르크멘 공화국 설립이 결정되자 아르틱-라흐마노프는 차르조우 지역 당서기의 임무를 수행하였고 1925년 2월에 투르크멘 공화국 인민위원회 법무문제 위원을 담당하면서 공화국의 초대 행정부 멤버로 기용되었다.[48]

나자로프는 호레즘 공화국 영역이던 타샤우즈 지역의 초디르 투르크멘 부족 출신으로서 무슬림 학교를 다닌 관계로 러시아어를 구사하지 못했던 점이 다른 투르크멘 엘리트들과 차이를 가진다. 나자로프는 1921년에 공산당에 가입했으며 민족경계 확정이 이루어지기 전에는 호레즘 공화국 중앙집행위원회를 위하여 일을 하였다. 이후 1924년 투르크멘 공화국 수립이 결정되자 나자로프는 투르크멘 공산당 조직국의 멤버가 되었으며 국가 중앙집행위원회 부의장으로 임명되었다. 나자로프는 호레즘 공화국 하의 타샤우즈 시 귀속문제를 두고 아이타코프와 많은 논쟁을 벌였다. 그러나 결국 투르크멘인이던 나자로프 또한 호레즘 공화국의 해체와 함께 타샤우즈를 신생 투르크멘 공화국 관할로 변경하자는 제안에 동의하게 되었다. 타샤우즈가 정치적 기반이던 나자로프로서도 우즈벡인들과의 복잡한 이해관계가 깊게 박혀있는 호레즘 국가체제보다는 차라리 독립된 투르크멘 공화국의 일부로 편입되는 것이 유리하다고 판단한 것이다. 그러나 나자로프는 오랫동안 러시아의 영향권 하에 있었고 러시아어

---

48 РГАСПИ, Ф. 62, Оп. 4, Д. 688, Л. 239(Кадыров, 2004).

또한 구사할 줄 아는 자카스피 지역의 투르크멘인들과, 부하라 및 히바 칸국 하에 있었던 관계로 러시아어 구사에 서툴고 러시아인과의 교류에 미흡한 부하라-히바(호레즘) 투르크멘들 사이에도 갈등이 있을 것이라고 보았다. 또한 나자로프는 투르크멘 공화국의 수도를 차르조우로 정하자는 주장을 한 바 있었다.[49]

V. 결론

지금까지 고찰한 바와 같이 오늘날 투르크메니스탄 독립국가의 기초가 되었던 투르크멘(소비에트 사회주의) 공화국의 출현은 1917년의 러시아혁명과 이어진 내전 그리고 소비에트 체제의 확립 과정에서 만들어진 정치적인 산물이다.[50] 여기에는 중앙에 해당하는 소련 공산당 중앙위원회의 정치국 결정과 중앙아시아 뷰로의 실무적인 토의 그리고 투르크멘 정치엘리트들의 국가수립을 위한 노력이 가미되어 있다. 즉 '위로부터의 결정'과 '아래로부터의 의견'이 종합되면서 새로운 형태의 국가구조, 나아가서 소비에트 체제 하의 중앙아시아 국가체제, 구체적으로 투르크멘 공화국이 수립된 것이다.

　1917년 러시아혁명과 소비에트 정부수립 그리고 이어진 내전의 시기에 중앙아시아 지역의 정치적 상황은 무질서와 불안으로 점철되었다. 특히 제정러시아 시기의 투르케스탄 총독부가 폐지되면서 이 지역의 사회적 혼란은 최고도에 달했고, 타쉬켄트를 중심으로 주요 도시에서 조직된 소비에트 조직이 혁명 정부의 이상을 실현시키려고 노력했다. 그러나 반혁명 조직과 현지 무슬림 민족주의 세력은 소비에트 정부의 안정적 집권에 위협적이었다. 제정러시아 직속의 투르케스탄 총독부령과 러시아 보호국이던 히바 칸국 및 부하라 에미르국은 내전기에 투르케스탄 자치공화국, 호레즘

49　(Кадыров, 2001). http://www.central-eurasia.com/dictionary/articles/?uid=1462(검색일: 2014.12.10). 원 자료는 다음을 참고. РГАСПИ, Ф. 62, Оп. 4, Д. 682, Лл. 90-98.

50　미르조히드 라히모프 및 갈리나 우라자예바 교수(2005)는 1920년대의 중앙아시아 영토 재설정은 순전히 모스크바 중앙 당국의 지시로 이루어졌으며 그 결과 불합리한 면이 강한 채 남아, 현재까지도 이들 중앙아시아 국가 간의 갈등과 분규의 원인으로 파악하고 있다.

및 부하라 인민공화국 체제로 변화하면서 이들 지역을 비롯한 중앙아시아 일대에 새로운 변화가 발생하였다. 이 시기에 투르크멘인들은 투르케스탄 총독부의 관할 지역(자캅카즈 주)과 히바 및 부하라 에미르국의 아무다리아 강 주변에 거주하고 있었는데, 정치적 혼란을 이용하여 독자적인 국가수립 움직임을 펼쳐 나갔다.

호레즘 공화국 영역에서 활동한 투르크멘 요무드 부족 주나이드 칸은 혼란한 내전기를 이용하여 호레즘에서 실권을 장악하려고 했고, 실제로 단기간 호레즘의 실력자로 대두하였다. 그러나 호레즘 지역에서 민족적 우위를 유지하고 있던 우즈벡인들과 해당 지역에서 상대적인 피압박 민족에 속한 투르크멘인들의 깊은 갈등으로 인하여 체제의 안정을 유지할 수 없었다. 무엇보다도 소비에트 적위군 군대와 대적하는 일은 객관적으로 힘들었다. 주나이드 칸 체제를 반소비에트 체제로 규정하고 바스마치 부대로 간주한 소비에트 혁명정부의 끊임없는 군사작전은 호레즘에서 존재하던 우즈벡인과 투르크멘인 간의 민족갈등에 힘입어 성공할 수 있었다. 그리고 폴토라츠크(아쉬하바드)의 투르크멘인들과의 협조도 되지 않았던 주나이드 칸은 카라쿰 사막 일대로 도주하여 다음 기회를 엿볼 수밖에 없었다.

1922년에 러시아공산당 산하 중앙아시아 뷰로는 중앙아시아 일대의 소비에트 공산당을 조직을 지도하고 감독하는 한편 민족을 단위로 한 공화국 설립을 위한 사업을 진행했다. 이것은 한때 제기되었던 중앙아시아 일대의 통합국가론과 배치되는 소비에트 정권의 '분할과 지배론'으로 볼 수 있는 여지를 제공했다. 그러나 동시에 민족자결주의에 근거한 민족단위 공화국 설립을 주장했던 레닌의 의도에 합당한 결과이기도 했다. 따라서 1924년 내내 중앙아시아 뷰로와 이에 관련된 각 민족영토 소위원회에서 파악한 새로운 공화국 영토경계 설정에 관한 논의가 진행되었다. 이때 투르크멘 지도자인 아이타코프와 아타바예프 등은 투르크멘 공화국 설립을 위하여 강력한 주장을 했는데, 가장 민감한 논쟁점은 타샤우즈, 파라브, 차르조우 일대의 영역을 투르크멘 공화국으로 편입할 것인가 하는 문제였다. 이 모든 문제가 결국 투르크멘인들이 원하는 방향으로 결정되면서 1924년 논의에서 최종적인 승리를 거둔 민족은 바로 투르크멘인들이었다.

투르크멘인들은 투르케스탄 자치공화국 내의 투르크멘 주와 호레즘 공화국의 타샤우즈 일대 그리고 부하라 공화국 영역이던 파라브 및 차르조우 일대를 공화국 영토로 확보하면서 인구 90만의 국가체제를 출범시켰다. 영토 확보의 근거는 모두 투르크멘인들의 역사적 활동무대와 관련되었기 때문에 우즈벡인들도 강력히 저항할 수 없는 것이었다. 투르크멘인들의 절대적 다수는 도시보다도 농촌 지역에 거주하였고, 수도인 폴토라즈크를 비롯한 주요 도시에는 러시아인을 비롯한 비투르크멘인들로 구성되었던 점이 특징적이다. 투르크멘 공화국이 설립되는 배경에는 러시아공산당 중앙위원회 정치국의 결정이 중요하게 작동하였지만 무엇보다도 투르크멘 민족지도자들의 강경한 입장도 반영되어 있었다. 물론 이들 지도자들은 주나이트칸과는 달리 친소비에트적인 인물이었고, 현지 러시아학교에서 수학한 바 있던 친러시아적인 인물이었다. 그러한 점에서 민족주의자이기는 하지만 친러 성향의 민족주의자로 분류될 수 있다. 소비에트 체제를 유지하는 틀 속에서 투르크멘들의 국가 즉 투르크멘 소비에트사회주의 공화국 설립을 성공시킨 장본인들이 바로 그러한 친소비에트 성향의 투르크멘 민족주의자였던 것이다.[51]

이러한 정치적 결과에 대하여 에드가 교수는 "소비에트 투르크멘 민족국가의 형성은 곧 투르크멘인들의 정체성을 공간에 고착화시킨 것을 의미한다"(Edgar, 2004: 43)라고 평가한 바 있는데, 역사적으로 산재되어 활동하던 다양한 투르크멘 부족들이 하나의 테두리 내로 집결되어 되어 공화국을 수립했다는 자체에 대하여 큰 의미를 부여할 수 있다.

결론적으로 투르크멘인들이 민족을 단위로 국가를 구성하게 된 것은 순전히 볼쉐비키 정권의 '분할과 지배' 정책에서 비롯되었다기보다는, 투르크멘 정치도자들의 국가수립을 위한 내부적인 노력이 반영된 종합적인 산물로 보아야 한다. 그러한 근거로서 투르크멘인들의 역사적 근거가 충분했던 타샤우즈, 파라브, 차르조우 일대를 투르크멘인들의 의지대로 투르크멘 공화국 영역으로 확보했다는 사실이다. 이러한 결과는 결코 중앙에서 지시하고 명령한 대로 이루어지는 일이 아니기 때문이다. 물론 투르크멘 민족국가의 한계도 있었는데 그것은 전체 소비에트 연방 체제의 틀 속에서 작동하는 것이었고, 정치적 노선과 정치가들의 성향 또한 친소비에트적이어야 했다는 점이다. 그러나 다양한 부족 상태로 이산되어 거주하던 투르크멘 민족이 영토를 근거로 하나의 통합된 국가를 형성함으로써 훗날 독립 투르크메니스탄의 수립의 토대가 되었다는 점은 그러한 한계에도 불구하고 투르크멘 정치지도자들이 이룩한 민족주의적 활동의 산물로 평가할 수 있다.

---

51 본문에서 언급된 투르크멘 주요 정치지도자들의 생애 표기에서도 있듯이 이들 거의 모두는 1930년대 후반 스탈린의 정치적 숙청으로 제거되었는데, 그 이유는 이들 모두가 민족주의 성향의 공산주의자로 평가되었다는 점에 기인한다.

참고문헌

1차 자료

РГАСПИ(Российский Государственный Архив Социально-Политической Истории: 러시아 사회정치사국가기록원) 소장.

СРЕДНЕАЗИАТСКОЕ БЮРО ЦК ВКП(б) (СРЕДАЗБЮРО) (1922-1934) (중앙아시아 뷰로, 1922-1934, 문서).

Фонд 62

Опись 1. Протоколы, стенограммы пленумов Средазбюро. 1243 ед. хр., 1922-1934 гг. Микрофильм.

Дело 20. Протоколы no.no. 73-86 с материалами и стенограммы заседаний Среднеазиатского бюро ЦК РКП(б). На 313 листах 3 апреля 1924 г.-26 июня 1924 г.

Дело 22. Протоколы no.no. 101-114 заседаний Среднеазиатского бюро ЦК РКП(б) с материалами. На 312 листах 23 августа 1924 г.-28 сентябя 1924 г.

Опись 2. Документы отделов Средазбюро. 3373 ед. хр., 1922-1934 гг. Микрофильм.

Дело 100. Протоколы заседаний Комиссии Срене-Азиатскго Бюро РКП(б) по национально-территориальному размежеванию Среднеазиатских республик и стенографический отчет заседания комиссии от 10 мая 1924 г. На 71 листе. 5 мая 1924 г.-28 мая 1924 г. разработке конкретного плана национально-территориального размешения Средне-Азиатских республик

Дело 104. Стенограммы заседаний территориальной комиссии по Средноазиатских республик. На 271 листе. 16 августа 1924 г.-6 сетнября 1924г.

2차 자료

황영삼. 2009. "투르크멘인들의 자민족 역사인식: 역사적 정통성 확립과문화유산 복구 사업을 중심으로," 『중앙아시아정치·사회·역사·문화』. 대외경제정책연구원. 501-544.

황영삼. 2014. "투르크메니스탄 고려인 사회의 형성과 변천과정에 나타난 특징," 『민족연구』

57. 154-197.

Akbaradeh, Shahram. 1999. "National Identity and Political Legitimacy in Turkmenistan." *Nationalities Papers* Vol. 27, No. 2, 271-290.

Becker, Seymour. 1968. *Russia's Protectorates in Central Asia: Bukhara and Khiva, 1865-1924.* Cambridge, Harvard University Press.

Edgar, Adrienne Lynn. 2004. *Tribal nation: the making of Soviet Turkmenistan.* Princeton: Princeton University Press.

Edgar, Adrienne Lynn. 2001. "Genealogy, class, and 'tribal policy'. Soviet Turkmenistan, 1924-1934." *Slavic Review* Vol. 60, No. 2, 266-288.

Farrant, Amanda. 2006. "Mission impossible: the politico-graphical engineering of Soviet Central Asia's republican boundaries." *Central Asian Survey*, March-June Vol. 25(1-2), 61-74.

Geiss, Paul Georg. 1999. "Turkmen tribalism." *Central Asian Survey* Vol. 18(3), 347-357.

Haugen, Arne. 2003. *The Establishment of National Republics in Central Asia.* NY, Palgrave Macmillan.

Karasar, Hasan Ali. 2008. "The Partition of Khorezm and the Positions of Turkestanis on Razmezhevanie." *Europe-Asia Studies*, Vol 60, No. 7, 1,247-1,260.

Keller, Shoshana. 2003. "The Central Asian Bureau, an essential tool in governing Soviet Turkestan." *Central Asian Survey*, June-September, Vol. 22(2-3), 281-297.

Olcott, Martha Brill. 1981. "The Basmachi or Freemen's revolt in Turkestan 1918-24." *Soviet Studies* Vol. 33(3), 352-369.

Rahimov, Mirzohid. 2007. "From Soviet Republics to Independent Countries: Challenges of Transition in Central Asia." *Perspectives on Global Development and Technology* Vol. 6, 291-312.

Rahimov, Mirzohid and Galina Urazaeva. 2005. "Central Asian Nations & Border Issues." Conflict Studies Research Centre, Central Asian Series, March, 2005. http://www.google.co.kr/url?sa=t&rct=j&q=&esrc=s&frm=1&source=web&cd=15&ved=0CGYQFjAO&url=http%3A%2F%2Fwww.da.mod.uk%2Fcolleges%2Farag%2Fdocument-listings%2F-ca%2F05%252810%2529-MRandGU.pdf&ei=VuTFVM6pPIqC8gWLkY-H4

DA&usg=AFQjCNHfhoCGvjYbNCbVCzhzV6HevsNZKQ&cad=rjt (검색일: 2014.12.10).

Saray, Mehmet. 1989. *The Turkmens in the Age of Imperialism*. Ankara: Turkish Historical Society.

Агзамходжаев, С. 2006. *История туркестанской автономии*. Ташкент, Тошкент ислом университети.

Исхаков, Ф. 2006. *Центральная Азия и Россия в XVIII-нач. XX вв*. Ташкент: OzDAVMATBUOTLITI.

Кадыров Ш. 2001. *Российско-туркменский исторический словарь*. Том 1, Бер ген.

Кадыров Ш. 2004. *Российско-туркменский исторический словарь*, Том 2. Бер ген.

Народный Комиссариат Внутренних дел. Статистический отдел. 2926. *Территориальное и Административное деление Союза ССР на 1-е января 1926 г ода*. Москва.

Погорельский И. В. 1984. *История Хивинской революции и Хорезмской народной советской республики 1917-1924 гг*., Ленинград: Издатель-ство Ленинградского университета, http://kungrad.com/history/sssr/hnsr/7/ (검색일: 2014.12.20).

03

크림 타타르인의 중앙아시아로의
강제이주와 귀환운동

고가영

I. 머리말

오늘날 중앙아시아 각 국가들은 나라 안에 100여 개가 넘는 소수민족이 존재하는 다민족 국가를 이루고 있다. 다양한 민족 문화를 바탕으로 형성된 역동적인 다문화사회는 중앙아시아 국가들의 중요한 특징 중 하나이다. 중앙아시아가 다민족 국가를 이루게 된 배경은 1855년 크림 전쟁 패배이후 중앙아시아로 본격적으로 진출한 러시아 제국이 새롭게 획득한 이 지역으로 강력한 이주정책을 실시한 것이었다.[1] 중앙아시아 지역은 대부분 투르크계 주민들로 구성되어 있었기 때문에, 제정 러시아 당국은 이 지역에서 범투르크주의가 확산되는 것을 막기 위한 방편으로 에스닉 러시아인(루

---

* 이 글은 『독일연구』 31호(2016.02)에 게재된 논문 "국내 난민(international displaced persons)으로서 크림 타타르인: 나치의 크림반도 점령과 중앙아시아로의 강제이주"와 『서양사론』 130권(2016.09)에 게재된 논문 "중앙아시아 크림 타타르인의 귀환운동: 민족운동의 특수성에서 인권운동의 보편성으로"를 수정하여 하나의 글로 재구성한 것입니다.

1 크림 전쟁 이전인 16세기 중엽 이반 4세 통치 하에 러시아는 카잔 칸국과 아스트라한 칸국을 정복한 후 카자흐 북부 스텝 지역에 일련의 요새를 건설하면서 중앙아시아로 진출하기 시작했다. 이후 1731년 3개의 부족 연합체로 분리되어 있던 카자흐 유목 귀족들이 몽골계 유목민인 준가리아인들의 지속적인 약탈과 침략에 대항해 러시아에 보호를 요청함으로써 이 지역으로의 진출이 가속화되었다.

스키, русский) 농민들의 이주를 장려했다. 이러한 제정 러시아의 이주정책은 1917
년 사회주의 혁명으로 수립된 소비에트 정부에 의해서 계승되었다.

그러나 무엇보다 중앙아시아의 민족 구성의 지형을 변모시킨 요인은 2차 대전을
계기로 민족들의 대규모 이주를 단행한 스탈린의 강제이주 정책이었다. 독소전쟁(일
명 대조국 전쟁)[2] 직전, 전쟁 기간 중 그리고 그 이후, 즉 1937년부터 1951년 사이 스
탈린 정부는 민족 전체가 이주당한 13개 민족을 포함하여 60여 개의 민족, 2백만 명
이상에 대한 강제이주를 단행했다.[3] 강제이주된 13개의 민족들의 일부는 시베리아로
이주되기도 했으나, 대부분은 중앙아시아 지역으로 이주되었다. 이는 오늘날 중앙아
시아 지역의 각 국가들이 마치 '민족의 전시장'을 방불하게 하는 다민족 국가를 형성
하게 된 원인 중 하나가 된 것이다.

러시아 역사에서 제5열로 의심받는 자국민의 강제이주를 시행한 것은 단지 스탈
린 정부만은 아니었다. 19세기 초 러시아와 터키 전쟁 당시 제정 러시아 당국은 투르
크계 주민들을 강제이주 시켰으며, 1차 대전 중 러시아 제국의 서부 지역에 거주하
던 유대인들을 시베리아로 강제이주 시킨 바 있다.[4] 이러한 강제이주의 역사는 러시
아에만 국한된 것도 아니었다. 미국정부는 태평양전쟁 직전 미국 알류샨 열도, 프리
블로프 도서 지역에 거주하던 일본인들 400여 명을 소거시켜, 알래스카 동남부 지역
으로 강제이주시킨 바 있다. 또한 1942년 2월 19일 루즈벨트의 명령으로 서해안 거

---

2 제2차 세계대전은 1939-1945년으로 그 기간을 상정하고 있으나, 소련이 2차 대전에 참전하
 게 된 것은 독소불가침 조약을 어기고 독일이 소련 영토를 침공한 1941년 6월 22일부터이
 고, 소련은 이때부터 1945년까지의 전쟁을 '대조국전쟁(Великая Отечественная война)'
 이라고 지칭한다. 이는 나폴레옹의 러시아 침략전쟁을 지칭하는 '조국전쟁(Отечественная
 война)'과 연관지어 외세의 침입으로부터 조국을 수호한 전쟁이라는 의미로 붙여진 명칭이
 다. 이 글에서는 '대조국전쟁'이라는 용어가 러시아의 애국주의를 드러내는 표현이므로 독소
 전쟁(1941-1945)으로 표기할 것이다.

3 13개 민족은 고려인, 핀란드인, 독일인, 카라차이인, 칼미크인, 체첸인, 잉구쉬인, 발카르인,
 크림 타타르인, 메스헤티안 투르크인, 그루지아 쿠르드인, 헴실(아르메니아 무슬림), 폰토스
 그리스인이다(Pohl, 2000a: 267). 그러나 다른 자료들에서는 민족 전체가 강제이주된 민족의
 수를 15개로 보기도 한다(Бугай, 1995: 5). 전체 민족이 아닌 민족의 일부가 강제이주된 사
 례를 합하면 60여 개의 민족이 강제이주 당했다(심헌용, 1999: 366).

4 전쟁 기간이 아니어도 역사상 추방으로 인한 강제이주 사례들이 많이 있다. 가령 헨리 8세의
 칙령에 의해 영국에서 집시들이 추방된 것과, 1442년에 스페인에서 아랍인들과 유대인들이
 추방당한 예도 있다(Бугай, 1995: 4).

주 일본인 11만 3천 명을 3월 27일에 미국 국적 소지 여부와 관련 없이 미국 중부 특별 야영지로 강제이주 시킨 사례도 있다(심헌용, 1999: 201-202). 동일한 이유로 캐나다에서는 2만 2천 명의 일본인들을 강제이주 시켰다. 또한 전후 승전국들에서는 나치에 부역한 것을 이유로 오랫동안 자국 내 거주하던 수많은 독일인들을 국외로 추방했다.[5] 비록 규모의 차이는 있으나, 국가적 위기 상황이 닥쳤을 때, '우리 안에 있는 타자'를 향한 잔혹성을 드러낸 것은 자유주의와 사회주의 진영 모두가 보여준 모습이었다.

　　중앙아시아로 강제이주된 다양한 민족들 중 매우 흥미로운 민족은 크림 타타르였다. 크림 타타르인들은 투르크어를 사용하는 하나피 순니파 이슬람들로서, 1944년 5월에 크림으로부터 강제이주된 이후 1989년이 되어서야 고향으로 돌아올 수 있는 실제적인 권리를 획득한 민족이다(Audingün & Audingün, 2007: 113). 러시아에서 타타르는 가장 부정적인 타자의 이미지로 재현되어 온 민족 중 하나이다.[6] 이는 저명한 영화감독 안드레이 타르콥스키Андрей Тарковский의 유명한 영화 〈안드레이 류블료프Андрей Рублёв〉[7]에서 "타타르가 온다! 타타르가 온다!"라고 소리치는 외침과 더불어 슬라브인을 향한 약탈과 학살을 일삼는 야만인들로 그려진 타타르들의 모습을 볼 수 있다. 타타르는 러시아 역사에서 '몽골-타타르의 멍에Монголо-татарское иго'를 씌워 러시아의 문명화에 발목을 잡은 야만인들로 묘사되고 있다. 타타르인들에 대한 이러한 러시아의 표상에는 오리엔탈리즘이 스며들어 있다. 러시아는 스스로를 문명화 되어 있으며, 동방보다는 유럽에 속해있다고 보았다. 아이러니 한 것은 타타르는 슬라브인들에게 '야만인들'이지만, 유럽인들에게 러시아인들은 '야만인들'이었다. 밀리카 바킥-하이든Milica Bakić-Hayden과 로버트 하이든Robert Hayden은 이러한 현상을 둥지를

5　"Вопрос переселения крымских татар," http://русскоедвижение.рф/index.php/arhiv/504-vopros-pereseleniya-krymskih-tatarvopros-pereseleniya-krymskih-tatar

6　원래 타타르 민족의 명칭은 타타르 민족의 원류인 '불가르'였다. 중계 무역 등으로 번창하던 13세기경, 타타르인들은 몽골 제국의 치하에서 이슬람을 받아들인 후 문화적 인종적으로 더욱 복잡하게 되었으며, 몽골 제국의 붕괴 이후 그 영역 내에 여러 개의 칸국(카잔, 시비르, 아스트라한, 크림 등)으로 분화되어 독자적인 문명을 건설해 나갔다. 그 중 카잔 칸국이 타타르 민족문화의 중심지 역할을 하게 되었으나, 1552년 러시아의 이반 4세에 의해 점령된 이후 러시아 제국의 영향권 아래로 편입되었으며, 그 이후 타타르 민족은 수많은 탄압에도 불구하고, 러시아 민족에 크게 동화되지 않고 독자적인 발전을 이루어 왔다(정재원, 2010: 103-104).

7　이 영화는 모스크바 공국의 저명한 이콘 화가 안드레이 류블료프(1360-1428)의 작품 세계를 그린 수작으로 1966년에 모스필름에 의해 제작되었다.

트는 오리엔탈리즘"nesting" orientalisms의 층위라고 보았다(Uehling, 2004: 40). 이러한 타타르인들에게 씌워져 있는 야만의 표상 위에, 2차 대전 기간 중 나치 독일의 점령 하에 들어갔던 크림 타타르인들에게는 소비에트 조국을 나치에 팔아먹은 '배반자'의 이미지까지 추가되었다.

나치에 부역한 죄로 인해 크림 타타르인들은 강제이주를 당했으나, 스탈린 시기의 강제이주는 단지 크림타타르인들에게만 행해진 것은 아니었다. 공식적으로 강제이주는 2차 대전 이전 예방적 차원과 전쟁기간 그리고 그 이후 처벌적 차원에서 시행되었다. 이중 극동 지역에서 1937년 일본 스파이라는 죄명으로, 예방적 차원에서 중앙아시아로 강제이주 당한 대표적인 민족은 한인들이다. 한편 전쟁 기간 독일군에 의해 점령당했던 지역의 민족들 중 나치에 부역한 혐의로 처벌적 차원에서 중앙아시아로 강제이주 당한 대표적인 민족이 크림 타타르이다. 재러 한인은 1937년에 약 17만 명, 크림 타타르는 1944년에 약 25만 명이 강제이주를 당했다. 크림 타타르와 한인들의 강제이주 과정은 매우 유사했다. 그 과정은 수많은 인명피해를 야기할 만큼 참혹했다. 강제이주 이후 두 민족 모두 정착지인 중앙아시아에서도 거주이전의 자유를 박탈당하는 등 유형민족으로서, 열악한 환경 속에서 민족 전체가 고통을 받았다.

한편 스탈린 사후 흐루쇼프의 개혁정책으로 인한 해빙의 분위기 속에서 재러 한인과 크림 타타르 모두 1956년에 거주지 한정 제약이 철폐되었다. 그런데 이후 두 민족이 걸은 길은 판이하게 달랐다. 거주이전의 자유에 대한 가능성을 얻은 크림 타타르인들은 끊임없이 크림으로 귀환하려는 움직임을 보이며 체제에 지속적으로 저항한 반면, 재러 한인들은 철저하게 소비에트 체제에 순응하는 길을 선택했다. 이 글은 한인들과는 전혀 다른, 투쟁의 길을 선택한 크림 타타르인에 대한 관심에서 출발하여, 강제이주의 원인과 과정 그리고 크림 타타르인들이 중앙아시아에서 벌인 귀환투쟁을 살펴본 글이다. 크림 타타르인들의 강제이주 과정을 연구함으로써 중앙아시아 지역의 민족구성이 소비에트 중앙정부에 의해 인위적으로 형성되는 과정을 살펴볼 수 있다. 아울러 크림 타타르인들의 크림으로의 귀환과정을 살펴보는 것은 이 지역의 민족구성의 변화의 역동성을 파악할 수 있다는 의의를 갖는다.

또한 우즈베키스탄의 타슈켄트를 거점으로 1960년대 이래 약 30여 년 동안의 크림 타타르인들의 중앙아시아에서의 민족운동을 자세히 살펴보는 것은 상대적으로 아직까지 연구가 미약한 포스트 스탈린시기인 해빙기와 정체기 중앙아시아에 대한 소연방 정부의 민족정책의 변화를 살펴본다는 점에서 의미 있는 작업이기도 하다.

II. 강제이주 : 크림에서 중앙아시아로!

1. 강제이주 원인을 둘러싼 논쟁 : 나치 부역에 대한 처벌인가? 제노사이드 인가?

1) 강제이주 정책의 공식적인 원인들 : 예방적 차원과 처벌적 차원

2차 대전을 전후로 한 스탈린 시기 민족들의 대규모 강제이주 정책은 예방적 차원과 처벌적 차원으로 구분해 볼 수 있다. 예방적 차원의 강제이주는 2차 대전 이전, 독일과 일본의 스파이가 될 수 있는 가능성을 사전에 차단하려는 의도 하에 계획되고 시행된 것이었다. 예방적 차원에서 대규모로 이주된 대표적인 민족은 독일인들이었다. 소련 당국은 독일 침략자들에게 소비에트 독일인들이 공조할 것을 매우 우려했다. 이로 인해 1941년 9월 3일과 20일 사이에 볼가 지역에 거주하고 있던 독일인 50만 명이 카자흐스탄, 시베리아, 우랄 그리고 중앙아시아 지역의 특별 거주지로 강제이주되었다. 이후 1942년 1월 1일까지 799,459명의 소비에트 독일인들이 특별 거주지로 보내졌으며, 4년 동안 1,209,430명의 소비에트 독일인들이 특별 거주지로 강제로 이주되었다(Pohl, 2000a: 279).[8] 이처럼 소련의 서부지역으로부터 예방적 차원의 강제이주를 당한 대표적인 민족이 독일인이었다면, 극동지역에서 예방적 차원으로 카자흐스탄과 우즈베키스탄으로 1937년에 약 17만 명이 강제이주된 대표적인 민족이 고려인들이었다.[9] 이외에도 약 35,820명의 폴란드인과 1,325명의 쿠르드인 등이 전쟁 발발 이전에 중앙아시아로 강제이주 되었다.

이처럼 예방적 차원의 강제이주는 전쟁 발발 이전 시기가 주를 이루지만, 전쟁 말기와 심지어 전쟁 이후에도 예방적 차원의 강제이주가 단행되었다. 그 예로는, 1944년 11월과 1947년에 강제이주된 남캅카즈 지역의 메스헤티안들이 있다. 메스헤티안은 원래는 그루지아인이었으나, 17세기에 투르크화 되어 이슬람교도가 된 사람들이

---

8 전쟁 직전에 소련 내 독일인은 1,423,000명이 거주했다(Conquest, 1970: 65).

9 소련 정부는 1937년 8월 21일에 극동 국경지대로부터 모든 고려인들을 강제이주시킬 것을 명했다(Pohl, 2000a: 278).

다. 이들은 1944년 11월에는 약 20만 명, 그리고 1947년에는 8만 명 정도가 터키와의 국경 지역인 남캅카스에서 추방되었다. 이들의 강제이주는 향후 소련과 터키 간에 전쟁이 발발할 경우 발생할 문제를 미연에 방지하기 위한 예방적 차원의 조치였다(Nekrich, 1978: 167-176).

둘째로 처벌적 차원의 강제이주는 1939년에 체결된 독일과 소련 사이의 불가침 조약을 파기하고 독일이 소련을 침공한 이후 독일의 점령지역에 속해 있던 소수민족들을 독일군에 부역한 죄를 처벌하는 차원에서 단행된 조치이다. 대표적인 민족이 크림 타타르였으며, 이들은 독일군에 협조한 죄목으로 우즈베키스탄을 비롯한 지역으로 1944년 5월에 민족 전체가 강제이주 되었다. 크림 타타르인들 외에도 히틀러 군대에 협력한 죄목으로 1943년 12월에 약 9만 4천명의 칼미크들이 카자흐스탄 등으로 강제이주 되었고, 체첸 잉구시 역시 45만 9,486 명이 카자흐스탄과 키르기즈공화국으로 강제이주 되었고, 이들의 자치공화국은 해체되었다. 발카르 족 역시 같은 죄목으로 1944년 약 37,107 명이 강제이주되어 카바르딘-발카르 자치공화국은 발카르라는 명칭이 삭제되어 카바르딘 자치공화국으로 명칭이 변경되었다(심헌용, 2007: 29-30). 이처럼 전쟁을 전후하여 예방적 차원과 처벌적 차원에서 소연방의 서부와 동부 지역에서 대규모의 강제이주가 단행되었다.

2) 크림 타타르 강제이주의 부당함 주장 : 제노사이드

이러한 처벌적 차원의 강제이주의 대표적인 대상 민족인 크림 타타르의 나치 점령 체제 하에서의 행위에 대해 연구자들에 따라 현저한 입장 차이를 보인다. 서구 학자들과 타타르계 학자들은 스탈린의 강제이주를 심지어는 제노사이드의 일환으로 평가하며, 크림 타타르의 무고한 희생을 강조한다. 이러한 견해를 주장하는 연구자들의 일부는 슬라브인의 크림 타타르인을 향한 탄압 역사의 연속성을 주장한다. 강제이주의 부당함을 주장하는 연구자들은 1944년 봄에 시행된 크림 타타르의 강제이주는 크림 타타르가 없는 크림 반도를 추구한 제정 러시아의 오랜 숙원이 해결된 것으로 해석한다. 이러한 염원의 발단은 범슬라브주의자인 크로아티아 민족주의자 유라이 크리쟈니치(Juraj Križanić(1618-1683))의 1660년의 주장으로까지 거슬러 올라간다. 그는 크림의 지정학적 중요성을 강조하며, "만약 러시아가 오스만 제국 지배 하의 슬라브인들을 돕기를 원한다면 반드시 크림을 장악하여 흑해로 진입해야 한다. 크림을 병합한 다음 크림 타타르가 없는 크림을 소유하는 것이 러시아의 목표가 되어야 한다"고 주장했다. 표트르 대제로부터 모든 러시아 제국의 황제들은 지정학적으로 매우 가치 있는 크림반도를 정복하기를 원했고 이 염원은 예카테리나 2세에 의해 1783년 4월 8일에 성취되었다는 것이다(Altan, 1995).

이러한 역사적 맥락과 더불어 일부 학자들은 무엇보다 크림 타타르 강제이주의 직접적인 원인으로 제기되었던 나치 점령 하에서 독일군에 부역한 혐의에 대해 강력하게 반론을 제기한다. 이러한 입장의 연구자들은 2년 반 이상 독일군의 점령 하에 있었던 크림에서 타타르인들은 크림에 거주하는 다른 민족과 함께 파르티잔에 가담하여 독일 점령군과 싸웠던 사실과 소연방군의 장교와 병사로 크림 타타르인들이 전선에서 용맹하게 싸운 사실들을 근거로 제시한다. 새롭게 공개된 KGB 자료에 의하면, 2만 명-7만 5천명의 크림 타타르인들이 붉은 군대와 파르티잔에서 실제로 전투에 참가했다(Williams, 1997: 236). 그 예로 전선에서 용맹하게 싸워 전쟁 영웅이 된 타타르인들을 거명한다.[10] 이들은 크림 타타르인들이 독일군에 부역했다는 것은 모함에 지나지 않는다고 주장한다. 아울러 강제이주 당한 이들 중에는 여자와 아이들이 많이 있는데, 이들은 독일군의 통치와 전투에 참여한 바가 없으므로, 이러한 이유로도 민족 전체를 강제이주 시킨 것은 그 자체가 매우 부당하다고 주장한다(Uehling, 2004: 3).

또한 독일군에 부역한 사실들을 인정하는 경우에도 독일군 점령 하에서 생존을 위한 어쩔 수 없는 선택이었음을 강조한다. 당대의 크림 타타르 지도부는 반-소비에트 활동에 대략 전체 인구의 0.5%가 관여되어 있었다고 평가된다. 이는 약 8천-2만 명이다(Potichnyj, 1975: 306). 역사학자 부가이는 나치에 동조한 크림 타타르인들은 대다수의 인민이 아닌 크림 타타르 내 소수이며, 이들은 혁명 이전에 재산과 권력을 가지고 있었던 부르주아 민족주의자들에 불과하다고 평가를 내리기도 한다(Бугай, 1995: 143). 한편 독일 군 점령 체제 하에서 독일 지도부는 민족 기준에 따른 인구 비율대로 공조자를 임명했는데, 3/4에 해당하는 사람들이 루스키와 우크라이나인이었으며, 크림 타타르인은 1/4에 불과했다고 주장한다(Nekrich, 1978: 16).

---

10 크림 타타르 전쟁 영웅으로는 레시도프(A. Решидов), 타이푸크(A. Тайфук), 압두라마노프(У. Абдураманов), 세이트벨리예프(С. Сейтвелиев), 술탄(А.Х. Султан), 카파로프(A. Кафаров), 불라토프(И булатов) 등이 있다(Бугай, 1995: 143).

3) 크림 타타르 강제이주의 합당함 주장 : 나치 부역에 대한 처벌

강제이주의 부당함을 주장하는 이러한 견해와는 달리 주로 러시아 학자들은 우선 역사적으로, 제정 러시아와 소연방 통치 하의 크림 타타르인들이 부당한 처우를 당했다는 사실을 부정한다. 이들은 강제이주 이전 크림 타타르인들이 소연방 내에서 자신들의 권리를 향유하고 있었음을 주장한다. 가령 예를 들어, 언어 부문을 살펴보더라도, 크림 타타르인들은 자신의 권리를 침해당하지 않았다는 것이다. 전쟁 직전인 1939년에 크림 타타르는 크림 반도 전체 인구의 1/5에 불과했으나 크림 자치사회주의공화국의 공식 언어가 러시아어와 타타르어였던 사실을 근거로 제시하며 크림 타타르가 많은 권리를 향유하고 있었다고 주장한다.[11]

1850년대 초에 43만 명의 주민이 크림반도에 거주했는데, 25만 7천명이 크림 타타르였다(Дубровин, 1900: 34). 1917년 혁명 당시와 1939년 전쟁 직전의 자료에 의하면 크림에 거주하는 주민들의 민족 구성은 다음과 같다.

표 1　1917년과 1939년 크림 자치사회주의 공화국 인구 구성비[12]

민족	1917		1939	
	인구수(명)	비율(%)	인구수(명)	비율(%)
루스키(Русские)	399,785	49.4	558,481	49.6
우크라이나인(Украинцы)			154,120	13.7
크림 타타르(Крымский Татары)	216,968	26.8	218,179	19.4
유대인(Евреи)	68,159	8.4	65,452	5.8
독일인(Немцы)	41,374	5.1	51,299	4.6
그리스인(Греки)	20,124	2.5	20,652	1.8
아르메니아(Армяне)	16,907	2.1	12,873	1.1
불가리아인(Болгары)	13,220	1.6	15,353	1.4
기타(Прочие)	32,366	4.1	29,276	2.6
총계(Всего)	808,903	100	*1,125,685	100

* 원자료에는 1,126,385로 되어 있으나, 이는 계산상 착오인 것으로 보인다. 실제로 모든 항목들을 합산했을 때 1,125,685명이다. 따라서 본 표에는 필자가 계산한 수를 기입했다.

11　1928-1938년 사이 10년 동안 크림타타르 알파벳은 처음에는 아랍글자에서 라틴글자로 그리고 나서 다시 키릴 글자로 바뀌었다. 이러한 변화들은 크림 타타르인들이 자신들의 역사와 문학과 문화에 대해 배우는 것을 매우 어렵게 만들었다(Altan, 1995).

12　1917년 출처: П.Н. Надинский, *Очерки по истории Крыма. Часть II. Крым в пери-*

이처럼 인구의 1/5 정도에 불과한 크림 타타르인들이 오히려 특권을 누렸음을 주장한다. 이와 더불어 강제이주의 합당함을 주장하는 학자들의 경우, 무엇보다 전시에 크림 타타르인들이 독일군에 협력한 사례들을 강조하며, 소비에트 조국을 배반한 크림 타타르인들을 중앙아시아로 강제이주시킨 것은 합당한 조치였음을 주장한다.[13] 이러한 견해의 학자들은 전시에 크림 타타르인들이 독일군에 부역한 사실에 대한 많은 증거들을 제시한다. 그 중 대표적인 것은 1942년 1월 3일 심페로폴에서 개최된 축하 모임에서 타타르 위원회 의장인 제랄 압두레쉬도프Джелял Абдурешидов의 연설이다. 그는 "위대한 독일 인민의 아들인 아돌프 히틀러 총통의 지도하에 싸울 수 있는 가능성을 가지는 것은 우리에게 커다란 명예입니다... 억압받는 민족들을 해방시킨 그 이름과 함께 하는 것이 미래에도 우리에게 영광이 될 것입니다"라고 연설했다.[14]

이러한 견해를 주장하는 경우, 독소전쟁 발발 이후 많은 크림 타타르들이 붉은 군대에 소집된 것은 사실이나 붉은 군대 내부의 크림 타타르들은 전투능력이 없었다고 주장한다. 더 나가 크림 반도로 독일인들이 침투한 이후에는 그들의 절대적인 다수가 개별적으로 탈영했다고 주장한다.[15] 이에 대한 근거로 소련 국가 안전인민위원회 차관 코불로프Б.З. Кобулов와 소련 내무인민위원회 차관 세로프И.А.Серов가 베리야Л.П. Берия에게 1944년 4월 22일에 제출한 보고서를 제시한다. 이 보고서에는 "...붉은 군대에 소집된 전체 인원은 9만 명인데, 그중 2만 명이 크림 타타르입니다. 2만 명의 크림 타타르는 1941년 크림으로부터 퇴각할 때 탈영했습니다"라는 내용이 포함되어 있다(Бугай, 1995: 131). 그리고 탈영한 크림 타타르 군인들은 탈영과 더불어 독일 점령군에게 부역을 시작했다고 주장한다. 이들은 점령군 사령관인 에리흐 폰 만슈테인 장군의 증언에서 당시 분위기를 잘 알 수 있다고 주장한다. 만슈테인 장군은 "...크림

од Великой Октябрьской социалистической революции, иностранной интервенции и граждаенской войны. 1917-1920 гг. (Симферополь, 1957), С. 12 // "Наша история: выселение крымских татар из Крыма," http://anti-orange.com.ua/article/history/66/14300 ; 1939년 출처: Н.Г. Степанова, сост. "Крым многонациональный," *Вопросы и ответы.* Вып. 1 (Симферополь, 1988), С. 72.

13 Игорь Пыхалов, "Крымские татары. История предательства" http//www.toyota-club.net/files/07-01-10/07-01-10_lib_pyh_krymtatar.htm.

14 같은 논문.

15 Государственный архив Российской Федерации(ГАРФ). Ф.9478. Оп.1. Д.284. Л.16.

타타르 주민의 대다수는 우리와의 관계에서 전적으로 우호적인 분위기였다. 심지어 우리는 얄라 산 속에 숨어있는 파르티잔의 공격으로부터 자신의 마을을 방어하는 임무를 띤 타타르 무장 자위대를 구성할 수 있었다(Манштейн, 1999: 267)."고 기록하고 있다.

강제이주를 둘러싼 이러한 양쪽의 주장을 살펴볼 때, 독일 점령군 치하의 크림 타타르인들은 붉은 군대에서 복무하기도 하고 파르티잔에 참가하여 독일에 항전하기도 했으나, 일부는 독일에 부역하기도 하는 등 다양한 양상을 보여주고 있다. 소련 학자들의 경우는 부역의 자발성을 강조하지만, 크림 타타르에 우호적인 서구학자들과 크림 타타르 연구자들의 경우는 생명을 위협받는 상황에서 어쩔 수 없는 선택이었음을 강조한다.

그런데 간과해서는 안될 사항은, 볼가 타타르인들과 다른 민족들의 경우에도 독일군에 복역했으나 스탈린이 어떤 처벌도 하지 않았다는 점이다. 이러한 경우를 비교 사례로 볼 때, 부역한 민족 전체에 대한 처벌이 아니라, 선별적 처벌로서의 강제이주는 표면적이고 공식적인 원인, 즉 독일 점령군에 부역한 것만이 아닌 여러 가지 복합적인 원인들이 있었음을 짐작할 수 있다. 좀 더 구체적으로 살펴보자면, 독일 측과 크림 타타르 측 자료에 의하면, 독일군 점령 사령부의 주도 하에 크림 지역의 파르티잔에 대항하기 위해 조직된 크림 타타르 자경단의 규모가 15,000-20,000명이었지만, 독일의 역사학자이자 정치학자인 뮬렌Mühlen에 의하면 이처럼 독일군에 협조했던 자경단을 결성한 것은 크림 타타르만이 아니었다. 볼가 타타르의 경우 자경단의 규모는 35,000-40,000명이었고, 캅카즈인들은 110,000명이었으며, 칼미크인은 5,000명이었다. 아이러니한 것은 비교적 소수의 협력자들이 있었던 크림 타타르와 칼미크인은 그 벌로서 강제이주를 당했으나, 이들 보다 다수였던 볼가 타타르는 이 처벌에서 제외되었다는 것이다. 무엇보다 부역의 규모에서 가장 부역한 인원이 많았던 민족은 슬라브 민족이었다. 그런데 슬라브족 역시 처벌받지 않았다.[16]

이렇게 볼 때, 크림 타타르의 강제이주는 공식적이고 표면적인 독일 점령군에 협조한 것 이외의 원인들을 고려해 볼 필요가 있다. 그것은 크림 타타르의 고향인 크

---

16 Patrik von zur Mühlen, 1971, *Zwischen Hakenkreuz und Sowjetstern* (*Der Nationalismus der sowjetischen Orientvölker im zweiten Weltrrieg*) Dusseldorf//Fisher, Alan W., 1978, *The Crimean Tatars*, Stanford, Calif.: Hoover Institution Press, p.155에서 재인용.

림 반도가 지정학적으로 매우 중요한 지역이었기 때문으로 여겨진다. 이는 역사적으로 불편한 관계를 맺어온 터키와의 관계가 결정적인 원인이 되었을 것이다. 터키는 1차 대전 당시 독일과 더불어 주축국이었으며, 1945년 초까지 중립을 지키다가 전쟁의 향방이 정해진 1945년이 되어서야 연합국에 들어온 잠정적인 적대국이었다. 더구나 터키에는 민족별 인구조사를 하지 않기 때문에 정확한 수는 알 수 없으나 크림반도에서 이주해 간 많은 크림 타타르인들이 거주하고 있으며, 크림 타타르인들과 터키는 인종적 유사성(투르크)과 더불어 이슬람이라는 종교적 공통점도 가지고 있다. 흑해를 둘러싼 중요한 지정학적인 국경지대인 크림 반도에, 터키와 여러 가지 공통점을 가지고 있는 크림 타타르인들이, 더구나 강한 민족 정체성을 유지하며 군집하여 거주하고 있는 상황은 소련 당국을 매우 불편하게 만들었을 것이다. 이러한 소비에트 중앙 정부의 불안감도 강제이주의 원인 중 하나로 작동했을 것이다.

2. 강제이주의 발단과 실행

1) 강제이주의 발단

(1) 강제이주 이전의 크림 타타르

크림 반도가 역사 속에 등장한 것은 그리스 역사가 헤로도토스에 의해서였다. 고대시대 크림의 명칭은 타우리스였다. 헤로도토스는 이 지역 사람들이 거대한 황소인 타우루스를 이용하여 땅을 간다고 보았고, 크림에 식민도시를 개척한 그리스 사람들에 의해 이 명칭이 계속 사용되었다. 키예프 루시 이전에 이 지역에는 많은 민족들이 거쳐 갔다. 10-11세기에는 키예프 루시의 일부가 되었고, 12세기 초 비잔틴 제국과 터키계의 킵차크-쿠만의 영토가 되었다가 몽골의 침입으로 킵차크 칸국에 속하게 되었다. 1441년 킵차크 칸국이 티무르에 멸망당하자 하지-기레이는 크림반도를 근거지로 하는 크림 칸국을 세웠다. 그의 아들 맹글리-기레이는 오스만 투르크의 종주권을 인정하고 가신국이 되었다. 15세기부터 18세기말까지 크림 칸국은 폴란드-리투아니아공국, 러시아와 협력과 적대관계를 번갈아 유지했다(허승철, 2015: 145). 이처럼 크림 타타르는 투르크계의 무슬림 민족으로서, 기레이 왕조는 1783년 4월 8일 제정러시아가 크림을 병합할 때까지 계속해서 3백년 이상 크림을 통치했다(Altan,

1995). 크림 반도의 북부는 유목생활을 했으며, 남부에서는 농사를 지었다(Williams, 2002: 326). 크림 칸국 전성기에는 크림에 타타르인들이 약 6백만 명가량 거주했다.

1783년 예카테리나 2세가 크림 반도를 합병할 당시 크림 반도 전체 인구의 80%가 크림 타타르인들이었으며, 이들은 약 백만 명 정도였다. 그러나 강력한 러시아화 정책으로 인해 많은 이들이 죽임을 당했고 더 많은 이들이 이주를 떠났다.[17]

1853-1856년의 크림전쟁은 러시아-타타르 관계의 발전에 중요한 단계가 되었다. 이 전쟁에 패배한 러시아는 파리 평화조약(1858)의 결과로 최소한의 영토만을 상실하고 크림은 유지했다(Neimark, 2001: 100). 크림 타타르를 포함한 타타르 부대가 충성스럽게 러시아 황제의 군대의 편에서 싸웠음에도 불구하고, 크림 타타르인들은 러시아에 반대해서 영국과 프랑스에 협조하여 터키와 공조했다며 비난을 받았다.

이후 1917년에 러시아 혁명이 발발했으며, 혁명 직후 크림 타타르 민족주의자 그룹은 크림에 크림 타타르 독립국가 건설을 추구했다. 크림의 민족주의자들은 볼세비키가 권력을 장악한 1917년 11월 26일 이후 1921년까지 짧은 기간, 누만 셀레비 씨한Numan Celebi Cihan을 지도자로 독립 국가를 설립하는데 성공했었다. 그러나 볼세비키는 이를 허용하지 않았으며, 지도자인 노만 셀레비 씨한은 죽임을 당했다. 1921년 10월 18일에 레닌의 명령으로 볼셰비키는 크림자치소비에트공화국을 설립했다. 1921년부터 1927년까지 소연방 중앙정부의 문화정책에 의해 크림 타타르인들은 벨리 이브라힘Veli Ibrahim의 통치 하에 문화적으로 황금시대를 누렸다.

1927년 이후 크림타타르는 다른 소비에트 민중들처럼 동일한 비극적인 변화와 탄압을 겪어야 했다. 잘 알려진 것처럼 스탈린의 탄압정책이 크림 타타르에게도 가해졌다. 벨리 이브라힘은 체포되었으며, "부르주아 민족주의자"라는 죄목으로 처형되었다. 수백 그리고 수천 명의 농민들이 "쿨락кулак(부농)"으로 체포되었으며 크림으로부터 시베리아로 추방되었다. 크림 타타르 지식인과 통치 엘리트 대부분은 1930년대 숙청기간동안 탄압을 받았다(Audingün & Audingün, 2007: 115; Fisher, 1978: 2).

---

17 1784-1790년 사이에 전체 인구 백만 명 중 30만 명이 크림을 떠나 오스만 제국으로 이주할 수밖에 없었다. 1783-1922년 사이에는 180만 명의 크림 타타르인들이 오스만 제국으로 이주했다. 그 결과 볼셰비키 혁명 당시에는 약 30만 명에 불과했으며, 1920년에는 크림 인구의 26%, 1937년에는 21%로 감소되었다(Altan, 1995; Audingün & Audingün, 2007: 115; Potichnyj, 1975: 302).

혁명과 내전, 그리고 농업집단화와 대숙청을 거치며, 러시아 혁명과 2차 대전 사이에 약 150,000명의 크림 타타르인들이, 죽거나 유형에 처해졌다. 이는 1917년 인구를 기준으로 할 때 약 절반가량에 해당된다(Neimark, 2001: 100).

(2) 나치 점령 하의 크림 타타르 : 부역과 저항사이에서

독소불가침 조약을 어기고 독일군대가 소련의 영토를 침공한 것은 1941년 6월 22일 이었다. 그리고 독일군대가 크림 반도로 진군해 들어온 것은 1941년 10월 24일이 었다. 케르치와 세바스토폴을 제외한 전 반도가 나치 점령 하에 들어갔다. 케르치는 1942년 5월에, 세바스토폴은 1942년 7월에, 커다란 인명 손실을 가져온 전투 끝에 독일군의 수중에 들어갔다(Nekrich, 1978: 14).

새로운 점령지인 크림을 어떻게 통치할 것인가에 대해 크림을 점령하기 이전부터 나치 지도부에서 빈번하게 논의되었다. 소련 침공 직후, 크림 진군을 앞둔 1941년 7월 16일에 개최된 정책 수립 회의에서 히틀러는 크림을 '순수한 독일인의 개척지(식민지)'로 삼을 것이며, 이곳으로부터 모든 외국인들을 소개시킬 것을 결정했다. 그 외국인에는 크림 타타르도 포함되었다. 히틀러는 크림을 흑해에 위치한 미래의 지브롤타가 될 것이라고 전망했다(Fisher, 1978: 152).

크림반도 통치에 대해 독일군은 두 개의 관점을 가지고 있었다. 그 중 하나는 동방 문제에 대한 나치 이론가의 지도자격인 알프레드 로젠베르그Alfred Rosenberg의 관점이다. 그는 키예프를 중심지로 우크라이나에 꼭두각시 정부를 만들어서 크림과 결합시키는 것을 원했다. 또 다른 견해는 히믈러Himmler와 퓌러Fuehrer의 관점으로서, 소련의 점령 지역에 어떤 형태의 행정부도 세우지 않고 직접 통치하는 것이었다. 1941년 7월 16일 히틀러와 그의 지도부는 회의를 통해 크림 반도를 '제국의 영토'로서 직접 통치하여 독일화시키기로 결정했다(Nekrich, 1978: 13).

점령 초기 독일군이 크림에 진격했을 때 독일 군대는 별다른 저항에 부딪히지 않았다. 이에 대해 서구 학자들은 크림의 주민들 특히 크림 타타르인들이 소련 지배 하에서 가혹한 처지에 놓여 있었기 때문에 이들을 해방자로 여겼다고 평가하고 있다. 피셔Alan W. Fisher를 비롯한 서구 학자들은 1930년대 숙청으로 인한 크림 타타르 민족지도부의 파괴가 매우 심각했음에 주목한다. 실제로 1941년까지 크림 타타르 고위 관리들의 대부분은 죽임을 당하거나 서시베리아의 노동수용소에 수감되었으며, 소련

에서 민족주의 공산주의자의 모든 흔적들을 제거시키려는 스탈린의 노력으로 크림 타타르 공산주의자 지도부는 격감했다. 이러한 박해로 인해 독일 군대가 소비에트 지도부를 제거하는 것을 목표로 공공연하게 선포하며 자신들의 고향으로 들어올 때 크림타타르는 그들에게 기대를 걸었다는 것이다(Fisher, 1978: 153).

이와 더불어 크림에서 도주하는 소련 관리들의 행동은 크림 타타르인들로 하여금 반-나치 투쟁에 적극적으로 나서도록 고무시키지 못한 점이 있었다. 무엇보다 크림의 중요한 도시인 심페로폴의 비밀경찰NKVD들은 그곳에 수감되어 있던 수많은 죄수들을 자신들이 떠나기 직전에 모두 처형했다. 이러한 상황은 크림의 모든 도시들에서 동일하게 발생했다. 그런데 이들 죄수들의 다수는 '민족적인 일탈행위'로 인해 수감된 사람들이었다. 즉 정치적인 이유로 수감된 정치범들이었지 일반 범죄자들이 아니었다. 따라서 수감자들을 모두 처형한 것에 대해서 주민들이 반감을 가질 수 있었을 것으로 여겨진다. 이와 더불어 소비에트 행정부가 크림을 떠나면서 공장과 전기, 전화 등의 기간산업들을 파괴했으며, 식량 저장 창고를 불태운 것은 비단 독일군들에 대항한 것만이 아니라 겨울을 앞두고 남겨진 크림의 주민들의 생활에 심각한 결핍을 초래했으며, 이는 주민들의 소련 당국에 대한 불만으로 이어졌다고 평가하고 있다 (Fisher, 1978: 154-155).

이러한 과정을 거쳐 크림을 장악한 독일 점령정부의 통치구조를 자세히 들여다보면, 점령 당국은 세 부분으로 구분되어, 서로서로 상당히 독립적으로 작동했다. 첫째는 군 사령부였는데, 만슈타인Manstein 장군의 지휘 하에 있었다. 그는 이 지역에서 질서를 유지하고 소비에트 권력의 부활을 방지하는데 심혈을 기울였다. 그는 크림에서 최소규모의 군 병력만을 유지하고 전선에 더 많은 병력을 집중시키고자 했다. 이러한 의도 하에 그는 크림 타타르인들에게 유화정책을 펼쳤다(Fisher, 1978: 155). 크림에서 타타르의 지지를 얻기 위해 그는 "타타르의 종교적 관습, 특히 이슬람을 존중해야 한다"고 강력하게 주장하면서, 타타르 종교와 문화적 영역에 대해 관용적인 정책을 펼쳤다. 이러한 방침 하에 점령 당국은 50개의 모스크를 인가하여 활동할 수 있도록 했다(Nekrich, 1978: 17). 또한 크림에서 활동하는 파르티잔에 대항하는 자경단을 구성하도록 크림 타타르인을 고무시키는데 최선을 다했다. 이러한 정책은 성공을 거두어 약 2만 명의 크림 타타르로 구성된 소비에트 파르티잔에 대항하는 자경단이 결성되었다.

크림에서의 독일 통치당국의 두 번째 지부는 전체 우크라이나의 점령총독(라힉스

코미사르(Reichskommissar)인 에리히 코흐(Erich Koch)의 관할 하에 있는 우크라이나 사령부의 크림 지부이다. 코흐 사령부의 크림 지부 책임자는 크림 반도의 총사령관인 알프레드 프라우엔펠트(Alfred Frauenfeld)이다. 프라우엔펠트에 대해서 역사학자들마다 각각 다른 평가를 내리고 있는다. 달린(Dallin)은 프라우엔펠트를 '열렬한 나치스로서, 집착적인 편견가'라고 평가했다. 루더(Luther)는 오리엔탈리스트였던 멘데(Mende) 교수의 회고록을 인용하여, 코흐는 민족 문제에 대해 이해가 부족했으나, 프라우엔펠드는 소수민족의 문화와 민족 문제에 대해 수용적인 입장이었다고 평가했다. 프라우엔펠드도 만슈타인과 마찬가지로, 점령당국과 주민들 사이에 친목 정책을 추진했다. 프라우엔펠드는 민족학교와 민족극장을 설립했다(Fisher, 1978: 156).

이러한 관용정책의 일환으로 1941년 11월 말 독일 당국은 지역 정부 권한을 인정하는 상징으로서 크림의 여러 도시들에 〈무슬림 위원회(Muslim Committee)〉를 설립하는 권한을 타타르에게 주었다. 그러나 크림 타타르에게 주어진 권한은 종교와 문화적인 활동으로 제한되어 있었으며 모든 정치적인 권한은 독일 행정 당국이 보유했다. 〈무슬림 위원회〉를 장악한 크림 타타르인들은 1941년에 유형으로부터 돌아온 초기 인텔리들이었다. 그들 중 아흐메드 오젠바슬리(Ahmet Özenbaşli)라는 인물이 1942년에 〈무슬림 위원회〉 의장으로 선출되었다. 이와 더불어 크림 타타르인들은 자신들의 민족 문화를 발전시키는 것을 복원하는 것이 허용되었다. 1930년대 이후 소련 당국에 의해 금지되었던 크림 타타르 극장이 복구되었다. 혁명 이후 1920년대 만들어졌던 연극과 혁명 이전의 연극들이 상연되었다. 그리고 크림 타타르 민족 신문(아자트 키림 Azat kirim)이 비록 독일 당국이 엄격하게 검열하긴 했지만 심페로폴에서 재발행되었다. 심페로폴에 크림 타타르 대학을 건립하는 계획도 있었다. 아흐메드 오젠바실리를 학장으로 임명할 계획이었다. 그러나 독일 점령의 종결로 인해 대학은 개교하지 못했다. 또한 아흐메드는 독일 당국과 반목했으며, 소비에트 지하 조직과 접촉했다는 증거와 전략적이고 정치적인 정보들을 소비에트에 제공했다는 죄목으로 나치 통치 하에서 구금을 당하기도 했다(Fisher, 1978: 157-158).

그런데 크림 타타르들은 독일 점령 당국으로부터 혜택을 받은 유일한 민족은 아니었다. 예를 들어, 종교적인 문제에서 크림 타타르인들은 무프티(이슬람 사제)를 선출할 권한을 갖지 못했는데 반해, 정교회는 비숍(정교회 주교)을 선출할 권한을 받았다. 공식적인 방송은 독일어와 러시아어만 사용되었다. 라디오 방송도 독일어와 러시아어로 했고, 오직 금요일 한 시간 반 만 타타르어로 진행되는 종교 프로그램이 있었다.

이처럼 이러한 관용정책은 크림 반도 내에 거주하는 크림 타타르만이 아니라 슬라브 족인 루스키들에게도 해당되었다.

그런데 독일 행정 당국이 크림 타타르에 대해 유화정책으로 일관한 것은 아니었다. 이러한 유화정책의 기조와는 전혀 다른 통치 기구도 존재했다. 그 기구는 독일의 크림 통치의 세 번째 행정관리 영역인 경찰, SS, 베를린의 로젠베르크의 직접적인 통치 하에 있는 파견 사령부(아인자츠슈탑Einsatzstab)의 사무국이었다. 이 기구는 쇼비니즘적이고, 인종적인 태도로 인해 앞에서 언급한 두 행정기구의 유화정책에 근간을 둔 활동들을 현저하게 훼손했다. 이 기구는 올렌도르프Ohlendorf가 주도했다. 그는 크림 인구의 13만 명을 학살한 책임자였다. 1944년 4-5월까지 지속된 나치 점령 기간 동안 독일군에 의해 '적대적'이고 '인종적으로 불순한' 요소로 분류된 주민들이 학살되었다. 학살된 이들은 유대인, 집시, 공산주의자, 파르티잔 그리고 그들의 가족들이 포함되었는데, 크림 인구의 약 10% 정도였다(약 9만 2천-13만 명으로 추산)(Яков-лев, 2005: C. 491).[18] 이러한 학살과 더불어 그는 크림의 도서관, 박물관 그리고 서점들을 몰수했다. 그는 소비에트 이데올로기의 흔적을 남기는 모든 것을 파괴했으며, 예술품과 가치가 있는 물품들을 독일로 옮겼다. 이러한 물품들과 더불어 노동력도 독일로 보내졌는데, 점령기간에 일부 크림 타타르인들은 독일의 노동수용소와 독일의 산업단지들로 보내졌다. 비록 소련 역사가들은 이들이 자원해서 독일로 간 것이라고 주장하지만, 크림 타타르인들과 독일의 많은 증거들은 이들이 자발적으로 독일로 이주해 간 것이 아니라 노동력의 강제동원이었음을 보여준다.

2) 강제이주의 실행 : 크림반도에서 중앙아시아로

크림으로 진군해온 독일군이 이처럼 잔혹했던 것과 마찬가지로 크림 반도를 해방시킨 소련군도 잔혹했다는 견해들도 있다. 크림으로 진격해온 소련 군인들은 해방 첫 주에 크림 타타르인들을 조국을 배신한 배신자로 간주했다. 한 증인에 따르면, 크림 타타르인들의 마을에서 여성들은 자국 군대에 의해 보복 차원에서 강간당했고, 약탈당했으며, 처형당했다(Williams, 1997: 236).

---

18 독일 문서 자료에 의하면 크림에서 1941년 10월에서 1942년 4월 사이에 91,678명이 정리된 것으로 기록되어 있다(Nekrich, 1978: 15).

베리야가 1944년 4월 13일에 작성한 극비문서에 의하면, 크림을 해방하자마자 내무인민위원회НКВД, Народный Комиссар Внутренних Дел와 국가안보인민위원회НКГБ, Народный Комиссар Государственной Безопасности Союза ССР는 크림 내에서 반소비에트 인물들의 숙청을 시작했다.[19] 이 숙청은 크림을 수복하기 이전부터 준비된 것이었다. 크림에서 4월 말 반소비에트 요소로 체포된 사람은 5,806명이었다(Бугай, 1995: 84).

이러한 배경 하에 1944년 5월 10일에 베리야는 스탈린에게 '소비에트 인민에 반대한 크림 타타르의 배반행위를 고려하여 크림 타타르가 소연방의 국경 지역에 이후 계속 거주하는 것을 원치 않는 것으로 인한' 강제이주에 대해 서면으로 제안했다. 곧 크림의 내무인민위원회 부위원장인 세로프Серов와 국가안보인민위원회 부위원장인 코불로프Кобулов가 5월 18-22일에 작전을 세웠다. 독일군으로부터 크림을 해방시킨 것과 강제이주가 한 달의 시간차도 나지 않았다. 크림에서 강제이주 작전에 참가한 이들은 내무인민위원회НКВД 장교와 사병으로 구성된 3만 2천 명이었다(Яковлев, 2005: 492).

크림 타타르인들의 강제이주는 1944년 5월 18일에 전격적으로 시행되었다. 1978년 서구로 망명한 크림 타타르 역사가인 아이쉐 세이트무라토바Айше Сейтмуратова는 강제이주 과정에 대해 다음과 같이 상세하게 회고하고 있다.

"1944년 5월 17-18일 밤 동안에 무장한 소련 군인들과 НКВД 요원들이 크림 타타르인들의 집들에 들이닥쳤다. 그들의 아버지, 남편 그리고 아들들이 2차 대전 동안 소비에트 조국을 수호하기 위해 전선에서 장교로서, 그리고 파르티잔으로 피흘리고 있는 동안, 평화롭게 자고 있던 아이들과, 여성, 그리고 노인들을 침대로부터 끌어내어 소비에트 국가의 이름으로 다음과 같이 선언했다. "조국을 배신한 것으로 인해 당신들은 영구히 추방될 것이다...15-20분 뒤 명단을 부를 것이다" 막 잠에서 깬 한 여성이 15-20분 동안 잠자는 일곱 살짜리 아이를 깨우고, 옷을 입히고 신발을 신기는 것이 가능한가? 다른 것들은 차치하고라도. 나의 어머니는 이 일을 했다. 그녀의 장남은 17세였고, 막내는 두 살이었으며, 나는 일곱 살이었다(Seytmuratova, 1998:

---

19 ПРИКАЗ Народного Комиссара Внутренних Дел Союза ССР и Народного Комиссара Государственной Безопасности Союза ССР за 1944 год no. 00419 00137 Содержание "О мероприятиях по очистке территории Крымской АССР от антисоветских элементов" ГАРФ. Ф. Р-9,401. Оп.2. Д.3. Л. 502-505.

155)."

그녀의 아버지가 조국을 수호하기 위해 붉은 군대의 군인으로 파시스트들과 맞서 싸우는 동안, 그녀와 그녀의 어머니와 형제자매들은 조국을 배신한 죄로 크림 타타르 인민 전체와 함께 중앙아시아로 강제이주 당한 것이다.

이와 유사한 사례로는 엘다르 루지예프Эльдар Рузиев의 사연을 들 수 있다.[20] 엘다르에게는 4명의 아이들이 있었다. 그는 베를린 전선에서 전투를 하고 있는 중이었던 1944년으로부터 가족들로부터의 편지를 받을 수 없었다. 그는 이후 강제이주에 대해 알게 되었다. 전쟁이 끝나고 군으로부터 동원 해제된 이후, 대부분의 크림 타타르인들이 우즈베키스탄으로 보내진 사실을 알게 된 그는 우즈베키스탄의 수도인 타쉬켄트로 갔다. 공식적인 정보는 얻을 수 없었다. 전선에서 귀환한 그에게 그 누구도 그의 가족에 대해 알려주려고 애쓰지 않았다. 마침내 그의 가족이 우즈베키스탄 지방인 시르다리야 주의 지작 근처에 있다는 것을 알게 되었다. 강제이주된 크림 타타르인들의 일부는 고려인들과 마찬가지로 벌판에 아무런 대책도 없이 버려졌다. 초기에는 땅굴을 파고 살았으며, 이후 막사 같은 임시가옥 형태의 허름한 판자집을 지었다. 그가 수소문 끝에 겨우 자신의 가족들을 발견했을 때, 그의 형수가 지역 주민들의 빨래를 하며 그의 세 아이를 돌보고 있었다. 아이들은 기아로 인해 부어 있었다.[21] 전선으로부터 돌아온 아버지가 본 자신의 가족들의 모습이었다.

크림 타타르 강제이주에 대한 러시아연방 문서보관소ГАРФ, Государственный архив Российской Федерации의 비밀문서에 의하면 크림 반도 거주 주민들의 퇴거 작전은 1944년 6월 28일에 완수되었다. 이 작전으로 퇴거된 인원은 모두 225,009명이었다. 이 중 크림 타타르인은 183,155명이었다.[22] 크림 타타르인들 중 대부분인 151,604명 (약 37,000가구)가 우즈베키스탄으로 이주되었으며, 나머지는 소련의 동쪽 지역으로

---

20 가족들의 요청으로 인터뷰에서는 가명을 사용했다.

21 Анастасия Нарышкина, "Переписка была невозможна," *Известия*, 18 мая 2003, http://izvestia.ru/news/276691

22 크림 타타르 이외에 그리스인 15,040명, 불가리아인 12,422명, 아르메니아인 9,621명, 독일인·이탈리아인·루마니아인 등 1,119명, 외국인(외국 국적소지자) 3,652명이었다. 외국인들의 국적은 그리스 3,531명, 터키 105명, 이란 16명이었다. "*Справка Отдела спецпоселений НКВД СССР о количестве выселенных из Крыма спецпереселенцев*" 1 июля 1944 г. Секретно. ГАРФ. Ф. Р-9,479. Оп. 1. Д. 141. Л. 78-79.

이주되었다.[23] 우즈베키스탄 행정 당국은 처음에는 단지 7만 명의 크림 타타르만 수용하겠다고 했으나 이후 자신들의 계획을 변경하여 15만 명을 받는데 동의했다. 이를 위해 우즈베키스탄공화국은 НКВД 소속 359명의 특별이주담당자와 97명의 사령관으로 구성된 특별이주국을 조직했다(Яковлев, 2005: 491). 우즈베키스탄으로 이주된 이들은 1944년 6월 3일과 10일 사이에 도착했다. 이 중 타쉬켄트에 56,632명, 사마르칸트에 31,540명, 안디잔에 19,630명, 페르가나에 16,039명, 나만간에 13,804명, 카쉬가다리야에 10,171명, 부하라에 3983명이 이주되었다.[24]

강제이주 과정 역시 매우 열악했다. 이주 과정에 대한 회고 중 하나는 다음과 같다. "준비하는데 15분이 주어졌다. 모든 남자들은 전선에 있었고, 여자들과 아이들과 노인들이 남아있었고, 어떤 저항도 없었으나, 몇 명은 총에 맞았다. 실제로 거의 모두가 그 날에 옮겨졌다. 길은 거의 한 달이나 걸렸다. 그것은 송아지를 수송하는 화물칸이었다..."[25] 크림 타타르인들은 20여일 동안의 수송기간 동안 음식과 마실 물이 거의 없었으며, 요리할 기구조차 없이 중앙아시아로 옮겨졌다. 배고픔과 질병으로 수많은 사람들이(46%이상)이 가는 도중에 사망했으며, 이후 2년 동안 17%가 더 사망했다(Perks, 1991: 64).[26] 크림 타타르인들이 강제이주된 계절은 다른 민족들에 비해 비

---

23 마리 자치공화국-8,597명; 몰로토프 주-10,002명; 고리키 주-5,514명; 스베르들로프 주-3,591명; 이바노프 주; 2,800명; 야로슬라프 주-1,047명 크림 타타르 외의 다른 민족들은 모두 바쉬키르 공화국으로 이주되었으며, 외국인들은 우즈베키스탄의 페르가나로 이주되었다. ГАРФ. Ф. Р-9,479. Оп. 1. Д. 141. Л. 78-79.

24 Brian G. Williams, "The Hidden Ethnic Cleansing of Muslim in the Soviet Union: The Exile and Repatriation of the Crimean Tatars," *Journal of Contemporary History*, Vol. 37, No.3 (2002), p.335. 이후 부가적으로 11,000명의 크림 타타르를 노동군으로 동원했다. 그 결과 총 194,155명의 크림 타타르인들을 크림에서 몰아냈다(Pohl, 2000b).

25 Анастасия Нарышкина, "Переписка была невозможна".

26 크림 타타르 운동가들과 연구자들은 2차 세계 대전 발발 직전 크림 타타르인은 공식적인 기록(약 22만 명)과는 달리 크림 타타르 인구가 약 56만 명이었다고 주장한다. 공식 기록대로라면, 이주 과정에서 사망자들이 현저하게 감소한다. 56만명의 크림 타타르인들 중에서 1944년까지 13만 7천 명은 소련 군대에 동원되었다. 동원된 크림 타타르 군인들 중 5만 7천명은 전선에서 전사했으며, 나머지 8만 명은 전선에 남아있었다. 전쟁 당시 크림에는 423,100명이 살고 있었다. 그들 중 20만 명은 아이들이었다 (그들 중 반 이상이 고아였다. 그들의 아버지들은 전선에서 전사했다). 178,600명은 여성들이었고 44,500명이 남성(노인

교적 좋은 때였음에도 불구하고 새로운 장소에서의 정착과정에서 질병 발생율과 사
망률이 매우 높았다.[27]

　강제이주 과정에서 가장 비극적인 사건 중 하나는 1944년 7월 19일에 크림 타타
르의 대규모 강제이주를 성공적으로 마친 것에 대한 보상으로 열린 축하연에서 아라
바트 지역 어촌 마을에 몇몇 타타르인들이 강제이주를 피해 숨어있는 것을 발견했다
는 보고를 코불로프가 받은 것이다. 그는 이미 자신의 상관인 베리야에게 '크림에서
타타르를 전적으로 청소했다'고 보고를 한 이후였기 때문에 이 사실에 격분했다. 코
불로프는 2시간 내에 이들 타타르인들을 크림에서 제거하라고 명령을 내렸고, 이들
은 특별 보트에 실려서 아조프 해로 보내졌다. 그곳에서 군인들의 감찰 하에 그들의
보트는 고의로 침몰되어 수장되었다. 이러한 비극적인 과정을 거쳐 1944년 7월 19일
자로 마침내 '크림 타타르 없는 크림'이라는 계획이 완수되었다. 이제 러시아 혁명 과
정에서의 공로를 인정받아 수립되었던 크림자치소비에트사회주의 공화국은 1945년
6월 30일 공표된 법령으로 공식적으로 폐쇄되었다(Altan, 1995). 이로써 1783년 4월
8일 예카테리나 여제가 크림을 병합한 이래로 처음으로 크림은 타타르가 없는 땅이
되었다.

Ⅲ. 중앙아시아에서 전개된 귀환운동 : 다시 크림으로!

1. 크림 타타르 민족운동의 배경

1) 우즈베키스탄에서의 유형민의 삶

강제이주 초기 크림 타타르인은 매우 힘겨운 삶의 조건 하에서 생활했다. 크림 타타

<hr>

들, 장애인들 그리고 크림에서 파르티잔으로 독일군과 전투를 벌이고 있는 이)들이었다(А
лексеева, 1992).

27　1944년 이전에 만 6천명, 1945년 이후 만 3천명이 죽었다(Яковлев, 2005: 492).

르인들을 고통스럽게 한 것 중 하나는 거주이전의 자유가 철폐되어, 배치된 지역을 벗어날 수 없었던 것이었다. 이주 과정에서 크림 타타르들은 가족관계에 대한 고려 없이 여러 지역으로 분산되어 이주되었다. 종종 부모와 성인이 된 자녀들이 다른 마을로 이주되었고 단지 서로 만나지 못하는 것만이 아니라 장례식에 조차 참석할 수 없었다. 거주 지역 경계를 벗어나는 것은 장기간 수용소행을 감수해야 하는 것이었다(Алексеева, 1992). 이들은 마치 범죄자처럼 취급받았다. 일주일에 두 번씩 지역 경찰청에 보고를 해야만 했다. 크림 타타르인들을 위한 거주지는 마련되어 있지 않았다(Perks, 1991: 64). 운이 좋은 사람들은 우즈벡인들이나 타지크인들과 함께 거주할 수 있었으며, 상당수는 빈 들판에 버려졌다. 이들은 마치 난민 캠프를 벗어날 수 없는 난민들처럼 특별 거주지로부터 5킬로미터 이상을 벗어날 수 없는 유형민으로서 살아야 했다(Seytmuratova, 1998: 156). 단지 스탈린 사후인 1950년대 중반에 이르러서야 그들은 거주지 제한에서 벗어날 수 있었으며 집을 지을 땅을 받았다.

표 2 강제이주 직후 특별정착지에서의 크림 타타르의 출생과 사망 (Pohl, 2000: 286)

연도	사망	출생
1945	15,997	1,099
1946	4,997	961
1947	2,937	1,753
1948	3,918	1,753
1949	2,120	3,586
1950	2,138	4,671
총계	32,107	13,823

크림 타타르인들이 강제이주된 거리는 1,750마일이었다.[28] 이 과정에서 약 46%가 사망했으며, 표에서 알 수 있는 것처럼 이주 직후 사망률 역시 매우 높았다. 1949년에 이르러서야 비로소 출생률이 사망률을 앞서게 되었다. 이는 이들의 초기 정착 과정이 얼마나 열악했는지를 잘 보여준다.

우즈베키스탄에는 크림 타타르인들을 위한 민족학교도 민족극장도 없었다. 중앙아시아에 도착한 아이들은 러시아 학교로 진학했다. 학교에는 크림 타타르인, 독일

---

28 이는 모스크바에서 런던까지 거리보다 더 먼 거리였다(Perks, 1991: 64).

인, 고려인, 그리고 유대인을 비롯한 그 밖의 강제이주 당한 민족의 아이들이 주를 이루고 있었다. 심지어 교사들도 다양한 민족 출신이었다. 우즈베키스탄의 사마르칸트 주변 량가 광산으로 이주된 아이쉐 세이트무라토바의 5학년 때 수학 선생님은 고려인으로서, 그의 이름은 김이었다고 회고하기도 한다(Seytmuratova, 1998: 157). 이처럼 문화와 교육 부문에서 민족 정체성을 유지하기 위한 조건들은 매우 열악했다. 이는 민족주의를 배격하고 '소비에트형 인간'을 창출하기를 원했던 소비에트 당국의 의지가 반영된 것으로 여겨진다.

2) 20차 당 대회와 유형민에서 벗어나기

이처럼 유형민으로서 살아오던 크림 타타르 민족들의 지위에 커다란 영향을 미친 사건은 1953년 3월 5일 스탈린의 죽음이었다. 스탈린의 사망은 크림 타타르인들을 포함한 소련사회 전체에 커다란 충격을 가져왔다(Зубкова, 1993: 104). 스탈린의 죽음은 소련 사회 내에 개혁의 길을 열어주기도 했다. 우선 1953년 3월 27일에는 백 십팔만 천명에 대한 사면령이 결정되었다.

스탈린 사후 크림 타타르인들과 관련된 중요한 사건은 세 가지였다. 첫째는 서기장이 된 흐루쇼프가 1954년 2월 19일에 러시아공화국에 소속되어 있던 크림 반도를 우크라이나 공화국으로 이전시키기로 결정한 것이었다. 1954년은 우크라이나와 러시아의 합병 조약인 페레야슬라브 조약 체결 300주년이 되는 해였다. 흐루쇼프는 우크라이나와 러시아의 우정 300주년 기념으로 크림 반도를 우크라이나에 특별 선물로 주었다(Potichnyj, 1975: 306). 이로써 오늘날 우크라이나와 러시아 사이의 분쟁의 씨앗이 이 때 심겨졌으며, 우크라이나는 가장 까다로운 민족문제 중 하나인 크림 타타르 문제를 유산으로 받게 되었다. 그런데 소비에트 중앙 정부가 크림을 우크라이나에 선물로 준 것은 강제이주 당한 크림의 선주민인 크림 타타르인의 귀환을 염두에 두지 않은 행위였다고 볼 수 있다.

둘째는 1956년 2월에 개최된 제20차 공산당 당 대회였다. 본 회의를 마친 후 흐루쇼프는 〈개인숭배와 그 결과 О культе личности и его последствиях〉라는 제목의 비밀연설을 단행했다. 연설문의 주된 내용은 스탈린의 실책을 폭로한 것이었다. 흐루쇼프가 언급한 스탈린의 실책들 중에는 무엇보다 1930-40년대에 여러 민족들을 강제이주

시킨 것에 대한 내용이 포함되어 있다.[29] 이 연설문은 소련 사회에 엄청난 반향을 불러일으켰다. 그런데 이때 흐루쇼프가 언급한 스탈린의 실책 중 하나로서 강제이주 당한 소수민족의 명단에는 단지 카라챠이인, 체첸인, 인구쉬인, 발카르인, 칼미크인만 포함되었다. 이후 흐루쇼프 비밀연설에서 언급된 이들 민족들만 복권되었고, 자신들의 고향으로 귀환할 수 있었다.

이때 흐루쇼프의 비밀연설에 전혀 언급되지 않은 민족들 중 대표적인 민족이 크림 타타르였다. 크림 타타르인들은 비록 흐루쇼프의 비밀연설의 강제이주된 민족들의 명단에는 누락되었으나, 이 연설은 크림 타타르인들로 하여금 크림으로의 귀환에 대한 희망을 품는 계기가 되었다. 그러나 이들의 희망이 쉽게 실현되지는 않았다.

셋째는 1956년 4월 28일에 강제이주된 민족들의 특별 거주지 제한을 폐지하는 소연방 최고회의 법령이 언론에 출간되지 않는다는 날인과 함께 제정된 것이었다. 그런데 이 법령은 크림 타타르인들이 조국을 배신했다는 죄명을 벗기지는 않았으며, 크림으로 돌아가는 것을 금지하는 것도 폐지되지 않았다. 크림 타타르인에게 통행증(패스포드)이 주어졌으나 이주 당시 크림에 두고 온 재산 청구권 포기각서에 서명하는 조건으로 주어졌다. 또한 이 법령이 공식적으로 발표되지 않아서 법적으로는 크림 타타르의 거주 제한이 철폐되었으나, 실제로는 어디서나 크림 타타르인들이 거주하는 데는 어려움을 겪었다. 1944년부터 이들을 향해 행해졌던 조국을 배신한 독일의 부역자라는 공식적인 프로파간다는 여전히 효과를 지니고 있었다(Fisher, 1978: 154).

2. 귀환운동의 태동: 청원운동의 시작

1956년 2월에 개최된 제20차 당 대회에서 행해진 흐루쇼프의 비밀연설에서 언급된 강제이주된 민족들의 명단에서 누락된 크림 타타르인들은 매우 실망했고 분노했다. 그런데 크림 타타르인들은 강제이주 당한 대부분의 소수민족들과는 달리 이러한 상황을 체념적으로 받아들인 것이 아니라, 자신들의 권리를 쟁취하기 위한 행동에 나섰다. 크림 타타르인들이 자신들의 고향으로의 귀환을 위해 선택한 운동의 첫 번째 형

---

29 Н.С. Хрущев, "О культе личности и его последствиях", *Известия КПСС* no. 3 (1989), С. 128-130.

태는 권력의 최고기관들에 개인적으로 혹은 집단적으로 청원서를 제출하는 것이었다.

첫 번째 청원서는 1957년 6월에 소비에트 최고회의로 보내진 것으로서, 크림 타타르인의 복권과 크림으로 귀환할 수 있는 권리를 요구하는 것이었다. 이 청원서에 6,000명 이상의 크림 타타르인들이 서명을 했다. 이들은 이것이 '레닌주의적인 민족정책에 기반한 것'임을 주장했다. 이는 1957년 2월 12일자 정부 기관지인 『이즈베스치야Известия』지에 소비에트 최고회의 서기인 알렉산드르 고르킨Александр Горкин이 레닌주의적인 민족정책으로의 회귀의 필요성에 대해 주장한 글을 근거로 삼은 것이었다.

크림 타타르 운동의 초기 주도자들은 구볼셰비키로 불리는 나이든 공산당원들이었다. 민주화에 대한 제20차 당 대회의 해결책을 진심으로 믿은 이들은 개혁과 민주화가 그동안의 민족정책의 불공정성을 바로잡을 것이며, 그렇게 된다면 크림 타타르 문제도 해결될 것이라는 희망을 가졌다. 이들은 당에 호소한다면, 당이 크림 타타르의 문제를 해결해 줄 수 있을 것이라고 기대했다(Altan, 1995: 3). 따라서 초기의 모든 청원서는 충성스럽고 간청하는 어조로 일관되었다. 일반적으로 긴 서문에 1944년 전까지 소비에트 정권으로부터 크림 타타르 민족이 받은 은혜를 나열했다. 이어서 소비에트 체제와, 친애하는 당과 정부에 대한 크림 타타르인들의 신뢰를 표현하면서, 당국이 '레닌의 민족 정책'에서 어긋난, 이전 정부의 크림 타타르 민족과의 관계에서 행해진 '개인숭배 시기의 실수'를 바로잡을 것이라는 뜨거운 확신을 표현했다.

청원서에 서명을 받기 위한 청원운동을 주도하는 〈주도그룹〉이 생겨났다. 〈주도그룹〉은 전체 핵심지도부가 없었으며, 전민족적인 정치적인 조직화를 도모하지도 않았다. 크림 타타르인이라면 누구든지 이 그룹의 회원이 될 수 있었다. 〈주도그룹〉에 참여하는 숫자는 약 5천 명 정도에 도달했다. 참가자 명단은 지역 당국과 공산당 중앙위원회에 넘겨지기도 했다. 〈주도그룹〉의 주된 활동은 청원서의 내용과 청원서에 서명한 명단을 낭독하기 위한 모임을 개최하는 것이었다. 이 집회에서 모스크바로 가서 권력의 최고기구에 청원서를 전달할 민족 대표자들을 선출했다. 민족 대표자들은 그들을 파송한 사람들이 서명한 신뢰의 표시인 위임장을 받았다. 대표자들의 여비를 위해 사람들은 모금을 했다. 그들은 모스크바에서 돌아온 이후 집회에서 그들의 모스크바에서의 업무에 대해 그들을 파송한 사람들 앞에서 모스크바에서의 상황에 대해 보고했다. 1957년과 1961년 사이 당 지도부와 정부 기구로 보내진 5개의 대표적인 청원서에는 6,000-18,000명이 서명했으며, 1961년 22차 당 대회에 보내진 청원서에는 25,000명이 서명했다(Altan, 1995: 3; Fisher, 1978: 176).[30]

이러한 크림 타타르인들의 청원에 대해 당국은 그 어떤 답변도 하지 않았으며 오히려 탄압으로 대응했다. 크림타타르 운동 활동가들에 대한 탄압은 1961년부터 본격화되었다. 이는 쿠바 위기가 발발하면서, 전쟁에 대한 위기가 고조되자, 국내의 사회 통제가 강화된 것으로 여겨진다. 이 때 〈크림타타르 젊은이Крымскотатарская молодёжь〉라는 조직 참가자에 대한 재판이 시작되었다. 그런데 실제로 이러한 조직은 존재하지 않았다. 단지 젊은 크림 타타르들의 몇 차례 만남을 통해 이를 창립하고자하는 시도만 있었다. 이들은 주로 대학생들이었으나, 그들 중에는 노동자와 관료들도 있었다. 이들은 모여서 시를 낭송했고, 다양한 정치적인 문제들을 논의했는데, 주로 자신들의 민족문제를 다루었다. 1962년 가을 이 모임의 4명의 참가자가 체포되었는데, 두 명은 곧 풀려났고, 나머지 두 명-공장 기술자인 마라트 오메로프(Марат Омеров, 1937년생)과 법학부 학생인 세이트-아므주 우메로프(Сеит-Амзу Умеров, 1939년생)은 비공개 법정에서 '반소비에트 조직 가담죄'로 기소되어 재판을 받았다. 판결은 각각 3년과 4년 수용소 형이었다. 이외에도 몇몇 사람들은 대학에서 퇴학당했으며, 직장에서 해고된 사람들도 있었다(Алексеева, 1992: 103).

3. 귀환운동의 활성화

1) 브레즈네프 집권과 청원운동의 확대

크림 타타르의 민족운동에 새로운 자극이 된 계기는 중앙 정부의 지도부가 교체된 것이었다. 1964년 10월 14일 공산당 중앙위원회 총회에서는 흐루쇼프를 공산당 수석 당서기직, 공산당 중앙위원회 총회 회원직, 그리고 수상직에서 해임시킬 것이 결정되

---

30 그러나 이를 주도했던 크림 타타르 지도자인 네프케트 압두라마노프와 엔버 세페로프는 "반소비에트 선동"과 "인종주의적 불화를 조장한 것"으로 여겨져 7년형의 강제노동수용소와 5년형을 선고받았다.

었다. 수석 당서기로는 브레즈네프가 선출되었고 수상직에는 코시긴이 임명되었다.[31] 권력 지도부의 교체는 경제개혁의 실패로 인해 야기된 불안이 해소될 것이라는 막연한 기대감과, 경제상황이 더 악화될지도 모른다는 우려와 스탈린적인 질서로 회귀할 가능성에 대한 경계심을 동시에 불러일으켰다. 크림 타타르인들은 새롭게 출범한 정부에 커다란 기대감을 가졌다. 크림 타타르인 민족운동의 주도자들은 새로운 지도부에 호소하기 위해 또 다시 청원서를 작성했다. 그런데 1964년 이후의 청원서들은 정부에 간청하던 어조를 중단하고 크림 타타르 민족에 대한 스탈린 정부의 민족 정책을 비난했다. 크림 타타르 운동 사상 가장 대규모의 청원은 새 정부가 구성된 후 처음으로 개최된 제23차 당 대회에 보내진 것이었다. 제23차 당 대회는 1966년 3월 29일-4월 8일에 개최되었다. 이 청원서에는 12만 명 이상의 크림 타타르인들이 서명했는데, 이는 크림 타타르 민족의 성인들 거의 모두가 서명한 것이었다.

이러한 대규모 청원은 소비에트 사회에서 매우 놀라운 현상이었다. 그들은 위험을 무릅쓰고 자신들의 민족의 복권과 귀환을 요구했다. 당국은 중앙아시아의 우즈베키스탄 공화국에 파문을 일으킬 것을 두려워했다. 특히 크림 타타르인들이 8백만 우즈벡인들에게 영향을 미치는 것을 두려워했다(Williams, 1997: 239). 그런데 1974년에 작성된 미국무성 보고서에 의하면, 크림 타타르의 저항운동은 중앙아시아와 다른 지역에서의 소수민족들에게 영향을 미친 것으로 보인다. 1971년 초까지 타슈켄트의 나라바드 구에서 약 100명이 무슬림 저항운동을 조직한 것으로 인해 체포되었다(Koweleswski, 1974: 13).

2) 기억과 애도를 통한 귀환요구 운동

이처럼 크림으로의 귀환을 위한 크림 타타르인의 민족운동의 첫 번째 방법은 청원운

---

31 "Стенограмма октябриского 1964 г. Пленум ЦК/ Как снимали Н.С. Хрущева: Материалы пленума ЦК КПСС. Октябрь 1964 г.," *Исторический архив* no. 1(1993), С. 4-5. 총회의 결과는 1964년 10월 16일에 〈프라브다〉지에 짤막한 기사로 게재되었다. 공식적으로는 흐루쇼프가 고령으로 인한 건강상의 문제로 사임한 것으로 보도되었다. 총회에서 거론된 실질적인 이유는 경제적인 위기, 당과 소비에트 기관들을 격하시킨 것, 개인적인 오만, 과대망상적인 주관성 등이었다. 흐루쇼프의 실각은 경제정책의 실패와 현실성 없는 과다한 선전과 계획들에 지친 대중들 사이에서 어떤 반대도 찾아보기 힘들었다.

동이었다. 이와 더불어 이들이 선택한 또 다른 방법은 공개적이고 비폭력적인 시위였
다. 크림 타타르들의 시위는 청원서에 적혀 있는 요구사항들을 지지하는 것으로 시작
되었다. 시위는 크림 타타르인들에게 중요한 기념일들에 주로 거행되었다. 기념일은
10월 18일 크림 자치공화국 설립일과 4월 21일 레닌 생일, 그리고 5월 18일 강제이
주를 당한 날들이었다.

우선 1966년 10월 18일에 크림 타타르인들은 크림 자치공화국 설립 45주년을 기
념하는 시위를 벌였다. 시위는 베카바드와 안그렌, 페르가나, 쿠바차, 타슈켄트, 치르
치크, 사마르칸트 등의 크림 타타르인들이 거주하는 여러 도시들에서 벌어졌다. 시위
는 경찰과 군인에 의해 해산되었다. 비록 크림 타타르인들의 시위가 매우 평화롭고
조용하게 진행되었음에도 불구하고 수십 명의 사람들은 190-3조에 의해 기소되었다.
이 법은 시위 진압을 위해 1966년 9월 16일에 러시아 연방 최고회의 총회의 명령에
의해 형법에 새로운 조항들이 제정된 것이었다. 법 조항의 내용은 다음과 같다.

190-1조 : "고의로 소련 정부와 사회 조직을 훼손하는 허위 사실을 유포"-고의로 소
　　　　 련 정부와 사회 조직을 훼손하는 허위사실을 말로 조직적으로 유포하거나,
　　　　 이런 내용을 편지, 문서 또는 다른 형태로 제작 또는 유포하는 행위는 3년
　　　　 미만의 징역형, 1년 미만의 교정 또는 100루블 미만의 벌금형에 처한다.
190-2조 : "국가 문장 또는 국기에 대한 모욕"-국가 문장 또는 소련, 러시아 공화국,
　　　　 다른 소비에트 공화국의 국기를 모욕하는 행위는 2년 미만의 징역, 1년
　　　　 미만의 교정 또는 50루블 미만의 벌금형에 처한다.
190-3조 : "사회 질서를 해치는 집단행동에 대한 조직적 또는 적극적 참여"-심각하
　　　　 게 사회 질서를 해치거나 법에 대한 불복종 또는 교통 위반, 국가나 기업
　　　　 의 활동을 방해하는 집단행동에 대한 조직적 또는 적극적 참여는 3년 미
　　　　 만의 징역, 1년 미만의 교정 또는 100루블 미만의 벌금형에 처한다.[32]
이들 새로운 형법 조항들은 허가받지 않은 시위나 집회를 해산시키는데 법적 근거
를 제공하는 것이었다. 원칙적으로 이러한 법 조항들은 집회 시위의 자유를 국민에

---

32 "Указ Президиума Верховного Совета РСФСР. О внесении дополнений и изменений
　 в Уголовно-процессуальный кодекс РСФСР," *Ведомости Верховного Совета РСФСР*
　 no. 38(1966), pp.1,038-1,039.

게 보장하고 있는 소련 헌법에 위배되는 것이었다. 작가, 학자들을 비롯한 소련의 지식인들은 최고회의에 이 형법 조항의 철회를 요청하는 호소문을 발송했다. 이 호소문은 새로운 법조항이 헌법이 보장하고 있는 사회적인 자유의 보장을 저해할 요소가 있음을 주장했다. 이 호소문에는 수소 폭탄 개발의 공로를 인정받은 노동영웅에서 인권 운동가로 변모한 안드레이 사하로프 박사가 서명했다. 이외에도 유명한 작곡가 쇼스타코비치Шостакович, 과학 아카데미 회원인 아스타우로프Астауров, 엥겔가르트Энгель-гардт, 탐Тамм, 레온토비치Леонтович, 영화감독 롬Ромм, 작가 카베린Каверин, 보이노비치Войнович 등 저명한 인사들이 이 호소문에 서명했다(Подьяпольский, 2003: 313). 새롭게 제정된 이 법 조항 중 특히 190-3조 교통 방해죄는 이후 시위자들을 탄압하는데 빈번하게 활용되었다.

크림 자치공화국 설립 일인 10월 18일과 더불어 크림 타타르인들이 전략적으로 선택한 중요한 기념일은 레닌의 생일인 4월 21일이었다. 레닌의 생일이 크림 타타르 민족에게 중요한 날이 된 근거는 레닌이 1921년 크림 소비에트 자치 공화국 설립 법령에 서명했기 때문이었다. 이 날에 크림 타타르인들은 소연방 모든 도시에 존재하는 레닌 동상에 꽃다발을 바치고 동상주변에서 크림 타타르 민속춤을 추고, 민요를 불렀다. 또한 크림 타타르 민족역사에서의 레닌의 역할에 대한 감사를 표하고, 이후 소비에트 당국이 레닌의 민족 정책을 거부한 것으로 인해 크림 타타르 민족이 겪어야 했던 고통에 대한 연설을 했다.

레닌 탄생일에 벌어진 집회에 대해 당국이 탄압을 가한 대표적인 사례는 1968년 4월 21일 타슈켄트에서 멀지 않은 곳인 치르칙에서, 레닌 탄생 98주년 기념행사를 강제로 해산시킨 것이었다. 크림 타타르인들은 이날 치르칙 거주민만이 아니라 다른 마을과 여러 도시들에서 온 사람들이 가족단위로 축제 의상을 입고, 평화롭게 모였다. 이들의 주변을 경찰과 군대가 소방차와 함께 포위했다. 경찰은 군중들을 가죽으로 된 곤봉으로 구타했으며, 소방호수로 알칼리성 잿물을 뿌렸으며, 호송차에 강제로 태웠다(Алексеева, 1992: 109). 이곳에서 300명이 체포되었다. 그러나 대부분은 곧 풀려났고 12명은 '공공질서를 파괴'한 죄로 6개월에서 2년 반의 노동수용소형을 언도받았다(Conquest, 1970: 204).

합법적인 행사를 탄압한 당국의 어리석은 대응에 격분한 크림 타타르인들은 자신들이 거주하는 모든 지역의 대표자들을 항의표시를 위해 모스크바로 파송했다. 대표단은 약 800명 정도였다. 1968년 5월 15-17일에 모스크바에서 경찰은 이들 대표단을 포위하여 300명의 크림 타타르인들을 체포했고, 모스크바에서 추방했다. 그러나 추방당한 이들 중 다수가 모스크바로 다시 돌아와서 계속해서 자신들의 임무를 수행했다. 그들은 크림 타타르 문제를 알리기 위해 유명한 문화 예술계 활동가들과 구볼세비키들을 방문했으며, 자신들의 호소문을 2,300개의 주소지로 보냈다. 이때부터 민족 대표들을 체포하여 그들을 모스크바로부터 추방하는 것은 지속적으로 일어났다. 1968년까지 4,000명의 대표자들이 모스크바로 파송되었다(Altan, 1995: 3).

이듬해인 1969년 4월 21-22일 레닌 탄생 기념일에도 중앙아시아 도시들에서 또다시 레닌 동상주변에서 동일한 성격의 집회가 개최되었다. 그 규모와 참가 지역은 더욱 확대되었다. 이때 사마르칸트에서 약 천오백 명의 사람들이 모였고, 마르길란에 천 명 이상, 페르가나에 약 600명 정도가 모였으며, 베카바드에 약 200명가량이 모였다. 모인 무리들 모두를 경찰이 둘러싸고 있었고, 모든 꽃들은 크림 타타르들이 떠나자마자 전부 치워졌다(Алексеева, 1992: 109).

크림 자치공화국 설립일과 레닌 생일 이외에 시위 일로 지정된 중요한 기념일은 크림으로부터 강제이주된 5월 18일이었다. 레닌 탄생 기념일이 축제의 형태로 진행되었다면, 강제이주 기념일은 추도의 형식으로 진행되었다. 이 날에 크림 타타르인들은 강제이주 과정과 유배 초기에 희생당한 동족들을 추모하기 위해 무슬림 묘지에서 주로 모였다.[33] 이곳에 모인 많은 이들이 손에 애도의 끈을 묶고 있었다. 이 날 밤마다 대담한 사람들이 애도의 깃발을 공공건물 위 높은 곳에 세우기도 했다. 경찰 방벽으로 묘지로 가는 길을 차단하거나 〈검역〉이라는 표지를 세워 묘지를 폐쇄하는 방법 등으로 정부가 이를 방해하려 했음에도 불구하고, 1969년 5월 18일 강제이주 25주년에도 그 이전과 마찬가지로 무덤에서 대규모 집회가 벌여졌다.

당국의 탄압에도 불구하고 크림 타타르 저항운동은 우즈베키스탄만이 아니라 카자흐스탄, 타지키스탄, 키르기스스탄, 투르크메니스탄 등 크림 타타르인들이 흩어져 거주하는 모든 장소들로 확산되었다.

3) 1967년 복권법 제정과 귀환운동의 심화

크림 타타르인들의 지속적이고 전면적인 운동은 어느 정도 결실을 거두기 시작했다.

---

33 강제이주 당시 사망자는 강제이주자의 15-46%까지 평가되고 있다(Osipov, 2014: 4).

20명으로 구성된 크림 타타르 대표들은 드디어 국가의 고위 당국자들과 회담할 수 있게 되었다. 1967년 6월 21일 소련 최고회의 총회 비서이자 내무부 장관 셸로코브이와 당시 KGB 의장이었던 안드로포프와 검찰총장인 루덴코는 20명의 크림 타타르 대표를 접견했다.[34] 이때 크림 타타르인들은 빠른 시일 내에 크림 타타르 민족이 정치적으로 복권될 것이라는 약속을 받았지만, 본국 귀환문제는 약속을 받지 못했다. 안드로포프는 복권에 관한 공산당 정치국의 결정은 '전원일치'였지만 크림 반도로 크림 타타르인의 귀환을 허락하는 문제에 대해서는 소비에트 지도부의 의견의 합치를 보지 못했다고 이야기했다(Nahaylo · Svoboda저, 정옥경 역, 2002). 그러나 크림 타타르인의 복권에 관한 발표가 어떤 해명도 없이 지체되었기 때문에 크림 타타르인에 의한 대규모 시위가 8월 27일과 9월 2일 두 차례 타슈켄트에서 일어났고, 130명 이상이 체포되었다.

1967년 9월 9일에는 마침내 소련 최고회의 총회의 법령이 공포되었다. 이는 타슈켄트 언론에만 게재되었다(Fisher, 1978: 309). 법령 no. 493 〈이전에 크림에 살았던 타타르 민족에 관하여О гражданах татарской национальности, ранее проживавших в Крыму〉는 '조국을 배반한 죄'를 철회하는 선언을 했다. 이는 여러 해 동안 열정적으로 민족 전체가 가담한 저항운동의 결실이었다. 법령 no. 494는 '크림에서 살았던 타타르인이 소련 전 영토(크림 포함)에서 거주할 권리를 승인했다. 그러나 이 법령 제목에서 알 수 있는 것처럼 크림 타타르인들을 하나의 '민족'으로서 인정한 것이 아니라 이전에 크림에 살았던 사람이라고 지칭함으로써, '민족'으로서의 크림 타타르의 존재 자체를 부정하는 것이었다. 또한 이 공고는 '일자리와 통행권 제도에 관련된 실정법과의 공조 하에' 시행된다는 보조조항이 첨가되었다.

1967년 9월 크림 타타르 복권법의 공포가 지금까지의 모든 상황들을 종료시킨 것은 아니었지만, 귀환운동은 새로운 국면을 맞이하게 되었다. 크림 타타르의 크림으로의 귀환은 법적 근거를 갖게 된 것이다. 그러나 이는 당국의 의지에 반하는 것임이 곧 드러났다. 이 법령에 의거하여 고향 땅에서 노후를 보내고 싶은 연로한 부모들과 크림에 대한 부모의 꿈을 받아들인 아이들이 대거 크림으로 향했다. 법령이 공포된 1967년 9월부터 그해 12월까지 1,200가족, 약 6천 명 가량이 크림으로 떠났다. 그러나 이주를 위한 모든 형식들을 충족시킬 수 있었던 것은 이들 중 단 두 가정과 세 명

---

34 *Хроника текущих событий*, вып. 8.

의 독신자들뿐이었다(Алексеева, 1992: 106). 1967년 법령이 공표되기 이전에는 단지 크림의 도시들과 휴양지에서만 거주등록을 필요로 했다. 스텝지역의 주민들은 다른 소련의 시골마을들에서처럼 통행증을 필요로 하지 않았으며, 이곳으로의 이주를 위해 거주등록이 요구되지 않았다. 그런데 법령이 공표된 직후의 겨울동안 크림의 모든 지역에서 서둘러서 통행증을 발행했고, 지역 내 모든 주민들의 거주등록을 시행했다.

4. 인권운동으로의 확대 : 민족운동을 넘어서

1) 인권운동가들과의 연대

크림 타타르인들은 공산당 중앙위원회와 행정기구들에 청원서를 제출하면서, 한편으로는 자신들의 상황을 끊임없이 모스크바의 각계각층의 지식인들에게 호소하였다. 이로써 이들의 귀환운동은 점차 모스크바의 인권운동가들에게도 알려지게 되었다. 모스크바의 인권운동은 서구에서 익명으로 작품을 출간한 것으로 인해 1965년 가을에 체포된 두 명의 작가, 안드레이 시냡스키Андрей Синявский와 유리 다니엘Юлий Даниэль의 석방을 요구하며 1965년 12월 5일에 200여 명의 대학생 및 지식인들이 시위를 벌임으로서 발생했다(Казьмин, 1997: 10). 창작의 자유를 요구하는 도덕적 저항운동으로 태동한 소련의 인권운동은 1968년 8월 체코슬로바키아 침공을 기점으로 정부의 정책을 비판하는 정치적인 저항으로 확대되었다. 이처럼 소련 인권운동의 성격이 전환되면서, 모스크바의 인권운동가들의 관심은 민족문제에까지 확대되었다.

크림 타타르 민족운동에 처음으로 관심을 가진 인권운동가는 작가인 알렉세이 코스테린Алексей Костерин이었다. 그는 에스닉 러시아인(루스키русский)이었으며, 오래된 당원(구 볼셰비키)으로서, 진정한 공산주의자였다. 황제의 감옥에 3년, 스탈린 감옥에 17년간 수감된 바 있는 코스테린은 1916년부터 볼셰비키였다. 내전시 캅카즈에서 참전했던 그는 오랫동안 크림에 거주한 경험이 있었다. 크림 타타르인들의 상황을 잘 알고 있었던 코스테린은 크림 타타르 민족운동가들과 모스크바의 인권운동가들을 연결시켜 주었다. 1968년 3월 17일 코스테린의 72세 생일 파티에서 크림 타타르 민족 대표들은 표트르 그리고렌코Петр Григоренко를 비롯한 모스크바의 인권운동가들과 관계를 맺게 되었다. 레닌주의와 순수한 볼셰비즘으로 돌아가야 한다는 생각에서 반체제운동에 뛰어든 코스테린과 그리고렌코는 크림 타타르인 문제가 단순히 인구 약 30만의 소수민족의 운명에 국한된 것이 아니라고 생각했다. 이는 소연방에서 미해결된 민족문제와 네오-스탈린주의적 입장을 드러내는 것이라고 여겼다.

모스크바의 인권운동가들을 통해 크림 타타르 운동은 점차 국제 사회에도 알려지게 되었다.[35] 국제사회에 보낸 청원서 중 대표적인 것이 1968년 6월 30일에 발간된 사미즈다트 저널인 『시사연보*Хроника текущих событий*』 제2호에 수록되었다. 청원서 앞부분은 1944년의 강제이주의 부당함과 참혹함을 호소하는 것으로 시작된다. 그 내용은 다음과 같다.[36]

> "국제사회에 보내는 크림 타타르 인민들의 대표자들의 호소문
> 1944년 우리 인민 전체는 조국을 배신했다는 중상모략적인 비난으로 인해 크림으로부터 강제로 추방당했습니다. 모든 성인 남성들은 전선에 있었고, 노동 가능한 노인들과 청소년들은 노동군으로 참전 중이었습니다. 5월 18일 하루 동안 20만 명가량의 보호받지 못한 여성들, 아이들 그리고 장애인들이 예고도 없이 НКВД 부대에 의해 집으로부터 쫓겨나서 열차칸에 실렸습니다. 이 작전은 보로쉴로프 장군이 지휘했습니다. 약 3주 정도를 폐쇄된 열차칸에서 식량과 의복도 거의 없이 우리는 중앙아시아로 보내졌습니다. 전쟁이 끝나자 남자들이 전선으로부터 이곳 중앙아시아로 보내졌습니다. 비인간적인 강제이주로 인해 초기에 전체 인민의 절반이상이 죽음을 당했습니다. 동시에 우리의 민족자치행정부는 폐쇄되었고, 민족문화는 말살되었으며, 우리의 기념물들도 제거되었고, 우리 조상들의 묘지도 훼손되었습니다. 최근 20년간 우리는 유형민의 처지로 살았습니다. 범죄자로 여겨졌고 우리의 아이들, 심지어 유형지에서 태어난 아이들도 "배반자"라는 낙인이 찍혔습니다. 지금까지도 우리를 비방하는 글들을 소련 국민들은 읽고 있습니다."

호소문의 다음 부분은 20차 당 대회이후 유형민의 신분은 벗어났으나 크림으로 돌아가지 못해 청원운동을 시작했다는 점과 이 청원운동에 대해 당국은 탄압으로 대응했다는 내용들을 서술하고 있다.

---

35 서구 전체에서 1954-1966년 동안 크림 타타르 운동 관련 문서가 없었으며, 서구에 전해진 가장 오래된 사미즈다트 문서들이 1967년과 관련된 것이었다.

36 *Хроника текущих событий*, вып. 2.

"20차 당 대회 이후 우리민족은 유형민 체제는 벗겨졌습니다. 그러나 조국을 배신했다는 비난은 벗겨지지 않았습니다. 그리고 크림으로 돌아가는 것도 허가받지 못했습니다. 1957년부터 1967년까지 당 중앙위원회 그리고 소련 최고회의에 우리는 불공정한 상황을 종식시켜줄 것을 요구하는 수십만 통의 집단적인 그리고 개인적인 청원서를 보냈습니다. 이후 모스크바에서 당과 행정부 지도부의 미코얀, 게오르가드제, 안드로포프 그리고 쉘로코프는 우리 민족의 대표자들을 여러 차례 접견했습니다. 그들은 매번 우리에게 즉시 크림-타타르 문제를 해결할 것을 약속했습니다. 그러나 약속을 이행하는 것 대신 체포, 유형, 해고, 당에서의 축출이 이어졌습니다."

이어서 1967년 복권법이 갖는 한계를 설명하고 크림으로 귀환을 시도한 이들의 평화로운 운동에 당국이 침묵과 오히려 탄압을 자행했으며, 이러한 당국의 정책은 명백한 제노사이드라고 명명하면서, 국제사회에 호소할 수밖에 없는 당위성을 주장하고 있다.

"마침내 1967년 9월 5일에 소련 최고회의 총회에서 우리의 배반의 죄명을 벗기는 법령이 공표되었습니다. 그러나 이 법령에서 우리를 크림 타타르라고 명명하지 않고, '과거 크림에 살았던 타타르 민족인 국민들'이라고 명명했습니다. 법령은 우리를 조국(고향)으로부터 쫓아 내고 우리를 민족으로 인정하지 않고, 박멸했습니다. 우리는 법령의 의미를 즉시 알지는 못했습니다. 수천 명의 사람들이 이 법령이 발표된 이후 크림으로 떠났습니다. 그러나 또다시 그곳으로부터 강제로 추방당했습니다. 우리 민족이 공산당 중앙위원회로 보낸 호소문은 답을 얻지 못했습니다. 당국은 단지 우리를 박해하고 재판하는 것으로 답했습니다.
1959년부터 언제나 소비에트 헌법의 범위 내에서 행동했음에도 불구하고 7년형 이하의 징역에 처해진 적극적이고 용기 있는 민족 대표자들이 200명이 넘습니다. 탄압은 최근 더욱 강화되었습니다. 1968년 4월 21일 치르칙에서 레닌 탄생을 축하하려고 모인 크림 타타르를 군대와 경찰이 해산시켰습니다. 5월에 민족 대표 800명이 공산당 중앙위원회에 크림으로 민족을 귀환시켜달라는 청원서를 가지고 모스크바로 갔습니다. 동시에 타슈켄트에서는 우리 인텔리겐챠 대표 4명이 재판을 받았습니다... 우리가 현재 크림에서 살고 있는 사람들을 모두 쫓아내기 위해 그곳으로 돌아가기를 원한다는 비방이 유포되었습니다. 이것은 사실이 아닙니다. 우리는 평화로운 민족이며 항상 우리는 크림의 다민족들과 평화롭게 살았었고 그리고 앞으로도 그렇게 살 것입니다. 우리는 누구에게도 위협하지 않을 것입니다. 오히려 우리가 지속적으로 민족 말살 위협 하에 처해 있습니다.

우리의 강제이주는 제노사이드라 명명할 수 있습니다. 우리의 청원운동 투쟁 기간에 우리 민족에 의해 소비에트 정부에 보내진 청원서에는 3백만 명의 서명이 담겨 있습니다. 이는 크림 타타르 모든 성인들이 이에 10번 이상 서명했음을 의미하는 것입니다. 30만 명이 10번 이상 반복한 것입니다. 그런데 당이나 행정기관 어디서도 단 한 번도 답변을 주지 않았으며, 소비에트 신문에 단 한 번도 우리의 투쟁이 보도된 바 없습니다.

따라서 우리는 국제사회에 호소하는 바입니다. 우리는 소수 민족으로서, 소비에트 연방의 모든 민족들에게 호소합니다. 우리는 무엇보다 민족적 불평등과 박해를 겪고 있는 세계의 모든 민족들에게 호소합니다. 우리는 모든 사람들이 자발적으로 우리를 도와줄 것이라는 희망 속에서 호소합니다.

우리를 도와주세요. 우리가 우리 아버지들의 땅으로 돌아갈 수 있도록!"[37]

'크림-타타르 민족의 대표, 모든 합법적인 방법으로 조국으로 귀환하려는 투쟁을 벌이는 민족의 이름으로' 국제 사회에 보내진 이 편지는 타슈켄트, 사마르칸트, 페르가나, 치르칙, 마르겔란, 소베타바드, 안디잔, 안그렌, 베고바트, 레닌나바드 등의 우즈베키스탄, 키르기스스탄 레닌스크와 노보라시스크의 도시와 마을들로부터의 의사, 교사, 엔지니어, 모든 분야의 노동자, 연금생활자, 대학생, 공무원, 주부 등 118명의 이름으로 작성되었다.[38]

2) 인권운동에 미친 영향

이처럼 크림 타타르인들은 인권운동가들을 통해 국제사회에 자신들의 처지를 호소할 수 있게 되었다. 모스크바의 인권운동가들은 크림 타타르인들이 고향으로 귀환하는 것이 전적으로 허용되지 않는 상황을 거주 이전의 자유를 제약하는 것으로서 가장 훼손된 시민권의 사례로 여겨 인권운동 범주에서 매우 비중 있게 다루었다.

그런데 크림 타타르 민족운동과 모스크바의 인권운동과의 연결을 다룬 많지 않은

---

37 *Хроника текущих событий*, вып. 2.

38 Ibid.

대부분의 글들에서 크림 타타르 민족운동가들이 모스크바 인권운동가들의 일방적인 지지와 후원을 받아 운동의 범주가 확대된 것으로 평가하고 있다. 그러나 인권운동을 자세히 분석해 볼 때, 모스크바의 인권운동가들을 통해 크림 타타르의 활동이 국제사회에 알려지게 된 점은 있지만, 오히려 크림 타타르 민족운동이 모스크바의 인권운동에 막대한 영향을 미쳤음을 알 수 있다. 모스크바의 인권운동이 1965년 말에 막 태동한 것에 반해, 이보다 약 10년 전에 시작한 크림 타타르 민족운동은 그동안 다양한 경험을 쌓아왔다. 준법 투쟁의 범위 내에서의 청원운동과 집회와 시위, 운동의 조직화 등의 전술들을 발달시켰다. 이후 모스크바 인권운동가들은 이들의 경험을 그대로 수용하여 준법 투쟁의 범주 내에서 청원운동과 비폭력적인 시위를 벌였다.

또한 저널 발간에 있어서도, 모스크바 인권운동가들이 발행한 가장 대표적인 사미즈다트 저널인 『시사연보』는 창간호인 1968년 4월호부터 지속적으로 크림 타타르들의 귀환 투쟁을 게재했다. 그런데 『시사연보』 역시 크림 타타르 민족운동가들이 1965-1985년까지 발간한 사미즈다트 저널인 『인포메이션: 크림 타타르 회보ИНФОР-МАЦИЯ: бюллетень крымских татар』의 영향을 받은 것이었다.

크림 타타르 귀환운동이 소련의 인권운동에 영향을 준 가장 큰 영역은 조직 결성과 관련된 것이었다. 소련의 인권운동은 1968년 8월 소련 군대가 프라하를 침공하여 '프라하의 봄'을 종식시킨 것을 계기로 운동의 성격이 변모되었다. 이전의 도덕적 저항에서 정치적인 반대로 운동의 성격이 확대되었다. 이제 정부의 정책에 대한 반대 시위를 벌임으로서, 정부의 탄압은 강화되었다. 정부의 탄압이 심해지자, 운동의 핵심적인 활동가들은 체포되기 시작했고, 운동의 저변에 있던 대중들은 떠나가고 소수만이 남게 되었다.

이러한 상황 하에서 일시적인 자극에 의한 일시적 반응으로 이루어지는 청원운동과 시위를 넘어 조직을 결성하자는 논의가 운동가들 내부에서 시작되었다. 그러나 소련 정부가 개인적인 저항에 비해 조직적인 저항에 대해 보다 혹독한 탄압을 자행한다는 점을 잘 알고 있는 인권운동가들은 조직 결성에 대한 두려움을 가지고 있었다. 이러한 심리적 장벽을 쉽게 넘지 못하고 여러 차례 조직 결성 여부에 대한 토의를 거치고 있는 상황에서 가장 주도적으로 조직 결성을 주장했던 인물은 그리고렌코였다. 이러한 움직임에 대해 당국도 잘 알고 있었다. 1969년 4월에 KGBКГБ장인 안드로포프는 공산당 중앙위원회에 반사회적인 행동의 선동자인 빅토르 크라신Виктор Красин과 그리고렌코가 인텔리겐챠들에게 인권보호를 위한 단체의 필요성을 설득하고 유포하고 있는데, 이는 사회를 혼란에 빠뜨릴 위험이 크다고 보고했다.[39]

이러한 상황 하에서 1969년 5월에 타슈켄트에서 크림 타타르 〈주도그룹〉의 지도적인 인물들을 비롯한 적극적인 활동가들에 대한 재판이 열렸다. 3천 명의 크림 타타르인들이 그리고렌코에게 이 재판에 참관하여 자신들을 지지해 줄 것을 호소했다. 그리고렌코는 대조국전쟁 참전 용사로서, 전투에서 상해를 입어 2등급 장애인이 되었다.[40] 그는 레닌 훈장을 받았으며, 붉은 깃발 상을 두 차례, 붉은 별 훈장, 조국전쟁 훈장을 받았으며 6개의 메달을 받은 전쟁 영웅이었다. 전후 그리고렌코는 17년 동안 푸룬제 군사 아카데미에서 교수로 재직했다. 그는 1948년에 군사학으로 박사학위를 취득했으며, 1959년에는 준장이 되었다.

그런데 1961년에 그리고렌코는 당 대회에서 레닌주의 원칙을 확립하는 것에 대해 연설하며, 흐루쇼프의 개인숭배의 조짐에 대해 비판했다(Григоренко, 1997: 453-459). 이로 인해 당의 징계를 받아, 해고되었으며 반 년 후 일반병사로 강등되어 우수리스크로 보내졌다. 그는 우수리스크에서도 정부에 대한 공개적인 비판을 중단하지 않았다. 결국 그는 1964년 2월 1일 KGB에 의해 체포되었다. 그리고렌코가 법정에서 발언할 기회를 갖는 것을 원치 않았던 당국은 그를 금치산자로 공표하여 레닌그라드에 있는 정신병동에 감금시켰다. 그리고렌코는 정신병동에서 15개월 이후 석방되었다.

또다시 병원에 감금될 것이라는 협박에도 불구하고 그리고렌코 장군은 당국의 전횡에 항의하는 투쟁을 멈추지 않았다.[41] 그는 특히 민족 정책과 관련된 폭압적인 정

---

39 РГАНИ, ф. 5, оп. 30, д. 462, л. 58-60.

40 그리고렌코는 1907년에 태어났다. 아버지는 콜호즈 건설자 중 하나였고, 그는 마을에서 최초의 콤소몰 대원이었다. 15세부터 그는 도네츠크에서 선반공으로 일했다. 그곳에서 노동자 전문학교(рабфакультет)를 졸업했다. 1929년에 그리고렌코는 하리코프 종합기술대학을 입학했고 3학년 때 쿠이브세프 군사-기술 아카데미로 편입했다. 아카데미 졸업 후 4년 동안 군사부분에서 일했고 이후에는 보로쉴로프 군 장교 아카데미에서 공부했다. *Хроника текущих событий*. Вып. 8.

41 그는 하우스토프와 부콥스키 긴즈부르그 갈란스코프 4명이 시위 중 체포되어 재판을 받는 것에 항의하는 운동에 참여했으며, 1968년 8월 25일 붉은 광장에서 프라하 침공에 반대하는 시위 참가자들이 재판받는 것에 대한 항의 운동에도 참여했다. 그는 인권운동가들인 아나톨리 마르첸코와 이리나 벨로고로드스카야의 체포에 항의했고 이후 그녀를 위한 재판 기록을 작성했다. 이반 야히모비치와 함께 그는 체코슬로바키아 점령을 극렬하게 비판하기도

책에 반대했다. 점점 더 그의 삶에서 크림 타타르인들의 운명이 차지하는 비중이 커졌다. 그는 여러 차례 크림 타타르 인민들의 권리 보호를 위해 나섰다. 1969년 5월 7일에도 사전 경고에도 불구하고 재판받는 크림 타타르 활동가들을 지원하기 위해 타슈켄트에 갔다. 그는 타슈켄트에 도착 즉시 체포되었다(Григоренко, 1997: 336).

그리고렌코는 러시아 연방 형법 190-1조와 동조항인 우즈베키스탄 공화국의 형법 191-4조에 의해 기소되었다. 이 사건은 사회적인 분노를 유발시켰다. 타슈켄트 감옥 입구에서 그리고렌코의 석방을 요구하는 크림 타타르인들이 피켓을 들고 시위를 했다. 모스크바에서도 6월 6일에 그리고렌코의 석방을 요구하는 시위가 있었으며, 그의 석방을 요구하는 청원서가 하루만에 55개가 모였다(Алтунян, 2000: 49-50).[42]

크림 타타르 민족운동에 적극적인 지지를 보낸 그리고렌코의 체포는 소련 인권운동사에 중요한 전환점이 되었다. 그리고렌코가 체포된 후 1969년 5월 20일에 그를 옹호하려는 목적으로 소비에트 역사상 최초의 인권운동 단체인 〈소련 인권보호 주도그룹〉이 결성되었다. 그리고렌코는 체포직전까지 정부 정책에 대해 즉흥적으로 대응하는 청원운동이나 시위로는 한계가 있으므로, 지속적이고 조직적인 투쟁을 위해 단체를 결성할 것을 계속해서 주장했다. 그러나 조직 결성을 할 경우 정부의 탄압의 수위가 훨씬 강경해 질 것을 두려워한 다른 운동가들 특히 크라신과 표트르 야키르Петр Якир는 초기에는 그의 주장을 배척했다.

그런데 이제 그리고렌코가 체포되자 반대 입장의 선봉에 섰던 크라신과 야키르의 적극적인 주도로 조직 결성을 원했던 그리고렌코의 주장이 실현되어 소련 역사상 첫 공개적인 인권운동 단체인 〈소련 인권보호 주도그룹〉이 결성되었다. 이처럼 인권운동 단체의 결성 역시 크림 타타르 귀환운동이 결정적인 계기가 되었다.[43] 그런데 이

했다. *Хроника текущих событий*. Вып. 8.

42 *Хроника текущих событий*. Вып. 8.

43 1969년 5월 20일에 결성된 〈소련 내 인권보호 주도그룹〉은 자신들의 활동 목적이 사회 전복에 있는 것이 아니라, 소련에서의 인권보호에 있다고 명백히 밝혔다. 국가나 사회에서 전혀 인정되지 않은 법이 아닌 헌법에 규정되고, 〈전세계 인권 선언〉에 기록된 인권의 보호를 주장하는 것이었다. 따라서 이 단체의 투쟁 방법은 폭력이나 테러가 아니라, 평화적인 것이었으며, 불법에 대한 공개적인 저항이었다. 그들의 목표는 인권 위반 사실의 조사, 소련 유형자들과 특별 정신병원에 감금된 사람들의 석방 요구로 모아졌다. "Что такое Инициативная группа?" Посев, 1970, no. 11. С. 9// Мемориал. Ф. 101. Инициативная груп-

단체의 이름도 크림 타타르들이 타슈켄트에서 결성했던 〈주도그룹〉을 그대로 가져왔으며, 특정 지도자를 세우지 않는 것과 비폭력, 공개적인 활동 원칙 등을 비롯한 단체의 운영방식과 방향성 역시 동일했다. 즉, 단체 결성 원인뿐만 아니라 단체의 운영 내용에 있어서도 모스크바의 인권운동은 크림 타타르 민족운동의 영향을 크게 받았다.

〈소련 인권보호 주도그룹〉에 참여한 인적 구성에도 크림 타타르 운동가가 포함되어 있었다. 이 단체의 구성원은 모두 15명이었는데, 대부분(11명)은 모스크바 출신이었고, 4명은 다른 지역 출신이었다. 그 중 한 사람이 크림 타타르 운동을 주도하고 있었던 무스타파 제밀례프Мустафа Джемилев였다. 제밀례프는 당시 26세로 구성원들 중 최연소자였다.[44]

제밀례프는 1948년 강제이주 당시 생후 7개월이었기에 크림에서 거주한 기억도 없었지만, 자신의 민족의 고향으로의 귀환운동에 적극적으로 참가했다. 먼저 그는 크림 타타르 역사에 대한 관심을 가졌고, 그 관심은 역사 저술로 이어졌다. 그의 저술은 사미즈다트를 통해 유포되었다. 1962년에는 크림 타타르 젊은이들의 네트워크를 형성하는 일에 관심을 가졌으며, 이로 인해 직장에서 해고당했다.

제밀례프는 1969년 9월 11일 타슈켄트에서 체포되었다. 이는 제밀례프의 두 번째 체포였다. 이때 제밀례프는 1969년 5월 19일에 모스크바에서 체포된 일리야 가바이Илия Габай와 함께 1970년 1월 우즈베키스탄공화국의 수도 타슈켄트에서 재판을 받았다.[45] 제밀례프와 가바이의 재판은 미국에 거주하고 있는 크림 타타르 디아스포라 사회를 비롯한 해외에서도 커다란 반향을 불러일으켰다. 크림 타타르인의 강제이주의 공식적인 원인이 독소전쟁 기간 나치에 부역한 것으로 인한 것임을 알고 있었던 서구의 소비에트 전문가들은 제밀례프와 가바이가 동일한 죄목으로 재판을 받는 것으로 인해 충격을 받았다(Fisher, 1978: 150). 크림 타타르인인 제밀례프가 크림 타타르 민족의 귀환투쟁을 주도한 것은 누구나 이해할 수 있는 일이었다. 그런데 동일한

파.

44 Мемориал. Ф. 102. Оп.1, дело 49, С. 1.

45 Гульнара Бекирова, СУДЕБНЫЙ ПРОЦЕСС ИЛЬИ ГАБАЯ И МУСТАФЫ ДЖЕМИ-ЛЕВА В ЯНВАРЕ 1970 ГОДА. 《Тарих левхалары》 (Телеканал АТР‒Радио 《Мейдан》) 18.01.2010 г.http://kirimtatar.com/index.php?option=com_content&task=blogcatego-ry&id=23&Itemid=381 (검색일: 2015.12.23)

행위로 함께 체포되어 거주지인 모스크바에서 멀리 떨어진 타슈켄트까지 이송되어 재판을 받은 일리야 가바이는 시인이자 인권운동가였으나, 무엇보다 유대인이었다. 나치에 부역한 죄로 강제이주 당한 크림 타타르인들을 위해, 나치 홀로코스트의 최대 피해 민족의 한 사람인 유대인이 무슬림인 크림 타타르인들의 권리를 위한 투쟁의 대열에 앞장 선 것은 언뜻 이해가 가지 않는 상황처럼 보였다.[46] 많은 이들로 하여금 왜 유대인이, 크림 타타르인의 민족운동에 앞장섰을까 하는 의문을 품게 하였다.

유대인으로서, 교사이자 시인이었던 가바이는 인권운동의 적극적인 참가자로서 1965년 12월 5일과 1967년 1월 22일에 푸쉬킨 광장에서 거행되었던 시위에 참가한 것을 비롯하여 몇몇 공개적인 저항에 참가했다. 그가 최초로 체포된 것은 1967년 1월 푸쉬킨 광장에서의 시위에 참가한 것으로 인한 것이었으며, 레포르토프 감옥에 수감되었다가 4개월 후 석방되었다. 유리 갈란스코프Юрий Галансков를 비롯한 4인의 재판 이후 율리 김Юлий Ким[47]과 야키르와 함께 "학문, 문화 그리고 예술 활동가들에게"라는 호소문을 쓴 이후 가바이는 직장에서 해고되었다.[48]

유대인들이 이스라엘로 출국하려는 것을 금지하는 소비에트 정부의 정책과 크림 타타르인의 크림으로의 귀환을 금지하는 정책을 가바이는 거주이전의 자유를 허용하지 않는 인권 침해라는 점에서 동일한 상황으로 파악했다. 이러한 인식 하에 유대인인 가바이는 크림 타타르 귀환운동을 적극적으로 지지했다. 이로 인해 그는 체포되어 타슈켄트로 보내졌으며, 그곳에서 제밀례프와 함께 재판을 받게 된 것이다. 1970년 1월 12-19일 타슈켄트 도시 법정에서 제밀례프와 가바이는 강제노동수용소 3년형을 언도받았다.

이 재판과 더불어 1975년 제밀례프의 285일 단식 투쟁은 국제사회에서도 광범위한 관심을 불러일으켰고, 크림 타타르 투쟁에 대한 국제적인 지지를 끌어내었다. 소련 내에서는 사하로프 박사와 그의 아내 엘레나 보네르Элена Боннэр가 1976년 옴스

---

46 *Ibid.*

47 율리 김은 저명한 저항시인이자 작곡가이며 가수였다. 표트르 야키르의 사위였으며, 그의 아버지는 재러 한인으로서 한국어 통역가인 김철산이었는데 1938년에 총살당했다.

48 Гульнара Бекирова, "СУДЕБНЫЙ ПРОЦЕСС ИЛЬИ ГАБАЯ И МУСТАФЫ ДЖЕ-МИЛЕВА В ЯНВАРЕ 1970 ГОДА,"《Тарих левхалары》(Телеканал АТР-Радио《М ейдан》) 18.01.2010г.

크에서 있었던 그의 재판에 참석하여 지지를 표명하기도 했다.[49] 크림 타타르인들은 제밀례프를 넬슨 만델라와 비견할 만한 민족 지도자로 여기고 있다. 제밀례프는 이후 크림으로 귀환할 때까지 총 6차례 수감되었다.[50] 그는 6번째 체포되어 재판을 받는 도중 1984년 2월 15일에 진행된 최후진술에서 단지 소비에트 당국의 민족정책에 대한 비판만이 아니라 나라 안에서 행해지는 다양한 인권침해에 대해 비판했다. 그가 재판정에서 피고석에서 비판한 것은 정신병동을 인권운동의 탄압의 도구로 사용하는 것과 1968년 체코슬로바키아와 1979년 아프가니스탄에 소련 군대를 보낸 국제 정책에 대한 비판, 고리키 시로 유배된 사하로프 부부를 단식 투쟁에 이르게 한 상황에 대한 비판 등 소련의 전반적인 인권상황에 대해 것이었다.[51]

이처럼 제밀례프는 이후에도 크림 타타르 귀환운동을 지속적으로 펼쳤으나, 가바이는 1973년 10월 20일에 자살했다. 그 이유는 1972년 여름에 〈소련 인권보호 주도그룹〉의 창시자로서 가장 활발하게 이 단체의 활동에 참여하였던 크라신과 야키르가 체포된 후 행한 배신행위로 인한 것이었다. 1973년 8월 모스크바에서 열린 재판에서 야키르와 크라신은 〈소련 인권보호 주도그룹〉을 조직한 것을 비롯한 자신들의 활동들이 소비에트 체제를 흔들고 위협하는 사상에서 비롯된 것임을 인정했다. 『시사연보』 또한 체제에 대한 중상비방적인 성격을 지니고 있음을 인정했다. 아울러 인권운동가들이 중요한 문제로 다루고 있었던 정신 병리학적인 문제에 대해서도 인권운동가들이 체제를 비방하기 위하여 이를 정치적인 목적으로 이용하고 있다고 시인했다.[52]

크라신과 야키르는 1973년 9월 1일 열린 재판에서 각각 3년의 수용소형과 3년형의 유형을 선고받았다. 이처럼 정부에 협조한 대가로 1974년 9월 16일에 두 사람은

----

49 사하로프 부부는 제밀례프에 대한 지지를 표명하기 위해 옴스크 법정으로 갔으나 법정 입장은 거부되어 많은 크림 타타르인들과 함께 법정 밖에서 그에 대한 지지를 표현했다(Caxa-ров, 고직만·김희매 역, 1992: 721-725)

50 1943년에 크림에서 출생한 무스타파 제밀례프는 1966년에 1년 6개월 형, 1970년에 3년형, 1974년에 1년형, 1976년에 2년 6개월형, 1979년에 4년의 유형을 언도받았으며, 1983년에 6번째 체포되어 3년형을 언도받았다. *Шестой процесс Мустафы Джемилева. Материалы и запись судебного процесса. 1983-1984 гг. Ташкент, С. 485-487.*

51 Там же., С. 440-450.

52 *Огонёк*, no. 23 (1990), С. 14.

사면되어 석방되었다. 이후 1975년 2월 크라신은 미국으로 이민을 갔고, 1983년 미국에서 출간한 자신의 저서 『법정Суд』에서 '배신을 지불하고 자유를 샀다'며 자신의 행위에 대해 참회의 기록을 남겼다.[53]

이 사건으로 인한 파장은 매우 심각했다. 야키르와 크라신은 심문과정에서 『시사연보』 발행에 참여한 200명이 넘는 사람들의 명단을 넘겼다. 그로 인해 많은 사람들이 체포되었다. 인권운동의 지도자였던 야키르와 크라신의 이러한 배반행위는 운동가들에게 심리적인 충격을 가져왔다. 그 대표적인 사례가 재판 직후 가바이가 자신의 아파트 11층 발코니에서 투신 자살한 것이었다. 그는 유서에 '나에게 더 이상 힘과 희망이 남아있지 않다'라고 적었다. 가바이는 그의 고향인 바쿠에 묻혔다.[54] 〈소련 인권보호 주도그룹〉의 활동도 치명적인 타격을 받아 사실상 중단되었으며, 인권운동은 더욱 침체되었다. 이처럼 인권운동 전반은 위기에 빠지게 되고 크림 타타르 민족 운동 역시 예외는 아니었다. 청원운동 참가자도 점차 감소되고 있었다.

이러한 침체의 위기를 전환시킨 사건은 1975년 8월 1일에 소련 정부가 유럽안보협력회의Conference on Security and Cooperation in Euroup(이하 CSCE로 표기)의 〈최종의정서〉를 체결한 것이었다. 핀란드의 수도 헬싱키에서 유럽의 대부분의 국가들과, 미국 캐나다를 비롯한 35개국이 〈최종의정서〉에 조인했다.[55] 협정 체결 다음날인 1975년 8월 2일 정부기관지인 〈이즈베스치야Известия〉지 2면에서 8면에 CSCE 〈최종의정서〉 전문이 게재되었다.[56] 이로써 소련 국민들은 인권조항이 포함된 헬싱키 협정 〈최종의정서〉의 원문을 접하게 되었다.[57]

53　러시아에서는 1990년 〈Огонёк〉 23호에 처음으로 게재되었다.

54　2005년 10월 20일 예루살렘에서 인권운동가 일리야 가바이 추모의 밤 행사가 열렸다. 그의 탄생 70주년을 맞이하여 명예로운 손님으로 초청받은 무스타파 제밀레프가 참석했다.

55　"Заключительный Акт," *Известия*, 2 августа 1975, С.1.

56　"Хельсинкские соглашения подписали 35 стран," *Известия*, 2 августа 1975, С.2-8.

57　최종의정서의 첫 번째 범주는 '바스켓 I'이라고 통상적으로 불려지는데, 안보 및 군축에 관한 사항들로 구성되어 있다. 두 번째 범주에 해당하는 '바스켓 II'는 경제, 과학기술, 환경분야의 협력을 다루고 있다. 세 번째 범주인 '바스켓 III'는 인도적 차원 및 기타분야 협력을 다룬 것이다. 최종의정서 전문은 국가인권위원회에서 2006년에 발간된 『유럽안보협력회의 최종의정서(헬싱키협정)』에 번역 수록되어 있다. 서방측에서는 '바스켓 III'가 다방면의 교류를 통해 동구권을 개방사회로 변화시킬 수 있다고 기대했다. 한편 소련을 비롯한 동구권 국

이러한 헬싱키 협정의 내용이 소련 사회에 공개되었을 때, 저명한 인권운동가인 세르게이 코발료프Сергей Ковалев가 회상한 것처럼, 소련 지식인들은 신문에서 최종의 정서의 인권 관련 조항을 읽으면서 엄청난 충격을 받았다. 소련 국민들은 자신의 정부가 이러한 영역에서 국제적인 의무가 있다는 사실을 처음으로 알게 되었다(Ковалев, 1998: 7). 이에 자극을 받은 소련의 저항적 지식인들은 침체에서 벗어나 적극적인 움직임을 보이기 시작했다. 모스크바에서 활동해온 인권운동가 유리 오를로프Юрий Орлов, 안드레이 아말릭Андрей Амальрик, 발렌틴 투르친Валентий Турчин, 아나톨리 샤란스키Анатолий Щаранский 등은 헬싱키 협정의 인권 조항을 소련 정부가 제대로 수행하는 지 감시하기 위해 〈모스크바 헬싱키 그룹〉이라는 단체를 결성했다. [58]

그런데 1976년 5월 18일에 활동을 개시한 〈모스크바 헬싱키 그룹〉의 첫 번째 문서의 내용도 크림 타타르 운동에 대한 탄압 즉, 제밀례프의 불법적인 체포에 관한 내용이었다. 〈모스크바 헬싱키 그룹〉은 제밀례프의 체포가 CSCE 〈최종의정서〉의 "사상과 양심, 종교와 신념의 자유를 포함한 기본 인권을 존중한다"는 제7원칙 제1항과, "민족들이 자신의 운명을 결정할 권리를 전적으로 자유로운 조건에서 가진다"라는 제8원칙을 위반한 것이라는 주장을 담은 문서를 배포했다.[59] 이러한 첫 번째 문서 발표에 관한 기자회견을 사하로프 박사의 아파트에서 열었다. 이 기자회견에는 외국인 특파원들도 참가했다.[60]

CSCE 〈최종의정서〉 내용을 기준으로 〈모스크바 헬싱키 그룹〉의 활동한 문건들은 크게 10가지 범주로 분류될 수 있다. 그 중 첫째, '민족들의 평등과 자신의 운명을 스스로 결정할 권리에 관하여'는 다민족 국가인 소련에서는 가장 중요한 권리 중 하나

가들은 인권조항을 포함시키는 것에 반대하였으나, 내정불간섭의 원칙하에 경제·기술 협력의 필요성 때문에 이를 불가피하게 수용하게 되었다(서보혁, 2007: 110-113).

[58] 이 단체에는 안드레이 사하로프 박사의 아내인 엘레나 본네르, 알렉산드르 긴즈부르그(Александр Гинзбург), 표트르 그리고렌코, 류드밀라 알렉세예바, 미하일 베른쉬탐(Михайл Бернштам), 알렉산드르 코르착(Александр Корчак), 말바 란다(Мальва Ланда), 비탈리 루빈(Виталий Рубин), 아나톨리 샤란스키, 아나톨리 마르첸코(Анатолий Марченко) 등 총 11명의 인권운동가들이 참가했다. 노동자 출신의 인권운동가인 마르첸코는 시베리아 유형 중에 조직 결성에 대해 알게 되어 가입했다(Орлов, 1994: 188).

[59] *Хроник текущих событий.* Вып. 40.

[60] Дело Орлова. Сост. Л. Алексеева (Нью-Йорк: Хроника, 1980), С. 20.

였다.[61] 둘째, '거주지 선택의 자유'는 특히 크림 타타르인의 귀환 투쟁의 중요한 근거를 제공했다.[62] 셋째, '출국과 입국의 자유'는 이때까지 소련 국민들에게 허용되지 않았던 권리로서, 특히 유대인과 독일인들의 출국을 위한 운동에 영향을 주었다.[63] 이외에도 종교의 자유(침례교도들, 가톨릭, 정교도들에 대한 박해), 인권운동 단체들에 대한 탄압, 정치범에 관한 것, 소통의 권리, 공정한 재판을 받을 권리, 사회 경제적인 권리, 인권 결의 조항 의무내용 감독 강화에 대한 내용들이 수록되어 있었다. 이처럼 〈모스크바 헬싱키 그룹〉의 활동에 있어서도 크림 타타르인들의 귀환운동은 중요한 문제로 다루어졌다. 이는 크림 타타르인들의 귀환운동이 민족운동의 범주에 국한되는 것이 아니라 거주 이전의 자유와 권리를 획득하는 보편적인 인권운동의 중요한 부분을 차지한다는 것을 잘 드러내는 것이다.

IV. 크림 귀환 이후의 투쟁과 성과

1. 크림 귀환자들의 거주 투쟁

크림 타타르인들은 크림으로의 귀환을 위해 청원운동, 시위와 집회, 인권운동가들과의 연대를 통한 국제사회의 호소 등의 방법들에 만족하지 않고 직접적인 행동에 나서는 사람들이 늘어났다. 크림으로 이주를 시도한 타타르인들은 집을 구매하는 데에도 어려움을 겪었고, 집을 구매한 다음, 구매한 집의 등기를 하는 것도 어려움을 겪었다.

---

61 Документ No 1, 10, 18, 19, 24, 43, 82, 112, 142, 170, 184// *Документы Московской Хельсинкской группы 1976-1982: к 25-летию Московской Хельсинкской группы / Московская группа содействия выполнению Хельсинкских соглашений*; Сост. подгот. текста комментарии: Кузовкин Г. В. и др. (Москва: Зацепа), 2001.

62 Документ No 10, 24, 43

63 Документ No 4, 9, 12, 13, 20, 22, 49, 63, 71, 122, 149, 156, 171, 172, 173, 179, 180, 187, 189

거주등록의 선조건이 거주지가 확정되어 있어야 했기 때문에, 구매한 집의 등기를 하지 못해 거주등록을 받지 못하는 경우들도 발생했다. 거주등록을 받지 못한 경우 아이들은 학교 입학을 할 수 없었고, 새로 태어난 아기의 출생등록이 거부되기도 했다. 거주등록을 받지 못한 크림 타타르인들은 추방되기도 했다.

1968년 봄에는 이주 조건이 더욱 까다로워져서, 크림으로의 이주를 위해서 크림에 있는 직장에서 채용 계약서를 받는 경우에 한해서 이주가 가능하다고 공표되었다. 1968년 한 해 동안 단지 148가구만 이주가 허용되었고, 1969년에는 33가구, 1970년에는 16가구만 허가를 받았다. 이주 허가를 받기 위해서는 크림 타타르 민족운동에 참여하지 않겠다는, 즉 청원서에 서명하지 않고, 집회에 참석하지 않으며, 모스크바에 민족 대표를 파견하는 경비를 내지 않겠다는 서약이 필요했다. 이러한 서약을 한 사람들이 KGB의 추천 하에 선택되어졌다. 1968년에 허가를 받지 않고 크림으로 스스로 이주해 온 사람은 만 이천 명 가량이었으며, 그들 중 단지 18가정과 13명의 독신자들만이 현지에서 거주등록에 성공할 수 있었다(Алексеева, 1992: 107).

1967년 크림으로의 이주가 허가된 법령이 공표된 이래로 1979년까지 크림에서 합법적인 거주등록을 할 수 있었던 사람은 약 만 오천 명 정도였다(Алексеева, 1992: 111). 그러나 고향땅으로 이주한 만 오천 명의 크림 타타르인들도 여러 민족들 사이에 흩어짐으로써, 자신들의 민족 공동체와 민족 문화로부터 분리되었다. 왜냐하면 모든 가정들은 어렵게 거주등록을 받을 수 있었는데, 당국은 이들을 밀집되게 거주등록을 해주지 않았기 때문이었다.

이처럼 크림에서 합법적인 이주권을 얻을 수 있는 사람들은 소수에 불과했으며, 많은 경우는 크림으로부터 추방당했다. 그 예로는 1968년 7월 12일 국영농장 〈볼셰비크Большевик〉에서 타슈켄트로 12가구가 추방당한 것이다. 이들을 추방한 크림 주 경찰 중령인 코샤코프Косяков는 크림 타타르인들에게 "너희들의 조국은 터키이니 그곳으로 가라!"고 위협하기도 했다. 이때 추방당한 페브지 세이달리예브Февзь Сейдалли-ев 가족은 타슈켄트에서 모스크바로 당 중앙위원회와 최고회의에 청원서를 제출하기 위해 갔다. 세이달리예프는 모스크바에서 KGB 요원에 의해 체포되었으며, 나머지 가족은 중앙아시아로 보내졌다. 이후 드네프로페트롭스크 감옥으로부터 세이다리예브가 사망했다는 소식이 가족들에게 전해졌다. 그의 사인은 알려지지 않았다.[64]

---

64 *Хроник текущих событий*. Вып. 31

1970년대 후반에도 상황은 개선되지 않았지만, 해마다 크림 타타르인들은 귀환에 성공하리라는 희망을 품고 크림으로 이주를 시도했다. 1976년 한 해 동안 통행증 체제 위반으로 기소된 사람이 46명이었으며, 1976년 9월부터 꼬박 1년 동안 이주가 중단되기도 했다. 1977년 9월 이주가 재개되었다. 1978년 봄까지 그들이 구매한 집에서 거주등록을 하지 못한 약 700가구가 크림에 거주했다. 이러한 힘겨운 상황들은 비극적인 사건으로 이어지기도 했다.

1978년 6월 23일 46세의 선반공인 무사 마무트Муса Мамут가 분신자살을 했다. 마무트와 그의 가족들(아내와 세 명의 자녀)은 1975년 4월에 크림에 도착했다. 그들은 베쉬 테렉 마을에 집을 구매했으나, 집 구매를 법적으로 승인받을 수 없었으며, 거주등록증을 받을 수도 없었다. 1976년 5월에 무사 마무트는 〈통행증 제도 위반〉 죄로 2년형의 수용소형을 언도받았다. 1977년 6월 18일 마무트는 모범수로 형기 만료 전에 석방되어 집으로 돌아 왔다. 그러나 그 이후에도 거주등록을 받지 못해 직업을 가질 수 없었으며, 가족들은 아사 직전의 상태에 놓였다. 그런데 1978년 6월에 그는 또다시 소환 당했으며, 〈통행증 제도 위반〉으로 또다시 체포될 것이라고 위협을 받았다. 6월 22일에 지역 경찰관인 사프르킨Сапрыкин이 그를 체포하기 위해 왔을 때, 그는 준비해 둔 휘발유 통을 자신에게 부었다. 그의 이웃인 라지반 차루호프Ридван Чарухов가 그를 심페로폴 시 병원으로 옮겼다(Altan, 1995: 3). 병원으로 옮겨진지 6일 뒤인 6월 28일에 무사 마무트는 사망했다(Uehling, 2000: 378). 그의 장례식은 6월 30일에 거행되었다. 이날 돈스크로 가는 길과 버스 정류장은 봉쇄되었고, 차들이 마을로 들어오는 것도 금지되었다. 심지어 이날 외부로의 전화 연결조차 되지 않았다. 많은 크림 타타르인들에게 장례식 전날에 장례식 참가는 사회질서 위반으로 기소될 것이라고 예고되었다. 이러한 모든 방법에도 불구하고 그의 장례식에 1,000명이 넘는 사람들이 모였다. 장례 행렬은 다음과 같은 구호와 함께 이어졌다: "자신의 생명을 조국-크림에 바친 아버지이자 남편", "소중한 무사 마무트-크림 타타르 민족 불평등의 희생자", "성난 루스키 형제들에 의해 희생된 무사. 잠들라! 정의는 승리한다."

그의 분신자살에 대해 안드레이 사하로프А.Д. Сахаров 박사는 브레즈네프와 셸로코프에게 7월 4일 "그의 구체적인 상황과 무관하게, 무사 마무트의 분신은 크림 타타르의 민족적 비극에 진정한 원인이 있습니다... 무사 마무트의 비극적인 죽음은 반드시 정의를 회복시킬 것이며, 크림 타타르 민족의 침해당한 권리를 회복시킬 것입니다..."

라는 서신을 보냈다.

무사 마무트의 분신자살에 이어 또 다른 유사한 사건이 이어졌다. 1978년 11월 19일에 1937년생인 이제트 메메둘라예프Иззет Мемедуллаев가 목을 매어 자살했다. 그는 크림에 아내와 세 딸과 함께 1977년 9월에 도착했다. 이제트 메메둘라예프는 무사 마무트와 마찬가지로 구매한 집에 거주등록을 할 수 없었다. 지역당국은 그에게 집을 판매한 이전 주인을 여러 차례 불러서 돈을 돌려줄 것을 요구했다. 그가 거주하는 지역의 KGB 요원 페오도시 로지오노프Феодосии Родионов는 만약 그가 정보원이 되는 것에 동의한다면, 거주 등록을 해주겠다고 약속했다. 체포의 위협 속에 살고 있던 메메둘라예프는 그에게 정보원이 되는 것에 동의한다는 동의서를 주었다. 며칠이 지난 후 그는 자신의 약속을 철회하고, 자신의 동의서를 돌려줄 것을 요청했으나, 로지오노프는 동의서는 자신이 가지고 있지 않지만, 폐기해 주겠다고 한 후 동의서를 돌려주지 않았고 메메둘라예프를 거의 매일 소환하는 등, 그에 대한 압박을 강화했다. 메메둘라예프는 다음과 같은 유서를 남기고 자살했다. "나는 그 언제고 비열한 놈이었던 적은 없었다. 깨끗한 양심을 가지고 죽기를 원한다".[65] 메메둘라예프의 장례식은 11월 22일에 거행되었다. 지역 당국의 강한 반대에도 불구하고 묘지가 있는 마을로 가는 모든 길은 차단되었으나 약 300명 가량이 모였다. 그들 중에는 루스키들도 있었다.

이러한 극단적인 절망들이 표현되었으나, 오히려 당국은 1978년 10월 15일 소련 국무회의의 법령 no. 700호《크림 지역의 페스포트 체제 강화에 대한 보충 방법에 대하여О дополнительных мерах по укреплению паспортного режима в Крымской области》를 통해 크림으로부터의 추방과 퇴거 절차를 간편하게 했다. 이 법령으로 인해 추방은 더 이상 재판을 통해 해결할 필요가 없었으며, 주 행정위원회의 결정으로 충분해졌다. 이로 인해 1978년 10월부터 퇴거가 더욱 빈번해졌다. 1978년 1월부터 10월까지 20가구가, 1978년 11월부터 1979년 2월까지는 60가구가 크림에서 퇴거당했다. 1978년 10월 15일 이후 크림으로 도착했던 모든 가족들이 추방되었다(Алексеева, 1992: 115). 1979년 1월 31일에 사하로프 박사는 크림으로 귀환을 감행한 크림 타타르인들을 대규모로 추방하고, 그들의 재산을 몰수함으로써, 크림 타타르인들에게 커다란 고통을 안겨준 이 법령(No. 700)을 철회해 줄 것을 요구하는 공개 청원서를 브레즈네프에게 발송하기도 했다(Сахаров, 고직만·김희매 역, 1992: 780-782).

---

65 *Хроника текущих событий*, вып. 51.

동시에 미등록자에 대한 탄압은 가혹했다. 당국은 집으로 공급되는 전기와 수도를 끊었다. 미등록 가구는 그들의 양식의 주 공급지인 텃밭을 빼앗기기도 했다. 크림 타타르인들의 미등록 가구에 대한 이러한 가혹한 탄압은 비타타르 지역주민들의 소요를 불러일으키기도 했다. 집단농장의 전기기사인 이사예프는 크림타타르의 전기를 끊는 것을 거부했으며, 이로 인해 당의 문책을 받기도 했다. 트랙터기사 푸즈레프는 크림 타타르인으로부터 몰수한 앞마당 터에 귀리를 파종하는 것을 거부했고, 이로 인해 그는 직장에서 해고되었다. 트랙터기사들은 트랙터로 퇴거 대상인 크림타타르의 집을 무너뜨리는 것을 거부하기도 했다.[66]

1980년에 크림에는 미등록 크림 타타르인은 단지 60가구만 남았다(Алексеева, 1992: 116). 새로운 이주자들이 오지 않았다. 탄압의 강화로 인한 위험과 더불어 크림에서의 정착하는 데 장애를 극복할 가능성이 없었기 때문이었다.

2. 운동의 성과

힘겨운 투쟁을 이어온 크림 타타르인들은 민주적이고 개혁을 추구하는 새로운 지도자 미하일 고르바초프가 서기장이 된 이후 새로운 희망을 갖게 되었다. 3만 명이 서명한 크림 타타르 민족 문제를 진지하게 검토해 달라는 크림 타타르인들의 청원서가 1987년 3월에 고르바초프에게 보내졌다. 이에 대해 아무런 응답이 없자 크림 타타르인들은 또 다시 거리로 나왔다. 1987년 7월에 2천명 이상의 젊은이와 노인 그리고 아이들을 포함한 크림 타타르인들이 모스크바 붉은 광장에 모였다. 고르바초프가 그려진 포스터를 들고서, 그의 이름을 부르며, 면담을 요구했다. 이로부터 며칠 후 정부는 마침내 크림 타타르 대표와의 면담을 허용했다(Altan, 1995: 5).

1987년 7월 29일에 최고 소비에트 간부회의장인 안드레이 그로미코와 크림 타타르 대표부는 면담을 가졌다. 그로미코는 크림 타타르 문제해결을 모색해 보겠다고 약속했다. 그러나 11개월 후인 1988년 7월 9일에 크림의 인구변화로 인해 크림 타타르인들은 크림으로 돌아갈 수 없으며, 자치공화국을 회복할 수 없다고 선언했다. 이후 1990년 1월 29일에는 도고치예프 의장 하에 크림 타타르 문제를 해결하기 위한 위원

---

66 *Хроника текущих событий*, вып. 53.

회가 새롭게 만들어졌고, 이 위원회에는 크림 타타르인 5명이 포함되기도 했다. 그러나 정부의 위원회를 통해 문제 해결이 이루어지지는 않았다.

실질적인 귀환은 정부의 공식 위원회가 아닌 비공식 단체인 〈크림 타타르 민족운동 조직ОКНД, Организация Крымско Татарского Национального Движения〉에 의해 시행되었다. 이 단체는 1989년 5월에 설립되었으며, 제밀레프는 이 단체의 중앙위원회의 의장으로 선출되었다. 제밀레프는 1989년에 가족과 함께 크림으로 귀환했다.[67]

크림 타타르인들은 고르바초프의 개혁 개방 정책 추구를 통한 완화된 정치적 조건에 힘입어 1980년대 말, 특히 소비에트 권력이 약화된 시기부터 1991년 말 소연방이 해체된 직후시기에 대규모로 크림으로 귀환했다. 그 결과 중앙아시아로 강제이주당한지 약 50년 만에 크림 타타르인의 약 90%가 중앙아시아로부터 귀환을 단행했다(Zaloznaya, Gerber, 2012: 267). 귀환자의 수는 크림 반도 내 인구조사 결과를 통해서 추산할 수 있다. 1959년과 1970년에는 크림 타타르인이 크림 반도 내에 한 명도 없지만, 1979년 인구조사에는 15,280명(0.7%), 1989년에는 38,365명(1.58%), 2001년에는 245,291명(10.22%), 2014년에는 232,340명(10.17%)이었다.[68] 사실상 중앙아시아에 거주하던 거의 모든 크림 타타르인들은 크림반도와 그 인근 지역으로 귀환했다.[69]

이후 소연방 해체와 크림 반도를 둘러싼 우크라이나와 러시아간의 충돌과 같은 상황은 크림으로 귀환한 크림 타타르인의 삶에도 영향을 미쳤다. 1991년 12월 1일 국

---

67 *Шестой процесс Мустафы Джемилева. Материалы и запись судебного процесса. 1983-1984 гг.* Ташкент, С. 487.

68 2014년 10월에 우크라이나에서 행해진 인구조사에 의하면, 현재 크림반도에는 232,340명의 크림 타타르인들이 거주하고 있다. 이는 크림 반도 전체 인구의 10.17%에 해당하며 크림 타타르인은 에스닉 러시아인을 지칭하는 루스키(1,492,087명)와 우크라이나인(344,515명)에 이어 크림반도에서 세 번째 규모의 민족이다. Переписи населения Российской Империи, СССР http://demoscope.ru/weekly/pril.php Всеукраїнського перепису населення 2001 http://www.ukrcensus.gov.ua/; 1988년 3월 크림 지역 당국에 17,250명이 등록했다. 1992년 157,862로 증가했다. 1994년 초에는 대략 200,000명이었다(Osipov, 2014: 4).

69 2016년 1월 사마르칸트와 타슈켄트에서 시행한 크림 타타르인 두 명과의 인터뷰에 의하면, 현재 98%가 귀환하고 약 2%만 우즈베키스탄에 남아있다고 한다. 타슈켄트에서 인터뷰를 한 50대 여성의 경우, 남편이 러시아인이기 때문에 크림으로 떠나지 않고 남았다고 이야기했다.

민투표에서 우크라이나 주민들은 84% 투표율에 90.3%의 압도적 찬성으로 소연방으로부터 독립을 지지했다. 러시아계 주민이 80%이상을 차지하는 크림 주에서도 독립 지지는 54%에 달했다. 우크라이나 독립 후 크림에서는 우크라이나로부터 분리 독립 운동과 러시아 복귀운동이 벌어졌으나, 1996년 자치공화국으로 지위가 격상되자 크림 주는 우크라이나에 남게 되었다.[70] 이후 크림은 2014년까지 우크라이나의 영토로 소속되어 있었다.

물론 소연방이 분리되자 러시아 의회는 크림이 우크라이나 영토로 귀속되는 것에 대해 강한 불만을 표현했다. 러시아의 극우주의자들은 크림은 소연방의 존속을 전제로 흐루쇼프가 러시아 연방에서 우크라이나로 관할권을 넘긴 것이므로 두 나라가 서로 독립한 상황에서는 영토관할권을 다시 따져야 하고 주민들의 투표를 통해 귀속을 결정해야한다고 주장했다. 실제로 2014년 이후 크림은 러시아로 귀속되었으나, 우크라이나와 러시아 당국은 크림 타타르를 자신들의 편으로 끌어들이기 위한 회유책을 펼치고 있다. 이러한 양국의 역학관계 속에서 오랜 투쟁의 결실로 마침내 귀환을 성취한 크림 타타르인들은 자신들의 자치권을 확대시키기 위한 노력을 펼치고 있다. 한편 크림 타타르인들을 포함한 여러 민족들이 우즈베키스탄을 비롯한 중앙아시아를 떠나 강제이주 이전의 거주 지역들로 귀환이주를 단행함으로써, 오늘날 중앙아시아 각 국가들에서는 명목 민족들(우즈벡, 카자흐 등)의 비율이 매우 높아졌다.

V. 맺음말

2016년 5월 스톡홀름에서 열린 〈유로 비전 2016〉에서 우승을 차지한 것은 우크라이나 국적의 가수인 수사나 알리모브나 자말라디노바Су́санна Али́мовна Джамаладинова였다. 〈유로비전〉은 1956년 5월부터 개최된, 60년 역사를 가진 권위 있는 음악경연대

---

70 소연방이 분리되자 러시아 의회는 크림의 영토적 귀속 문제에 대해 강한 불만을 제시하였다. 러시아의 극우주의자들은 크림은 소련의 존속을 전제로 흐루쇼프가 러시아 연방에서 우크라이나로 관할권을 넘긴 것이므로 두 나락 독립한 상황에서는 영토관할권을 다시 따져야 하고 주민들의 투표를 통해 귀속을 결정해야한다고 주장했다.

회이다.[71] 생방송으로 진행된 이 대회에서 우승을 차지한 자말라디노바의 우승곡의 제목은 '1944'였다. 이 노래의 가사는 1944년 크림 반도에서 스탈린에 의해 중앙아시아로 강제이주 당한 크림 타타르인의 애환을 다룬 것이다. 자말라디노바는 1944년에 크림에서 중앙아시아로 강제이주 당한 크림 타타르 집안에서 1983년에 태어났다. 그녀가 태어난 곳은 키르기즈 공화국의 오쉬였으며, 그녀의 가족은 1989년에 오쉬에서 크림으로 귀환한 이주민이다. 자신의 증조모(나즐-한Назыл-хан)의 경험담을 담은 이 곡으로 〈유로 비전 2016〉에서 우승을 차지함으로서 자말라디노바는 크림 타타르인의 강제이주의 역사를 세상에 알리는 역할을 했다.[72]

이처럼 〈유로 비전 2016〉을 통해 세계의 이목을 끌게 된 크림 타타르의 강제이주의 역사는 오늘날 정치적으로도 주목을 끌고 있다. 크림 반도의 소유권을 두고 러시아와 우크라이나는 첨예한 대립을 벌이고 있다. 그 과정에서 크림반도의 선주민인 크림 타타르인들을 자기편으로 끌어들이기 위해 러시아와 우크라이나 양국은 심혈을 기울이고 있다. 그 일환으로 양국 정부는 약 70년 전에 행해졌던 크림 타타르인의 강제이주에 대한 역사의 기억을 서로 경쟁적으로 소환시키고 있다.

먼저 러시아의 푸틴 대통령은 2014년 4월, '탄압으로 고통 받은 크림 타타르와 크림 내의 다른 소수민족들의 복권о реабилитации крымско-татарского и других народов Крыма, пост радавших от репрессий'에 관한 법령에 서명했다.[73] 이는 스탈린 시기 크림 타타르 민족 전체가 자신들의 역사적 근거지에서 뿌리 뽑혀 유배지나 다름없는 중앙아시아로 강제이주 당한 것이 부당한 일이였음을 공식적으로 인정한 것이었다. 복권법 공

---

71 2016년인 올해에는 총 42개국의 가수들이 출전했으며, 결승에 오른 나라는 26개국이었다.

72 "Текст и перевод песни Джамалы "1944" – лучшей песни Евровидения-2016," Вести, 15 мая 2016, http://vesti-ukr.com/kultura/148497-tekst-i-perevod-pesni-dzhamaly-1944-luchshej-pesni-evrovidenija-2016; "Джамала на последнем повороте обошла Лазарева и выиграла Евровидение" Вести, 15 мая 2016, http://vesti-ukr.com/kultura/148489-dzhamala-na-poslednem-povorote-obhodit-lazareva-i-vyigryvaet-evrovidenie; http://www.uznayvse.ru/znamenitosti/biografiya-pevica-dzhamala.html(검색일: 2016.03.13)

73 이 법령은 2014년 4월 21일자 이타르-타스 통신에 게재되었다. "Путин подписал указ о реабилитации крымских татар," ИТАР-ТАСС, 21 апреля 2014. http://tass.ru/politika/1136038(검색일: 2015.11.20)

표로부터 1개월 전인 2014년 3월에 러시아는 합법적인 국민투표의 형식을 갖추기는 했으나, 크림 반도를 무력으로 병합했다(강봉구, 2014: 156-167). 이 때 크림 반도 전체 인구의 약 12%정도에 해당되는 크림 타타르의 지도부는 이러한 결과에 반대하며 러시아와의 결사항전을 표방했다. 푸틴은 즉각 크림 타타르 지도부와 회동을 갖고 그들의 자치권을 최대한 보장해주겠다고 약속했다. 이에 크림 타타르는 러시아가 크림을 병합하는 것에 대한 공개적인 반대를 철회했으며, 푸틴은 크림 타타르인의 복권법 제정으로 응답한 것이다[74]

한편 우크라이나 정부도 크림 타타르인들을 자신의 편으로 끌어들이려는 노력을 기울이고 있다. 2015년 11월 우크라이나 국회는 1944년 크림 타타르인의 강제이주를 제노사이드로 인정하고, 강제이주 당한 날인 5월 18일을 크림 타타르인 제노사이드 희생자 추모의 날로 지정했다(정영주, 2016). 이는 크림 반도를 상실한 우크라이나가 러시아를 압박하기 위한 목적으로 과거 스탈린 시기 추진된 민족정책의 잘못을 현재적 필요에 의해 소환시킨 것이라 할 수 있다. 아울러 크림 반도 내의 비중 있는 소수 민족인 크림 타타르인들을 자신들에게 우호적인 세력으로 남겨두기를 원한 것이라 할 수 있다.

이처럼 우크라이나와 러시아 정부가 크림 타타르인들을 서로 자신의 편으로 끌어들이는 기제로 활용하고자 하는 크림 타타르인들을 강제이주 시킨 역사는 1944년 5월에 시작되었다. 크림 타타르를 비롯하여 2차 대전 직전과 전쟁 중, 그리고 전쟁 직후에 실시된 스탈린의 강제이주 정책으로 인해 중앙아시아로 이주당한 여러 민족들은 이후 각각 다른 방향으로 자신들의 삶을 이어나갔다. 극동에서 이주된 고려인은 중앙아시아에 성공적으로 정착하여, 중앙아시아의 농업 생산력 향상에 기여하며 안정된 생활을 영위했다. 또한 스탈린 사후 흐루쇼프의 탈 스탈린 운동의 일환으로 체첸을 비롯한 5개 민족은 합법적으로 자신들의 고향으로 귀환하여 자치공화국을 복원했다.

이들 5개 민족 외에 강제이주를 당했지만 흐루쇼프의 귀환정책에서 배제되었던 민족들 대부분은 고향으로 돌아갈 수 없는 상황에 순응하였다. 그런데 이들 중 크림

---

74 강제이주된 민족들의 명예를 회복시킨 복권법은 1993년 옐친에 의해 공표된 바 있다. 그러나 당시 크림 반도는 우크라이나에 속해 있었으므로 크림 타타르인들은 이 법령의 대상에서 제외되어 있었다.

타타르인들은 자신들의 고향인 크림으로 돌아가기 위해 지속적이고도 격렬한 투쟁을 벌여왔다. 이들의 투쟁은 자신들의 부당한 현실에 대해 당과 정부의 고위기관, 그리고 더 나가 국제사회에 호소하는 청원운동과 집회와 시위, 조직결성, 이주 감행 등으로 전개되었다.

이처럼 크림 타타르인들은 소비에트 중앙정부로 하여금 법적 귀환 조치를 제정할 수밖에 없도록 적극적인 활동을 펼쳤다. 이들이 중앙아시아에서 30여 년 동안 펼친 민족운동은 우즈벡을 비롯한 주변의 많은 민족들로 하여금 민족의식이 각성되도록 영향을 미쳤으며, 이는 소연방 해체, 즉 중앙아시아가 독립하게 되는 많은 원인들 중 하나가 되었다.

참고문헌

강봉구. 2014. "러시아의 크림 병합: 신냉전인가 포스트소비에트 시기의 종언인가?." 『동유럽발칸연구』 38-2호.

고가영. 2016. "국내 난민(internal displaced persons)으로서 크림 타타르인: 나치의 크림반도 점령과 중앙아시아로의 강제이주." 『독일연구』 Vol.31.

심헌용, 김상철. 2007. "고려인 강제이주의 역사." 『한국현대문학회 학술발표회 자료집』, (한국현대문학회).

Алексеева, Л. 1992. *История инокомыслия в СССР. Новейшей период*. Виль-нюс-Москва.

Бекирова, Гульнара. "СУДЕБНЫЙ ПРОЦЕСС ИЛЬИ ГАБАЯ И МУСТАФЫ ДЖЕМИЛЕВА В ЯНВАРЕ 1970 ГОДА." 《Тарих левхалары》 (Телека-нал АТР-Радио 《Мейдан》) 18.01.2010 г.http://kirimtatar.com/index.php?option=com_content&task=blogcategory&id=23&Itemid=381 (검색일: 2015.12.23).

Бугай, Н.Ф. 1995. *Л. Берия-И. Сталину: Согласно Вашему указанию...* Мо-сква.

Всеукраїнського перепису населення 2001 http://www.ukrcensus.gov.ua/

Григоренко, П. 1997. *В подполье можно встретить только крыс...* Москва.

Документы Московской Хельсинкской группы 1976-1982: к 25-летию Московской Хельсинкской группы / Московская группа содействия выполнению Хельсинкских соглашений. 2001. Сост. подгот. текста комментарии: Кузовкин Г. В. и др. Москва: Зацепа.

"Заключительный Акт." *Известия.* 2 августа 1975.

Казьмин, В.Н. 1997. *От правозащитного движения к многопартийности в России 1965-1996.* Кемерово.

Мемориал. Ф. 102. Оп.1, дело 49, С.1.

Сахаров, А. 저. 고직만, 김희매 역. 1992. 『사하로프 회고록. 소련개혁! 반체제운동 가로의 거보』(중) 서울: 도서출판 하늘땅.

Подьяпольский, Г. 2003. *Золотому веку не бывает...* Москва: Мемориал.

"Путин подписал указ о реабилитации крымских татар," *ИТАР-ТАСС,* 21 апреля 2014. http://tass.ru/politika/1136038 (검색일: 2015.11.20).

"Что такое Инициативная группа?" Посев, 1970, no. 11. С. 9// Мемориал. Ф. 101. Инициативная группа.

Хроника текущих событий, http://www.memo.ru/history/diss/chr/index.htm (검색일: 2015.01.12).

Шестой процесс Мустафы Джемилева. Материалы и запись судебного процесса. 1983-1984 гг. Ташкент. 2001. Симферополь.

Altan, Mubeyyin Batu. 1995. "A Brief History of the Crimean Tatar Nation Movement," http://home.online.nl/sota/ctnm.htm (검색일: 2015.10.30).

Audingün, Ismail, Audingün, Ayşegül. 2007. "Crimean Tatars Return Home: Identity and Cultural Revival." *Journal of Ethnic and Migration Studies* 33:1.

Conquest, Robert. 1970. *The Natioin Killers: The Soviet Deportation of Nationalities.* New York.

Lee, Chai-Mun. 2011. "Reintegration of the Post-Soviet Diaspora into Their Homeland: The Crimean Tatars and the Soviet Koreans." 『한국동북아논

총』 60.

Nahaylo, Bohdan, Svoboda 저. 정옥경 역. 2002. 『러시아 민족문제의 역사』. 서울: 신아사.

Nekrich, Aleksander M. 1978. *The Punished People: The deportation and fate of Soviet minerities at the end of the Second World War*. translated from the Russian by George Saunders. New York.

Seytmuratova, Ayshe. 1998. "The Elder of the New National Movement: Recollections." Edward A. Allworth ed., *The Tatar of Crimea: return to the Homeland*. Durham.

Potichnyj, Peter J. 1975. "The Struggle of the Crimean Tatars," *Canadian Slavonic Papers* Vol. 17, No. 2/3(Summer and Fall).

Osipov, Alekxander. 2014. "What do the Crimean Tatars face in Crimea?," *European Centre for Minority Issue Brief* 32(April).

Ueling, Greta. 2000. "Squatting, self-immolation, and the repatriation of Crimean Tatars," *Nationalities Papers: The Journal of Nationalism and Ethnicity* vol.28, No.2.

Uehling, Greta. 2004. *Beyond Memory: The Crimean Tatars' Deportation and Memory*. New York.

Williams, Brian G. 1997. "A Community reimagined. The role of "homeland" in the forging of national identity: the case of the Crimean Tatars," *Journal of Muslim Minority Affairs* 17:2.

Zaloznaya, Marina, Gerber, Theodore P. 2012. "Migration as Social Movement: Voluntary Group Migration and the Crimean Tatar Repatriation," *Population and Development Review* 38-2.

II

중앙아시아
지역정치의 역동성

04

민족주의, 이슬람 그리고 민주주의:
타지키스탄 내전과 그 이후

정재원

I. 서론

사회주의 체제의 붕괴를 가져왔던 사건들을 포함하여 전 세계 곳곳에서 일어났던 민주화 운동들은 물론 2000년대 동유럽과 구소련 국가들에서의 소위 '색깔 혁명', 그리고 중동에서의 '아랍의 봄' 등 소위 세계 주변부에서의 '민주화 혁명'은 많은 이들에게 학문적 관심의 대상이 되어 왔다. 세계의 많은 지역에서 민주화 이후의 민주주의는 퇴보로 귀결되곤 했지만, 그 중에서도 특히 이슬람 지역인 중동에서는 거의 모든 국가들에서 민주주의의 공고화에 실패했을 뿐 아니라, 극심한 혼란 속에서 여러 다양한 반독재 저항세력들 중에서도 온건한 저항세력들은 항쟁 과정에서 소수파로 전락하고 이슬람 근본주의자들이 범죄적 요소와 결합하며 주도권을 장악하는 공통적인 경향들을 보여 주고 있다.

타지키스탄의 경우, 비록 소련 지배 하에서 이슬람 근본주의가 발을 붙일 수 없을 정도로 이슬람이 세속화되었고, 지금까지도 민족 간 갈등이나 수니와 시아파와 같은

---

* 본 논문은 서울대학교 러시아 연구소 발행 『러시아연구』 2016년 Vol. 26, No. 1에 실린 "타지키스탄 내전과 그 이후: 민족주의, 이슬람, 그리고 민주주의"를 수정·보완한 것입니다.

종파 간의 갈등은 크지 않지만, 중앙아시아에서 유일하게 이슬람 반군이 한 축을 이루는 내전을 겪었고, 이슬람 정당이 합법화된 국가로서 이슬람적 요소가 정치에 미치는 영향이 큰 국가라고 할 수 있다. 특히 탈레반과 알카에다, 그리고 최근에는 IS 등 이슬람근본주의 세력들이 여전히 강력한 영향력을 행사하고 있는 아프가니스탄과 국경을 접하고 있는 타지키스탄에서의 정치적 변화는 중아아시아에서의 정치적 이슬람의 성격과 역할의 민주적 변화를 가늠할 수 있는 중요한 잣대라고 할 수 있다.

먼저, 비록 권위주의 국가에 의한 탄압도 점차 강력한 영향을 미치고 있는 것이 사실이지만, 기본적으로 타지키스탄에서는 이슬람 정치세력의 극단주의화가 저항 세력과 시민사회 스스로에 의해 저지되어 왔다는 것은 매우 주목할 만한 부분이다. 본 논문은 체제전환 신생 국가이자 이슬람이라는 종교적 요인이 정치변동이나 사회변혁과정 속에서 중요한 요인으로 작용하고 있는 지역 국가에서의 민주주의의 가능성에 대한 문제의식 속에서 타지키스탄을 사례로 하여 연구를 진행하고자 한다. 특히 타지키스탄에서 일어났던 탈소비에트 민주화 과정에서 벌어진 내전, 그리고 종전 이후 성립된 협약에 따라 민주주의가 발전할 수 있었던 조건이 갖추어졌음에도 불구하고 권위주의적 성격이 강화되고 있는 타지키스탄에서의 민주주의의 전망을 가늠하고자 한다.

무엇보다도 타지키스탄 내전을 '친공산 정부군 대 이슬람 근본주의 반군의 대결'과 같이 이념적 대결로 보는 시각에 대해서는 비판적으로 접근하고자 한다. 또한 이념적 대결로 보이는 내전의 실질적 원인은 지역적 대립의 근거인 족벌 정치clan politics에 있었다는 기존의 논의를 넘어 본 논문은 체제전환 및 내전, 그리고 내전 이후 최근까지의 타지크 정치사회적 변화의 핵심으로 타지크 민족주의적 요소가 있음을 강조하고자 한다. 즉 체제전환기 자유주의에서 이슬람주의까지 다양한 저항 세력의 공통적 분모는 타지크 민족주의였으며, 내전 이후 옛 공산정권과는 달리, 라흐몬의 권위주의 정부가 민족주의의 의제들 중 상당부분을 수용하면서 저항 세력들의 입지가 크게 약화된 측면이 있는 것이다. 여기에 내전 당시 러시아와 우즈베키스탄, 그리고 내전 이후에는 미국과 서방 국가들과 같은 외부적 요인과 지정학적 요인도 타지키스탄 민족주의와 민주주의의 발전 과정에 영향을 미쳤다고 할 수 있다.

본 논문은 이러한 모든 과정에 그 어느 요인보다도 소련 사회주의의 경험이 더욱 결정적인 영향을 미쳤음은 자명하지만, 본 연구는 그러한 가장 중요한 요인 이외의 다른 미세한 측면들을 살펴봄으로써 기존의 연구를 보강하는 데 주요 목적을 두고 있다. 이러한 맥락 속에서 저항 이데올로기에서 반동적 이데올로기로 변화되고 있는 정치적 이슬람의 전 세계 보편적인 경향, 그리고 점차 강화되고 있는 권위주의 정권과의 대립 속에서도 독특한 발전의 길을 걸어 왔던 타지크 이슬람 정치 세력의 존재가 이슬람 지역 민주주의의 발전 여부에 어떠한 영향을 미칠 수 있는지, 그리고 민족주의가 의미를 상실한 현재 어떠한 대안적 정치 세력이 등장하는 것이 바람직한지 등에 대한 전망을 해 보고자 한다.

Ⅱ. 이슬람 지역 탈소비에트 국민 국가 건설 과정에서의 민족주의의 역할에 관한 이론적 논의

지금까지 비서구 주변부 세계에서의 정치와 사회변화의 주요 관심사는 반제국주의 식민지 민족 해방 운동과 같은 민족주의 운동 혹은 혁명 운동을 포함한 급진적인 사회 운동에 대한 것이 대부분이었다. 물론 비서구 주변부 지역에서의 민주화 운동 역시 주요한 관심의 대상이었지만, 그것은 어디까지나 민주화에 초점을 맞춘 연구임에는 틀림없으나, 이러한 비서구 주변부 지역에서의 소위 '민주화 이후 민주주의'의 가능성에 대해서는 상대적으로 관심이 부족했다고 할 수 있다.

정치와 종교와의 관계에 대한 논의는 종교사회학 등의 분야에서 핵심적인 주제 중의 하나였다. 특히 종교사회학에서는 개별적인 종교들의 성격이나 원리 자체가 아니라, 종교 일반의 근대적 양태들을 해석하고자 하는 경향을 보여주었다. 특히 서구의 종교, 즉 프로테스탄트나 카톨릭의 사례를 들어 종교는 세속화로 특징지어지는 근대화와 함께 그 영향력이 약화되는 것으로 설명해 왔다. 그러나 기독교조차 근본주의적 경향이 대두되고, 신종교 운동 등의 등장으로 인해 종교의 역동성이 강조되면서 종교사회학의 오랜 설명도 변화하고 있다. 이러한 변화의 핵심에 바로 정치와 종교 간의 관계가 있다. 넓은 의미에서 이슬람 역시 이러한 보편적 이론적 틀에서 설명이 가능하다고 할 수 있다.

정치와 종교 간의 문제 중 특히 민주주의 문제는 많은 설명을 요한다. 특히 종교 중에서도 이슬람이 압도적인 사회에서의 민주주의 문제는 격렬한 논쟁의 대상이다. 그러나 과거에는 이슬람 지역에서의 저항 이데올로기인 민족주의, 이슬람주의의 긍정적인 측면에 대한 논의가 주를 이루어 왔고, 그 이후 최근에 이르기까지는 그 부정적 측면들에 대한 논의가 압도적 다수가 되어 온 것이 사실이다. 따라서 이슬람 사회에서의 민주주의의 가능성에 대한 논의는 거의 주목을 받지 못 해 온 것이 사실이다. 여전히 서구 주도의 자본주의에 대해 부정적이며 서구식 제도적 민주주의에 대해 비판적인 일부 좌파들은 부패한 지배 권력에 대항하는 이슬람의 저항적 성격에 더 많은 초점을 맞춰 왔으나 이러한 논의는 민주화 이후의 민주주의라는 틀 속에서는 크게 기여한 바가 없다.

일반적으로 이슬람 세계에서 민주주의는 민족주의, 사회주의, 이슬람주의 등과는 달리 대중적인 지지를 얻지 못했던 이념이라고 할 수 있다. 민주주의는 소수의 서구주의적 지식인들 혹은 자유주의 정치 세력의 이념으로만 남아 있었다. 민주주의적 제도를 도입하는 과정도 국가가 앞장서서 위로부터 도입하는 형태가 주를 이루었다. 특히 민주주의가 서구적인 것으로 인식되어 있던 상황 속에서 제국주의 시대의 피식민 사회의 과제는 서구에 대한 정치적, 경제적, 문화적 종속과 억압으로부터의 해방과 정체성 문제의 해결이 더욱 중요한 과제로 여겨져 왔다.

특히 서구의 다른 식민지들과는 달리, 오랜 기간 동안 종교 등의 문제로 격렬하고 직접적인 대립을 겪어 왔으며, 영토적으로 가장 인접한 식민지였던 이슬람 세계에서는 사회운동이나 민주화운동 과정에서 폭동이나 테러 등이 큰 비중을 차지하는 특징을 갖게 되었다. 즉 제도적으로는 민주주의적 제도를 도입했으나 사실상 일당 통치인 이들 국가에서 많은 정치세력들이 비제도권적, 비합법적 활동을 하지 않을 수 없기 때문이다. 따라서 친서구적/반서구적, 세속주의적/이슬람주의적 정권을 막론하고 권위주의적 정권과 정당 정치의 저발전 등의 모습을 보는 이들 지역에서 정치는 제도정치에 국한되지 않고 시민사회의 정치를 포함하는 넓은 의미에서의 정치를 분석할 필요가 있다.

이슬람 세계의 많은 학자들은 서구에서 발전한 민주주의는 이슬람 세계에 맞지 않는다는 주장을 하고 있다. 그러나 또 다른 부류의 학자들은 이슬람과 민주주의가 양립할 수 있다고 주장하고 있다. 이러한 양극단적인 해석들은 민주주의가 무엇인지에 대한 정의에 따라서도 크게 달라지는 측면이 있다. 즉 민주주의는 이슬람 지역의 비민주적 권위주의 국가들에 대한 비판 혹은 민주주의를 공고화시키는 데에 방해가 되는 이슬람이라는 종교의 문제 등에 관심이 있는 이들의 이슬람 사회 죽이기 정도로 파악되어 온 것이 사실이다. 또한 이슬람 세계에서의 민주주의는 불가능하며 따라서 민주주의는 서구로부터 도입되어야 할 뿐 아니라, 이러한 과정 속에서 때로는 서구에 의해 강압적인 방법으로 도입되어야 한다는 관념이 지배적이라고 할 수 있다.

그러나 본 논문에서는 이슬람이라는 종교 자체에 민주주의적 요소가 있는지, 그것이 민주주의와 공존할 수 있는 것인지, 혹은 심지어 서구식 민주주의보다 더 나은 요소가 있는지에 대한 철학적이고 종교학적인 논의는 배제한다. 또한 실질적 민주주의는 둘째로 제도적, 절차적, 정치적 민주주의로 제한하더라도 이에 대한 수많은 논쟁이 존재하지만, 본 논문에서는 이러한 최소주의적 민주주의의 제도화 과정이 이슬람 지역에서 정착될 수 있는 가능성과 그 한계는 무엇인지에 초점을 맞추고 있다. 이러한 맥락에서 볼 때, 특히 권위주의 국가들의 경우 지배 엘리트의 역할 중심의 연구도 매우 중요하지만, 이슬람 지역의 경우 민주주의의 핵심 축인 저항 세력들 중 이슬람 세력들의 정치세력화가 어떠한 방식으로 이루어지는지의 여부가 민주주의의 제도화에 있어서 가장 중요하다는 점에서 이슬람 급진 세력들의 탈급진화와 제도권 정당화에 초점을 맞추어 살펴볼 필요가 있다.

일반적으로 급진적 정치세력의 온건화를 설명하는 방식은 두 가지 정도가 있다. 첫째, 민주주의 정치 내의 제도적 구속력과 선거 강제력으로 인해 급진적인 정치세력이 자연스럽게 온건화되는 정치과정을 겪는다는 주장이 있다(Diamond·Linz and Lipset, 1995: Lijphart, 1999: Linz and Stepan, 1996: Sartori, 1997). 민주주의의 점진적인 학습효과를 강조하는 이 주장에 따르면, 급진적인 정치세력은 공적인 경쟁의 경험을 하고 난 후에는 선거와 의회 체제의 규범을 받아들이게 되는데, 이러한 과정 속에서 중요한 인식의 변화를 겪게 되면서 자신의 정치적 신념이나 이념을 수정하게 된다. 또한 합의와 규범이 안정적으로 작동하게 되는 다당제 경쟁제도로 편입하게 되면 급진적 정치세력은 현실정치 속으로 편입되면서 유권자를 생각하지 않을 수 없게 된다. 결국 이러한 과정 속에서 급진적 정치세력은 합법적 방법을 강구하게 된다. 제도는 행위를 지속적이고 예측 가능한 패턴으로 조정해 나가게 만들기 때문에 행위자는 게임의 규칙을 받아들이게 된다.

따라서 온건화는 제도적 민주주의적 체제 속으로의 편입의 결과라고 할 수 있는데, 그 이후 참여에 따라 온건화가 발생하는 현상이 일어나게 된다. 실제로 1970년대 스페인, 포르투갈, 그리스 등 남부 유럽과 라틴 아메리카의 거의 모든 국가들에서는 급진적 좌파 정치세력들이 제도권으로의 편입 이후 다양한 계급과 집단들과의 접촉을 통해 협상이나 타협의 기술을 체득해 나가면서 이들의 민주주의 학습이 가속화되었다고 할 수 있다(Bermeo, 2002: 227-229). 그러나 민주주의 발전의 중요한 조건으로서 실증적인 정치제도의 기능적 역할을 강조하는 이러한 주장은 정치제도 내 힘의 불균형적 배분관계를 둘러싼 갈등, 역동적 상호작용, 구조적 규정성을 분석의 중심에 두는 역사적 제도주의와는 구별된다. 이러한 설명에 따르면, 이슬람 정당이 군부에 의해 여러 차례 해산되면서도 이슬람 정당에게 연립 정부에 참여할 기회가 주어졌기 때문에 결국 체제 내에서의 온건화가 가능했다는 것이다.

한편 합리적 선택 제도주의의 설명에 따르면, 급진적 정치세력이 온건화되는 것은 체제 편입의 결과가 아니라 새로운 기회를 포착한 행위자의 신중한 계산에 따른 전략적 행동의 결과이다(Bates, 2004: Knight, 1992: Levi, 2005: North, 1990: Weingast, 2005). 이러한 설명에 따르면, 20세기 초 유럽에서 나타났던 좌파 세력의 온건화 현상은 이익과 손해를 철저하게 계산한 행위자의 합리적인 선택이라고 할 수 있다. 즉 보통선거권의 도입으로 인해 급진적 좌파 정치 세력들은 노동자 계급 일부만이 아닌, 대중적 지지를 얻을 수 있는 기회를 갖게 되었고, 이에 따라 좌파 세력들은 선거를 통한 사회체제변화를 확신했기 때문에 부르주아 정치체제 속으로의 진입을 위한 탈급진화를 선택하게 되었다. 그러나 근본적 사회소유체제의 변혁에 대한 거부에도 불구하고 이들이 추진한 사회주의적 정책들은 경제적 위기를 극복하지 못했고, 이에 따라 좌파 정치 세력들은 국유화 등의 전통적인 사회주의적 정책들을 포기하거나 완화하고 자본주의 시장 경제의 틀 속에서의 점진적 개혁을 추구하게 되었다.

민주주의의 발전 정도가 낮고 공정한 선거가 보장되지 않는 상당수의 비중심부 비서구 국가들에서의 급진 정치 세력들의 온건화 현상을 설명하는 데에 이러한 합리적 제도 선택 이론은 매우 적합한 측면이 있다. 특히 중동의 대부분의 이슬람 국가들과는 달리, 형식적으로는 선거를 제도화하는 등 선거 권위주의 체제를 유지하고 있는 구 소련 이슬람 국가들의 경우에 실증적 제도주의에서 강조하는 민주적 학습의 점진적인 효과를 기대하기는 어렵다. 그러나 합리적 선택 접근법에 따를 경우, 선거 권위주의 정권 하이긴 하지만 그러한 형식적 민주주의 제도의 틀 속에서 제공되는 제한적인 기회는 급진적인 정치세력들에게 전략적 행동이 가능하도록 하는 기회구조를 제공하게 된다. 왜냐하면 합리적 행위자는 자신을 제한하는 정치적 방해물들을 제거하기 위해 전략적으로 탈급진화 혹은 온건화를 선택하기 때문이다(Bueno de Mesquita et al, 2003: Katznelson and Weingast, 2005).

그러나 타지키스탄의 사례는 제한된 제도적 개방 하에서 급진 세력의 온건화가 일어난 사례에 해당되기는 하지만, 그 전제에 있어서 조금 다른 양태를 보인다. 구 소련 시기 반공산 민주화 운동들은 자유주의와 민족주의, 그리고 이슬람주의 운동들이 서로 혼재되어 나타나는 가운데 이러한 운동의 부활과 활성화로 이어졌다. 민주화 과정 속에서 제도적 개방은 큰 폭으로 일어났는데, 바로 그러한 개방이 일어나려는 순간 내전으로 이어졌고, 내전의 결과 형식적으로는 제도적 개방이 강제되어져 내전으로 피로감을 느낀 급진 세력은 급속하게 온건화 전략을 선택하게 되었다. 그러나 흥미로운 것은 이들의 온건화는 기존 지배 엘리트가 제도적 개방을 제한해서 일어난 것이 아니라는 점인데, 이는 중요한 차별 지점이라고 할 수 있다. 오히려 내전 직후 협상의 결과 제도적으로는 일시적으로나마 개방이 이루어졌고, 이에 따라 일정정도의 지지율을 자랑했던 급진 정치 세력의 급격한 탈급진화가 일어나 제도 정치에 참여했지만, 선거 정치 과정에서 대중의 지지를 급속하게 상실하게 되었다.

그런데 기본적으로 위의 두 가지 접근법은 정치 세력의 온건화의 시점에 대해 적절한 해답을 주지는 못 하는 한계를 지닌다. 이에 대해 제도주의적 접근법보다 다양한 형태의 외부로부터의 압력으로 설명하는 접근법들도 존재한다. 특히 세계화라는 자본주의 세계체제의 변화를 통해 이슬람 정치 세력의 변화를 설명하려는 시도에 주목한다. 그러나 세계화를 정의하는 방법도 커다란 차이가 존재할 뿐 아니라, 세계화라는 과정 속에서 이슬람과 관련해서는 논자에 따라 '이슬람의 온건화'와 '이슬람의 급진화' 등 서로 정반대의 현상이 나타나고 있음을 주장하는 바, 매우 혼란스러운 것이 사실이다. 더욱이 이러한 세계화의 영향에 관한 논쟁은 서구와의 관계 속에서 주로 중동 지방에 대한 것으로 한정되어 있기도 하다.

따라서 상대적으로 이러한 배경과는 사뭇 다른 환경 속에 놓여 있는 중앙아시아, 그 중에서도 타지키스탄에서의 내전과 이슬람을 논하는 데에 있어서 다소 다른 접근을 요한다고 할 수 있다. 즉 국가사회주의 체제에서 시장자본주의 체제로의 체제전환 자체가 세계자본주의체제의 중심부로부터의 압박으로 상징되는 세계화라는 현상의 결과이기도 하고, 국경을 넘어 국제적으로 연계망이 확대되어 온 정치적 이슬람의 확산이나 타지크인들의 대규모 해외 이주 현상 역시 세계화의 한 부분으로 이해될 수 있다. 그러나 타지키스탄의 경우 체제전환 이후의 경제체제의 변화 속에서 세계에서 일반적으로 일어났던 틀 속에서 논의될 수 있는 서구 자본 주도의 신자유주의 세계화의 직접적인 영향으로 내전을 비롯한 일련의 정치적 변동이 일어났다고 하기에는 아

직 그러한 주장이 근거가 될 만한 연구가 부족하다고 할 수 있다.[1]

오히려 외부로부터의 직접적인 영향은 러시아와 우즈베키스탄과 같은 구체적 국가들로부터 나타났다. 물론 이 역시 세계화 과정 속에서 점증되고 있는 계급 간, 민족 간, 종교 간, 문화 간, 지역 간 충돌로 이해할 수도 있으며, 무장한 세계화가 가져 오는 국지적 분쟁과 전쟁의 증가의 한 모습으로 이해될 수도 있을 것이다. 무엇보다 세계화 속에서 한층 더 강화된 지정학적 이해관계 충돌의 한 측면으로 볼 수도 있을 것이다. 어찌 되었든 국경을 넘나드는 자본의 이동 속에서 다양한 국가의 지배 집단들이 한정된 자원과 재화를 확보하기 위한 자신의 이익을 수호하기 위한 전략 속에서 필연적으로 발생하는 갈등과 분쟁이라는 본질은 달라지지는 않았지만, 타지키스탄 내전 과정 속에서는 표면적으로 드러났던 몇몇 국가들의 개입과 같은 몇 가지 대외적 요소들이 막대한 영향을 미쳤다고 할 수 있다. 그런데 이러한 외부로부터의 압력 속에서 타지키스탄의 민족주의가 강화되는 현상을 낳았고, 바로 이러한 민족주의가 체제전환 초기 타지키스탄의 주요 저항 세력이었던 자유주의자들과 이슬람주의자들의 공통 분모가 되었다는 사실은 매우 중요한 사실을 제시하고 있다.

중요한 점은 독특한 타지크 민족주의는 체제전환 및 국민 국가 건설 과정에서 공산당 지배 세력을 제외한 모든 족벌 및 정치 세력들에게 강력한 영향을 미쳐 왔다는 사실이다. 이슬람주의 정치세력의 온건화를 포함한 타지키스탄 민주주의 발전에 있어서 세속적 민족주의의 발전과의 연관성 문제는 가장 핵심적인 요인이라고 할 수 있다. 독특한 타지크 민족주의가 내전 이후 민족 국가 건설 과정에서 이슬람 근본주의와 같은 급진적 대안들이 주류로 부상하는 것을 저지하는 역할을 했다는 사실은 과정을 중심으로 설명하는 위의 다양한 이론적 접근법들 보다는 역사구조적인 접근법이 유용하다는 점을 보여 주고 있다.

일반적으로 과거 식민지 치하에서 자본주의 발전이 지체된 대부분의 비서구-주변부 국가들에서는 제국주의의 침략으로 인해 민족주의가 발생하였고, 따라서 그 성격

---

1 특히 타지키스탄의 경우에는 세계자본주의의 중심부로부터의 직접적인 경제적 압박은 크게 받지 않았던 것으로 판단된다. 사유화나 대외개방 등 시장주의적 경제개혁은 매우 더디게 진행되어 왔으며, 석유 등 에너지 자원의 부재로 인해 신자유주의 세계화를 주도해 온 국제금융기구 등의 관심도도 크게 떨어져 있었던 것이 사실이다. 그러나 지정학적인 측면에서는 외부로부터의 개입과 간섭의 요건은 충분히 갖추고 있다고 할 수 있다.

이 저항적이고 민주주의적인 공통점을 갖게 되었다. 이들 주변부 국가의 지식인들은 서구 제국주의 국가들의 침략에 맞서기 위해 대중들을 동원하지 않을 수 없는데, 이러한 과정 속에서 계급적 갈등을 넘는 민족적 단결을 강조하게 된다. 이로 인해 이 시기 민족주의 운동은 계급 모순의 문제가 은폐되는 반면, 대중동원을 위해 민중지향적 특징을 갖게 된다(Naim, 1997).

이렇듯 전통적인 봉건적 사회의 신분적 위계질서 속에서 차별과 억압을 받는 하층민들을 민족이라는 공동체에 통합시키기 위해서는 계급적 갈등을 최소화하지 않을 수 없다. 따라서 최소한 민족 국가 건설 이전 민족주의의 고양 단계에서 모든 개인은 평등한 존재로서 민족에 통합되는 것으로 선전되어진다. 이러한 측면에서 근대민족주의, 특히 식민지에서의 저항적 민족주의에서는 개인의 평등성이 강화되는 자유주의적 혹은 민주주의적 원리와 융합되는 듯한 모습을 보인다. 이러한 과정에서 더욱 흥미로운 것은 전쟁과 같은 폭력적인 과정을 통한 개인의 동원이 민주화를 촉진하기도 한다는 것이다(Kean, 1995: Tilly, 1990). 특히 경제적인 측면에서 서구 중심부 제국주의 국가들에 의한 수탈로 인한 불균등한 발전 상태와 비서구 주변부 국가들의 저발전된 상태로 인해 민족주의가 폭력성을 띠기도 하며, 다양한 급진적 사상들과의 결합이 이루어진다(Fanon, 2008).

이러한 이론들을 타지키스탄의 사례에 적용시켜 본다면, 제국주의가 아닌 사회주의 소련에 의한 억압이라는 차이점이 있기는 하지만, 소련 시기에 강화된 억압과 발전 지체로 인해 체제전환기에 자유주의와 민족주의, 그리고 그 외의 다양한 이데올로기들이 공산 정권에 대항하는 민주화의 이데올로기로 기능해 왔다고 할 수 있다. 특히 민족주의에 반하는 사회주의 체제 하에서 민족적인 것이 억압당해 왔고, 체제붕괴 과정 속에서 민족주의는 자유주의와 함께 저항 이데올로기로 작용해 왔다는 점에서 위의 이론들은 타지키스탄의 사례 분석에 매우 적합하다.[2]

그런데 이러한 민족주의는 민족 국가 수립 단계는 물론 그 이전에도 동원의 수단

---

2 좌파적 대안과 같은 저항 이데올로기의 부재 속에서 구 소련의 소수민족 공화국 단위에서의 반소련 운동은 자유주의와 민족주의 이데올로기가 민주화 과정의 주요 저항 이데올로기로 기능한 바 있었다. 타지키스탄에서도 이러한 현상이 나타났는데, 사회주의라는 이름으로 또 다른 억압적 체제 하에 놓여 있었던 구 소련 공화국들에서 갑작스러운 체제전환이 일어나게 되면서 자유주의와 민족주의는 매우 급진적인 체제변혁적 이데올로기로 기능하게 되었다.

을 넘어 통제의 수단으로 전환되면서 개인에 대한 억압은 강화된다. 개인이 민족이라는 상위 개념으로 통합되면 곧바로 개인의 자율성은 민족 집단을 위해 제한되며, 개인의 주체성은 종속적인 관계로 전화된다. 이렇게 개인에 대한 공동체의 압력이 강화되면서 이제 민족주의는 개인에 대한 통제의 수단으로 변질되고, 나아가 그러한 민족의 범주에 포함되지 못 하는 개인들에 대한 배제나 억압, 동화의 수단으로 작용하게 된다(Keating, 2001).

이러한 관점에 따를 경우, 이슬람 정당을 허용하는 등 내전 이후 민주주의적 발전을 보이던 타지키스탄에서 급격하게 라흐몬의 권위주의가 강화되는 현상 역시 이러한 이론 틀 내에서 설명이 가능하다. 특히 저항 세력들의 이데올로기들 중 상당 부분을 흡수한 라흐몬 정권은 무엇보다도 민족주의라는 틀 속에서 저항 세력들이 공통분모를 찾았을 뿐 아니라, 이슬람주의의의 극단화가 저지되었다는 사실을 간파하였고, 이를 적극적으로 활용하면서 자신의 권위주의적 지배를 강화하고 있다고 할 수 있다.

Ⅲ. 소련의 해체, 타지키스탄 민족주의의 부활과 내전, 그리고 그 이후

1. 소련의 해체와 타지키스탄 내전 과정에서 민족주의의 역할에 대한 재고찰

초기와는 달리, 공산주의자들과 이슬람주의자들 간의 이념이나 종교적 갈등이 타지키스탄 내전의 주요 원인인 것처럼 설명하는 연구는 이제 많지 않다. 그러나 여전히 친정부군을 단순하게 이념적으로 공산주의 체제를 수호하려는 정파들로 오해하게 만드는 공산당 혹은 신공산주의자neo-communist라는 명칭을 사용하고 있고, 반대로 이슬람 저항 세력들에 대해서는 곧바로 이슬람 근본주의 세력으로 여기는 오류는 여전히 존재한다. 이에 반하여 지역주의와 족벌 정치에 대한 강조를 통해 이러한 단순화를 피하고자 하는 분석들이 있지만, 이 역시 과도하게 족벌 정치만을 중심으로 내전과 같은 타지크 사회의 갈등을 설명하려는 오류를 보이고 있다. 따라서 족벌 정치와 얽혀 있는 민족주의 문제와 그로 인한 갈등이라는 측면에서 내전의 성격에 대해서 재

再고찰할 필요가 있다.

체제전환기 국가들에서 지식인 혹은 엘리트 주도에 의한 민족주의 운동은 사회정치적, 경제적 전환기 동안 자신의 민족과 국가의 단일성을 유지하기 위한 수단들 중 하나라고 할 수 있다. 잘 알려져 있듯이, 중앙아시아에서 사회주의 체제 붕괴 및 소련 해체 이후 신생 국가의 엘리트들이 주도했던 민족과 민족정체성 부활 등의 의제는 민주화 문제 이전에 대두된 의제였다(Gill, 2006). 타지키스탄에서도 체제전환기에 가장 중요한 역할을 수행했던 지식인들은 결과론적으로 보았을 때, 민주화 과정을 일정 정도 저해하거나 왜곡되게 만들었다고 할 수 있는 민족주의를 받아들였다. 타지키스탄을 포함한 대부분의 국가들에서 다수 민족의 지지를 획득하기 위해서 이들 지식인들 혹은 엘리트들은 독립 아후의 민족 혹은 국가의 정체성을 재건하기 위해 민족주의를 적극적으로 이용했다.

소련의 운명이 다 해 가던 시기 소련 구성 공화국들에서는 민족정체성 회복에서 주권국가로의 분리 독립에 이르는 다양한 목적을 추구하는 민족주의 운동이 지식인 중심으로 활발하게 전개되었다. 그러한 분위기 속에서 타지키스탄에서도 1989년 9월 15일 '라스토헤즈 운동The Rastokhez Movement'이라는 민족주의 단체가 결성되었고, 1990년 8월 10일에는 반체제 지식인들을 중심으로 하는 자유주의적 정당인 '타지키스탄 민주당Democratic Party of Tajikistan'이 창당되었다. 한편 1990년 6월 9일에는 러시아의 아스트라한에서 '소비에트 연방 무슬림 회의The Congress of Muslims of the Soviet Union'가 개최되었는데, 이 회의의 결과 우즈베키스탄과 타지키스탄 등에도 '이슬람 부흥당The Islamic Renaissance Party'이 창당되었다. 그 뒤를 이어 1991년 3월 4일에는 타지키스탄 내 가장 낙후된 지역이자 타지크어와는 상당한 차이가 있는 고대 이란어에 가까운 언어를 쓰는 파미르 지역을 중심으로 하는 '랄리 바다흐샨Lali Badakhshan'이 결성되었다.

비록 같은 개념적 용어라도 내용적 차이가 있지만, 이들은 공통적으로 다당제 민주주의와 시장경제 도입, 그리고 종교의 자유를 포함한 시민의 자유를 옹호했으며, 특히 타지크인의 이슬람적 정체성의 부활 등을 주장했다. 이렇듯 고르바초프에 의해 시작되었던 개혁과 개방 정책은 머나먼 타지키스탄에도 강력한 영향을 미쳤고, 여타의 공화국들에서와 마찬가지로 대중들 사이에서는 민족주의적 요구가 크게 고양되어 있었다. 이러한 사회적 요구를 대변하는 저항세력들과는 달리, 친 소련적인 마흐카모프Qahhor Makhkamov 공산당 정부는 대중적으로 폭발하고 있는 타지크 민족주의와 민주주의에 대한 요구를 전혀 반영하지 못 하고 있었다. 이들은 저항 세력 내 다양한 이

넘들이 있음을 간파하고, '세속주의 대 이슬람주의' 간의 대립 구도로 재편하려는 시도를 했지만, 라스토헤즈와 민주당으로 대변되는 민족주의적/자유민주주의 진영과 이슬람 부흥당으로 대변되는 이슬람주의 진영은 서로 연대하여 강력한 야당United Tajikistan Opp.sition: UTO을 결성, 공산 정부에 맞서 저항, 결국 내전으로까지 확대되었다.

흥미로운 것은 시위 과정에서 이들 저항세력들은 타지키스탄 공산당 정부의 퇴진과 정치와 경제의 민주화 등의 요구는 물론, 타지크어의 국어 인정, 나아가 우즈베키스탄으로 편입되어 버린 타지크인들의 역사적 영토인 사마르칸트와 부하라 등의 환수 등 매우 민족주의적인 요구를 중심적으로 내걸고 싸웠다는 사실이다. 실제로 볼셰비키에 의해 인위적으로 우즈베키스탄으로 편입되었던 타지크인들의 고도 사마르칸트와 부하라 문제는 내전 발발의 중요한 요인이었다는 사실은 잘 안 알려져 있었던 것이 사실이다(Roy, 2000). 소련 말기에 이 두 지역을 둘러싼 문제는 타지크 지식인들을 중심으로 크게 이슈화되었는데, 문제는 다른 공화국들과는 달리, 소련 시기 타지키스탄 공산당의 주축을 이루는 북부 레니나바드(후잔트) 지역의 족벌 세력들은 우즈베크화 혹은 러시아화되어 있어 이러한 문제에 무관심하거나 무기력한 탓에 반공산주의적 타지크 지식인들이 한층 더 민족주의적 요구로 몰두하게 되는 요인이 되었다.

타지키스탄 공산당 지배 집단을 배출했던 레니나바드 지역은 소비에트 시대를 거치며 가장 러시아화 혹은 우즈베크화가 진행된 지역이라고 할 수 있다(Akiner, 2001: 14; Collins, 2006: 106). 우즈벡인과 타지크인 간의 명확한 민족적 구별에 대해서는 논쟁적인 측면이 있지만, 국가로서의 우즈베키스탄 공화국과 타지키스탄 공화국 자체는 철저하게 인위적으로 만들어진 민족 국가였다. 특히 1920년대 말까지 우즈베크 소비에트 사회주의 공화국에 속해 있었던 레니나바드 지역의 주민들은 자신들의 정체성을 타지크인이라고 생각하지 않고 있었던 것으로 보인다. 특히 이 지역 사람들은 타지키스탄의 여타 지역과는 구별되는 특별한 문화적 정체성을 갖고 있었다(Akbazadeh 1996: 1,116). 더욱이 그 자체로는 타지크 역사에서 큰 의미를 갖지 못 했던 지역이었던 레니나바드는 문화적으로나 역사적, 그리고 경제적으로도 여타의 타지크 지역과의 연계성보다는 우즈베키스탄 내 사마르칸트와 부하라 등지와의 역사적 연관성을 강조하고 있었다(Zviyagelskaya, 1997).

이러한 이유들로 인해 공산주의 시절의 지배 엘리트였던 이들은 타지크 민족주의의 고양이나 부활에 커다란 관심을 보이지 않았다. 이는 체제전환기의 공산당들이 반체제 단체들과 함께 민족주의를 주도하던 여타의 중앙아시아나 코카서스는 물론 러시아 연방 내의 소수민족 공화국들에서의 민족주의와는 전혀 다른 모습을 보인 주요 원인들 중 하나였다(Marat, 2008: 12-24). 가까운 중앙아시아 제 국가들만 하더라도 급진화된 민족주의는 각 국가 지배 엘리트들이 독립을 선동하기 위해 적극적으로 활용한 이념이었던 데 반해, 이러한 현상을 반영하듯 타지키스탄 공산당은 민족주의에 대해 무관심하거나 매우 이질적인 것으로 받아들였다(Akbazadeh, 1996).

따라서 소위 반反공산주의적이면서 민족주의적인 타지크 저항 세력들은 타지크 민족의 이익을 수호할 능력이 부재하는 것으로 판단되는 공산당 정부와 그 주요 지배 엘리트들인 레니나바드 족벌 세력에 대에 매우 비판적이었다. 또한 이들은 민족 간 갈등이 일어나던 시기 타지키스탄 정부에게 절실하게 도움을 호소했던 우즈베키스탄 내 타지크 민족 공동체를 보호할 수 있는 능력이 부재하다고 판단하였다(Nourzhan-ov, 2015: 110).

결론적으로 말해 민족주의적 요구들이 지배 엘리트들에게 받아들여지지 않음으로써 발생한 갈등 또한 타지크 내전이 발발한 주요 원인들 중 하나라고 할 수 있는 것이다. 즉 민족주의적 수사를 사용하지 못한 무기력한 타지크 지배 엘리트들은 체제전환 과정 속에서 통합성을 제고시킬 수 있는 강고한 민족 정체성 고양 정책을 사용하지 못 함으로써 내전이 발발하게 된 측면도 존재하는 것이다. 대부분의 구 사회주의 체제 국가들에서 체제전환 초기에 동원되었던 반공주의와 결합된 민족주의 이데올로기는 체제전환의 극심한 경제적 혼란과 그로 인한 사회적 갈등 속에서 일시적으로나마 불만과 저항을 약화시키는 역할을 했던 것이 사실이다.

그러나 다른 한 편으로는 오히려 지식인들의 과도한 인종적 민족주의 혹은 지역주의적 민족주의에 대한 의존으로 인해 내전이 발발한 측면도 존재한다(Foroughi , 2002). 특히 산악 지역을 중심으로 하는 소위 투르크화되지 않은 '순수한' 타지크 민족이라는 신화는 이 지역이 소련 시대 내내 투르크화(혹은 우즈베크화)된 레니나바드 족벌 세력에 의해 철저히 배제된 지역이라는 주장과 맞물리면서 타지크인들에게 커다란 반향을 일으켜 왔다. 이러한 분위기는 거의 모든 정치 세력들에게 공통적으로 나타났는데, 이슬람 부흥당을 제외한 주요 3당 모두 언어적, 문화적, 역사적 유사성을 갖고 있는 이란과의 관계 복원을 위해 현재의 끼릴 문자로부터 과거 사용했던 아랍 문자로 문자를 바꿀 것을 주장하기도 했다(Nourzhanov, 2015: 111).

한 가지 흥미로운 것은 내전 당사자인 타지키스탄 정부와 UTO 양자 모두 상대적으로 빠른 속도로 내전 종식을 위한 평화협상을 마무리했다는 점이었는데, 이 과정 역시 타지크 민족주의가 강력한 역할을 했던 것으로 보인다. 즉 내전 이전과는 달리, 양측 모두 탈 소비에트 타지키스탄 국가 건설과 새로운 국가성 추구라는 측면에서 이견보다는 유사성을 더 많이 갖게 되었다는 것을 확인하면서 양측 간 타협점이 찾아졌던 것이다.

한편 내전 이후 지배 세력으로 대두된 쿨랍 족벌 세력들은 비록 우즈베키스탄과 레니나바드 족벌로부터의 지지를 받고는 있었지만, 자신의 취약한 권력의 정당성을 확보하기 위해 '순수한' 타지크 언어, 역사, 문화 등의 부활을 주장하는 등 타지크 민족주의적 경향을 강화하기 시작했다. 이러한 타지크 정부의 민족주의적 경향의 강화는 내전 이전의 주요 저항 세력들의 주장과 크게 다를 바가 없었다. 게다가 새 정부는 자신들의 뿌리를 사마르칸트와 부하라에 기반을 둔 사만 왕조에 있다고 선언하였는데, 이 역시 두 지역의 수복을 주장하는 저항 세력들의 주장과 일치하는 부분이었다. 결국 우즈베키스탄 정부와의 갈등은 증폭되기 시작했으나, 내전의 당사자들이었던 양 진영 간의 차이는 크게 줄어들었다(Chatterjee, 2002). 그리고 마침내 1997년 6월 27일에 타지키스탄 대통령인 에모말리 라흐모노프와 UTO의 지도자였던 사이드 압둘로이 누리Said Abdulloi Nuri 간에 평화 협정이 조인됨으로써 5년 동안 지속되어 왔던 내전이 종식되었다.

한편 타지키스탄 내전과 관련하여 타지크 내 여러 족벌 세력들이나 지역 간의 정치적, 사회경제적 차이와 갈등에 그 원인이 있다는 주장이 주류를 이루고 있지만, 이 역시 다소 수정이 필요하다고 판단된다. 가령 타지키스탄 민주당과 타지키스탄 이슬람 부흥당, 그리고 라스토헤즈 등 모두 특정 지역에 기반한 정치 세력이 아니라는 점에 주목할 필요가 있다. 특히 라스토헤즈의 대표인 토히르 압두자보르Tohir Abdujabor의 경우 당시 공산 정부의 지배 족벌이었던 레니나바드 출신이었고, 타지키스탄 민주당은 물론 타지키스탄 이슬람 부흥당 또한 전국적으로 균등한 지지를 받고 있었던 정치 세력이었다.

특히 일반적으로 가장 가난한 지역인 바다흐샨 지역에 이슬람 부흥당의 지지 세력들이 분포할 것이라는 통념과는 달리 이 지역은 수니파인 이슬람 부흥당에 적대적인 시아파가 다수를 차지하고 있다, 또한 이슬람 부흥당은 여타의 종교적 조직들이 아닌 민주당과 라스토헤즈, 랄리 바다흐샨 등 세속주의적 정치 세력들과 함께 손을 잡았던 데에서도 보이듯, 이들의 주요 목적은 이슬람 신정 국가 수립이 아니라, 공산당 세력에 반대하여 정치적 권력을 획득하는 데에 있었다는 주장도 만만치 않다.[3] 무엇보다도 이는 모든 정치 세력들이 타지키스탄인들의 압도적 다수가 신정 국가가 아니라 세속 국가를 지지하고 있는 현실을 명확하게 알고 있었다는 것을 반증하고 있다(Foroughi, 2002: 42).

또한 내전 이후 UTO의 대통령 후보로 위에서 언급한 다블라트 후도나자로프가 선출되었는데, 만약 이슬람 세력들이 이슬람 국가를 건설하고자 했다면, 이슬람 국가 건설에 반대하는 그를 대통령 후보로 선출하지는 않았을 것이라는 주장도 있다. 그는 단호하게 타지키스탄의 이슬람 운동은 결단코 이슬람 국가라는 이상을 추구하지 않을 것이며 타지키스탄은 세속적이며 민주주의적 국가이어야 한다고 주장해 왔다.

2. 타지키스탄 내전의 외적 요인: 지정학과 타지크 민족주의의 부활

그 동안 이행론자들transitologist은 국가성이나 민족 문제 등에 주의를 기울이지 않았기 때문에 타지크 내전에 있어서 민족주의의 영향은 물론 그로 인한 러시아나 우즈베키스탄과의 관계에 대해 커다란 의미를 부여하지 않았던 것이 사실이다. 그러나 이러한 외적인 요소는 타지크 내전의 발발은 물론 그 종식 과정에 결정적인 역할을 했다고 할 수 있다. 특히 독립과 내전 발발 전후 우즈베키스탄과 러시아의 역할은 결정적인 것이었다고 할 수 있다.

위에서 언급했듯이, 탈 소비에트 타지키스탄의 세속주의적-자유주의적 저항 세력들과 이슬람주의적 저항 세력 모두 타지크 정체성의 부활이라는 민족주의적 주장에 공감하고 있었는데, 타지크 민족주의는 종종 페르시아적인 문화적 유사성을 갖고 있는 이란과 아프가니스탄과의 유대관계의 강화를 주장하는 방향으로도 나아갔다. 아프가니스탄에서의 친소 나지불라 정권의 붕괴와 더불어 급부상한 타지크 반군의 지도자 마수드의 등장과 함께 타지크 민족주의도 한층 고조되었다.

---

3 많은 전문가들은 그것은 수사일 뿐이리고 평가하기도 하지만, 이슬람 조직들의 주요 지도자들 중 하나인 악바르 투라존조다(Akbar Turajonzoda)는 타지키스탄에서 이슬람 국가를 세우려는 시도는 타지키스탄을 붕괴시키는 결과를 낳을 것이라고 경고하면서 그러한 시도에 대해 거부하기도 했다.

이에 우즈베키스탄 정부는 아프가니스탄에서의 정정 불안, 특히 이슬람 근본주의 세력의 대두에 대해서 뿐 아니라, 타지크 민족주의의 부활에 대해서도 커다란 경계심을 갖게 되었다. 또한 공통의 언어적, 문화적 뿌리를 갖는 이란과의 접촉 이후 타지크어의 아랍어 표기로의 복귀 등의 주장이 대두되면서 타지크 민족주의는 말 그대로 부흥기를 맞게 되었다. 이러한 타지크 민족주의의 부활은 우즈베키스탄의 안보와 통합성에 심각한 위협으로 다가왔다(Dagiev, 2014: 96).

991년 야권 연합 후보였던 다블라트 후도나자로프Davlat Khudonazarov는 소련 시절 소비에트 인민 대표자 회의 의원들 중 반체제 인사였던 안드레이 사하로프가 이끄는 정파 소속이기도 했다. 1992년 나비예프가 사임하고 4개 야당을 주축으로 그 구성이 선포된 국민화해 정부Government of National Reconciliation는 타지크민족이 거주하는 공간으로서 뿐 아니라 페르시아계 언어와 문화를 공유하는 아프가니스탄과 이란과의 역사적 유대를 강조하였다. 바로 이 지점이 러시아와 우즈베키스탄을 크게 자극했다고 할 수 있는데, 특히 이러한 주장을 자유주의 야당과 이슬람주의 야당이 연대하여 공통의 민족주의적 주장을 내걸었다는 사실은 이들 국가들에게 매우 위협적인 것이었다.

우즈베키스탄으로부터 타지키스탄이 분리되었던 1929년 이후 우즈베키스탄 정부는 내전 당시는 물론 오늘날까지도 타지키스탄에 대한 영향력을 상실하지 않기 위해 온갖 수단을 동원해 왔었다. 소련해체 이후에도 우즈베키스탄 정권은 타지키스탄과 아프가니스탄에서의 안보 문제와 관련하여 직간접적인 개입을 자행해 왔다. 우즈베키스탄 대통령인 이슬람 카리모프는 공공연하게 타키지스탄에서의 민주주의적 혹은 이슬람주의적 운동은 중앙아시아적 현실 속에서 맞지 않은 운동이며, 이러한 운동은 체제전환기 이 지역에서의 혼란과 불안정성만 가중시킨다고 비판한 바 있었다(Horsman, 1999: 41-42). 특히 이슬람 저항 세력들이 범이슬람주의가 아닌 타지크 민족주의와 결합하여 타지키스탄 내 우즈벡인들 거주 지역에 대한 문제 뿐 아니라, 우즈베키스탄 내 사마르칸트와 부하라 등의 영토 문제를 주장하고 있는 것에 대해 매우 민감한 반응을 보여 왔다.

정부의 강력한 불법화정책에도 불구하고, 우즈베키스탄 내 반정부적인 이슬람 정치 정당과 운동 세력들의 활발한 비합법적 활동들로 인해 위협을 느끼고 있었던 우즈베키스탄 정부는 이러한 국내 이슬람 정치 세력들이 타지키스탄 내전에서 공산 정부군에 맞서 싸우는 이슬람 저항 세력에 대한 지지와 연대를 표명하자 우즈베키스탄 영토의 통합성에 타격을 줄 수 있다는 우려까지 합쳐져 한층 더 강한 대응으로 맞섰다

(Dagiev, 2014: 98).

물론 우즈베키스탄이 개입하게 된 또 다른 이유는 타지키스탄 내 우즈벡인들의 보호 문제였다. 내전 발발 이전 타지키스탄 인구의 약 24% 정도가 우즈벡인들이었는데, 이들은 후잔트 외에도 히소르Hissor, 쿠르곤테파Qurghontepp.지역 등에 집중 거주하고 있었다. 이러한 타지키스탄 내 우즈벡인에 대한 보호의 진정한 목적은 따로 있었는데, 그것은 일종의 완충지대 역할을 하고 있는 이들의 보호로 향후 발생할 수도 있는 국경 문제를 대비하기 위한 것이었다. 이를 위해 우즈베키스탄 정부는 타지크 반군과 전투를 벌이고 있었던 히소르 지역 우즈벡인들에게 무기 제공은 물론 자국 내에서 전투 훈련까지 시킨 것으로 알려져 있기도 하다. 그 외에도 우즈베키스탄 내 타지크인들의 소요 및 분리 독립의 가능성을 차단하기 위한 목적도 있었다고 할 수 있다 (Gill, 2006; Rubin, 1993-1994: 135-136).

러시아 역시 자유주의 저항 세력과 이슬람 저항 세력이 사상적으로 분열하지 않고 공히 민족주의적 요구를 내걸고 특히 소련에 의한 타지크 영토의 자의적 분할 및 양도에 대한 강한 문제를 제기하는 양상에 위협을 느끼지 않을 수 없었다. 이 외에도 약 2천 5백만여 명의 러시아인들이 러시아 외의 공화국들에서 거주하고 있었는데, 타지키스탄 내전 중에 타지키스탄에서 거주하던 러시아인들 중 약 70%가 타지키스탄으로부터 이주하지 않을 수 없는 상황 속에서 해외 거주 러시아인들의 안전을 책임져야 하는 러시아 정부로서는 심각하게 받아들이지 않을 수 없었다(Burbaker, 1996: 56).

물론 그 이전에 이미 체첸 내전을 치르고 있던 러시아로서는 연방 내 분리주의 성향이 강한 이슬람 지역으로의 이슬람 근본주의의 확산을 두려워하지 않을 수 없었는데, 자신의 영향력이 미치는 지역인 타지키스탄 등지에서의 사태 악화는 심각한 안보의 위협으로 다가왔다. 특히 이미 타지키스탄에 주둔해 있던 러시아군을 바탕으로 러시아는 미래의 타지키스탄 정부 구성에 영향을 미침으로써 구 소련 공화국들에 대한 통제력을 유지하고자 했다(Johnson, 1998: 12-13). 따라서 소수민족의 권리를 옹호하는 개혁파가 주도한다는 신생 러시아 정부도 자신들을 적대시하는 저항 세력들보다는 오랜 기간 러시아의 보호 하에서 지역 내에서의 기득권을 누려 왔던 공산당 세력들을 지지하지 않을 수 없었다. 이에 따라 내전 발생 이후 러시아는 공식적으로는 중립을 선언했지만, 사실상 공산당의 이름으로 통치해 왔던 세력들에게 무기 공급과 인적인 후원도 아끼지 않았다(Zviyagelskaya, 1997).

이러한 러시아-우즈베키스탄의 후견주의적 보호 하에서 1992년 레니나바드와 쿨랍 두 지역 clan들의 연대로 쿨랍 출신인 에모말리 라흐몬Emomali Rahmon이 최고 소비에트 의장으로 선출되었고, 레니나바드 출신인 압두말릭 압둘로조노프Abdumalik Abd-ulojonov가 총리로 지명되었지만, 이러한 두 거대 족벌 세력 간 권력 분점에 의한 국정 장악도 내전을 종결시키지 못 했다. 결국 러시아와 우즈베키스탄의 강력한 지원 하의 두 족벌 세력들을 중심으로 하는 옛 공산당 후진 정권과 이에 대항하는 4개 저항 세력의 연합 조직인 UTO 간의 피비린내 나는 내전은 이후 5년 동안 지속되고 말았던 것이다. 내전 발발은 물론 평화 조약을 맺는 과정에서도 외부적 요인은 크게 영향을 미쳤다(Ubaidulloev, 2002: 175).

내전 과정 속에서 수세에 몰린 무장 저항 세력의 주요 인사들 중 많은 이들이 인근 아프가니스탄은 물론 러시아, 이란, 그리고 심지어 미국 등지로 피신하기도 했다. 그러나 대부분의 무장 저항 세력들은 러시아군과 타지크 정부군을 공격하기 위해 바다흐샨과 같은 산악 지대 혹은 아프가니스탄과 인접한 국경지대로 잠입해 들어가 은신하기도 했다. 그러나 오랜 기간 동안의 전쟁으로 인한 고통으로 국민들 다수의 냉소가 커지는 가운데, 진영을 막론하고 내전이 그 누구에게도 도움이 되지 않았다는 데에 동의하는 흐름이 주류를 차지하였고, 결국 내전 종식에 있어서 저항 세력들의 영향력 보다는 외부 세력들에 대한 의존성이 한층 더 커지게 되었다. 결국 내전 종식에 관한 협상 과정에서 주요 세력이었던 러시아와 우즈베키스탄은 물론 이란과 UN의 역할도 한층 더 강화되었다.

그런데 평화 협상 과정에서의 합의 사항에 대한 불만으로 이에 반대해 온 우즈베키스탄과는 달리, 이란과 러시아의 이해관계가 맞아떨어지게 되면서 평화 협상을 지지하게 되었다. 즉 종파가 다른 이란은 같은 페르시아계라는 민족적 유사성에도 불구하고, 종파가 다른 타지키스탄의 수니파 급진 이슬람 저항 세력이 권력을 획득하는 것을 저지할 필요가 있었다. 또한 1996년 이후 강화된 수니파 급진 이슬람 세력인 탈레반의 아프가니스탄 장악을 저지하기 위해서는 러시아와의 협력이 한층 더 절실했다(Akiner, 2001: 48-50).

특히 아프가니스탄에서 알카에다와 연계된 탈레반의 대두는 역내 이슬람계 공화국들의 분리 독립 운동으로 몸살을 앓던 러시아로서도 커다란 위협이었기 때문에 타지키스탄에서의 갈등 종식은 러시아로서도 절실했다. 이렇듯 타지크 내전으로 상징되는 국가 분열 사태의 초기에는 러시아와 우즈베키스탄이라는 외적 요인들이 결정적 역할을 했고, 점차 기존의 지역 족벌 세력들과 서구 등 다른 외부 영향력의 역할도 확대되어 왔다고 할 수 있다(Heathershaw, 2009: 27).

Ⅳ. 내전 이후 타지키스탄: 권위주의 정권의 강화와 이슬람 정당의 약화, 그리고 새로운 현상

1. 이슬람 부흥당의 온건화: 민족주의의 이슬람주의에 대한 승리

정치 과정으로의 포섭 혹은 참여를 통해 급진 정치 세력이 온건화되는 경우는 일반적으로 보다 온건한 유권자층의 획득을 위한 전략의 유연적 변화도 있지만, 저항을 위한 무장한 투사들보다는 정당 행정가나 관료들이 더 필요하게 됨으로써 구조적인 변화가 일어나면서 발생하는 토대의 변화도 중요하게 고려되어야 한다(Berman, 2008). 터키와 북아프리카 세속주의 독재 국가 등 일부 이슬람 국가들에서의 급진 이슬람 정치세력의 온건화 과정에 대한 연구에 따르면, 이러한 변화 과정 속에서 국가 뿐 아니라, 시민사회가 이러한 운동들에 대한 공공적 제도적 제약을 가함으로써 급진 세력들의 온건화가 일어나기도 한다(Mecham, 2004: 339).

스탈린의 권력 장악 이후 한층 더 이슬람 억압 정책을 펼쳐 왔던 소련은 2차 세계 대전 이후 다소 완화된 정책을 시행하기 시작했는데, 특히 미국 등 서방 자유진영과의 대립이 격화되었던 1960년대에는 중동 등지에서의 영향력 확대를 위해 반 이슬람 정책을 한층 더 완화하게 되었다(Demirtepe, 2004: 188-189). 이에 따라 소련 내에서도 사마르칸트와 타쉬켄트 등을 중심으로 일부 모스크들이 복원이 되거나 새로운 모스크들이 건설되는 등의 변화가 일어났고, 타쉬켄트에는 이슬람 연구소와 무슬림 종무원 등이 건립되기도 했다. 이러한 변화 속에서 비합법 써클을 포함한 다양한 이슬람 써클들이 생겨나는 등 이슬람 운동이 서서히 부활하기 시작했는데, 그 중심지들 중 하나는 바로 페르가나 지역이었다(Ruzaliev, 2005: 15). 전통적인 하나피파는 물론 외부 와하비스트Wahabist와의 연결망도 서서히 생겨나기 시작했다(Olcott, 2007).

이러한 흐름 속에서 1979년 소련의 아프가니스탄 침공 이후 이 지역에서의 이슬람 운동은 급진화되기 시작했다. 많은 이들이 미국과 서방이 지원하는 무자헤딘 운동에 참가하게 되면서 외부 이슬람 세계와의 연대가 크게 확대되었다(Roy, 2001: 55). 특히 1980년대 내내 수천 명의 우즈벡인들과 타지크인들이 아프가니스탄의 무자헤딘 운동에 직접 참가하여 소련군과의 전투 경험을 쌓기도 했다. 일부는 파키스탄으로까지 내려 가 급진 이슬람주의 교육을 받거나 급진 이슬람주의자들과의 교분을 쌓기도 했다. 이들은 이후 이슬람 국가 건설의 꿈을 갖고 중앙아시아로 돌아 왔다(Rashid, 2002: 44-45). 이러한 영향 하에서 1991년 소련 붕괴 이후 타지키스탄은 중앙아시아에서 최초의 이슬람의 부흥이 대대적으로 일어난 나라가 되었다(Karagiannis, 2006, 2).

1990년 9월 아스트라한에서 러시아 연방 내 북 카프카스 지역과 타타르스탄, 그리고 우즈베키스탄과 타지키스탄의 무슬림들을 중심으로 종교를 기반으로 하는 정당인 이슬람 부흥당이 창당되었다. 소련 붕괴 이후 러시아에 중앙 조직이 있었던 이슬람 부흥당은 우즈베키스탄과 타지키스탄에 지부를 두었는데, 두 지부 모두 정부의 허가를 받지 못 한 비합법 정당으로 존재하고 있었다. 1991년 겨울에 타지키스탄 지부는 샤리프 힘마트자데, 다울라트 오스만, 그리고 물라 누리 등의 주도 하에서 가름Gharm 지방을 기반으로 하는 독자적 정당인 타지키스탄 이슬람 부흥당을 창당하였다. 이들의 지역적 기반은 누리의 출신 지역인 가름과 카라테긴 계곡 등이었지만, 단순히 이들 지역만을 기반으로 한 지역 정당이 아니라 전국적인 지지를 확보했던 정당이었다(Roy 2001, 57).

처음에는 타지키스탄 정부 당국은 종교를 기반으로 하는 정당 등록을 거부하여 합법적 활동을 할 수가 없었는데, 민족 단위 공화국 등 지방 단위에서의 반공산주의 혹은 민족주의 운동들로부터의 지지를 확보함으로써 자신의 입지를 강화하고자 했던 옐친 진영의 전략 하에서 1991년 10월에 마침내 이슬람 부흥당은 합법적인 정당으로 등록할 수 있게 되었으며, 12월까지 단 2개월 동안 무려 2만여 명의 당원을 확보한 정당으로 성장하였다(Hunter, 2001: 74; Collins, 2007: 74). 이슬람 부흥당의 이념은 아랍 국가들에서 활동하는 '무슬림 형제단Muslim Brothers'의 이념과 유사하다고 할 수 있는데, 이러한 이념들 중 가장 중요한 것은 이슬람 국가의 건설이고, 이들의 중요한 목표 중 하나는 소련 내 무슬림들이 코란의 원리에 따라 살아가도록 헌법을 제정하는 데에 있었다(Roy, 2001: 56; Karagiannis, 2006: 2).

그러나 이슬람 부흥당 주도 하 결성된 '타지키스탄 야당연합UTO'은 자신의 강령에서 이슬람주의 뿐 아니라, 민족주의와 민주주의를 추구한다는 점을 명시하고 있었는데, 집권기는 물론 내전 과정, 그리고 내전 이후 그 어느 시기에도 세속주의적 혹은 자유주의적 야당들과의 격렬한 대립과 분열이 일어나지 않았다는 점에서 이는 단순히 표면적이고 상징적인 의미만을 갖고 있었던 것은 아니었다. 또한 공산당 정권에 반대하는 시위대를 동원하는 데에 있어서 가장 적극적이었던 이슬람 부흥당의 일부 지도자들은 나비예프 퇴진 후 1992년 자신들이 주도권을 갖고 결성했던 UTO의 집권기 동안에 타지키스탄 헌법에 명시되어 있는 세속 국가임을 명시한 부분을 삭제하려는 시도를 감행하기도 했고, 내전이 발발하자 급격하게 정치 정당에서 무장 조직으로 변신하는 모습을 보였다(Collins, 2007: 87).

이후 내전이 발발하고 수세에 몰리게 되자 많은 이슬람 부흥당 중심의 반군들은 아프가니스탄으로 피신하였는데, 그곳에서 이들 반군들은 아프가니스탄의 타지크계 반군 지도자 마수드 지도 하 혹은 파쉬툰족 중심의 이슬람 근본주의 단체들로부터 훈련을 받기도 했다. 종파는 시아파로서 차이가 있지만 이란 역시 이슬람 부흥당의 일부 지도자들에게 은신처를 제공하기도 했다. 내전이 지속되면 될수록 아프가니스탄과 파키스탄, 그리고 이란 등지로 피신한 타지크인들은 급격하게 폭력화, 급진화되었다(Collins, 2007: 85).

이렇듯 1992년 이전 이슬람 국가 수립을 목표로 창당된 이슬람 부흥당은 정치적 이슬람을 자신의 이념으로 삼아 공산주의와 세속주의를 비판하고, 내전의 한 주요 당사자로서 무장 투쟁의 선두에 서서 싸워 왔다. 그러나 매우 흥미롭게도 1997년 평화조약 체결 이후 이슬람 부흥당은 매우 빠른 시간 안에 급격하게 현대적 정치 정당, 특히 터키의 정의개발당과 유사한 포스트 이슬람 정당Post-Islamic Party의 특징을 갖는 정당으로 변모하게 되었다(Karagiannis, 2006: 12; Naumkin, 2005: 250-256).

내전 종식을 위한 평화 조약 서명 당시 이슬람 부흥당은 민주주의적 이슬람 정당으로의 전환에 동의하였고, 그 이후 당은 한층 더 온건화되어 스스로 유럽에서의 기독민주정당과 유사한 정당으로의 변신을 추구해 오고 있다. 이슬람 부흥당의 온건화로 인해 타지키스탄에서의 정치적 이슬람의 변화가 시작되어 마침내 이슬람 국가 수립이라는 구호는 먼 훗날의 목표로 선언되었고, 이러한 변화가 반영되어 평화 조약 체결 시 더 이상 이슬람 국가 수립에 대해서 논하지 않음은 물론 국가 권력의 획득은 반드시 헌법의 틀 속에서만 추구할 것에 동의하기에 이르렀다(Yaacov, 2003: 253; Shozimov, 2005: 22).

이에 따라 이슬람 부흥당은 더 이상 반체제 정당이 아님을 선언하고, 주요 지도자

들은 공개적으로 탈레반 식의 샤리아에 입각한 국가나 칼리프 국가는 물론 이란식의
이슬람 공화국 모델도 거부하게 되었다(Collins, 2007: 87-88). 이후 이슬람 부흥당
은 당 강령 상으로도 타지키스탄을 이슬람 국가로 변화시키려는 그 어떠한 시도도 거
부하며, 당은 타지크 사회의 이슬람적이고, 민족적이며, 인간적 가치의 발전을 목표
로 한다고 명시하기에 이르렀다. 물론 이슬람적 요소의 발전도 강조하고는 있지만 그
것은 국가의 정치적, 경제적 발전과 조화를 이루어야 하며, 평화와 통일성이 유지되
는 것을 목표로 해야 한다고 정치 강령에서 밝히고 있다. 또한 민족적, 문화적 부흥을
위한 요소로서 이슬람을 강조하고는 있지만, 이슬람적 요소의 확산을 위한 급격하고
과격한 방식으로의 사회 재구조화는 반대했다(Karagiannis, 2006: 12).

이미 내전 말기였던 1996년 당시 이슬람 부흥당의 지도자인 누리는 온건 노선을
채택하게 되었고, 새로운 당 의장으로 선출되었던 무히딘 카브리Muhidin Kabri 또한 민
주주의 원칙에 위배되지 않는 비폭력적이고 자유주의적인 이슬람주의를 옹호하기도
했다. 특히 이를 위해 이슬람 해방당Hizb ut-Tharir와의 단절을 강력하게 주장했다. 그
에 따르면 초국적인 이슬람주의를 외치는 이슬람 해방당과는 달리, 타지키스탄 내에
서의 활동을 목표로 하며, 그러한 활동은 타지키스탄 헌법의 틀 내에서의 활동이어야
한다고 주장하기도 했다(Kabri, 2004: 77).

또한 그는 이슬람 부흥당은 이제 타지키스탄은 세속 국가임을 인정하고, 인본주의
적이고 민주주의적이며 자유로운 법치 국가와 사회를 건설하는 것이 중요한 목표임
을 선언해야 한다고 주장한다. 그리고 민주주의 원칙과 이슬람주의의 원칙은 서로 위
배되지 않으며, 진정한 이슬람은 스스로 민주주의의 발전을 위해 기여해야 한다면서
이를 위해 이슬람 부흥당만이 참여하는 것이 아닌 전체 진보적 이슬람주의 운동을 추
구해야 한다고 주장한다(Kabri, 2004: 78-79). 그에 따르면, 이러한 원칙 하에서는
과거에 연대해 왔던 우즈베키스탄 이슬람 운동Islamic Movement of Uzbekistan: IMU와 같
은 조직과의 연대는 바람직스럽지 않은 것으로서 그는 이제 이들과 같은 방식의 이슬
람 정치에는 동의하지 않을 뿐 아니라, 중앙아시아의 권위주의적 정권들로부터의 탄
압만 강화될 뿐이라는 입장을 견지하고 있다(Bowyer, 2008: 192).

그러면서도 이와 동시에 정권이 보다 민주적이고 개방적일수록 급진적인 운동의
영향은 축소될 것이라는 입장에서 타지키스탄을 비롯한 중앙아시아 권위주의 정권들
에 대해서도 비판을 가하고 있다. 따라서 이슬람 부흥당은 이러한 권위주의적 정권과
급진적 이슬람 세력들 사이에서 매우 중요한 역할을 하는 '완충'적 존재로서 민주적

과정들 속에서의 민주주의적 활동들을 통해 오히려 진정한 이슬람적 가치와 원칙들을 지속적으로 확산시킬 수 있다고 판단하고 있다(Bowyer, 2008). 그러나 이러한 실용주의적 관점에 입각한 변화 속에서 정부 내각에도 참여해 왔던 이슬람 부흥당은 사회경제적 문제들에 대해서도 실용주의적 관점을 취함으로써 이념적으로도 여타의 세속적 정당들과의 차별성이 약화된 것이 사실이다(Karagiannis, 2006: 17).

한편 이슬람 부흥당의 탈급진화 혹은 탈이슬람화로 인해 이념적 공백이 발생하게 되었고, 이러한 상황은 과거 이슬람 해방당이 그 틈을 파고들었던 것처럼 여타의 근본주의적 세력들이 종교적인 타지크인들에게 영향을 미쳐 이들을 급진화시킬 수도 있다는 사실을 강조할 필요가 있다. 실제로 이슬람 부흥당의 폭력적 방식의 투쟁 거부와 정부와 선거 정치 참여 선언은 내부의 급진파들로부터의 반발을 가져 왔고, 당으로부터의 이탈을 불러 온 것이 사실이다. 특히 라흐몬 정부의 약속 불이행과 탄압의 강화에도 불구하고, 이슬람 부흥당 지도부는 전쟁을 포함한 폭력적 방식의 저항을 거부해 왔는데, 이로 인해 급진파들은 탈당하여 우즈베키스탄 이슬람 운동 혹은 이슬람 해방당에 가입하기도 했다. 또한 소위 온건파 내부에서도 여성 문제 등을 둘러싸고 보수적인 이슬람 세력들과 진보적인 이슬람 세력들 간의 내분이 일어나기도 했다. 주요 지도자인 힘마트조다는 여성의 정치 참여가 배제된 이슬람 국가 건설을 호소하기도 했고, 투란존조다는 이슬람 부흥당에서 탈퇴하여 라흐몬의 권위주의 정권에 참여하기도 했다(Collins, 2007: 88; Karagiannis, 2006: 17).

그러나 카브리를 비롯한 주요 진보적 당 지도자들은 2005년 이후의 한층 강화된 탄압에도 불구하고 폭력적 저항 방식에 대한 거부를 다시 한 번 확인하였고, 서구 국가들이 후원하는 현대적 정치 정당 발전 프로그램에 당원들을 파견하거나 당내 여성 당원들과 청년 당원들로 구성된 각종 위원회들의 발전을 위해 꾸준한 노력을 계속 해 오고 있었다. 특히 비록 권위주의 정권의 탄압이 강화되고 불공정한 선거가 계속되고 있지만, 여당과의 각종 공개 토론회 등 상대적으로 열려져 있는 민주주의적 공간을 활용하고 의회선거와 대통령 선거에 참여하면서 카브리가 이끄는 이슬람 부흥당은 서구식 정치 정당으로의 변신을 추구하면서 민주주의의 원칙을 수호하고자 한다는 것을 유권자들에게 보여줘 왔다(Bowyer 2008: 189). 특히 매우 놀랍게도, 이슬람 부흥당의 의상으로 여성인 오이니홀 보보나자로바Oinihol Bobonazarova가 선출되었고, 심지어는 2013년 이슬람 부흥당의 대통령 후보로 나섰다는 데에서도 이슬람 부흥당의 실험은 주목할 만한 가치가 있었다.

2. 권위주의 정권의 민족주의적 의제 흡수: 민족주의의 진보성의 종말과 새로운 전망

그러나 이러한 이슬람 부흥당의 제도적 민주주의에의 적응과 변화 과정, 그리고 나아가 민주주의와 이슬람의 공존의 실험은 점차로 더 권위주의화되고 있는 라흐몬 정권에 의해 파괴되고 있다. 흥미로운 점은 바로 이러한 과정이 오히려 이슬람부흥당과 같은 야당 세력들의 약화와 더불어 진행되어 왔다는 데에 있다. 이는 이슬람 부흥당 못지않게 국민 국가 건설 과정에서 권위주의 정권도 적극적으로 민족주의적 요소들을 강조함으로써 가능한 측면이 있었다.

즉 내전 과정에서 드러났듯이 타지키스탄 국가의 통합성을 유지하기 위해서는 우즈벡 민족과 같은 확연한 비 타지크 민족은 물론 타지크 민족으로 규정될 수는 있으나 매우 이질적인 지방 지역들의 부족이나 족벌, 타 종파 등 다양한 하부 단위의 통합이 절실했다. 이에 타지키스탄 정부는 다른 모든 타지크 민족 정체성을 구성하는 요소들 중 '타지크성Tajikness'을 강조하기 시작했다. 이에 따라 2000년 무렵부터 정부는 적극적으로 타지크 민족의 고유하고 우수한 독자적인 문화, 즉 문화적 예외주의를 강조하기 시작했고, 이러한 신화를 만들기 위해 타지크 민족과의 대립되는 '야만적'인 중앙아시아 투르크 민족들, 특히 우즈벡 민족이라는 '타자otherness'를 만드는데 몰두하게 되었다. 이를 위해 타지크 민족의 역사를 중앙아시아의 선주민인 인도-이란계 민족의 역사와 연결시킴과 동시에 이란계 민족이 세운 국가 중 중앙아시아로 영토를 확대했던 사만 왕조Samanid Dynasty의 역사를 타지크 민족의 황금기였음을 강조하기 시작했다. 또한 이 사만 왕조를 붕괴시킨 것이 투르크 민족이었으며, 그로 인해 타지크민족이 고통에 빠지기 시작했고, 고유의 영토까지 빼앗겼다는 식의 논리가 강조되었다. 또한 그 과정 속에서 타지크 민족 영웅들의 이야기들이 크게 부각되어 소개되었다(Nourzhanov, 2015).

흥미로운 점은 라흐몬 정부에 의해서 적극적으로 만들어진 소위 타지크 예외주의의 내용 중 가장 핵심적인 것은 바로 세속주의에 대한 강조였다. 중등 교육 기관의 교과서에서도 이슬람이 전파되기 이전에도 중앙아시아 문명의 담지자인 타지크 민족의 위대성이 곳곳에서 발현되었다는 것이 강조되었으며, 타지크 민족이 형성되었던 사만 왕조 시기의 문화적, 경제적, 군사적 발전에 대해서는 서술되어 있지만, 이 당시 크게 발전했던 이슬람에 대해서는 특별한 강조를 하고 있지 않다는 특징을 보이고 있다(Nourzhanov, 2015).

이러한 정부의 세속주의 정책 추진은 물론 이슬람 부흥당의 온건화 정책으로의 선회는 타지크 민족의 이슬람교에 대한 신심이 강하지 않았던 데에서도 기인한다고 할 수 있다. 평화 조약이 체결되기 전의 한 여론 조사에 의하면, 타지크 국민의 약 90%가 스스로를 무슬림으로 규정하고 있기는 하지만, 이들 중 약 13%만이 정기적으로 사원에 나가고 있었을 뿐이고, 단지 1%만이 일주일에 주중 5번의 기도를 지키고 있었으며, 약 59%는 전혀 이러한 종교 의식을 지키지 않고 있었다(Wagner, 1997). 물론 정기적으로 사원을 방문하여 예배에 참석하는 비율은 무려 52%로 증가했고, 하루에 5번 이상의 기도 의식을 지키는 사람들 역시 62%로 증가하는 등 2010년의 조사 결과는 충격적인 변화를 보여 주고 있다. 그럼에도 불구하고, 타지크인의 64%는 세속적 국가를 지지하며, 단지 7% 정도만이 이슬람적인 종교 국가 형태를 선호하고 있다(Yaacov and Wagner, 2009; Manja, 2010)

국제적인 지원과 감시 하에 1999-2000년도에 치러졌던 선거에서 타지키스탄은 민주주의 제도가 정착될 수 있었던 기회를 갖게 되었지만, 내전 이후 심화된 라흐몬 대통령의 쿨랍 족벌 중심적 정치가 오히려 강화되는 계기가 되었다. 쿨랍 족벌을 기반으로 만들어진 대통령 정당이라고 불리는 강력한 여당인 타지키스탄 인민민주당을 창당함으로써 내전 이전 지배 엘리트였던 동맹 족벌 세력이었던 후잔트 족벌 세력은 물론 여타의 모든 다른 족벌 세력들과 우즈벡인들까지도 철저히 배제하는 권위주의적 족벌 중심적 정치가 한층 더 강화되었다(Collins, 2004: 256).

특히 1999년도와 2003년 두 차례의 헌법 개정을 위한 국민투표, 1998년, 2000년, 2005년에 있었던 세 차례의 의회 선거, 그리고 1999년과 2006년도 두 차례 있었던 대통령 선거(1994년도 선거까지 포함할 경우 3차례)가 시행됨으로써 최소한 절차상으로는 타지키스탄에서 민주주의적 정치 제도가 정착된 것처럼 보일 수 있다. 그러나 이 모든 정치 과정들은 공정성이나 투명성 등에 있어서 민주주의적이라고 할 수 없었던 일련의 권위주의 체제 강화의 과정이었다. 특히 2003년 헌법 개정을 위한 국민투표를 통해 대통령 연임 규정을 채택한 이후 라흐몬 대통령은 그 임기를 2020년도까지 보장받게 되었다(Akbazadeh, 2006: 565).

2006년에 있었던 대통령 선거에서 라흐몬 현 대통령은 무려 79.3%의 지지율로 재선되었는데, 그에 대항하여 출마한 주요 야당 인사들 중 보보요프의 경우 6.2%, 그 외 기타 후보자들은 다 합쳐 단지 14.5%만의 득표를 했는데, 이는 선거 결과의 조

작을 포함한 민주주의에 반하는 현실을 보여주는 것이었다. 이후 불공정 선거와 선거 조작 등에 힘입어 라흐몬은 2006년에 다시 3선에 성공하게 되었다(Oliva, 2007: 202).

그러나 지금까지 정부의 선거 개입이 아니더라도 라흐몬은 내전을 종식시키고 국가를 안정시킨 인물로서 대중의 지지는 실제로 상당히 높았다는 것은 부인하기 어렵다. 특히 많은 타지크 유권자들은 그가 내전의 당사자들을 협상 테이블로 이끌어내어 평화를 되찾게 할 만큼 탁월한 지도력을 가진 인물로 평가되어 온 것이 사실이다. 또한 자원이 부족한 빈곤한 국가의 현실적 한계 속에서도 나름대로의 경제 개혁과 발전을 이루는 데 중요한 역할을 한 것으로 평가받고 있었다. 무엇보다 오랜 내전으로 인해 지쳐 있었던 대중들은 안정적이고 중앙집권적인 정부를 선호하고 있었다(Yilmaz, 2009: 141; Marat, 2008: 20).

바로 이러한 대중의 지지를 바탕으로 라흐몬은 평화 협정 내용에 대한 합의를 깨고 야당 세력과 시민사회에 대한 탄압 등 권위주의적 통치를 강화해 왔다. 그러나 라흐몬은 후잔트 지역 족벌 세력은 물론이고 대표적인 야당 세력이자 세속 독재에 가장 위협적인 존재인 이슬람 부흥당을 전적으로 정치 과정으로부터 배제하는 시도는 하지 않았다. 물론 철저한 배격으로 인해 더 큰 반발이 일어나 정권이 또 다시 위험에 빠질 수 있다는 우려에서도 이슬람 부흥당의 존재 자체는 인정했던 것이기도 하다.

그러나 이러한 논리와는 오히려 정반대로 정부는 선거 결과의 적절한 조작 등을 통해 이슬람 부흥당 소속 의원들 중 극소수를 의회로 끌어들임으로써 상징적으로 이슬람 부흥당도 의회 내에서의 정치가 가능한 것처럼 선전하고 있다. 이러한 일련의 조치들은 그를 민주주의적인 지도자로 여겨지게 만드는 효과를 낳고 있으며, 해외로부터의 인도적 구호나 개발 원조를 받는 데 매우 효과적인 방식으로 작동하고 있다(Fumagali, 2007: 575). 물론 이러한 유화적 조치의 이면에서 한층 더 쿨랍 족벌에 의존하는 매우 강력한 권위주의적 조치들이 동시에 강화되어 온 것이 사실이다. 그리고 이러한 정책의 정당화를 위한 공격은 가장 강력한 야당인 이슬람 부흥당에게 집중되어 왔다.

내전 이후 타지키스탄은 중앙아시아에서 유일하게 이슬람 정당이 합법화되어 공식적으로는 의회 선거와 대통령 선거 등 모든 정치 과정에 참여하는 것이 가능한 민주적인 국가의 외형을 갖추게 된 바 있었다. 특히 평화 협상 결과 UTO에게 30%의 지분이 할당됨으로써 그 주요 구성원인 이슬람 부흥당 소속 인사들이 정부에 참여하기도 했다. 그러나 2000년도와 2005년도에 있었던 의회 선거에도 참여했기는 했지만, 저조한 득표율로 인해 단지 2석의 의석만을 확보하는 데 그치는 결과로 인해당의 위세는 크게 위축되어 왔다.

이후 이슬람 부흥당에 대한 탄압은 크게 강화되어 왔다. 특히 이슬람 부흥당이 관련되어 있다는 증거가 없음에도 불구하고, 라흐몬 정권은 2010년도에 있었던 소위 이슬람 테러리스트들의 탈주 사건은 물론 라쉬트 지역 등지에서의 이슬람 세력들에 의한 반정부 무장 투쟁 등의 배후로 이슬람 부흥당을 지목함으로써 갈등이 고조되어 왔다. 뿐만 아니라, 정부 비판적인 주요 신문사 3군데에 대한 폐쇄 조치나 언론인 구속, 온라인 접속 제한 등 언론을 비롯한 시민사회단체에 대한 억압도 한층 강화되고 있고, 이슬람 근본주의를 차단한다는 명목 하에서 2011년 청소년에 대한 이슬람 예배 참석 금지, 수염을 기르거나 공공장소에서의 히잡 착용 금지 조치는 물론 중동에서 유학하고 있던 해외 유학생 강제 귀국 조치 등의 권위주의적 억압 정치가 강화되어 왔다.

2012년 이후에는 '그룹 24', '타지키스탄 재건을 위한 청년연합' 등 새롭게 등장하는 다양한 야당과 시민사회단체 연합 세력들이 등장하기도 했지만, 중동에서의 IS의 급부상 이후 실제로 약 200여 명에 달하는 타지크인들의 IS 참가 사실을 발표하고, 또한 참가를 시도했다는 50여 명의 이슬람주의자들의 체포 사건 등이 일어나면서 한층 더 시민사회에 대한 탄압과 권위주의적 통치를 강화해 오고 있다. 특히 2015년 3월에 역사상 처음으로 이슬람 부흥당이 5% 득표에 실패함으로써 의회에 진출하지 못 하게 됨으로써 정치적 기반이 약화되자 타지키스탄 정부는 9월에 있었던 일군의 무장 세력들의 두샨베의 경찰서 습격사건의 배후에 이슬람 부흥당이 있다고 주장하며 마침내 9월 29일에 이슬람 부흥당을 반정부 테러 단체로 규정, 정당 해체를 명령하였고, 해외로 망명해 있던 이슬람 부흥당 대표인 카브리에 대해 인터폴에 수배령을 요구하기도 했다. 동시에 반정부 연합 조직인 '그룹 24' 또한 테러단체로 규정 불법화한 가운데, 수 명이 체포되었고, 그 지도자들 중 한 사람인 우마랄리 쿠브바토브 Umarali Kubvatov가 터키에서 살해당하는 사건까지 일어났다.

이렇듯 2012년 이후 동부 지역에서의 군벌과 이슬람주의자들에 의한 소요가 한층 더 강화되어 온 가운데, 2013년 대통령 선거에서 83.7%의 압도적 지지율로 4번째 연임에 성공한 라흐몬은 권력 정당인 인민민주당을 앞세워 공산당, 사회당, 경제개혁당 등 사실상 의사 야당이거나 야당의 역할을 하지 못하고 있는 정당들의 후보들만 입후보할 수 있도록 한 뒤, 이슬람 부흥당과 새로운 강력한 야당으로 등장하게 된 사회민주당 등이 연합한 '개혁 연대'와 같은 진정한 야당 세력은 입후보조차 하지 못 하도록 방해하는 등 타지키스탄의 민주주의는 다시 후퇴하고 있다(Heathershaw, 2009: 90-91).

이슬람 부흥당의 약화와 더불어 내전 이후 타지키스탄에서는 점차로 자유주의가 급진성을 상실하게 되는 단계에 접어들면서 대표적인 자유주의 지식인 정당인 타지키스탄 민주당은 지속적으로 약화되어 더 이상 권위주의 정부에 반대하는 주요 야당으로서의 역할을 하지 못 하게 되었다는 사실은 매우 중요하다. 또한 한층 강화된 권위주의 정권 하에서 이슬람 부흥당 역시 야당으로서의 역할이 약화되고 저항 세력의 중심이 다양한 비정당 조직들로 이동하는 등 정당 정치와 민주주의가 다시 위기를 맞고 있는 가운데, 정치 사회에서의 대안적 정당으로서 사회민주당이 2000년대 중반 등장, 야당의 중요한 한 축으로 발전한 것은 매우 흥미롭다(Heathershaw, 2009: 92).

이제 소련 체제 붕괴 시기 반공산 민주화의 핵심 이데올로기였던 자유주의와 민족주의는 각각 제도적 민주주의의 외피와 시장경제 발전 과정 속에서 이후 그 급진성을 상실하거나 국민 국가 건설 과정에서 필연적으로 라흐몬 정권의 지배 이데올로기의 일부가 됨으로써 일단 진보적 성격이 사라지는 운명을 맞이하고 있다. 타지키스탄의 대표적 야당으로 부상했던 이슬람 부흥당이 근본주의 이슬람 세력으로 전화하지 않은 데에는 민족 국가 건설 과정에서 타지키스탄 특유의 민족주의가 중대한 역할을 했음을 살펴보았다. 그러나 민족주의가 권위주의 정권의 지배 수단으로 전락한 현재 이슬람 정치세력의 근본주의적 급진화 등 정치적 위기가 재현될 가능성이 높다. 문제는 주변 중앙아시아 권위주의 정권을 모사하는 라흐몬 정권의 민주화가 우선적인 조건이기는 하지만, 지역과 족벌, 종교 등에 기반한 정치가 아니라 이념과 정책에 기반한 정치로 전환할 때만이 민주주의가 정착할 수 있다는 점에서 타지키스탄 사민당과 NGO 등 새로운 정치세력들의 역할이 매우 중요하다고 할 수 있다.

V. 결론

1991년 소비에트 연방 내에서도 정치적으로나 경제적으로나 가장 후진적이었던 타지키스탄에서도 민주주의와 시장경제, 그리고 민족주의적 요구를 내건 반공산 저항 운동이 활발하게 일어났다. 이론상으로는 1917년 당시 서구 제국주의 국가들보다 훨씬 더 민주주의적이고 계급 간 혹은 민족 간 불평등이 없었어야 했던 소련 체제였지만, 여러 가지 이유로 그 후의 현실은 이론과 전혀 달랐을 뿐 아니라, 현실 사회주의 체제는 그 어떤 체제보다도 더 억압적이고 폐쇄적인 체제였으며, 특히 비러시아 민족들에게 있어서 소련 체제는 한층 더 억압적인 것으로 느껴져 왔다.

결국 소련의 붕괴와 그에 따른 체제 전환은 반공산주의/자유주의적인 것이었을 뿐 아니라, 매우 민족주의적인 것이었다. 식민지-피식민지 관계와는 질적으로 다르지만, 어찌 되었든 소련 체제는 사실상 '러시아적인 것'으로 받아들여 온 러시아 외의 신생 독립 국가의 민족들에게 소련 체제의 해체는 '공산주의 체제'의 파산 뿐 아니라 소련 치하에서 박탈당했던 주권 쟁취와 민족 국가 수립이라는 민족주의적 과제의 실현을 의미했다.

따라서 타지키스탄을 비롯한 비러시아 공화국들에서는 현실 사회주의의 대안은 곧 자유주의와 시장경제체제라고 생각했기 때문에 사회주의는 한편으로는 고유한 민족 정체성의 파괴를 의미했고, 소련은 곧 러시아를 의미했기 때문에 사회주의 소련에 반대하는 것이란 자유주의와 동시에 민족주의적 과제를 추구하는 것을 의미하는 것이기도 했다. 여기에 더해 중앙아시아 국가들의 경우에는 소련의 주요 지배 민족이었던 러시아인들과는 다른 종교적 정체성이 민족 정체성 부활의 핵심 요소로 부상하면서 민족주의의 발흥 과정 속에서 대중적으로 확산되었다.

소련 시기 타지키스탄은 우즈벡 민족의 비율이 높고 상대적으로 러시아화가 진행된 부유한 산업 지역인 북부 레니나바드(현재의 후잔트) 지역 족벌들에 의해서 공산당의 이름으로 통치가 이루어져 왔다. 그러나 소련 중앙에서의 개혁의 혼란기 속에서 수많은 비공산계 야당 혹은 저항세력이 등장하면서 후잔트 씨족 중심의 타지키스탄 공산정권의 지배력이 약화되자 이들은 적극적으로 남부의 쿨랍 씨족을 지배 동맹 세력으로 끌어들였다.

반면 민주주의와 시장경제, 타지키스탄 민족 정체성 부활을 주장하는 소위 민주화 저항 세력들이 등장했지만, 이들은 대부분 고르노-바다흐샨과 같은 기존의 지배 씨족이 아닌 지역들의 족벌 세력을 기반으로 구성되었다. 그러나 이들은 족벌만을 바탕으로 한 것은 아니었는데, 가령 야당의 주축 세력들인 라스토헤즈는 타지크 민족주의자들이, 타지크 민주당은 자유주의적 지식인들이, 그리고 이슬람 부흥당은 남부의 빈곤한 지역을 바탕으로 하지만 전국적으로 골고루 지지를 받았던 이슬람주의자들이 각각 주축을 이루었다.

족벌 혹은 지역 파벌들이 곧 특정 이념을 내세운 정치세력을 구성하는 것은 아니었지만, 확연한 지역 간 정치, 경제적 차이 속에서 이러한 요소들은 분명 강력한 영향을 미쳤다. 비공식적 족벌 정치라는 요인은 지역 간 정치 경제적 격차 속에서 공산주의와 자유주의, 민족주의, 그리고 이슬람주의와 같은 이념들과 뒤섞였고, 여기에 더해 역내 우즈벡 민족 문제와 러시아, 우즈베키스탄 등 외부적 요인까지 더해진 상태에서 내전으로 치닫게 되었다.

반공산 민주화 과정에서 자유주의와 민족주의가 강력한 저항 이데올로기로 작용했던 구 소련 국가들 중 이슬람 문화권 국가들의 경우 이슬람이라는 종교 역시 강력한 저항 이데올로기로 작용하였는데, 타지키스탄의 경우 무장투쟁으로까지 확대되어 내전까지 발생하는 등 저항 세력 내에서 자유주의를 바탕으로 하는 세속주의 분파와의 갈등도 극단화고 결국 이슬람 저항 세력이 이슬람 국가 건설을 위해 싸우면서 국가가 붕괴될 가능성이 충분히 있었다. 그러나 여러 다양한 이유로 종전 이후 이슬람 정치 세력은 급격하게 온건화되었고, 정당 정치의 틀이 잡혀가는 듯 보였다.

그러나 더욱 강력한 권위주의화를 추진하고 있는 라흐몬 정권 하에서 탄압과 조작으로 인해 내전 이전 40%에 달하는 지지율을 보였던 이슬람 부흥당은 내전 이후 중앙아시아에서는 유일하게 합법적 정당으로 자리 잡았으나, 지지율은 점차 낮아지기 시작했다. 특히 최근 선거 결과 상한선을 넘지 못 해 정당이 해산되는 일까지 발생했다. 형식적으로는 제도적 민주주의가 정착됨으로써 민주주의를 추구하는 저항 세력의 한 축이었던 민주당과 같은 자유주의적 정치 세력들은 급격하게 의미를 상실하게 되었고, 라흐몬 정권의 적극적인 민족주의적 의제들의 흡수로 인해 민족주의적 정치 세력들 역시 급격하게 세력이 약화되었다. 특히 민주당과 이슬람 부흥당을 결합시키고 이슬람 정치 세력의 극단주의화를 막는데 결정적인 역할을 했던 타지크 민족주의는 이제 그 급진성과 진보성을 크게 상실하게 되면서 역할이 모호하게 되었다.

현재 완전히 동부 산악지대의 무장 세력들이 진압되지 않은 상황 속에서 경제 침체와 권위주의 강화로 인해 국민들의 불만이 크게 확산되고 있다. 결국 타지키스탄의 재민주화를 염원하는 분위기가 다시 확산될 경우 대안적 이데올로기의 부재와 세속주의적 온건 야당 세력의 약화로 인해 외부로부터의 이슬람 근본주의와의 결합으로 이어질 수 있는 위험성을 갖고 있다. 따라서 향후 타지키스탄의 민주주의는 아직은 타지키스탄 내 이슬람 세력을 대표하고 있는 이슬람 부흥당은 물론, 서구식 이념을 바탕으로 창당된 사회민주당, 그리고 시민사회에 바탕을 둔 다양한 비국가적/비종교적 사회단체들을 비롯한 민주주의적 정치 세력들의 역할에 따라 크게 그 미래가 달라질 것으로 판단된다.

참고문헌

Akbazadeh, Shahram. 1996. "Why did Nationalism Fail in Tajikistan?" *Europe-Asia Studies* 48/7, 1,105-1,129.

Akbarzadeh, Shahram. 2006. "Geopolitics versus Democracy in Tajikistan." *Demokratizatsiya*, 563-578.

Akcali, Pinar. 2003. "Nation-State Building in Central Asia: A lost Case?" *Perspectives on Global Development and Technology* 2/3-4, 409-429.

Akiner, Shirin. 2001. *Tajikistan: Disintegration or Reconciliation?* London: Royal Institute of International Affairs.

Bates, Robert. 2004. "On the Politics of Property Rights by Harber, Razo, and Maurer." *Journal of Economic Literature* 42/1, 494-500.

Bergne, Paul. 2007. *The Birth of Tajikistan: National Identity and the Origines of the Republic.* London: I. B. Tauris.

Berman, Sheri. 2008. "Taming Extremist Parties: Lessons from Europe." *Journal of Democracy* 19, 5-18.

Bermeo, Nancy. 1992. "Democracy and the Lessons of Dictatorship." *Comparative Politics* 24/3, 273-91.

Bowyer, Anthony. 2008. "Islamic Movements and Democracy in Central Asia: Integration or Isolation?" CSID 9th Annual Conference, Political Islam and Democracy- What do Islamists and Islamic Movements Want?, Conference Proceedings, 173-197.

Brubaker, Rogers. 1996. *Nationalism Reframed: Nationhood and the National Question in the New Europe.* Cambridge University Press.

Bueno de Mesquita, Bruce, Alastair Smith, Randolph M. Siverson and James D. Morrow. 2003. *The Logic of Political Survival*. Cambridge: MIT Press.

Chatterjee, Suchandana. 2002. *Politics and Society in Tajikistan in the Aftermath of the Civil War*. Kolkata.

Collins, Kathleen. 2006. *Clan Politics and Regime Transition in Central Asia*. Cambridge University Press.

Collins, Kathleen. 2004. "The Logic of Clan Politics: Evidence from the Central Asian Trajectories." *World Politics* 56, 224-261

Collins, Kathleen. 2007. "Networks, and Islamist Movements: Evidence from Central Asia and the Caucasus." *World Politics* 60, 64-96.

Dagiev, Dagikhudo. 2014. *Regime Change in Central Asia: Stateness, nationalism and political change in Tajikistan and Uzbekistan*. Routledge: New York.

Demirtepe, M. Turgut. 2004. *Creating the Uzbek Nation: Ethnie, Identity and Politics*. Unpublished PhD Thesis, Manchester University.

Diamond, Larry, Juan Linz, and Seymour Martin Lipset, eds. 1995. *Politics in Developing Countries*. Boulder: Lynne Rienner Publishers.

Fanon, Frantz. 2008. *Black Skin and White Masks*. New York: Grove Press.

Foroughi, Payam. 2002. "Tajikistan: Nationalism, Ethnicity, Conflict, and Socio-Economic Disparities-Sources and Solutions." *Journal of Muslim Affairs* 22/1, 39-61.

Fumagalli, Matteo. 2007. "Framing Ethnic Minority Mobilisation in Central Asia: The Cases of Uzbeks in Kyrgyzstan and Tajikistan." *Europe-Asia Studies* 59/4, 567-590.

Gill, Graeme. 2006. "Nationalism and the Transition to Democracy: The Post-Soviet Experience." *Demokratizatsiya*, 1-11.

Heathershaw, John. 2009. *Post-Conflict Tajikistan: The Politics of Peace building and the Emergence of Legitimate Order*. Abigdon, U.K.: Routledge.

Horsman, Stuart. 1999. "Uzbekistan's Involvement in the Tajik Civil War 1992-1997: Domestic Considerations." *Central Asian Survey* 18/1, 37-48.

Hunter, Shireen. 2001. "Religion, Politics, and Security in Central Asia." *SAIS Review*

21/2, 65-89.

Johnson, Lena. 1998. *The Tajik War: A Challenge to Russian Policy*. London: RIIA.

Kabiri, Muhiddin. 2004. "HT and Islamic Revival Party of Tajikistan." in Baran, Zeyno. eds. *The Challenge of Hizb ut-Tahrir: Deciphering and Combating Radical Islamist Ideology*. Washington DC: The Nixon Center, 75-81.

Karagiannis, Emmanuel. 2006. "The Challenge of Radical Islam in Tajikistan: Hizbut-Tahrir al-Islami." *Nationalities Papers* 34/1, 1-20.

Katznelson, Ira and Barry R. Weingast. 2005. "Intersections Between Historical and Rational Choice Institutionalism." in Ira Katznelson and Barry R. Weingast. eds. *Preferences and Situations: Points of Intersection between Historical and Rational Choice Institutionalism*. New York: Russell Sage Foundation.

Kean, John. 1995. "Nations, Nationalism and European Citizens." in Periwal S. eds. *Notions of Nationalism*. Budapest: Central European University Press.

Knight, Jack. 1992. *Institutions and Social Conflict*. Cambridge: Cambridge University Press.

Kuzmin, A. I. 2001. "Tajikistan: The Causes and Lessons of the Civil War." in Alexei Vassiliev. eds. *Central Asia: Political and Economic Challenges in the post-Soviet Era*, London: Saqi Books.

Levi, Margaret. 2005. "Inducing Preferences Within Organizations: The Case of Unions." in Ira Katznelson and Barry R. Weingast. eds. *Preferences and Situations: Points of Intersection between Historical and Rational Choice Institutionalism*. New York: Russell Sage Foundation.

Lijphart, Arend. 1999. *Patterns of Democracy: Government Forms & Performance in Thirty-six Countries*. New Haven: Yale University Press.

Linz, Juan and Alfred Stepan. 1996. *Problems of Democratic Transition and Consolidation*. Baltimore: The Johns Hopkins University Press.

Manja Stephan. 2010. "Education, Youth, and Islam: The Growing Popularity of Private Religious Lessons in Dushanbe, Tajikistan." *Central Asian Survey* 29, 469-483.

Marat, Erica. 2008. "Imagined Past, Uncertain Future: the Creation of National Identities in Kyrgyzstan and Tajikistan." *Problems of Post-Communism*, 12-24.

Mecham, R. Quinn. 2004. "From the Ashes of Virtue, A Promise of Light: The Transformation of Political Islam in Turkey." *Third World Quarterly* 25/2, 339-358.

Nairn, Tom. 1977. *The Break-up of Britain: Crises and Neo-nationalism.* London: New Left Books.

Naumkin, Vitaly V. 2005. *Radical Islam in Central Asia: Between Pen and Rifle.* Lanham, MD: Rowman & Littlefield.

North, Douglass. 1990. *Institutions, Institutional Change and Economic Perfor-mance.* Cambridge: Cambridge University Press.

Olcott, Martha. 2007. "Roots of Radical Islam in Central Asia." *Carnegie Papers* 77.

Oliva, Fabio. 2007. "Between contribution and disengagement: Postconflict elections and the OSCE role in the normalization of armed groups and militarized political parties in Bosnia and Herzegovina, Tajikistan, and Kosovo." *Helsinki Monitor: Security and Human Rights* 37, 192-207.

Nourzhanov, Kirill. 2015. "Nation-building and Political Islam in Post-Soviet Tajikistan." in Omelicheva M.Y. eds. *Nationalism and Identity Construction in Central Asia.* Lexington Books: New York.

Rashid, Ahmed. 2002. *Jihad: The Rise of Militant Islam in Central Asia.* New Haven: Yale University Press.

Rashid, Ahmed. 1994. *The Resurgence of Central Asia: Islam or Nationalism?* Karachi: Oxford University Press.

Roy, Olivier. 2001. "Qibla and the Government House: The Islamist Networks." *SAIS Review* 21/2, 53-63.

Roy, Olivier. 2000. *The New Central Asia: The Creation of Nations.* London: I. B. Tauris.

Rubin, Barnett. 1994. "The Fragmentation of Tajikistan." *Survival* 35/4, 71-91.

Ruzaliev, Odil. 2005. "Islam in Uzbekistan: Implications of 9/11 and Policy Recommendations for the United States." *Journal of Muslim Minority Affairs* 25/1, 14-15.

Sartori, Giovanni. 1997. *Comparative Constitutional Engineering.* New York: New York

University Press.

Tilly, Charles. 1990. *Coercion, Capital and European States*. Oxford: Basil Blackwell.

Ubaiduloev, Mahmadsaid. 2002. *The Foundation of a Newest Statehood*. Moscow.

Wagner, Steven. 1997. *Общественные Мнение в Таджикистане* 1996 г. Washington, D.C.: IFES.

Yaacov, Roi. 2003. "Islam, State, and Society in Central Asia." *Helsinki Monitor* 3, 242-253.

Yaacov Poi and Alon Wagner. 2009. "Muslim Identity and Islamic Practice in Post-Soviet Central Asia." *Central Asian Survey* 28, 303-322.

Zviagelskaya, Irina. 1997. *The Tajik Conflict*. Moscow.

05

1990년 및 2010년
키르기스스탄 오쉬 사태의 발발 기제[*]

김태연

I. 서론

키르기스스탄 남서부에 위치한 오쉬Osh 시市는 수도 비슈케크Bishkek와 더불어 독립적인 행정단위의 지위를 보유한 제2의 도시이자 우즈베키스탄 국경에서 5km 정도밖에 떨어져 있지 않아 경계도시의 성격을 지니기도 한다. 또한 오쉬 시는 키르기스스탄, 우즈베키스탄, 타지키스탄의 국경이 서로 톱니바퀴처럼 맞물려 있는 페르가나 계곡Ferghana Valley 지역에 자리하고 있으며(**그림 1** 참조), 인구의 민족 혼재율이 매우 높은 도시여서 2009년 인구조사 결과에 따르면 우즈베크인이 도시 인구의 44.2%를 차지한다(Национальный статистический комитет Кыргызской Республики, 2010a: 26). 이러한 지리적·민족적 특수성에 더해 오쉬 시는 클랜clan 정치와 결부되어 전개되는 북부 지역과 남부 지역의 대립과 경쟁이 정치적 과정에 커다란 영향을 미치는 키르기스스탄에서(Bond et al., 2010: 535-542) 남부 지역의 핵심 도시로서 정치적 중요성을 지니기도 한다.

이러한 오쉬 시 및 그 부근에서 1990년 6월과 정확히 20년 뒤인 2010년 6월에 키르기스인과 우즈베크인 사이에서 대규모 유혈 민족분쟁이 일어났다.[1] 두 차례의 오

---

* 이 글은 『중소연구』 제39권 제3호 게재된 논문을 수정·보완하여 재출간하는 글입니다.

1 1990년 분쟁은 오쉬 시뿐만 아니라 이곳에서 북동쪽으로 54km 떨어진 우즈겐(Uzgen) 시에

그림 1   키르기스스탄 지도

출처: http://www.nationsonline.org/oneworld/map/kyrgyzstan-political-map.htm (검색일: 2016.07.14).

쉬 사태는 각각 상이한 역사적·정치적 조건과 상황 속에서 발생했지만, 현상적인 면에서는 많은 공통점을 나타냈다. 우선 두 차례의 분쟁이 진행되는 과정에서 살인, 폭행, 강간, 약탈, 방화 등 여러 범죄행위가 자행되었는데, 이때 극도로 비인간적이고 잔인한 형태의 폭력이 매우 빈번하게 수행되었다.[2] 또한 충돌 과정에서 가해자-피해

서도, 2010년 분쟁 또한 오쉬 시뿐만 아니라 그 북쪽에 위치한 주의 동명 주도(州都) 잘랄-아바드(Jalal-Abad) 시에서도 발생했는데, 오쉬 시가 두 차례 분쟁에서 그 중심지 역할을 했다는 점에서 통상 이 두 분쟁 모두 오쉬 사태라고 불린다.

2 예를 들어 1990년 사태 때에는 키르기스인 4명이 맨발의 우즈베크인 10대 아이들 3명을 말에 묶어 채찍질하며 약 800미터 떨어진 산으로 끌고 가서 약 100미터 높이의 산에서 떨어뜨려 살해한 사례나 일군의 키르기스인들이 우즈베크인 남편을 살해한 뒤 그의 아내를 강간하고는 그녀의 옷을 벗겨 나체와 음부를 모두에게 보여준 경우가 있었다(Tishkov, 1995: 137-138, 144). 2010년 사태 때에는 우즈베크 마을 공동체에 대한 공격이 ① 대체로 장갑차의 공

자 구도가 비교적 매우 명확하게 성립되어 대다수의 사건에서 가해자는 키르기스인이었고, 피해자는 우즈베크인이었다. 그리고 두 사태 모두 일주일 혹은 그 미만의 짧은 기간에 걸쳐 집중적으로 벌어졌는데, 1990년 사태의 사망자 수는 300명 이상으로, 2010년 사태의 사망자 수는 470여 명으로 추산되는 등 막대한 인명 피해를 낳았다(KIC, 2011: 10, 44).[3]

키르기스스탄은 포스트소비에트 중앙아시아 국가들 가운데 민주주의나 시민사회의 발전 수준이 가장 높은 국가로 여겨졌기 때문에 특히 2010년 오쉬 사태는 국내외에서 매우 큰 반향과 충격을 불러일으켰다. 사태 직후 당국은 폭력에 직간접적으로 개입했다는 혐의를 받은 보안부대의 '불법행위'에 대한 조사를 지시했고(KIC, 2011: iv, 38, 102; Rezvani, 2013: 71),[4] 사태 시 자행된 범죄행위와 관련하여 수천 명에 대한 수사와 수백 건의 형사사건 재판을 진행했다.[5] 뿐만 아니라 국제조사위원회KIC와 여러 국제비정부기구들Amnesty International, Human Rights Watch, International Crisis Group이 사태의 실상과 정황을 조사한 보고서를 발간했다. 사태가 진행될 무렵에는 키르기스스탄 정부의 요청과 기대가 있었기 때문에 미국이나 러시아 같은 역내외 강대국이나 집단안보조약기구CSTO나 유럽안보협력기구OSCE 같은 국제기구가 사태에 관여할 가능성이 있었다.[6] 또한 이 사

격을, 때로는 저격수의 총격을 동반한 바리케이드 철거 ② 무장 인원과 장갑차의 진격 ③ 약탈과 방화, 때로는 우즈베크인을 총으로 쏘거나 불에 태워 살해하는 행위 순으로 매우 조직적이고 악의적으로 이루어졌다. 또한 주로 키르기스인이 우즈베크인을 인질로 납치하는 경우가 잦았는데, 이때 거의 모든 인질이 구타를 당했고, 거의 모든 여성 인질이 강간, 때로는 윤간을 당했다(KIC, 2011: 30, 32, 38).

3 비공식 자료에 따르면 두 사태에서 발생한 사망자 수는 각각 1,000명 이상이다(*Коммерсантъ*, 2005/03/21; *Фергана.Ру*, 2010/06/16). 심지어 2010년 사태 직후 과도정부 수반이었던 오툰바예바(Roza Otunbaeva)는 이 사태로 인해 약 2,000명이 사망했다고 발언했다(International Crisis Group, 2010: 18; Rezvani, 2013: 71).

4 그러나 이후에는 당국이 보안부대의 폭력행위 공모와 참여에 대한 철저한 조사의 의지나 능력을 보이지 않아 이 문제는 제대로 해결되지 않았다(Amnesty International, 2012: 5, 13).

5 그러나 1990년 사태 이후에는 적절하고 균형 잡힌 조사와 처벌이 이루어졌던 데 반해, 2010년 사태 이후의 조사와 재판은 우즈베크인에 대해 매우 차별적이고 불공정하게 진행되었다(강봉구, 2011: 205; KIC, 2011: 10, 39-41, 75-76).

6 미국과 러시아 지도자들이 당시 키르기스스탄의 혼란한 정세에 대해 우려를 표명하기는 했

태로 인해 키르기스스탄 남부 지역에서 많은 우즈베크인들이 피해를 입고 난민
이 되었기 때문에[7] 인접국 우즈베키스탄의 반응 여하에 따라 이 사태는 키르기
스스탄과 우즈베키스탄 간의 외교관계에, 경우에 따라서는 페르가나 계곡 지역 혹
은 중앙아시아 지역 안보에 악영향을 미치는 잠재적 불안정 요인이 될 수도 있었다.[8]

이 글의 목적은, 이처럼 지리적 위치나 인구 구성, 정치적 영향력 등에서 중대한
의미를 갖는 오쉬 지역에서 20년의 시차를 두고 매우 격렬하게 일어났고 진정된 후
에도 대내외적으로 뜨거운 논쟁과 광범한 파장을 일으킨 키르기스인과 우즈베크인
간의 폭력이 발발한 기제를 밝히는 것이다. 이 글이 폭력의 분출을 야기한 원인보다
그 발생 기제에 초점을 맞추어 논의를 진행하는 이유는, 폭력이라는 극단적 행위는
몇몇 요인들이 단순히 물리적으로 결합하여 표출된 결과라기보다는 특정한 시공간
에서 특정한 행위자들이 특정한 계기를 갖게 되는 맥락과 흐름 속에서 직접행동이라
는 대응을 취한 결과라고 할 수 있기 때문이다. 몇몇 요인들이 폭력의 발발에 필수 불
가결한 원인으로 작용할 수는 있지만, 이들 요인들 각각으로는 폭력이 분출되는 일련
의 과정이 충분히 설명될 수 없고, 폭력의 발생에 대한 보다 입체적인 이해를 위해서
는 이들 요인들의 조합과 배열, 연결과 전개를 살펴보는 작업이 필요한 것이다. 폭력

지만, 이들이 키르기스스탄 정부를 전적으로 신뢰하지는 않았고, 키르기스스탄이 이들 국가
들의 지역정책에서 최우선순위를 차지하고 있지는 않았기 때문에 어떠한 국가나 기구도 사
태에 개입하거나 키르기스스탄 정부에 원조를 제공하지 않았다(International Crisis Group,
2010: 20-22; Rezvani, 2013: 70).

7 2010년 오쉬 사태로 인해 키르기스스탄 남부 지역 우즈베크인 10-11만 명이 국경을 넘어
우즈베키스탄으로 향했다. 그 외에도 우즈베크인뿐만 아니라 키르기스인을 포함한 약 30만
명의 국내 난민이 발생했다(International Crisis Group, 2012: 2; KIC, 2011: 45; UNHCR,
2010).

8 그러나 무엇보다도 오쉬 사태에 개입함으로 인해서 자신의 정권이 약화될 위험을 염려한 카
리모프(Islam Karimov) 우즈베키스탄 대통령은 상황이 악화되지 않도록 오히려 자국 내 우
즈베크인이 키르기스스탄 국경을 넘지 못하게 단속했고, 사태로 인해 자국으로 유입된 우즈
베크인 난민을 키르기스스탄으로 되돌려 보내는 조치를 취했다. 이 사태 이전에도 카리모프
정권에게는 디아스포라 정책이 없다는 평가가 내려진 바 있었고, 정권의 오쉬 지역 거주 우즈
베크인 정책은 '적극적인 거부'라고 논의되기까지 하였다(Bond et al., 2010: 551; Fumagalli,
2007a: 115; International Crisis Group, 2010: 22-23). 한편 이처럼 카리모프 정권이 오쉬
사태에 대처하면서 보인 '자제하는' 태도와 노력은 폭력의 확산을 막는 데 기여했다는 국제적
인 찬사를 받았다(*AKIpress*, 2010/10/25; *EurasiaNet.org*, 2010/07/15).

의 원인보다는 그 발발 기제를 밝히는 데 주안점을 둠으로써 이 글은 폭력 발생의 복잡하고 역동적인 과정적·구성적 성격을 조명할 수 있을 것이다. 또한 위에서 언급한 국제비정부기구들의 보고서들이 그러하듯이, 폭력의 원인을 규명하는 작업은 원인을 제공한 행위자에 대한 가치평가적인 책임 논쟁으로 이어지기가 쉬운데, 이 글은 사후 처리 및 문제해결을 오히려 더 어렵게 만들 수 있는 이러한 규범적 논의를 지양한다. 그리고 이 글은 두 차례의 폭력사태를 관통하는 일정한 규칙성을 밝히는 데에도 주의를 기울인다는 점에서 폭력의 전개에 영향을 미치는 요인과 과정에 대한 일반적인 논의의 확장에 일정 정도 기여할 수 있을 것이다.

Ⅱ. 분석틀

이 글은 오쉬 사태라는 민족 간 폭력이 발발한 과정에 작용한 구조적 혹은 상황적 요인으로는 과거의 유산과 현실의 변화를, 행위자 요인으로는 엘리트의 실책을 분석의 대상으로 삼아 논의를 전개한다. 이때 위에서 언급한 바와 같이, 이 글은 이러한 개별 요인들이 폭력의 직접적인 원인으로 작용한다고 주장하기보다는 이러한 요인들이 형성·전개됨에 따라 폭력이 야기되는 일련의 과정과 기제에 초점을 맞춘다. 즉 이러한 요인들이 누적·결합되어 특정한 상황과 시기에 발현하면 이는 사회적 불확실성의 유발·증폭을 낳고, 바로 이러한 불확실성을 감소·해소하려는 민족 집단의 적극적인

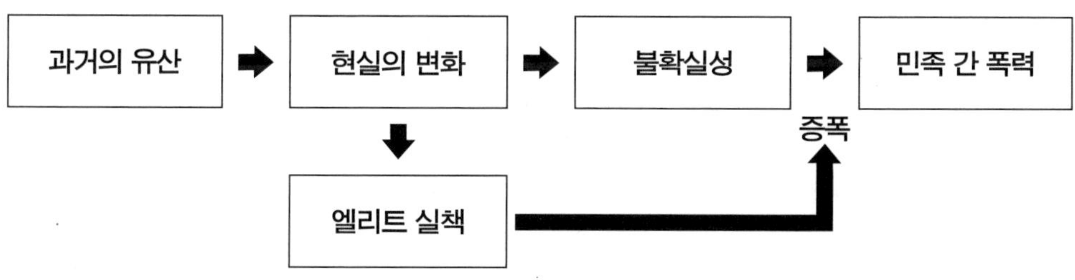

그림 2   분석틀

노력과 행동이 극단적 폭력으로 분출된다는 명제가[9] 이 글의 전체적인 분석틀을 구성한다.

소비에트 중앙아시아가 성립된 이후 1990년 사태 이전까지 수십 년에 걸쳐, 1990년 사태 이후에도 20년 동안 오쉬 지역 키르기스인과 우즈베크인 사이에서 커다란 충돌은 일어나지 않았다. 이는 민족 간 폭력은 상시적인 현상이 아니라 특정한 시기에 발생하는 예외적인 사건이라는 것을 말해준다. 그렇지만 폭력 발발 이전까지 지역 내 정국에서 혹은 민족 간 관계에서 형성된 어떤 특징적인 양상이 민족 집단이 터뜨리는 불만의 씨앗 혹은 대상이 된다는 점에서 특정한 과거의 유산은 민족 간 폭력 발생의 상황적 배경을 이룬다. 따라서 축적된 과거의 유산이 폭력의 직접적인 원인은 아니라고 하더라도 폭력이 표출되는 과정의 환경 같은 역할을 하면서 폭력 발발 기제를 구성하는 요인들 중 하나가 된다.

과거의 유산이 폭력의 발화 잠재력을 내포하더라도 실제로 폭력이 분출하는 시기는 과거의 유산에 의해 형성된 현실에서 변화 혹은 변화의 가능성이, 이에 따라 사회적 불확실성이나 갈등이 생겨나는 때이다. 과거의 유산이 안정적으로 유지되는 현실은 일반적으로 그 안에 위치한 행위자들에게 기존 현실의 지속을 강요하면서 행위자들이 직접행동을 취하려는 시도를 억제하는 구조적 제약으로 작용하는 경향을 갖기 때문이다.[10] 두 차례의 오쉬 사태도 소비에트연방에서 개혁·개방 정책이 실시된 이후 붕괴되기 전까지의 시기와 이전 정부가 전복된 이후 다음 정부가 구성되기 전까지의 변화의 시기에 일어났다. 따라서 폭력이 표출된 시점에 전개된 어떠한 현실의 변화가 폭력의 발발에 영향을 미쳤는지에 대한 분석은, 신체나 재산 등의 물질적·가시적 변화를 수반하는 폭력의 발생이 비가시적인 구조적 현실의 변화 및 이에 수반되는 불확실성의 조건과 밀접하게 연관됨을 보여줄 수 있을 것이다.

과거의 유산을 물려받은 현실이 변화함에 따라 야기된 사회적 불확실성이 민족 집

9　"한 가지 혹은 그 이상의 사회적 불확실성이 작동하기 시작하면 폭력은 무시무시한 형태의 확실성을 만들어낼 수 있고, '그들'을, 따라서 '우리'를 드러내는 잔인한 기술(혹은 민족 발견 과정)이 될 수 있다"(Appadurai, 2006: 6).

10　이러한 경향은 역사적 제도주의의 경로의존(path dependence) 개념과 관련하여 설명될 수 있다. "집단행동을 조직하는 과정에서 종종 초기비용은 매우 높으며, 따라서 주요 진입 장벽을 이룬다"(Pierson, 2000: 81-82).

단이 폭력의 행사를 통해서까지 제거하려 할 정도로 증가하는 과정에서 행위자, 특히 소비에트 및 포스트소비에트 키르기스스탄에서 정치 엘리트의 역할과 책임은 막중하다. 카자흐스탄이나 우즈베키스탄과 달리 경쟁하는 전체 정치 엘리트 수가 많지 않은 키르기스스탄에서는 엘리트가 현 정권에 도전하여 권력을 장악할 확률이 높기 때문에 현 정권에서 이탈할 가능성이 높고, 그 결과 정치적 불안정이 발생하고 지속될 가능성도 높다(McGlinchey, 2011: 83-85). 정치적 불안정이 조성되면 이는 기존의 사회경제적 관행이나 질서의 동요를 낳기 마련이라는 점에서 키르기스스탄 정치 엘리트의 결정은 사회적 불확실성의 발생에도 막대한 영향을 미친다. 따라서 엘리트가 오랜 시간에 걸쳐 형성된 과거의 유산과 현실의 변동을 장기적·거시적 관점에서 이해하지 못한 채 목전의 문제 해결에만 몰두하거나 협소한 목표나 이해관계를 실현하려는 실책을 범하면 민족 집단은 구조적 현실과 엘리트 행위자가 가중시키기만 할 뿐인 사회적 불확실성을 해결하기 위해 가장 직접적이고 즉각적인 수단, 즉 폭력에 의거할 수밖에 없게 된다. 정치 엘리트의 실책은 민족 집단 외부 혹은 관련 현실의 변화와 작용이 민족 집단 사이의 폭력으로 이어지는 과정과 기제에서 사회적 불확실성을 증폭시킴으로써 매개체 혹은 촉발제의 역할을 하는 것이다.

그렇다면 사회적 불확실성을 해소하려는 시도가 왜 다른 종류의 정체성과 집단이 아닌 민족정체성에 기반하여 혹은 민족 집단 사이에서 확실하고 안정된 질서나 관계를 수립하려는 목적의 폭력으로 이어지는 것일까? 민족 혹은 민족정체성이 '원초적으로' 혹은 '본질적으로' 갈등이나 공격의 속성을 내재하는 것은 아니다(강봉구, 2011: 194).[11] 만일 그렇다면 다수의 민족 집단이나 민족정체성이 존재하는 모든 곳에서, 그리고 언제나 민족갈등이 발생해야 하겠지만, 현실은 그렇지 않다. 또한 민족분쟁이 일어나는 주된 원인을 엘리트가 '도구적으로' 민족 집단이나 민족정체성을 이용하기 때문이라고만 할 수도 없다. 엘리트가 자신의 목적과 이익을 위해 민족 집단 간의 대립을 부추기는 경우가 있기는 하지만, 민족분쟁의 발발이 반드시 엘리트에게 유리한 것은 아니고, 많은 경우에 민족갈등은 엘리트가 민족 집단이나 민족정체성을 동원한 필연적인 결과라기보다는 동원 과정에서 의도치 않게 발생하는 부산물 혹은

---

11 "민족(ethnicity)은 '중요하다.' (중략) 그러나 이것은 설명의 출발점이 되어야 하는 것이지 종착지가 되어서는 안 된다." 민족이나 민족적 적대감 등을 갈등의 원인으로 간주하는 본질주의적(essentialist) 관점에 대한 비판적 논의에 대한 상세한 내용은 Reeves(2010) 참조.

부작용이다. 사회적 불확실성의 조건에서 다름 아닌 '민족 집단 간의' 충돌이 빈번하게 일어나는 이유는, 민족 혹은 민족정체성 그 자체가 불확실성을 감소시키려는 인지적 충동의 결과로, 세계를 사회적으로 범주화하고 그 안에서 사람들의 행동과 반응을 규정해주는 단순하고도 명확한 준거점이 될 수 있기 때문에 불확실성의 감소에 매우 유용하다는 데서 찾을 수 있다.[12] 다시 말하면, 민족은 사회적 불확실성의 원인이 아닐 때에도 불확실한 현실에서 확실성을 담보·제공해줄 수 있는 효과적인 정체성 범주이기 때문에 불확실성을 해결하려는 폭력적 시도에서 그 이름이 빈번하게 호출되는 것이다.

Ⅲ. 과거의 유산

1. 소비에트 시기 정치적·경제적 권력의 민족적 분할

소비에트 말기 오쉬 지역은 정치·행정 영역에서는 키르기스공화국Kyrgyz SSR 명목민족titular nation인 키르기스인이, 지역 내 도시 인구·경제 영역에서는 우즈베크인이 우위를 점하고 있었다는 점을 특징적으로 나타내고 있었다. 즉 오쉬 지역 전체에서 키르기스인은 정치적 권력을, 오쉬 주 도시 지역에서는 우즈베크인이 경제적 권력을 장악하고 있었다는 점에서 이 시기 오쉬 지역에서는 권력의 민족적 분할이 이루어져 있었던 것이다.

우선 오쉬 지역 인구 구성의 민족적 특성을 살펴보면, 지역 전체 인구에서 차지하는 상대적 비율이나 절대적 수에서 키르기스인이 국가나 지역 차원에서 두 번째로 인구수가 많은 우즈베크인을 2배 이상의 차이로 압도하고 있었다는 점이 눈에 띈다. 특히 농촌 지역에서 키르기스인과 우즈베크인의 인구수 격차는 3배 이상 벌어져 있었다. 그러나 도시 지역을 놓고 보면 그 인구 상황은 지역 전체의 그것과 상이한 모습을 나타냈는데, 우즈베크인이 수적으로나 비율 면에서 키르기스인을 능가하고 있었다는

---

12 민족은 그 구성원들의 공통의 운명과 연관되고, 의사소통 수단으로서 고유한 중요성을 가지며, 가시적인 신체적 차이로 인해 인지하기 쉽고, 영토, 경제력, 계급 같은 여러 다른 사회적 범주들과 상관관계를 갖기 때문에 불확실성의 감소에 효과적일 수 있다(Hale, 2008: 3, 37-48).

점이 바로 그것이다(**표 1** 참조). 특히 오쉬 시 인구에서 우즈베크인과 키르기스인이
차지하는 비율은 각각 46%와 24%, 오쉬 주 제2의 도시 우즈겐Uzgen 시 인구에서 우
즈베크인과 키르기스인이 차지하는 비율은 각각 80.6%와 12.4%로 우즈베크인이 압
도적 다수를 이루고 있었다(Tishkov, 1995: 134).

표 1　1989년 오쉬 지역 인구 민족 구성 (%)[13]

	키르기스인	우즈베크인	러시아인
도시 인구	183,496 (32.2)	185,824 (32.6)	113,326 (19.9)
농촌 인구	1,008,637 (70.7)	334,702 (23.5)	2,865 (3.1)
전체 인구	1,192,133 (59.7)	520,526 (26.1)	116,191 (5.8)

출처: Брусина(1990: 4).

　　소비에트 말기 오쉬 주 도시 지역 우즈베크인이 지배적이었던 영역은 인구만이 아
니어서 이들은 지역 경제를 주도하기도 하였다. 예를 들면 상업 종사자의 71.4%, 요
식업 종사자의 74.7%, 택시기사의 약 80%가 우즈베크인이었던 것이다(Брусина,
1999). 그리고 오쉬 지역은 키르기스스탄 석유·가스 채굴의 대부분이 이루어지는
등 산업이 매우 발달한 곳이자 면화, 실크, 벼 등이 재배되는 비옥한 농경지가 위치
한 장소였는데, 이 지역 산업 부문의 주요 직위는 러시아인이 차지하고 있었고, 우
즈베크인은 주로 농업에, 키르기스인은 대체로 목축업에 종사하고 있었다(Tishkov,
1995: 134). 이러한 점들이 의미하는 바는, 소비에트 말기 오쉬 지역 경제의 중추를
이루는 산업과 농업에서는 물론이고 상업에서도 키르기스인의 지분은 미미했던 반면
에, 우즈베크인의 경제적 우세는 확연했다는 것이다.

　　이와는 반대로 오쉬 지역 정치·행정 영역에서는 키르기스인이 지배적인 지위를

13　2010년 키르기스스탄 국가통계위원회 발간 자료에 따르면 1989년 오쉬 지역 키르기스인은
　　534,268명, 우즈베크인은 299,620명으로 〈**표 1**〉에 제시된 수치와 큰 차이를 보인다(Наци-
　　ональный статистический комитет Кыргызской Республики, 2010a: 26; Националь-
　　ный статистический комитет Кыргызской Республики, 2010b: 51). 그러나 2010년 자
　　료에는 1989년 인구가 도시/농촌 인구로 구분되어 표시되어 있지 않기 때문에 인구의 민족
　　구성뿐만 아니라 민족별 도농 비율까지 살펴보려는 이 글은 1990년 소련과학아카데미 민족
　　학연구소 자료를 이용했다. 2010년 자료에 따르면 1989년 오쉬 지역 인구에서 키르기스인
　　은 56.7%, 우즈베크인은 31.8%, 러시아인은 5.4%의 비율을 차지하고 있었다. 즉 이 글이 관
　　심을 기울이는 인구의 민족별 분포에서는 1990년 자료와 2010년 자료가 크게 다르지 않다.

장악하고 있었다. 예를 들어 1980년대 후반 소비에트연방 중앙 언론은 1961-1985
년 키르기스공화국 공산당 제1서기를 지낸 키르기스인 우수발리예프Turdakun Usubaliev
가 "친족과 아첨꾼으로 둘러싸여" 정실인사와 부패의 정치를 시행했고, 이와 관련하
여 오쉬 지역에는 우즈베크인의 높은 인구 비율과 낮은 정치적 대표 사이에 심한 불
균형이 존재한다고 지적한 바 있다(McGlinchey, 2014: 377). 실제로 1990년 지방 언
론 보도에 따르면, 오쉬 지역 25명의 지구 및 시 당 제1서기 가운데 우즈베크인은 단
1명밖에 없었고, 지역 소비에트 고위직의 85%를 키르기스인이 차지하고 있었던 반
면에, 우즈베크인의 비율은 4.7%에 지나지 않았다(Huskey, 1997a: 661-662). 소비
에트 말기 오쉬 지역의 정치적 권력은 도시 인구 및 경제 영역에서는 비중과 영향력
이 크지 않았던 키르기스인이 독점하고 있었던 것이다.

소비에트 말기 오쉬 지역, 특히 도시 지역의 인구나 경제 영역에서 우즈베크인
이 우위를 보인 이유는 소비에트 중앙아시아 지역에서 민족 간 경계가 획정되는 과
정에서 오쉬 지역이 현재의 키르기스스탄 영토로 편입되기 이전 상황과의 연속성에
서 찾을 수 있다. 중앙아시아 지역은 이중 언어의 사용이 매우 흔했고, 따라서 사람들
의 정체성이 언어나 민족ethnicity보다는 직업에 의해 정의되던 곳이었다(Lieven, 200:
315). 이런 가운데 1920년대 초 소비에트 정권이 경제적 자원에 대한 권리를 보유하
는 정치적 단위를 민족에 따라 구분하기로 결정하자 민족적 소속은 정치경제적 중요
성을 갖게 되었고, 중앙아시아인들 사이에서 이를 둘러싼 열띤 논쟁이 벌어졌다. 이
때 많은 이들이 언어나 혈통보다는 생활양식에 따라 자기정체성을 규정하려는 경향
을 강하게 나타냈는데, 경계 획정을 전후하여 우즈베크인들이 자신들은 정주定住 농
민이라는, 키르기스인들이 자신들은 유목민이라는 주장과 청원, 항의를 무수하게 제
기한 것이 그 좋은 예이다(Haugen, 2003: 141-142, 190-193). 오쉬 지역이 위치한
페르가나 계곡 지역은 특히 다양한 민족 집단이 혼재되어 거주하는 공간이었기 때문
에 명확한 경계 획정이 사실상 불가능한 지역이었고, 페르가나 계곡 도시 지역에는
주로 우즈베크인 및 다른 정주민이 거주하고 있었다. 그럼에도 불구하고 페르가나 지
역 동쪽 끝에 위치해 있고 주변에 유목민이 많이 거주하고 있던 오쉬 지역은 1924년
경계 획정 과정에서 키르기스스탄(당시에는 카라-키르기스자치주)의 영토로 결정되
었다(Abashin et al., 2011: 108).[14] 즉 이미 소비에트 시기 이전부터 오쉬 지역이 포

---

14 1924년 10월 설립된 카라-키르기스자치주는 1925년 5월 키르기스자치주로, 1926년 2월

함된 페르가나 지역에서 정주민 우즈베크인은 농업이나 상업에 종사하면서 경제적 위상이 높은 다수를 이루고 있었고,[15] 이러한 우즈베크인의 사회경제적 우위라는 과거의 유산이 소비에트 말기까지도 상당 정도 지속된 것이다.

이러한 우즈베크인의 높은 사회경제적 위상과는 모순되는 현상으로 비칠 수 있는 인구 비율 및 경제적 비중 대비 명목민족의 정치적 과대대표, 즉 오쉬 지역 키르기스인의 정치적 우위는 1960-1970년대에 강도 높게 시행된 '토착화коренизация' 정책(Брусина, 1990: 6) 혹은 유사한 맥락에서 이해될 수 있는 브레즈네프 시기 '간부의 안정stability in cadres' 정책의 결과로 설명될 수 있다(McGlinchey, 2014: 377). 민족해방과 사회주의라는 역사적 발전과정을 가속화하고 소비에트 체제 및 가치에 충실한 현지인 엘리트를 양성하여 소비에트 통치를 공고화하기 위한 목적에서 볼셰비키는 1920년대 초부터 연방공화국SSR을 중심으로 현지 문화를 장려하거나 당·정부 요직에 현지인을 임명하는 토착화 정책을 실시했다. 1930년대 중반부터 급진적인 토착화 정책은 약화되기 시작했지만, 브레즈네프가 실시한 간부의 안정 정책으로 여러 명목민족이 연방공화국 수준의 당·정부 조직에서 핵심적인 지위를 차지하게 되었다(Hale, 2008: 97-99). 이러한 점은 키르기스스탄에서도 마찬가지여서 엘리트 현지화elite indigenization를 수반한 약 20년의 브레즈네프 집권기 동안 키르기스 정치 엘리트의 규모는 3배나 증가했다(McGlinchey, 2011: 90).

2. 포스트소비에트 시기 우위 영역의 민족적 분점과 키르기스 민족주의의 잠복

2010년 오쉬 사태가 일어나기 이전 오쉬 지역은 소비에트 말기 이 지역에서 나타났던 권력의 민족적 분할과 매우 유사하게 지역 내 우위 영역의 민족적 분점 현상을 특징적으로 나타내고 있었다. 즉 오쉬 지역 정치·행정 영역에서는 키르기스인이, 도시

키르기스자치공화국(ASSR)으로, 1936년 12월 키르기스연방공화국(SSR)으로 그 명칭과 지위가 변경·격상되었다.

15 1924년 중앙아시아 지역 경계 획정 이후 1926년 실시된 인구조사에 따르면 페르가나 지역 인구는 22개 민족 집단으로 이루어진 약 2백만 명에 육박했고, 그중 64.7%가 우즈베크인이었다(Abashin et al., 2011: 116).

인구·경제 영역에서는 우즈베크인이 우월한 혹은 우월하다고 인식된 위상을 차지하고 있었다. 그 자체가 역사적 유산의 산물로 형성된 것이었던 소비에트 현실이 포스트소비에트 사회에서는 과거의 유산으로 작용하면서 일정 정도 연속성을 노정한 것이다.

우선 2009년 오쉬 지역 인구의 민족적 구성을 살펴보면, 이는 1989년의 그것과 상당히 유사할 뿐만 아니라 거주 지역에 따른 인구의 민족적 구분은 1989년보다 오히려 더욱 뚜렷해졌음을 알 수 있다. 20년 전과 마찬가지로 지역 전체 인구에서 키르기스인이 차지하는 비율은 우즈베크인의 그것보다 2배 이상 높았고, 특히 농촌 지역에서 키르기스인은 인구의 압도적 다수를 이루고 있었다. 반면에 도시 지역에서는 우즈베크인의 인구적 우위가 1989년보다 한층 현저해져 우즈베크인이 오쉬 지역 도시 인구의 과반수를 크게 넘고 있었다(**표 2** 참조). 한편 오쉬 시 인구에서는 키르기스인과 우즈베크인이 각각 인구의 47.9%와 44.2%를 차지했는데(Национальный статистический комитет Кыргызской Республики, 2010a: 27),[16] 이처럼 2009년 오쉬시에서 키르기스인이 우즈베크인보다 다소 많아진 현상은 1989년과 달라진 변화라고 할 수 있다.

표 2　2009년 오쉬 지역 인구 민족 구성 (%)[17]

	키르기스인	우즈베크인
도시 인구	115,471 (36.0)	182,182 (56.8)
농촌 인구	766,303 (73.6)	240,542 (23.1)
전체 인구	881,774 (64.7)	422,724 (31.0)

출처: Национальный статистический комитет Кыргызской Республики(2010a: 27); Национальный статистический комитет Кыргызской Республики(2010b: 52).

16　이러한 변화는 오쉬 시 인구에서 키르기스인의 비율이 높아지도록 시 경계를 재편한 "사회공학의 산물"이라고 논의된다(Matveeva et al., 2012: 6).

17　다른 중앙아시아 국가들에서처럼 키르기스스탄에서도 독립 이후 러시아인이 대규모로 유출되면서 2009년 오쉬 지역 인구에서 이들이 차지하는 비율이 0.6%에 불과할 정도로 미미해졌기 때문에 〈표 2〉에는 러시아인의 비율을 기재하지 않았다(Национальный статистический комитет Кыргызской Республики, 2010a: 27; Национальный статистический комитет Кыргызской Республики, 2010b: 52).

한편 1990년 오쉬 사태 발발 이전과 마찬가지로 2010년 사태가 일어나기 전에도 키르기스스탄 남부 지역 경제는 우즈베크인에 의해 장악되고 있었다는 논의가 사회적 통념이었다. 그러나 이러한 대중적 인식과는 다소 다르게 2005년 키르기스통합가계조사KIHS 자료를 실증분석한 결과에 따르면 남부 키르기스스탄 도시 지역 1인당 소비에서는 키르기스인이 우즈베크인보다 우세했고, 주택자산가치에서는 우즈베크인의 상황이 더 나았다(Esenaliev et al., 2014). 즉 2010년 분쟁을 앞둔 오쉬 지역 도시 경제 영역에서 우즈베크인의 전적인 혹은 압도적인 우위가 나타나고 있었던 것은 아니다. 다만 오쉬 지역 우즈베크인은 대체로 상점주인, 기업인, 기술자 같은 경제 영역의 중간 자리를 차지하고 있었는데, 이처럼 이들이 주로 대면접촉이 많은 직업에 종사하고 있었다는 점에서 이들이 지역 경제를 통제하고 있다는 인상을 줄 수 있었다(Megoran, 2010).

이처럼 오쉬 지역 도시 인구·경제 영역에서는 우즈베크인이 우세하거나 혹은 우세해 보였지만, 정치·행정 영역에서는 예전과 다름없이 여전히 키르기스인이 우월한 위치를 점하고 있었는데, 이 역시 소비에트 유산이 지속되어 나타난 현상이라고 할 수 있다. 의회 내 소수민족 할당제를 규정한 2007년 선거법에 따라 키르기스스탄 내 우즈베크인이 일정 정도의 정치적 대표성을 보장받을 수는 있었지만, 군, 경찰, 안보기관, 검찰, 사법부 등의 직위에서 우즈베크인은 과소대표되고 있었을 뿐만 아니라, 이들이 의사결정권을 가진 고위직에 접근하는 데는 한계가 있었다. 예를 들어 키르기스스탄 남부 지역 법원 판사 110명 중에서 우즈베크인은 한 명뿐이었고, 바키예프Kurmanbek Bakiev 정권 시기 오쉬 지역 신임 판사 가운데 우즈베크인은 단 한 명도 없었다(KIC, 2011: 18; Matveeva, 2010: 15; Matveeva et al., 2012: 5).

소비에트 유산이 지속되어 형성된 오쉬 지역 내 우위 영역의 민족적 분점과 더불어 2010년 사태 발생 이전까지 이 지역 민족관계 혹은 상황에서 과거의 영향을 받아 나타난 특징적인 현상으로는 1990년 사태 이후 소비에트 말기 및 포스트소비에트 아카예프Askar Akaev 정권 시기에 진행된 키르기스 민족주의의 정치적 비활성화를 들 수 있다. 2010년 오쉬 분쟁이 발발한 상황적·역사적 배경은 소비에트 및 포스트소비에트 현실의 중층적 영향이 작용하여 형성된 것이다.

포스트소비에트 키르기스스탄은 다른 중앙아시아 국가들처럼 "국가 수준에서" "개별 명목민족의 헤게모니를 옹호할 것을 추구하는 민족화nationalising 정책 및 관행"을 실행한 국가였다. 예를 들어 1993년 5월 채택된 키르기스스탄 헌법은 전문前文에서

'키르기스인의 민족적 부흥'을 특별히 강조했고, 국명을 '키르기스스탄공화국Republic of Kyrgyzstan'에서 민족적ethnic 함의를 보다 강하게 갖는 '키르기스공화국Kyrgyz Republic'으로 변경했으며, 대통령 선출 요건으로 국어인 키르기스어 구사 능력을 명시했다 (Bohr, 1998: 139, 147-148). 또한 아카예프 정권은 신생국의 공식 역사를 키르기스 민족 중심으로 민족화ethnicize하기 위해 적극적인 노력을 기울이기도 하였다(Laruelle, 2012: 40-41).[18]

그러나 아카예프 정권이 구성하려 했던 민족정체성 혹은 민족적 서사는 에스닉ethnic 요인뿐만 아니라 시민적civic 요인도 동시에 포함하는 '이중적'인 것이었다(Laruelle, 2012: 41).[19] 예컨대 아카예프는 집권 초기에 이미 '키르기스스탄은 우리의 공동의 집'이라는 구호를 새로운 정체성의 기치로 천명했고, 에스닉 키르기스 민족주의를 조장하려 했던 단체들을 신속하게 주변화시켰다(Laruelle, 2012: 40-41; Marat, 2008: 33). 또한 그는 배타적·공격적 키르기스 민족주의에 의지하지도, 이를 적극적으로 동원하지도 않았고, 오히려 키르기스인뿐만 아니라 우즈베크인을 비롯한 소수민족 모두를 포괄하는 민족 간 연합의 형성과 유지를 자신의 정치적 전략의 핵심으로 삼았다(강봉구, 2014: 14, 17). 이러한 키르기스 민족주의의 정치적 비활성화는 아카예프 정권 시기 이후에도, 그리고 정권의 범위를 넘어서도 일정 정도 지속된다. 예를 들어 1990년 오쉬 사태 발생 이후 2010년 폭력의 재발 이전까지 총선이 1995, 2000, 2005, 2007년 네 차례에 걸쳐 실시되었는데, 이때 선거에 참여한 어떠한 정당도 키르기스 민족주의 이념이나 수사를 정치적 지지·동원을 위한 자원으로 이용하지 않았다(강봉구, 2014: 36-37).

에스닉 키르기스 민족주의의 '부정否定'이라고 표현되기도 하는 이러한 현상은 1990년 오쉬 사태의 유산이라고 할 수 있다. 분쟁이 진정된 후 얼마 되지 않아 소련 공산당 서기국과 소비에트 언론은 사태의 원인으로 키르기스 정치 엘리트의 책임과 잘못, 특히 이들의 민족주의적 태도를 지적·질책했는데, 이는 자신들을 소비에트 근

---

18 아카예프 정권이 진행한 역사의 민족화 작업의 대표적인 예로는 고대 키르기스인 전사 마나스(Manas)의 민족영웅화, 마나스 서사시의 민족적 유산화를 들 수 있다. 이에 대한 상세한 내용은 강봉구(2009: 10-14); Marat(2008: 34-39) 참조.

19 혹은 아카예프는 에스닉 민족주의와 시민적 민족주의 '사이에서 전략적 운신'(maneuver between)을 해야 했다(Marat, 2008: 87).

대화를 실현하고 있는 주요 행위자라고 여기고 있던 키르기스 정치 엘리트에게 일종의 정신적 충격으로 작용했다. 소비에트연방 중앙에서 제기된 키르기스 민족주의에 대한 비난으로 인해 1990년 10월 대통령으로 선출된 아카예프가 키르기스 민족주의 담론 및 정치를 펼칠 능력은 제약·약화될 수밖에 없었고, 실제로 그는 민족 간 평화와 협력, 조화를 표방하는 노선과 행보를 취했다(McGlinchey, 2014: 381-383, 385-386).

이러한 키르기스 민족주의의 정치적 비활성화는 우즈베크인의 요구에 대해서는 유화적이고 수용적인 사회적 분위기가 만들어졌음을 의미할 수 있지만, 오쉬 등 남부 지역 키르기스인의 민족주의적 불만과 요구가 전달·수용될 수 있는 제도적 통로는 닫히게 되었음을 뜻한다. 말하자면 아카예프 정권은 1990년 6월 민족 간 갈등의 표출을 낳은 조건과 요인을 해소하거나 해결하지 않은 채 그 현상現象의 발현만 단속·봉합했기 때문에 분쟁 이후 이 지역에서 피어난 키르기스 민족주의의 불씨는 내연內燃의 상태로 잔존은 하지만, 특정한 상황이 조성되지 않으면 분출은 하지 않는 잠복의 상태에 들어서게 된다(강봉구, 2014: 6-7, 33).

Ⅳ. 현실의 변화

1. 소비에트 말기 키르기스인 도시 인구의 증가와 사회경제적 갈등의 심화

과거의 유산으로 형성된 소비에트 말기 권력의 민족적 분할 그 자체만으로는 민족 간 폭력의 원인도, 그 결정적 요인도 될 수 없다(McGlinchey, 2011: 90; McGlinchey, 2014: 391). 이는 한편으로는 권력의 민족적 불평등 배분이라는 의미를 갖기도 하지만, 다른 한편으로는 정치적·경제적 이익의 민족적 균점이라고 해석될 수도 있다. 실제로 소비에트 시기 대부분 동안 우즈베크인은 키르기스인 고위 관료들을 경제적으로 뒷받침해주고 후자는 전자에게 부의 축적의 기회를 제공해주는 상호부조 네트워크를 구축했는데, 이는 오히려 두 민족 간의 평화롭고 원만한 관계를 보장해주는 관행으로 기능했다(Asankanov, 1996). 민족 간 대규모 유혈충돌이라는 극단적 행동이 일어나기 위해서는 비록 불균등한 것이라고 하더라도 오랜 시간에 걸쳐 안정적으로 유지되어온 관계에 균열을 일으킬 현실의 변화가 필요한 법이다. 1990년 오쉬 사태의 발발 과정에 작용한 현실의 변화는, 권력의 민족적 분할을 가능하게 했던, 오쉬 지역 도시 인구 영역에서 우즈베크인이 점했던 우위가 약화되는 상황에서 시작되었다.

어떤 현상의 통시적 흐름 혹은 과정을 살펴보면 특정 시기의 변화가 보다 뚜렷하게 부각된다. 예를 들어 오쉬 지역 도시 인구의 민족적 구성을 장기적 관점에서 바라보면 소비에트 말기의 다음과 같은 현실의 변화가 두드러지게 나타난다. 1926년 키르기스인은 오쉬 시 인구의 1%, 우즈겐 시 인구의 2.2%에 불과할 정도로 그 비중이 미미했다. 그러나 주로 키르기스인이었던 페르가나 지역 유목민의 도시 이주 및 정착을 권장 혹은 강제한 소비에트 근대화 과정과 키르기스스탄 남부 도시 지역을 중심으로 진행된 산업화 과정을 거치면서 1959-1989년 오쉬 지역 키르기스인 도시 인구는 약 5.3배 증가하여 오쉬 지역 도시 인구의 32.2%를 이루게 되었다(**그림 3** 참조). 같은 기간에 오쉬 지역 전체 도시 인구가 2배 증가한 것에 비하면 키르기스인 도시 인구의 팽창은 가히 괄목할 만한 것이었다고 하겠다(Брусина, 1990: 2-4). 소비에트

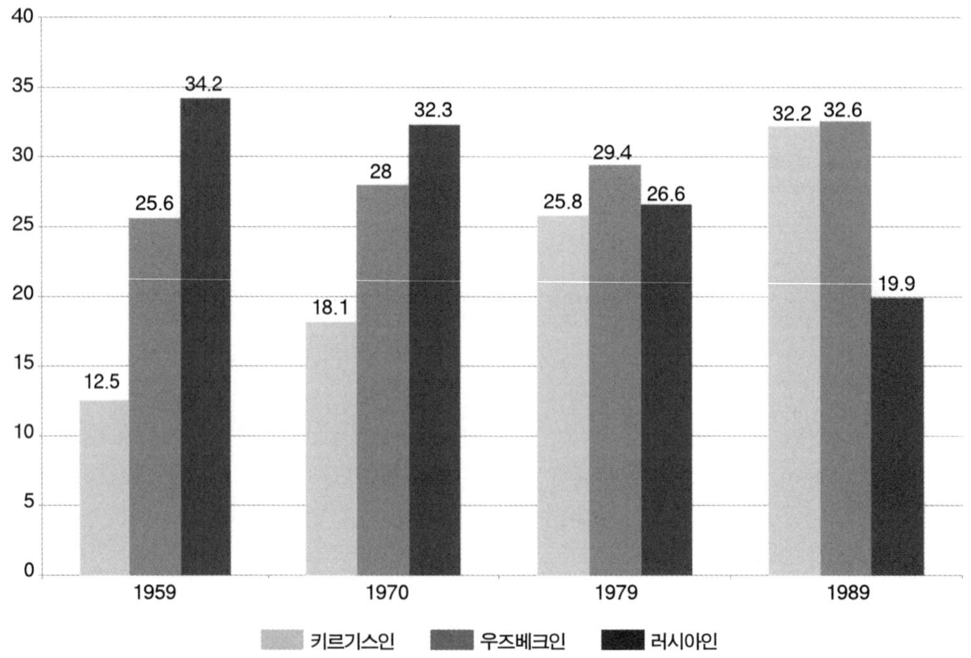

그림 3   오쉬 지역 도시 인구 민족 구성 비율 변화
출처: Брусина, 1990: 4.

말기 오쉬 지역 도시 인구의 다수는 여전히 우즈베크인이었지만, 과거에 비하면 도시 인구에서 우즈베크인과 키르기스인이 차지하는 규모 및 비율의 격차는 현저하게 줄어들게 된다.

소비에트 말기 오쉬 지역의 도시 풍경은 이처럼 키르기스인 인구가 크게 늘어남에 따라 이들이 주택이나 직업을 구하는 문제가 심각해지는 상황을 특징적으로 나타내게 되었다. 이 시기 오쉬 지역에서는 약 6만 가구가 주택 공급 순번을 기다리고 있었는데, 그중 대다수가 최근에 농촌 지역에서 도시 지역으로 이주해온 젊은 키르기스인 가구였다. 이미 수세기 동안 도시 지역에 정착해 있던 우즈베크인은 개인주택을 소유하고 있는 경우가 많았기 때문에 이러한 주택난으로부터 상대적으로 자유로울 수 있었다(Asankanov, 1996; McGlinchey, 2014: 379). 또한 우즈베크인은 전통적인 공동체 제도 마할라^{mahalla}를 통해 도시 내 좋은 직업의 배분을 일정 정도 통제하고 있었는데, 이는 키르기스인을 포함한 타민족에게는 폐쇄적인 제도였기 때문에 이에 속하지 않은 이들은 괜찮은 직업을 구하는 데 어려움을 겪을 수밖에 없었다(Брусина, 1990: 5).

이처럼 오쉬 도시 지역에서 사회경제적 자원을 둘러싼 경쟁이 특히 특정 민족에게 불리하다고 느껴지던 소비에트 말기는 연방 전체가 상품부족과 경제침체로 힘들어한 시기였지만, 그중에서도 키르기스스탄은 경제적 어려움의 정도가 특히 심각한 상황에 있었다. 1959-1989년 소비에트연방 전체 농촌 인구는 18% 감소한 데 반해, 같은 기간 키르기스공화국 농촌 인구는 2배 증가했고, 공화국 전체 인구도 2배 이상 증가했다. 이러한 인구의 급증은 제한된 자원과 영토를 보유한 공화국이 감당하기 힘든 수준이었고, 이와 관련하여 1980년대 말 공화국 주민의 25% 이상이 실업 상태에 놓이게 되었고, 80% 이상이 최저 생활 임금 이하의 수입을 거두고 있었다(Asankanov, 1996; Huskey, 1997a: 660; Huskey, 1997b: 247). 이러한 공화국 전체 경제 상황의 악화 속에서 오쉬 도시 지역 우즈베크인은 변함없이 경제력을 장악하고 있는 듯이 보였고, 오히려 공화국 명목민족인 키르기스인의 사회경제적 요구가 충족될 가능성은 요원해 보이자 이는 이들의 민족적 불만과 반목의 씨앗을 키우는 계기가 되었다. 한편 고르바초프의 개혁·개방 정책으로 다양한 이해관계와 민족의식의 표출이 가능해진 소비에트 말기의 사회적 분위기에서 우즈베크인도 그들대로 오쉬 지역에서 자신들의 정치적 대표성이 낮은 현실에 대해 비판의 목소리를 제기하기 시작했다.

이러한 민족 간 불만과 갈등의 사회적 발현이 바로 민족주의적 성향을 띤 단체들의 출현이었다. 1989년 비공식 우즈베크 민족주의 단체 '아돌라트Adolat(정의)'가 결성되어 1990년 3월 연방정부 및 공화국 정부에 오쉬 자치 지역의 설립을 요구하는 청원서를 전달했고, 일부 급진적인 멤버들은 이 지역을 키르기스스탄으로부터 분리하여 우즈베키스탄으로 통합할 것을 주장하기까지 하였다. 그러자 키르기스인도 청년층을 중심으로 주택 건설을 위한 토지 확보를 주요 목적으로 하는 비공식 민족주의 단체 '오쉬 아이마기Osh Aimagy(오쉬 토지)'를 설립하여 1990년 봄부터 자신들의 권리를 주장하는 집회와 시위를 벌이는 등 활발한 활동을 펼치기 시작했다(Asankanov, 1996; KIC, 2011: 10; Shozimov et al., 2011: 194-195; *Фергана.Ру*, 2010/06/08). 이러한 상황의 전개는 오쉬 지역 내 사회경제적 갈등이 심화되면서 민족관계가 악화되고 있음을 반증하는 현실의 변동이었고, 따라서 당국은 어떠한 방식으로든 이에 대한 대응을 모색하고 행동을 취해야 할 필요성을 느낄 수밖에 없었다.

  1990년 오쉬 사태 발발의 배경이 되는 이 지역의 구조적 조건·상황을 요약하면 다음과 같다. 오쉬 지역에서는 오랜 역사의 작용으로 정치적 권력과 경제적 권력이 민족이라는 구분선에 따라 분할되어 있었다. 이는 민족적 불만의 요인이 될 수도 있었지만, 민족 집단은 이에 대한 적응의 관행을 마련하기도 했기 때문에 권력의 민족적 분할이 민족 간 폭력의 직접적인 원인으로 작용했다고 할 수는 없다. 그렇지만 소비에트 말기에 국가적·지역적으로 사회경제적 어려움이 심화되던 상황은 민족이 문제의 관건이라는 인식과 민족주의 단체의 등장을 유발했는데, 이러한 현실의 변화는 여전히 폭력 발발의 충분조건은 아니지만, 이와 매우 가까운 거리에 위치하는 민족 간 긴장 혹은 갈등 국면으로의 진입을 의미하게 된다.

2. 바키예프 집권기 키르기스 민족주의의 활성화와 우즈베크인의 정치적 개입

1990년 오쉬 사태 때와 마찬가지로 2010년 사태가 일어나는 과정에서도 과거의 유산만으로는 민족 간 폭력의 발발에 충분한 조건이 성립되지 않는다. 2005년 3월 튤립혁명으로 아카예프 대통령이 퇴진하고 같은 해 7월 페르가나 지역 출신 바키예프가 대통령으로 선출되자 키르기스 민족주의의 표출 수준이 높아지고 우즈베크인이 키르기스스탄의 정치적 과정에 개입하는 정도가 심화되는 등 민족관계 혹은 상황은 이전과 달라진 모습을 나타내기 시작한다. 소비에트 및 포스트소비에트 시기의 유산으로 우위 영역의 민족적 분점이 이어지고 키르기스 민족주의가 잠복 상태에 접어들면서 안정적으로 유지되어오던 아카예프 정권 시기의 오쉬 지역 현실이 변화되어 민족문제의 첨예화라는 균열이 생겨난 것이다. 이러한 현실의 변화는 민족주의적 분위기 및 정치적 불확실성을 고조시키면서 민족 간 폭력의 발화 가능성을 높이는 환경으로 작용하게 된다.

소비에트 말기 클랜 연합의 후원에 의해 권좌에 오를 수 있었던 북부 지역 출신의 아카예프는(Collins, 2004: 241) 정권의 정당성에 대한 폭넓은 지지를 확보하기 위해 남부 지역 우즈베크 공동체의 지지를 필요로 하였다. 따라서 그는 배타성을 내재하기 마련인 에스닉 요인을 전적으로 배제하지는 않으면서도 보다 광범위한 구성원을 포함할 수 있는 시민적 요인 또한 강조하는 민족정체성 혹은 민족주의 담론을 지향했다. 이러했던 아카예프와 달리 바키예프는 남부 지역에 강력한 키르기스인 지지기반을 가지고 있었기 때문에 이를 잃지 않기 위해 정권의 정당성과 정책방향을 '보다 강경한 키르기스 민족주의' 혹은 '보다 키르기스 민족 중심적인 "애국주의"'에 의거하는 태도를 취했다(강봉구, 2014: 18-20; Laruelle, 2012: 42-43). 예컨대 2005년 12월 바키예프는 국가·민족 이데올로기를 정립하기 위한 위원회를 발족시켰는데, 그 초대 위원장은 외국의 영향으로부터 키르기스스탄을 '정화'할 것을 주장하는 등 키르기스 민족주의의 한 유파를 이루는 천신天神 숭배 신앙 텡크리즘Tengrism을 주창하던 사리굴로프Dastan Sarygulov였다.[20] 비록 그의 재임기간이 짧았고, 위원회도 별 성과 없이 해산되었지만, 그 외에도 몇몇 민족주의적인 성향의 정치인들이 바키예프 정부에 참여하여 자신들의 견해를 공식적으로 전달할 기회를 얻게 되었다는 사실은 정권이 민족주의 정서에 공감하고 있다는 신호가 되기에 충분한 것이었다(Matveeva, 2010: 16). 또한 바키예프 집권 이후 많은 우즈베크인 관료들이 남부 지역 출신 키르기스인으로 교체되었는데(Rezvani, 2013: 68), 우즈베크인 입장에서 볼 때 이는 정권의 키르기스 민족주의적 혹은 우즈베크 민족 차별적 행동으로 여겨질 수 있었다.

일단 정권이 민족주의적 흐름으로 기울어지기 시작하면 이러한 분위기가 사회적

---

[20] 국영금광개발회사를 이끌던 시기 사리굴로프의 의심스러운 행적과 그의 반(反)이슬람적인 입장에 대해 언론과 종교계는 크게 우려·비판했고, 이러한 점과 관련하여 2006년 5월 그는 국무장관(State Secretary) 및 위원장 직위에서 해임되었다(Laruelle, 2007: 206-207, 211-212).

으로 감지·전파되는 것은 시간문제이다. 예를 들어 이미 2005년 8월에 키르기스스탄의 첫 민족주의 정당 '울루 비림딕Улуу Биримдик(위대한 통일)'이 결성되었고, 그 지도자는 언론과의 인터뷰에서 키르기스스탄이 '키르기스인의 에스닉 국가этническое государство киргизов'이기 때문에 키르기스 민족의 발전을 위해 노력해야 한다고 주장했다(Катаргин, 2005). 뿐만 아니라 바키예프 정권 시기에는 다양한 민족주의 청년 단체가 출현·활동했다. 예를 들어 서구의 국제금융자본·기구가 키르기스스탄에 행사하는 영향력에 대해 비판적인 입장을 표명한 단체(《Jebe!》), 키르기스 언어·역사·문화에 기반한 키르기스 민족정체성 및 애국주의의 확립에 주력한 단체(《Kyrgyz El》, 《Kyrgyz Nur》), 이슬람 및 그 가치를 강조하면서 서구나 러시아에 대해 부정적인 견해를 나타낸 단체(《Ak Shumkar Kut》) 등이 그것이다(Doolotkeldieva, 2012: 5-7, 11-12).

이처럼 바키예프 정권 시기 들어 에스닉 키르기스 민족주의가 사회정치적으로 활성화된 현상은 아카예프 정권 시기에는 그것이 정치적 비활성화 및 잠복의 상태에 놓여 있었던 상황과 대조를 이루며 민족관계 악화의 위험성을 높인 현실의 변화라고 할 수 있다. 키르기스스탄에서 에스닉 키르기스 민족주의는 "키르기스스탄의 문제를 해석하는 지배적인 심리적 틀"로 기능한다는 점에서(Laruelle, 2012: 39) 키르기스 민족주의의 활성화는 키르기스인이 불안정한 국가 정치·경제·사회 상황의 원인과 책임을 타민족에게 전가할 가능성을 높이기 때문이다.

이전 시기와 달라진 바키예프 정권 시기의 변화된 현실로는 키르기스 민족주의가 활성화되었다는 점뿐만 아니라 우즈베크 공동체의 정치적 활동성 또한 높아졌다는 점을 들 수 있다. 1990년 오쉬 사태 이후 키르기스스탄 내 우즈베크 공동체는 분쟁 재현에 대한 두려움에서 대체로 '우즈베크 문제'의 제기나 정치적 개입을 자제하고 민족 간 평화와 안정의 보증자로 여겨진 아카예프 대통령을 지지했다(Fumagalli, 2007b: 577-580). 이러한 경향은 아카예프 정권 이후 시기에도 일정 정도 지속되어 우즈베크 공동체는 정치적 격동이 일어난 튤립혁명 시기에도 '저자세'를 유지했고, 2005년 바키예프 정권 초기에도 '신중한 낙관론을 가지고' 신생 정부를 대했다(Bond et al., 2010: 541; Laruelle, 2012: 44). 그러나 바키예프 정권에 대한 기대는 이내 환멸로 바뀌어 2006년 초부터 우즈베크 공동체는 바키예프 정권의 민족주의적 수사 및 민족 차별적 행동에 불만을 제기하기 시작한다. 예를 들면 우즈베크인들이 우즈베크어를 국가 공식 언어로 인정할 것을 요구하는 집회를 열거나 우즈베크인 의회 의원들과 연계된 운동 조직 '바탄Vatan(고국)'을 결성하여 키르기스 민족주의자들의 우려를 자아내었다(*EurasiaNet.org*, 2006/01/24; Osmonov, 2006: 13-14; Rotar, 2007). 키르기스 민족주의의 사회정치적 활성화에 대한 일종의 반발성 움직임으로서 남부 지역 우즈베크인의 민족주의적 감정과 의식도 각성되었고, 이에 따라 이들의 정치적 개입의 빈도와 수위도 높아진 것이다.

이처럼 바키예프 집권기는 키르기스인이나 우즈베크인 모두 민족적 요구나 불만을 활발하게 표출하는 상황이 전개되면서 아카예프 집권기에는 비교적 안정적으로 유지되었던 민족관계의 현실에 변동이 일어난 시기였다. 민족관계가 그 갈등이 표출될 계기와 시점만을 기다리고 있는 듯한 국면으로 접어든 것이다. 그렇지만 1990년 오쉬 사태 때에도 그러했듯이, 이러한 긴장관계의 고조만으로는 민족분쟁의 발발이 담보되지 않는다는 점은, 2010년 오쉬 사태의 발생 시점이 바키예프 대통령이 집권하고 있던 동안이 아니라 2010년 4월 반정부 시위 및 그 유혈 진압이 일어나면서[21] 민족주의적 성향의 바키예프 정권이 축출된 이후였다는 사실에서 확인할 수 있다. 또한 2005년 3월 튤립혁명으로 아카예프 정권이 전복될 때에는 민족갈등이 빚어지지 않았다는 사실은 정권교체라는 정치적 변화만으로는 폭력의 발발이 설명될 수 없다는 것을 말해주기도 한다. 2010년 6월 민족 간 충돌과 폭력은 바키예프 정권이 무너지고 오툰바예바Roza Otunbaeva 과도정부가 세워지고 나서도 정치적 혼란이 진정되지 않고 계속되던 상황에서 발생했다. 이것이 의미하는 바는, 이 시기 오쉬 지역의 변화된 현실은 정치적 불확실성을 특징으로 나타내고 있었는데, 이러한 현실에서 주요 행위자들이 새로운 사회정치질서의 편성을 놓고 내린 결정이 갈등의 보다 직접적인 원인으로 작용했다는 것이다.

---

21 2005년 3월 튤립혁명이 무혈혁명이었던 데 반해, 2010년 4월 대중봉기 시에는 86명의 사망자와 1,000명 이상의 부상자가 발생했다(KIC, 2011: 13).

Ⅴ. 정치 엘리트의 실책

1. 1990년 봄 키르기스 엘리트의 토지 문제 관련 불확실성 증폭

변화된 현실에서 이에 상응하는 민족적 이익을 대변하는 민족주의 운동의 출현과 활동은 민족분쟁 발생의 필요조건이 될 수는 있지만, 그 충분조건은 아니다. 소비에트 말기부터 등장하기 시작한 다양한 민족주의 운동은 전례를 찾기 힘든 현상이었고, 따라서 민족적 이슈를 둘러싸고 빚어졌던 여러 크고 작은 불협화음이 민족주의의 대두에 의한 것이었다고 여겨질 수도 있지만, 사실 민족주의는 근대 이후의 많은 사회에서 이념으로서든, 운동으로서든, 대중정서로서든 상존하는 현상이기 때문에 민족분쟁이 민족주의에 의해서만 야기된다고 할 수는 없다. 1990년 오쉬 사태의 발발 과정에서 4장에서 언급한 두 민족주의 단체 '아돌라트'와 '오쉬 아이마기'가 각각 우즈베크인과 키르기스인을 선동·동원하는 데 일정한 역할을 하기는 했지만(Fumagalli, 2007b: 572), 오쉬 사태 같이 "극단적이고 극적인 폭력"은 "이전에는 필요하지 않던 수준의 확실성을 만들어내려는 노력"의 일환이다(Appadurai, 2006: 7). 즉 오쉬 사태라는 대규모 폭력이 일어난 것은 두 민족주의 운동이 충돌한 결과라기보다는 한 민족 집단이 이웃한 다른 민족 집단에게 잔인한 폭력을 행사하면서까지 떨쳐버리고 싶어 했던 사회적 불확실성이 폭력의 동인과 기제로 작용한 결과인 것이다. 보다 구체적으로 말하면, 소비에트 말기 오쉬 지역 우즈베크 및 키르기스 민족주의 단체가 각각 민족적 권리를 요구하고 나선 것은 말하자면 "민족정체성ethnic identities에 새로운 보상이나 위험"을 부여하려는 시도였다. 이러한 움직임이 일어날 때 사회적 불확실성은 증가하게 되는데, 이때 오쉬 지역에서 발생한 불확실성은 "주택 [등등] 국가가 제공하는 재화와 여러 개인들의 관계에 대한 견디기 힘든 불안감"을 낳는(Appadurai, 2006: 6) 유형의 것이었다. 다시 말하면, 소비에트 말기 오쉬 지역에서는 당국이 주택 및 토지를 분배할 때 누가, 즉 어떠한 민족 집단이 어떠한 범위의 자격과 권한을 가질 것인지를 결정하는 과정과 관련하여 불확실성이 조성·확대된 것이다. 이것이 의미하는 바는 다름 아닌 토지 문제에 대한 책임을 지고 있던 지역 및 공화국 키르기스 엘리트가 문제해결 과정에서 무능 혹은 혼선을 보이는 실책을 범했다는 것이다.

　키르기스 정치 엘리트는 다음과 같은 과정을 거쳐 토지 문제에 관한 불확실성을 증폭시켰고, 이를 해소하려는 두 민족 집단의 시도가 결국 엘리트들은 결코 의도치 않았던 대규모 유혈충돌의 발발을 낳았다. 발단은 소비에트 말기 오쉬 주집행위원회 *облисполком* 지도부가 경질되고 새 지도부가 우즈베크 재계와의 관계 청산을 시도한 데서 시작되었다. 전술한 바와 같이, 이 시기는 키르기스 및 우즈베크 민족주의 단체의 청원과 집회가 이어지면서 민족 간 긴장의 수위가 높아져가던 때였다. 이러한 분위기에서 1990년 5월 말 오쉬 주 지도부는 주로 우즈베크인이 거주·작업하던 집단농장의 토지 일부를 키르기스인에게 택지로 이양할 것을 요구한 키르기스 시위대의 주장을 들어주기로 결정한다. 이에 키르기스인은 '침탈된 토지'의 회복을 기뻐한 반면에, 우즈베크인은 이러한 결정을 자신들에 대한 모욕으로 받아들여 정치적·문화적 자치를 요구하는 집회를 개최했고, 키르기스인에게 주택 임대를 거부하기 시작했다(Asankanov, 1996; *Фергана.Ру*, 2010/06/08). 키르기스인이 직접행동을 통해 정치 엘리트에게 권력의 민족적 분할과 관련하여 형성된 기존의 관행과 질서를 깨뜨리는 결정을 내리도록 압력을 가하자 우즈베크인 역시 이러한 결정을 철회시키기 위해 직접행동에 나선 것이다. 그 결과 갑자기 주택 임대를 거부당한 키르기스인이 토지 분배를 요구하는 이들 편에 가담하면서 민족 간 긴장관계가 더욱 격화되었다. 오쉬 지역 키르기스 엘리트가 오랜 시간에 걸쳐 자리 잡았기 때문에 변경시키기 위해서는 일정한 시간과 절차가 필요할 수밖에 없는 기존의 이해관계를 재배치하는 데 성급하고 편향된 결정을 내림으로써 사태가 악화일로로 치닫게 되는 계기를 제공한 것이다. 이처럼 오쉬 주 지도부가 우즈베크인이 차지하고 있던 집단농장 토지를 키르기스인에게 분배하기로 한 결정은 '범죄적 실수'였다고 평가되기까지 한다(Asankanov, 1996).

한편 공화국 당국은 지역 엘리트의 이러한 결정을 합법적이지 않다고 판단하여 다른 곳에서 20배 이상 더 넓은 면적의 토지를 주택 건설에 할당하겠다는 결정을 내리는데, 키르기스인과 우즈베크인 다수는 이에 동의했지만, '오쉬 아이마기'는 이를 거부하고 애초의 토지 분배 약속을 지킬 것을 요구했다. 공화국 엘리트가 개입함으로써 오히려 토지 문제를 둘러싼 혼란이 의도치 않게 가중된 것이다. 결국 키르기스 측과 우즈베크 측 모두가 토지 문제 해결 기한으로 정한 6월 4일 키르기스인 약 1,500명, 우즈베크인 10,000여 명이 문제의 집단농장에 모여들어 대치하기에 이르렀다. 심상치 않은 분위기를 감지한 오쉬 시 및 공화국 지도부가 현장에 나와 군중을 진정시키려 했고, 무장 경찰이 두 민족 집단 사이에 배치되기까지 했지만, 인접한 우즈베키스탄 안디잔Andijan 주의 우즈베크인까지 가세하면서 격앙된 우즈베크인과 경찰 간에 물리적 충돌이 발생했다. 이후 사태는, 마치 누군가 이처럼 갈등의 방아쇠를 당기기만을 기다리기라도 했다는 듯이, 두 민족 집단이 서로 자신들에게 가해졌다고 혹은 가해질 것이라고 소문이 난 집단폭행에 대해 보복공격을 가하는, 즉 폭력의 연쇄작용이 일어나는 양상으로 전개되었다(Shozimov et al., 2011: 195; *Фергана.Ру*, 2010/06/08).[22] 공화국 엘리트가 지역 엘리트의 결정을 번복함에 따라 한번 내려진 결정의 타당성이 의심받을 수밖에 없게 되었고, 이는 토지 문제에 대한 해법을 모색하는 과정에서 불확실성을 확대시키는 결과를 초래했다는 점에서 키르기스 정치 엘리트는 신중하지 못한 판단에 더해 일관되지 못한 태도라는 이중의 과실을 범했다고 하겠다.

소비에트 말기 오쉬 지역 새 지도부가 우즈베크 재계와 관계를 맺고 있던 관료들을 해임하기 시작하자 권력의 끈을 놓친 우즈베크 경제 엘리트는 민족주의·분리주의 감정을 부추기면서 우즈베크 대중에게서 자신들의 권력의 기반을 찾으려 했는데 (Asankanov, 1996), 이 또한 민족관계가 악화되는 과정을 작동시킨 요인들 중 하나였다. 즉 오랜 역사적 배경과 관행을 통해 형성된 권력의 민족적 분할은 불균등한 그러나 상호보완적인 권력의 분점을 통해 민족관계의 안정화에 기여하고 있었는데, 키르기스 엘리트는 바로 이처럼 불균형을 통한 균형을 이루고 있던 민족 간 권력관계의 현상(現狀)을 급격하게 타파하려 했던 것이다. 이 시기 소비에트연방은 중앙아시아 지역에서뿐만 아니라 카프카스와 발트 지역 등지에서도 민족 간 충돌의 동시다발적 발발이라는 진통을 겪고 있었고, 이와 관련하여 연방의 앞날에 대한 정치적 불확실성이 점증하는 상황에 처해 있었다. 연방 차원의 불확실성의 증가는 공화국 단위에도 영향을 미치기 마련이어서 키르기스공화국의 정치적 진로에 대한 불확실성 역시 짙어지고 있었다.[23] 이처럼 공화국 차원에서 정국이 불확실해져가는 현실에서 키르

---

22 1990년 오쉬 사태의 특징 중 하나는 구두로 전달된 실재의 혹은 가상의 폭력에 관한 소문의 전파가 폭력의 확대재생산에서 중요한 역할을 했다는 점이다. 폭력에 관한 소문의 전파는 2010년 사태의 빠른 확산에서도 매개 역할을 했는데, 이때에는 휴대폰을 통해 소문이 유포되었다(Hanks, 2011: 180; Tishkov, 1995: 145-146).

23 소비에트 말기 키르기스 지도부는 고르바초프의 개혁 의제에 매우 비판적이었으나, 중앙에서 하달된 개혁에 저항할 만한 힘을 가지고 있지는 않았기 때문에 경쟁선거의 실시 같은 정치적 결과의 불확실성을 수반하는 제도적 장치들을 도입할 수밖에 없었다(Huskey, 1997b: 250-252).

기스 정치 엘리트는 지역 차원에서의 사회경제적 불확실성까지 가중시켰다는 점에서 민족 간 폭력의 발화에 대한 책임을 면할 수 없다.

한편 토지 분배에 관한 정치 엘리트의 실책성 결정은 불확실성을 증폭시키기도 했지만, 동시에 소비에트 말기의 변화된 현실이 낳은 불확실성이라는 조건에 대한 대응의 성격을 갖기도 하였다. 4장에서 살펴보았듯이, 이 시기 오쉬 지역에서는 키르기스인 도시 인구가 급증하면서 주택·토지·직업을 놓고 민족 간 경쟁이 심해졌고, 키르기스인과 우즈베크인 모두 민족에 기반하여 자신들의 권리를 정당화하는 목소리를 높여갔다. 즉 현실이 변함에 따라 이에 상응하는 민족 간 사회경제적 자원의 재배분에 대한 요구도 거세어진 것이다. 이처럼 유동적인 현실에서는 정치 엘리트라고 하더라도 어느 정도의 변화가 가능할지 혹은 적절할지, 변화의 도입에 따른 반발과 위험은 어느 정도가 될지를 가늠할 정보와 경험의 불충분함이라는 불확실성에 처하지 않을 수 없었다. 말하자면 키르기스 정치 엘리트는 불확실성의 조건에서 행위자들이 최선의 선택을 하지 않는 '죄수의 딜레마'와 유사한 상황에 직면하게 된 것인데, 이러한 조건적 제약으로 인해 이들이 내린 결정은 결과적으로 최적의 결과가 아닌, 즉 불확실성을 더욱 심화시킨 선택이 되고 말았다.

2. 2010년 봄 과도정부의 의회 해산과 우즈베크 엘리트의 정치적 동원

2010년 4월 바키예프 정권이 붕괴되자 키르기스스탄 남부 지역에서는 과도정부 지지자, 축출된 바키예프 지지자, 우즈베크 공동체 간의 권력투쟁이라는 '정치적 공백' 혹은 '권력의 공백'이 생겨났다(Hanks, 2011: 180; KIC, 2011: 13). 이는, 바키예프 정권 시기 들어 현실의 변화가 일어나고 있던 과정이 일시에 중단된 뒤 특정한 정치세력이 달라지고 있던 현실을 어떠한 방향으로 다시 변화시킬 것인지를 결정할 능력과 권한을 확보하지 못한 불확실한 정세에서 비롯된 것이었다. 이때 지역 현실의 변화의 폭과 방향을 결정하는 과정에서 영향력을 행사할 수 있었던 키르기스 및 우즈베크 엘리트의 선택과 행동은 불확실성을 해소하기는커녕 오히려 이를 증폭시키고 사회정치적 이슈를 민족 간 문제로 인식되게 할 소지 혹은 빌미를 제공한 실책 혹은 오판이었다. 사회정치적 문제가 민족이라는 범주에 의거하여 이해되기 시작하면 이러한 인식은 기존의 민족적 감정 및 편견과 쉽게 뒤섞여 이성적 사고와 접근이 아닌 우발적·충동적 행동에 의한 문제해결의 시도를 낳는 경향을 갖게 된다.

　보다 구체적으로 과도정부의 실책은 우선 충분한 권력을 보유하지 못한 상태에서 기존의 관행 혹은 제도와 성급하게 단절하려는 시도를 함으로써 사회정치적 불확실성을 확대시켰다는 데 있다. 2010년 봄 국민들의 실망과 분노로 바키예프 정권이 퇴진하고 오툰바예바를 수반으로 하는 과도정부가 수립되긴 했지만, 이것이 선출되지 않은 권력이었던 과도정부가 그 정당성에 대한 인정과 지지를 확보했다거나 전국적으로 확실하게 권력을 장악했음을 의미하는 것은 아니었다.[24] 처음부터 다양한 정당과 이해관계를 대변하는 인물들로 구성되었던 과도정부는[25] 내부 응집력이 강한 기구가 아니었다. 게다가 특히 바키예프 정권 시기에 임명된 남부 지역 엘리트들은 과도정부의 인사교체 단행 혹은 그 가능성에 불만을 품고 과도정부에 강하게 저항하거나 혹은 협조를 하지 않았다(Matveeva, 2010: 7-8, 18-19). 예를 들면 공공연하게 자신이 키르기스 민족주의자라고 밝혔던 믜르자크마토프Melis Myrzakmatov 당시 오쉬 시장을 경질하려 했던 과도정부의 노력은 결국 실패로 돌아간 바 있다(International Crisis Group, 2012: i-ii, 3; Matveeva, 2010: 18-19; Melvin, 2011: 34).[26] 또한 남부 지역 경찰이 전적으로 바키예프를 지지하지는 않았음에도 불구하고 잘랄-아바드 Jalal-Abad를 방문한 과도정부의 신임 내무장관이 시위자들에게 폭행을 당할 때 지역 경찰은 이에 동조하는 움직임을 보임으로써 과도정부에 대한 불신을 드러냈다(Matveeva, 2010: 10).

　이처럼 잘랄-아바드 지역 출신의 바키예프 정권을 대신한 과도정부가 남부 지역에서 통치의 기반을 굳건히 다지지 못했는데도 그 출범과 동시에 실행한 조치가

24　과도정부의 권력이 취약했던 요인들로는 오툰바예바가 오쉬 출신임에도 불구하고 삶의 대부분을 남부 지역 밖에서, 포스트소비에트 시기의 절반을 해외에서 보냈다는 점과 그녀가 다가올 2011년 10월 대선에 출마하지 않기로 결정함에 따라 그녀의 권위와 능력이 약화될 수밖에 없었다는 점이 지적된다(McGlinchey, 2011: 91).

25　과도정부의 구성원 다수는 소비에트 시기, 아카예프 정권 시기, 바키예프 정권 시기에 다양한 장관직을 지낸 인사들과 여러 야당 지도자들이었다(Gullette, 2010).

26　러시아 언론과의 인터뷰에서 믜르자크마토프는 스스럼없이 "나는 민족주의자"라고 말했고, 이에 걸맞게 "우즈베크인들이 키르기스스탄의 주권에 대해 음모를 꾸몄다. 우리는 그들에게 반격을 가했다"라는 단순한 논리와 표현으로 2010년 오쉬 사태를 요약했다(*Коммерсантъ*, 2010/08/19).

2007년 12월 실시된 총선으로 구성된 의회의 해산이었다. 물론 바키예프 정권 시기에 치러진 2007년 의회 선거 과정과 결과가 국내외에서 공정성과 투명성에 관한 논란을 일으킨 비민주적인 것이었고, 과도정부는 대외적으로 자신의 목적이 "국가에 민주적 통치와 법치를 되돌려 놓는 것이자 행정체계에서 정실인사와 부족주의를 극복하는 것"이라고 천명한 바 있다(UN General Assembly Human Rights Council, 2010: 3). 이러한 점에서 과도정부가 의회를 해산한 행동은 한편으로는 과거의 부정부패 및 비민주적 제도를 청산하겠다는 굳은 의지를 내보인다는 의미를 갖기도 했지만,[27] 다른 한편으로는 기존의 사회정치적 관계의 안정과 균형을 유지해주던 기구를 해체함으로써 자신의 권력기반을 강화할 기회를 놓쳤음을 뜻하기도 하였다. 의회는 바키예프 지지자들의 본거지이자 남부 지역 키르기스인들의 이해관계를 대변해주는 역할을 하고 있었는데, 바로 이러한 의회를 해산함으로써 과도정부는 이 지역에서 권위를 확립하고 질서와 안정을 유지하기 위해서는 반드시 필요로 했던 지역 엘리트와의 유대관계를 돈독히 하거나 이들의 지지를 얻을 수 없게 된 것이다(McGlinchey, 2011: 82, 87-88, 91-92). 바키예프 지지자들이나 남부 지역 키르기스 엘리트들 입장에서 보면 과도정부의 의회 해산은 자신들의 정치적 대표성을 보장해주던 제도적 장치를 해체한 것이었고, 이에 따라 이들은 자신들의 요구를 주장하고 실현할 새로운 통로와 방식을 모색해야 하는 불확실성에 봉착하게 되었다. 즉 과도정부의 의회 해산은 남부 지역 키르기스 엘리트와 과도정부 간의 정치적 연결고리를 끊어버리는 결과를 초래했을 뿐만 아니라, 그렇지 않아도 갑작스런 정권교체로 인해 국가권력의 분배가 불확실해진 상황에서 남부 지역 키르기스 엘리트들에게 자신들의 기득권을 유지할 가능성에 대한 불확실성까지 안긴 결정이기도 하였다.

한편 클랜 및 지역 대립의 구도가 온존하는 가운데(강봉구, 2014: 35) 이중의 불확실성에 처하게 된 남부 지역 키르기스인 바키예프 지지자들은 2010년 5월 13일 물리력을 사용하여 잘랄-아바드 주 정부 청사를 점거했고, 이에 대항하여 과도정부는 우즈베크 공동체에 도움을 요청했다. 남부 지역 키르기스인 사이에서 자신의 지지기반이 취약했기 때문에 과도정부는 우즈베크 공동체와 함께 바키예프 지지자들에 맞서

---

27 혹은 과도정부가 당시 헌법을 위배하면서까지 의회를 해산한 것은 의회를 지배하고 있던 '악졸' 당의 바키예프 지지자들이 정국에 개입하여 상황을 불안정하게 만들 가능성을 우려했기 때문이라고 논의되기도 한다(Gullette et al., 2015: 124).

는 공동전선을 구축하려 한 것이다. 그런데 바로 이 시점부터 남부 엘리트 대 북부 엘리트의 지역대립 혹은 바키예프를 추종하는 세력 대 그에게 반대하는 세력의 권력투쟁 구도에 우즈베크 공동체가 개입할, 그럼으로써 민족이 갈등을 유발하는 요인으로 인식·부각될 여지가 발생하게 되었다(강봉구, 2011: 197; KIC, 2011: 14). 즉 의도치는 않았겠지만 과도정부는 자신을 지지해줄 세력으로 특정 민족 집단을 정치적 과정에 끌어들임으로써 권력투쟁이 민족분쟁으로 전화轉化될 계기를 제공하는 실책을 범한 것이다.

우즈베크 공동체는 이미 바키예프 정권 시기부터 정치적 개입의 수준을 높이고 있었는데, 특히 부유한 사업가이자 전직前職 의원이었던 바틔로프Kadyrjan Batyrov는 바키예프 정권이 전복되자 과도정부에 정치적 지지를 보내어 우즈베크 공동체의 지위를 향상시킬 기회가 왔다고 판단했다. 그래서 그는 자신의 지지자들을 동원하여 과도정부 지지자들과 힘을 합쳐 바키예프 지지자들로부터 잘랄-아바드 주 정부 청사를 탈환했는데, 이때 군중은 바키예프의 가택으로 향하여 이곳에 방화를 저지르기까지 하였다(KIC, 2011: 14; Melvin, 2011: 16-17). 우즈베크 엘리트의 주도적 역할에 힘입은 우즈베크인의 정치적 개입과 동원이 폭력 행사의 단계로까지 나아간 것이다.[28] 이때 바틔로프는 "이제부터 키르기스스탄에 살고 있는 우즈베크인은 방관자로서의 역할에 머물러 있지 않을 것이다 … 우리는 국가의 통치에, 키르기스스탄의 정치적 삶에 적극적으로 참여하기를 원한다", "우즈베크인이 집에 앉아 국가건설에 참여하지 않던 시기는 지나갔다. 우리는 과도정부를 적극적으로 지지했고 모든 시민적 과정에 적극적으로 참여해야 한다"는 선동적인 발언을 연이어 쏟아냈다. 이러한 발언이 있은 며칠 뒤인 2010년 5월 19일 결국 바틔로프의 체포를 요구한 5,000-6,000명의 키르기스인과 우즈베크인이 충돌하여 키르기스인 4명과 우즈베크인 2명이 살해되는 오쉬 사태의 '서곡'이 울렸다(Human Rights Watch, 2010: 20-22; KIC, 2011: 14, 16). 이렇듯 오쉬 시에서 북동쪽으로 105km 떨어진 잘랄-아바드 시에서 유혈충돌이 일어남에 따라 키르기스스탄 남부 지역에서 민족 간 불신과 긴장의 수위는 도화선만 점화되면 언제든지 폭발할 상태에 이르렀고, 마침내 잘랄-아바드 사태 이후 한 달이 채 지나지 않은 6월 10일 오쉬 시내 한 카지노에서 벌어진 다툼을 빌미로 "전쟁

---

28 키르기스 정부 고위 관료의 표현에 따르면, 바로 이 방화가 '민족관계의 루비콘 강'을 건넌 행위였다(International Crisis Group, 2010: 9).

이 시작되었다"고 표현되고 비상사태가 선포될 정도의 대규모 민족 간 폭력이 발발했다(KIC, 2011: 27-28).

2010년 4월 바키예프 정권의 붕괴는 그 빠른 속도와 광범위한 파장으로 인해 그 자체로 정치적 혼란 및 불확실성을 수반할 수밖에 없는 사건이었다. 이러한 불확실성의 조건 속에서 새로운 키르기스 엘리트, 즉 과도정부의 의회 해산 결정은 기존의 남부 지역 키르기스 엘리트들에게 권력의 발판을 상실할지도 모른다는 불안감을 안겨줬다. 이중의 불확실성이 발생한 것인데, 이에 권좌에서 물러난 바키예프를 지지하던 키르기스인들은 정치적 저항을 전개했고, 이에 대해 과도정부는 우즈베크 공동체의 지원을 구했다. 이로 인해 권력을 쟁취하려는 세력 다툼이 민족을 전선으로 하는 갈등과 대립으로 인식되게 되었는데, 과도정부의 요청에 호응한 우즈베크 엘리트의 적극적인 정치적 동원 및 활동은 이러한 인식이 사실에 부합되는 것으로 여겨지게 만들었다. 불확실성을 타개하려던 키르기스 및 우즈베크 엘리트의 노력 모두 오히려 민족 간 대규모 유혈충돌의 발발을 촉발한 결정적인 실책이었던 것이다.

VI. 결론

정치적으로 불안정한 시기에 두 민족 집단이 가까이 살고 있다고 해서 혹은 두 민족 집단 간에 적대적 정체성이 존재한다고 해서 반드시 이들 사이에서 폭력이 발생하는 것은 아니다(Appadurai, 2006: 7; McGlinchey, 2011: 89). 즉 두 민족 집단 간에 폭력이 발생했다고 해서 그 원인이 '민족 그 자체'에 있다고 할 수는 없는 것이다(Bond et al., 2010: 535). 민족이나 민족정체성에 갈등 혹은 폭력의 속성이 내재되어 있다고 간주하는 원초주의적primordialist 혹은 본질주의적essentialist 접근법으로는 민족 간 폭력 발발의 맥락적·구성적 성격을, 다시 말하면 민족 간 폭력이 민족 구성원의 인식과 행동에 영향을 미치는 사회정치현실, 민족 엘리트의 선택과 행동, 다른 민족 집단과의 상호관계·작용에 의해 일어난다는 점을 포착할 수 없다. 민족분쟁의 발생에서 엘리트의 의도와 역할에 초점을 맞추는 도구주의적instrumentalist 접근법 또한 이를 온전하게 설명하는 데 분명한 한계를 갖는다. 민족 간 폭력의 원인을 정태적으로 민족이나 민족정체성 그 자체에 귀속시키지는 않지만, 행위자, 특히 엘리트 중심성으로 인해 정치환원론으로 귀결되거나 구조적 요인을 간과 혹은 단순화할 가능성을 갖는다는 점이 바로 그것이다.

이 논문은 이러한 접근법들이 제기하는 '왜' 민족 간 폭력이 야기되는가라는 질문보다는 민족 간 폭력은 '어떻게' 발생하는가의 문제를 1990년과 2010년에 발발한 오쉬 분쟁에 대입하여 논의했다. 1990년 및 2010년 오쉬 사태의 발발 기제에 대한 분석을 통해 두 사건의 구조적 조건과 배경, 행위자 전략과 선택, 이슈와 행동 등 구체적인 상황과 내용은 달랐지만, 두 폭력 사태의 발생 조건과 요인, 전개 과정에서는 일정한 규칙성이 나타난 것을 확인할 수 있었다. 두 사태 모두 과거의 유산이 축적된 현실에서 변화 혹은 변화의 조짐이 생겨나고, 이에 따라 사회적 불확실성과 갈등이 조성되는 상황에서 정치 엘리트의 실책이 불확실성을 가중시키자 민족 집단이 이를 해소하기 위해 폭력을 사용하여 일어났다. 이때 사회적 불확실성이란 각각 자신들의 권리에 대한 정당성을 주장하는 키르기스인과 우즈베크인 간의 토지 분배에 관한 사회경제적인 것일 수도, 권력의 배분에 관한 정치적인 것일 수도 있다. 따라서 민족 간 폭력의 발발은 민족의 본질적 속성에 의해서만도, 구조적 요인에 의해서만도, 합리적 선택에 대한 가정은 물론이거니와 행위자 요인에 의해서만도 설명될 수 없으며, 이들 여러 요인들의 복잡하고 역동적인 관계와 작용, 특정한 사회정치적 맥락과 의도치 않은 결과 같은 기제와 과정을 고려할 때에야 비로소 이에 대한 일관된 해석이 가능하다.

두 차례의 오쉬 사태가 전개된 과정에 대한 분석을 통해 도출할 수 있는 민족 간 폭력의 발발 기제에 대한 함의는 다음과 같다. 첫째, 오랜 시간에 걸쳐 형성된 사회정치현실에 민족적 불평등 요인이 존재한다 하더라도 이러한 현실이 안정적으로 유지되는 한 민족적 불평등만으로는 민족 간 폭력의 직접적인 원인이 성립되지 않는다. 역사적으로 내려오는 민족 간 불평등은 특정 민족 구성원들의 불만 요인이 될 수도 있지만, 불평등의 지속이 상당 정도 확실하다고 여겨지면 구성원들은 그 불만을 폭발시키기보다는 이를 해소하기 위한 나름의 관행과 질서를 만들어 나간다. 과거의 유산은 민족 간 폭력의 배경 혹은 조건이 될 수는 있지만, 특정한 시점과 특정한 상황에서 발화하는 폭력의 변수 혹은 동인이라고 보기는 어렵다.[29]

둘째, 안정적으로 유지되어오던 기존의 현실에 변화가 생기면 이는 한편으로 대중, 민족 집단, 사회운동, 정치 엘리트에게 진행되고 있는 변화의 방향과 범위를 정하기

---

29 과거의 "유산은 운명이 아니다"(McGlinchey, 2014: 389).

위한 선택과 행동의 여지를 확대시킨다. 현실의 변화는 개별 행위자들에게 유리한 현실의 (재)구성을 위한 기회조건이 될 수 있는 것이다. 다른 한편으로 현실의 변화는 기존의 사회정치적 관계나 규범의 유효성이 동요하면서 사회적 불확실성과 갈등이 야기되는 현상을 수반하기도 한다. 특히 민족적으로 불평등한 혹은 불평등하다고 인식되어오던 사회정치현실에서 변화가 일어나 불확실성까지 가세하는, 즉 민족적 불평등에 사회적 불확실성까지 결합하는 조건은 행동반경이 넓어진 민족 집단들이 폭력을 통해서라도 불평등과 불확실성을 해소하려는 시도를 할 가능성을 높이게 된다.

셋째, 이러한 상황에서 정치 엘리트의 실책은 현실의 변화로 야기된 사회적 불확실성을 증폭시키는 결과를 초래하면서 민족 간 폭력을 촉발하는 결정적인 역할을 한다. 현실이 변화하면서 불확실성이 조성되는 상황에 대해서는 심지어 정치 엘리트라고 하더라도 완전한 정보와 경험을 구하기 힘들기 때문에 당면한 문제에 대해 합리적인 혹은 최적의 선택을 내리기 어렵다. 변화가 진행되는 시기에는 엘리트가 오판을 내릴 확률도 높아지는 것인데, 엘리트의 실책은 의도치 않았다 하더라도 변화의 바람으로 부풀어 오르기 시작한 불확실성을 수축시킬 통로를 막아버리게 된다. 그 결과 그렇지 않아도 불평등에 대한 불만을 품고 있던 민족 집단들은 팽창한 불확실성의 공간에서 탈출하기 위해 폭력이라는 비상출구로 향하게 된다.

참고문헌

강봉구. 2009. "마나스의 후예?: 키르기스 민족정체성 형성의 특징."『러시아연구』19-1.

강봉구. 2011. "키르기스스탄 남부의 종족간 충돌에 관한 연구: 2010년의 사례를 중심으로."『분쟁해결연구』9-3.

강봉구. 2013. "중앙아시아 페르가나 지역의 국경 분쟁."『슬라브학보』28-1.

강봉구. 2014. "잠복과 분출: 키르기스스탄 민족주의 정치의 특성과 원인."『슬라브학보』29-2.

Abashin, Sergey, Kamoludin Abdullaev, Ravshan Abdullaev and Arslan Koichiev. 2011. "Soviet Rule and the Delineation of Borders in the Ferghana Valley,

1917~1930." in S. Frederick Starr, Baktybek Beshimov, Inomjon I. Bobokulov, Pulat Shozimov, ed. *Ferghana Valley: The Heart of Central Asia.* Armonk: M.E. Sharpe.

AKIpress. 2010/10/25. "EU: "We Highly Value Efforts of Uzbekistan on Prevention of Escalation of Situation in Kyrgyzstan and Region"."

Amnesty International. 2012. "Kyrgyzstan: Dereliction of Duty."

Appadurai, Arjun. 2006. *Fear of Small Numbers: An Essay on the Geography of Anger.* Durham and London: Duke University Press.

Asankanov, Abilabek. 1996. "Ethnic Conflict in the Osh Region in Summer 1990: Reasons and Lessons." in Kumar Rupesinghe, Valery A. Tishkov, ed. *Ethnicity and Power in the Contemporary World.* Tokyo: United Nations University Press, http://archive.unu.edu/unupress/unupbooks/uu12ee/uu12ee0d.htm(검색일: 2015.08.24).

Bohr, Annette. 1998. "The Central Asian States as Nationalising Regimes." in Graham Smith, Vivien Law, Andrew Wilson, Annette Bohr, Edward Allworth, ed. *Nation-Building in the Post-Soviet Borderlands: The Politics of National Identities.* Cambridge: Cambridge University Press.

Bond, Andrew R. and Natalie R. Koch. 2010. "Interethnic Tensions in Kyrgyzstan: A Political Geographic Perspective." *Eurasian Geography and Economics* 51(4).

Collins, Kathleen. 2004. "The Logic of Clan Politics: Evidence from the Central Asian Trajectories." *World Politics* 56(2).

Doolotkeldieva. Asel. 2012. "Kyrgyzstani Civil Youth Movements after the Tulip Revolution: Self Realization, Nationalism and the State." SRC Publications.

EurasiaNet.org. 2006/01/24. "Ethnic Uzbeks in Kyrgyzstan Voice Complaints Over Discrimination, Corruption." http://www.eurasianet.org/departments/civilsociety/articles/eav012506.shtml(검색일: 2015.08.24).

EurasiaNet.org. 2010/07/15. "Tashkent's Response to Kyrgyz Crisis Boosts Karimov's Image." http://www.eurasianet.org/node/61534(검색일:

2015.08.25).

Esenaliev, Damir and Susan Steiner. 2014. "Ethnicity and the Distribution of Welfare: Evidence from Southern Kyrgyzstan." *Journal of Comparative Economics* 42(4).

Fumagalli, Matteo. 2007a. "Ethnicity, State Formation and Foreign Policy: Uzbekistan and 'Uzbeks Abroad'." *Central Asian Survey* 26(1).

Fumagalli, Matteo. 2007b. "Framing Ethnic Minority Mobilisation in Central Asia: The Cases of Uzbeks in Kyrgyzstan and Tajikistan." *Europe-Asia Studies* 59(4).

Gullette, David. 2010. "Kyrgyzstan: Components of Crisis." openDemocracy. 28 June. https://www.opendemocracy.net/david-gullette/kyrgyzstan-components-of-crisis(검색일: 2015.06.23).

Gullette, David and John Heathershaw. 2015. "The Affective Politics of Sovereignty: Reflecting on the 2010 Conflict in Kyrgyzstan." *Nationalities Papers* 43(1).

Hale, Henry E. 2008. *The Foundations of Ethnic Politics: Separatism of States and Nations in Eurasia and the World*. Cambridge: Cambridge University Press.

Hanks, Reuel R. 2011. "Crisis in Kyrgyzstan: Conundrums of Ethnic Conflict, National Identity and State Cohesion." *Journal of Balkan and Near Eastern Studies* 13(2).

Haugen, Arne. 2013. *The Establishment of National Republics in Soviet Central Asia*. Basingstoke: Palgrave Macmillan.

Human Rights Watch. 2010. ""Where Is the Justice?" Interethnic Violence in Southern Kyrgyzstan and Its Aftermath."

Huskey, Eugene. 1997a. "Kyrgyzstan: The Politics of Demographic and Economic Frustration." in Ian Bremmer, Ray Taras, ed. *New States, New Politics: Building the Post-Soviet Nations*. Cambridge: Cambridge University Press.

Huskey, Eugene. 1997b. "Kyrgyzstan: The Fate of Political Liberalization." in Karen

Dawisha, Bruce Parrott, ed. *Conflict, Cleavage, and Change in Central Asia and the Caucasus.* Cambridge: Cambridge University Press.

International Crisis Group. 2010. "The Pogroms in Kyrgyzstan." Asia Report No. 193.

International Crisis Group. 2012. "Kyrgyzstan: Widening Ethnic Divisions in the South." Asia Report No. 222.

KIC (Kyrgyzstan Inquiry Commission). 2011. "Report of the Independent International Commission of Inquiry into the Events in Southern Kyrgyzstan in June 2010."

Laruelle, Marlène. 2007. "Religious Revival, Nationalism and the 'Invention of Tradition': Political Tengrism in Central Asia and Tatarstan." *Central Asian Survey* 26(2).

Laruelle, Marlène. 2012. "The Paradigm of Nationalism in Kyrgyzstan. Evolving Narrative, the Sovereignty Issue, and Political Agenda." *Communist and Post-Communist Studies* 45(1-2).

Lieven, Dominic. 2000. *Empire: The Russian Empire and Its Rivals.* New Haven and London: Yale University Press.

Marat, Erica. 2008. "National Ideology and State-Building in Kyrgyzstan and Tajikistan." *Silk Road Paper.*

Matveeva, Anna. 2010. "Kyrgyzstan in Crisis: Permanent Revolution and the Curse of Nationalism." *CSRC Working Papers Series* 2 No. 79.

Matveeva, Anna, Igor Savin and Bahrom Faizullaev. 2012. "Kyrgyzstan: Tragedy in the South." *Ethnopolitics Papers* 17.

McGlinchey, Eric. 2011. "Exploring Regime Instability and Ethnic Violence in Kyrgyzstan." *Asia Policy* 12.

McGlinchey, Eric. 2014. "Fast Forwarding the Brezhnev Years: Osh in Flames." *Russian History* 41(3).

Megoran, Nick. 2010. "The Background to Osh: Stories of Conflict and Coexistence." *openDemocracy.* 11 October. https://www.opendemocracy.net/od-russia/nick-megoran/background-to-osh-stories-of-conflict-

and-coexistence (검색일: 2015.08.12).

Melvin, Neil. 2011. "Promoting a Stable and Multiethnic Kyrgyzstan: Overcoming the Causes and Legacies of Violence." *Occasional Paper Series* No. 3.

Osmonov, Joldosh. 2006. "Uzbek Community in Kyrgyzstan Want Uzbek as Official Language." *Central Asia-Caucasus Analyst* 8(12).

Pierson, Paul. 2000. "Not Just What, but *When*: Timing and Sequence in Political Processes." *Studies in American Political Development* 14(2).

Reeves, Madeleine. 2010. "The Ethnicisation of Violence in Southern Kyrgyzstan." *openDemocracy*. 21 June. https://www.opendemocracy.net/od-russia/madeleine-reeves/ethnicisation-of-violence-in-southern-kyrgyzstan-0(검색일: 2015.08.12).

Rezvani, Babak. 2013. "Understanding and Explaining the Kyrgyz-Uzbek Inter-ethnic Conflict in Southern Kyrgyzstan." *Anthropology of the Middle East* 8(2).

Rotar, Igor. 2007. "Property Disputes Fuel Uzbek-Kyrgyz Tension in Southern Kyrgyzstan." *EurasiaNet.org.* 26 June. http://www.eurasianet.org/departments/insight/articles/eav062707.shtml(검색일: 2015.08.24)

Shozimov, Pulat, Baktybek Beshimov and Khurshida Yunusova. 2011. "The Ferghana Valley During Perestroika, 1985-1991." in S. Frederick Starr, Baktybek Beshimov, Inomjon I. Bobokulov, Pulat Shozimov, ed. *Ferghana Valley: The Heart of Central Asia.* Armonk: M.E. Sharpe.

Tishkov, Valery. 1995. "'Don't Kill Me, I'm a Kyrgyz!': An Anthropological Analysis of Violence in the Osh Ethnic Conflict." *Journal of Peace Research* 32(2).

UN General Assembly Human Rights Council. 2010. "Report of the Working Group on the Universal Periodic Review: Kyrgyzstan."

UNHCR. 2010. "Crisis in Kyrgyzstan Leaves 300,000 Internally Displaced." 17 June. http://www.unhcr.org/4c1a2f669.html(검색일: 2015.08.25).

Брусина, О. И. 1990. "О некоторых причинах межэтнического конфликта в

Ошской области." Исследования по прикладной и неотложной этнологии.

Брусина, О. И. 1999. "Аграрное перенаселение как одна из причин Ошского конфликта." *Профи.* no. 11. http://sobiainnen.livejournal.com/6442.html(검색일: 2015.08.24).

Катаргин, Виталий. 2005. "Киргизия для киргизов? Началось "Улуу Биримдик"-"Великое единение"." *ЦентрАзия.* 27 августа. http://www.centrasia.ru/newsA.php?st=1125127740(검색일: 2015.08.24).

Коммерсантъ. 2005/03/21. "Ошская резня 1990 года."

Коммерсантъ. 2010/08/19. "Директивы правительства не имеют на юге юридической силы."

Национальный статистический комитет Кыргызской Республики. 2010a. *Перепись населения и жилищного фонда Кыргызской Республики 2009 года. Книга Ⅲ Регионы Кыргызстана. Город Ош.*

Национальный статистический комитет Кыргызской Республики. 2010b. Перепись населения и жилищного фонда Кыргызской Республики 2009 года. Книга Ⅲ Регионы Кыргызстана. Ошская область.

Фергана.Ру. 2010/06/08. "Ошская резня 1990 года. Хронология трагедии." http://www.fergananews.com/article.php?id=6601(검색일: 2015.08.24).

Фергана.Ру. 2010/06/16. "Кыргызстан: По неофициальным данным, полученным от органов местного самоуправления, в городе Оше и близлежащих районах погибло 1526 человек." 16 июня 2010. http://www.fergananews.com/news.php?id=14997&mode=snews(검색일: 2015.08.24).

06

중앙아시아 여성이주에 대한 비경제적 요인의 영향

김성진

I. 서론

이 글의 목적은 중앙아시아 국가들에서 진행되고 있는 여성이주의 양상과 이러한 양상에 영향을 주는 요인을 분석함으로써 동지역의 여성이주문제의 성격을 규명하는데 있다. 중앙아시아 국가들은 비교적 오랜 기간동안 이주나 여성에 대한 사회주의적 해석과 제도를 공유하였다. 그럼에도 불구하고 소연방 해체이후 이들 국가에서 진행된 이주양상에는 적지 않은 차이가 발견되고 있다. 예를 들어 1990년대 귀환이주 이후 노동이주가 본격화되는 2000년대 이주는 카자흐스탄과 키르기스스탄의 경우 러시아를 도착지로 하는 이주가 70% 이상 차지하고 있는 반면, 우즈베키스탄과 타지키스탄의 경우 이 비율은 50% 이하로 감소하고 있다. 특히 중앙아시아 국가들의 이주양상에서 나타나는 차이는 전체이주의 50%가 넘는 여성이주에서 그 차이가 보다 뚜렷하게 나타나고 있다. 이러한 차이에 영향을 주는 요인은 무엇인가?

＊ 이 글은 『슬라브연구』 30권 1호(2014)에 게재된 내용을 수정·보완한 것입니다. 재게재를 허락해주신 한국외국어대학교 러시아연구소에 감사드립니다. 이 논문은 2010년 정부(교육과학기술부)의 재원으로 한국연구재단의 지원을 받아 수행된 연구입니다(NRF-2010-327-B00052).

보통 이주에 대한 논의는 경제적 이유, 물리적·비물리적 근접성, 그리고 사회·문화적 네트워크와 접근성 등의 인입-배출요인으로 설명되고 있다. 그러나 여성이주는 '여성'에 대한 사회적·전통적 인식, 그리고 이에 기초한 유출입국의 정책이 경제적 요인보다 더 큰 영향을 주기도 하며, 이에 따라 '젠더적 접근'이 요구되고 있다(이지영, 2013; Oishi, 2005; Piper, 2005). 이러한 점을 고려할 때 탈사회주의 공간에서 나타나는 여성이주 양상의 차이는 경제적 요인과 함께 비경제적 요인에서도 그 이유를 찾을 수 있을 것이다.

탈사회주의 공간에서의 이주는 1990년대 귀환이주가 폭발적으로 증가하면서 국제적인 관심이 되었다. 이후 탈사회주의 공간이 세계최대 이주가 발생하는 지역 가운데 하나로 부상하고, 동지역내 GDP대비 송금비율이 높아지면서 이주관련 논의도 송금과 경제발전(Buckley et al., 2012; Mansor et al., 2007), 그리고 인신매매 등의 논의로 확대되었다(Tverdova, 2011; Horbaty et al., 2006). 중앙아시아 이주관련 논의는 이주의 경제적 효과나 인간안보문제와 같이 이주의 보편적인 차원에서 주로 다루어지고 있으며, 탈사회주의 체제전환과정의 영향과 같은 특수성에 대한 논의는 부수적인 차원으로 미루어지고 있는 것으로 보인다. 그러나 탈사회주의 공간의 이주문제는 경제체제의 전환뿐만 아니라, 국가·민족 정체성과 여성에 대한 인식 등 포함한 광범위한 정치적·사회적 변화 속에서 진행되고 있다는 점에서 체제전환문제와 연결해 고찰할 필요가 있다.

국내의 경우 탈사회주의 공간의 이주문제에 대한 관심은 주로 러시아에 집중되어 있는 듯하다. 중앙아시아의 이주문제는 고려인에 대한 연구가 비교적 많은 듯하며, 최근 중앙아시아 국가들의 이주와 송금, 그리고 고려인을 포함한 역내 디아스포라 등에 초점을 맞춘 논의가 진행되고 있다(성동기, 2013; 김영진, 2012a; 2012b; 김성진, 2011). 또한 국내의 여성이주문제는 주로 다문화나 결혼이주 차원에서 많이 다루어지고 있으며, 다양한 지역사례에 대한 연구가 진행되었음에도 불구하고(문경희, 2013; 박채복, 2009), 중앙아시아 지역의 여성이주를 다루는 연구는 많지 않다(문석우, 2010; 오종진, 2009).

이 글에서는 먼저 여성이주요인에 대한 일반 논의를 살펴보고, 이를 기반으로 중앙아시아 여성이주에 영향을 주는 요인을 분석하고자 한다. 특히 이 과정에서는 역사적 제도주의의 논의를 염두에 두고 탈사회주의 체제전환과정에서 나타나는 '지속성'과 '변화'에 초점을 맞추어 비경제적 요인, 특히 이주에 대한 '사회 정당성'의 영향을 논의해보고자 한다. 이후 역내 국가들의 이주와 여성이주현황과 요인을 분석함으로써 역내 국가들의 여성이주양상의 유사점과 차이점을 살펴보고자 한다. 다만 본 연구에서는 노동이주에 초점을 맞추고 인신매매와 난민에 대한 논의는 제외하고자 한다. 이러한 논의는 중앙아시아 지역 여성이주의 보편적 성격과 특수성을 이해하는데 도움을 줄 수 있을 것이다. 이주현황 파악을 위해서는 주로 세계은행의 자료를 사용하였다. 다만 유출입국 쌍무관계 형태의 이주현황 자료는 1960년 이후 10년 단위로 집계되고 있으며, 여성이주 자료는 2000년까지 가용하다. 이에 따라 논의가 대체로 2000년에 맞추어 진행되는 한계가 있으며, 동 지역의 최대 인구유입국인 러시아의 최근 통계를 사용해 이러한 한계를 보완하였다. 지리적으로 탈사회주의 공간의 중앙아시아 국가는 카자흐스탄, 키르기스스탄, 타지키스탄, 투르크메니스탄, 우즈베키스탄으로 한정하며, 투르크메니스탄의 경우는 이주문제가 심각하게 부각되고 있지 않다는 점에서 최소한의 범위에서 다루고자 한다.

II. 여성이주 요인

1. 이주에 대한 젠더적 접근

국제이주에서 두드러지게 나타나는 특징 가운데 하나는 여성이주의 증가이다. 여성이주는 이미 1960년대부터 증가되고 있었으며, 초기에는 주로 가족재결합의 형태를 취하고 있었다. 지역별로 차이가 있기는 하지만 북아메리카의 경우 이미 1970년대에 여성이주 비율이 전체이주의 50%를 넘어섰으며, 1990년대에 이르러서는 유럽과 남아메리카에서도 여성이주 비율이 50%를 넘고 있다. 2000년에는 선진국 평균과 동아시아/태평양, 그리고 오세아니아에서도 여성이주 비율이 50%를 상회하였다(Zlotnik, 2003).[1]

---

1 1990년대부터 2013년까지의 국제이주를 분석한 유엔 인구보고서에 따르면 '남부'에 속하는 저개발국의 경우 65세 이상의 집단을 제외하면 여성보다 남성이주가 많으며, '북부' 국가들

여성이주의 증가는 이주연구에도 변화를 가져왔다. 이주요인에 대해서는 개인의 합리적 선택을 강조하는 신고전주의 경제학적 논의, 주변국과 중심국의 노동시장 상호관계에 초점을 맞추고 있는 구조주의적 접근, 그리고 개인과 사회를 연결하고자 하는 통합적 논의 등이 진행되어왔다(O'Reilly, 2012: 39-49; Mahmud et al., 2009). 국제이주의 배출-인입요인 분석은 인구유출국의 빈곤과 실업, 저임금 등의 경제적 요인, 전쟁·내전과 폭력사태 등의 정치적 요인, 그리고 각종 사회적 차별과 같은 사회적 요인을 배출요인으로 지적하고 있다. 또한 인입요인으로는 유입국의 고임금과 생활수준 향상 가능성 등의 경제적 요인, 안보와 정치적 자유 등의 정치적 요인, 그리고 가족이나 민족 차원의 귀환과 사회적 차별로부터의 자유 등 사회적 요인이 제시되었다(Mansoor, 2007: 78). 그러나 이주를 개인의 의사결정 차원에서 분석하려는 노력들은 이주자의 연령, 성별, 그리고 사회자산에 따라 다르게 나타나는 이주 동기나 양상을 하나의 이론으로 설명하지 못하는 한계를 노정하였다. 이에 따라 정치, 경제, 사회, 역사·문화적 요인을 포괄해 설명하고자 하는 이주체제이론과 이주의 확대·재생산과정에 초점을 맞춘 이주 네트워크의 역할에 대한 논의가 활성화되었다(김용찬, 2006; Massey et al., 1998).

이주단계와 이주자의 성격에 따라 이주결정요인의 영향이 달라진다는 점은 여성이주의 경우에 뚜렷이 나타나고 있다. 초기 연구는 이주를 주로 남성중심으로 파악하고, 여성을 이주자 가족의 재결합 차원으로 분석하는 경향이 강했으나, 1970년대부터 성별을 변수로 고려하는 연구들이 등장하기 시작하였다(Ross-Scheriff, 2011: 234; Sinke, 2006). 여성이주의 증가와 이에 대한 연구들은 여성이주가 남성이주의 배우자로 이루어진다거나 여성 혼자 이주할 경우에도 남성의 이주경로와 양상을 답습할 것이라는 등의 '몰젠더적gender-blind' 가설이나 접근을 해체하기 시작하였으며, 이에 따라 남녀 노동이주의 역동성 차이를 반영한 젠더적 접근의 필요성이 강조되었다.[2] 특히 여성이주를 남성이주와 동일한 맥락에서 경제적 요인으로 설명하고자 하

에서는 29세 이상의 모든 연령층에서 여성이주자가 남성보다 많은 것으로 집계되었다(UN Department of Economic and Social Affairs, 2013: 2).

2 이주문제에 대한 젠더적 접근은 정치, 경제, 사회, 문화적 환경이 젠더에 따라 이주경험에 어떠한 영향을 주는가를 분석하며, 이를 통해 이주의 흐름을 보다 더 잘 이해할 수 있게 해줄 수 있을 것으로 평가되고 있다(IOM, 2009: 10-11). 보다 구체적인 남성과 여성이주 비교연

는 노력이 한계를 보이면서 비경제적 요인—젠더전략으로서의 이주, 유출국의 이주
정책과 '사회적 정당성', 그리고 유입국내의 여성이주 네트워크—에 대한 연구가 진
행되었다.[3]

2. 여성이주의 비경제적 요인: '사회적 정당성'

남녀이주의 차이는 이주요인에서도 커다란 차이가 발견되고 있다. 여성이주 역시 이
주라는 점에서 경제적 요인과 비경제적 요인이 모두 작용하고 있으나, 여성이주의 특
징은 비경제적 요인에서 보다 뚜렷하게 나타나고 있다. 특히 여성이주의 경우 유출입
국의 이주정책에서 여성이 특정화되는 현상도 발견되며, 유출국의 사회 정당성, 유입
국의 여성이주관련 정책에 영향을 크게 받고 있다.

여성이주에 영향을 주는 여성에 대한 인식과 특정화된 정책을 찾는 것은 그리 어
렵지 않다. 예를 들어 방글라데시의 여성이주 제한정책이나 이와 반대로 이주를 촉진
하는 필리핀의 1974년 노동법은 유출국의 정책이라고 할 수 있으며, 홍콩(1976), 싱
가포르(1978), 대만(1992), 한국(2002, '조선족'의 단기이주형태) 등의 여성의 가사
이주노동 허용정책(이지영, 2013: 246-247), 결혼여성의 법적 지위획득에 남편의 동
의를 요구하는 정책, 그리고 자녀돌봄 서비스의 일종인 오페어au-pair 제도 등은 여성
에게 특화된 유입국의 정책 사례라고 할 수 있다.[4]

구 사례에 대해서는 Semyonov et. al, 2005 참조.

3 젠더전략으로서의 이주는 불평등한 가부장적 관계를 탈피하기 위한 방안으로 국제이주를 선
  택하는 전략이며, 유출국의 이주정책은 여성이주를 특별히 장려하거나 억압하는 정책이 여
  성이주에 영향을 준다는 점에 초점을 맞춘 것이다(이지영, 2013).

4 홍콩은 1987년 외국인 가사노동자의 규제를 강화하면서 고용주와의 계약에 기초해 체류허가
  를 발급함으로써 고용자의 학대시에도 계약파기가 어려운 환경이 조성되기도 하였다. 싱가
  포르의 경우 필리핀 가사노동자와 자국민의 결혼이나 동거를 금지하였으며, 중동의 경우 필
  리핀 가사노동자들의 임신을 금지하기도 하였다. 대만은 가사노동자들의 배우자와 자녀의
  입국을 불허하는 반면, 이탈리아는 노동계약이 아니라 가사노동에 종사한다는 조건으로 가
  사노동자들의 입국을 허가하고 있어 가사노동자들의 권익이 보다 보호되는 형식이며, 1990
  년부터는 임시거주자도 가족초청이 가능하도록 하였다. 이러한 다양한 형태의 조치들은 여
  성이주의 방향을 결정하는데 영향을 주고 있다(Parreñas, 2001: 49).

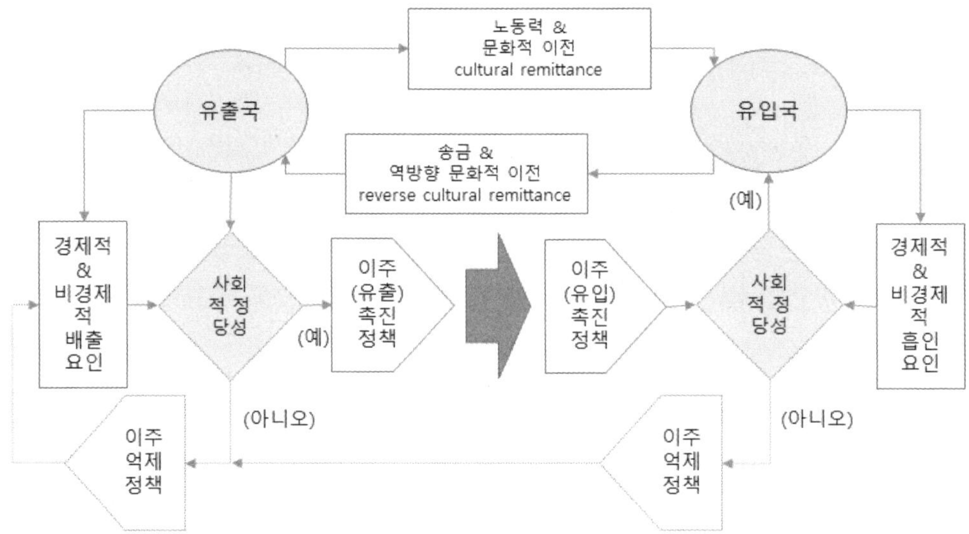

그림 1 여성이주 요인과 효과

이주의 정치적 요인에 대한 논의는 정치적 억압이나 박해, 국가의 묵시적이거나 정책적인 차별 등 민족적이거나 전쟁·분쟁과 같은 갈등의 측면에 초점이 맞추어진 경우가 많다.[5] 그러나 여성이주와 관련된 문제는 여성에 대한 인식에 따라 '사회적 정당성'은 물론, 정부나 국가의 정체성이나 정당성과 연결되기도 하며, 이 과정에서 여성을 특정화한 정책이 시행되기도 한다는 점에 주목할 필요가 있다. 여성 및 여성이주에 대한 인식을 반영한 유출입국의 여성이주관련 정책은 여성의 이주결정에 기본적인 제도적·규범적인 틀을 형성하게 되며, 여성이주의 기본적인 양상을 규정하게 된다.

여성이주에 영향을 주는 사회적 정당성은 여성에 대한 사회·문화적인 인식과 태도의 '사회적 구성social construction'이라고 할 수 있으며, 여성이주를 특정화한 정책에 비해 명확하게 드러나지는 않는다. 그러나 젠더관계에 대한 최근 연구는 질적 방법과 함께 계량적 방법을 활용해 여성의 지위와 역할에 대한 지수를 제시하고 있으며, 이는 이주관련 사회 정당성을 가늠할 수 있는 대용변수proxy variable가 될 수 있다. 예를 들어 UNDP의 '성불평등지수Gender Inequality Index'는 건강, 임파워먼트, 그리고 노

---

5 예를 들어 라드니츠(Scott Radnitz)는 우즈베키스탄 사례연구를 통해 정치적 요인이 단독으로 이주에 영향을 주기보다는 경제적 요인과 결합될 때 이주를 촉진한다고 지적하고 있다 (Radnitz, 2006: 672).

동시장의 영역에서 여성건강지수, 중등교육이수 비율, 여성의원 비율, 노동참여 비율 등을 기초로 산정·발표되고 있다.[6] OECD 역시 '사회제도와 젠더 지수Social Institution and Gender Index'를 발표하고 있으며, 교육이나 고용과 같이 차별의 결과를 반영하는 영역과 함께 "사회제도와 관련된 조혼, 상속상의 차별, 여성에 대한 폭력 등의 편견, 공적 공간과 생산자원에 대한 접근에서의 차별"을 포괄하고 있다.[7]

여성이주에 대한 사회적 정당성의 영향은 유사한 경제수준에 있는 동남아 국가들의 여성이주 양상에 차이가 나타나는 데에서도 확인할 수 있다. 2000년 총인구대비 이주와 이주자대비 여성이주 비율을 기초로 작성한 〈그림 2〉는 총인구대비 이주자 비율 2.5%와 여성이주 비율 50%를 분기점으로 4개의 이주양상을 보여주고 있다. 이러한 양상은 대체로 아래와 같은 개방적, 여성특화적, 여성차별적, 폐쇄적 유형으로 구분할 수 있다. 대체로 이주전체와 여성이주가 많은 개방적 유형, 이주는 많지만 여성이주는 적은 차별적 유형, 이주가 모두 적은 폐쇄적 유형 등은 비교적 유형이 명확하게 드러나지만 이주규모는 전반적으로 작지만 여성이주가 상대적으로 많은 경우는 젠더전략으로 이주가 활용되거나 여성에 특정된 난민 혹은 인신매매 등이 개입되었을 때 나타날 수 있는 유형이라고 할 수 있다.

이러한 유형에 기초해 살펴보면 필리핀과 스리랑카의 경우 남녀 이주가 활성화되어 있는 개방적 유형이며, 파키스탄과 여성이주를 금지하고 있는 방글라데시는 이주는 활성화되어 있으나 여성이 이주에서 배제되어 있는 여성차별적 유형이라고 할 수 있다. 총인구대비 이주 비율 2.5%와 여성이주 50%의 교차점을 중심으로 위치해 있는 캄보디아, 베트남, 부탄, 네팔 등은 개방적인 형태에 가깝지만 대체로 이주규모가 상대적으로 작은 형태라고 할 수 있다 3사분면에 위치하고 있는 인도는 인구대비 비율만 고려한다면 폐쇄적 유형이지만 이주규모가 크다는 점과 여성이주자 비율이 39.0%로 파키스탄과 같은 수준임을 고려할 때, 실질적으로는 오히려 차별적 유형에 가까운 듯하다.[8]

---

6 https://data.undp.org/dataset/GII-Gender-Inequality-Index-value/bh77-rzbn(검색일: 2014.01.10).

7 http://genderindex.org/(검색일: 2014.01.10). 지수에 대해서는 http://stats.oecd.org/Index. aspx?QueryId=35278(검색일: 2014.01.10) 참조.

8 〈그림 2〉에 포함된 국가 가운데 2012년 이주 및 송금 규모는 방글라데시(500만 명, 140억 달

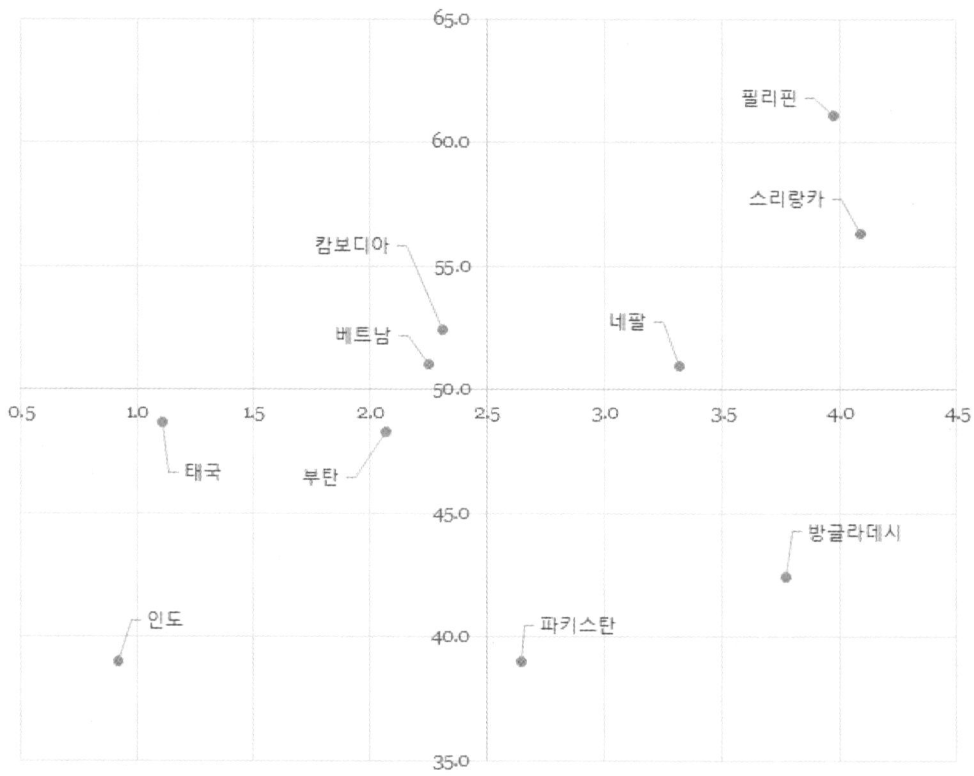

그림 2   동남아 국가들의 이주양상(2000)

X축: 총인구대비 이주비율; Y축: 이주자중 여성이주비율

자료: 이주자 및 여성이주자 수 World Data Bank Global Bilertal Migration, in http://databank. worldbank.org/data/views/variableselection/selectvariables.aspx?source=global-bilateral-migration#; 총인구 http://data.worldbank.org/indicator/SP.POP.TOTL(검색일: 2013.07.26)에 기초해 작성

이들 국가들의 여성관련 지표를 보면 여성이주에 대한 사회적 정당성이 방글라데 시와 같이 여성의 해외노동이주 금지와 같이 정책화되는 경우는 물론, 그렇지 않은

러), 파키스탄(470만 명, 140억 달러) 필리핀(310만 명, 240억 달러), 베트남(170만 명, 100 억 달러) 등이다(World Bank Migration & Remittance Units, 2013: 2). 다만 인도의 경우는 총이주 규모가 인구대비 2%에 불구하지만 절대규모(2012년 950만 명)로는 표에 있는 국가 가운데 가장 많으며, 송금액도 2012년 690억 달러로 세계 1위 규모여서 이주규모가 작다고 말하기 어렵다. 그러나 여성이주 비율은 여전히 남성에 비해 낮다. 국내이주에 초점을 맞춘 것이기는 하지만 인도의 여성이주 유형과 남녀이주의 차이점에 대해서는 Mazumdar et al., 2013: 54-64 참조.

표 1 여성이주 비율과 사회지표(2000)

	여성 이주 비율	OECD GID (2012)	UNDP 불평등 지수	GNI ($)	남성대비 여성 비율			종교 비율	
					노동 참여율	고등 교육1)	초중등 교육2)	종교	비율
필리핀	59.9	0.120	0.477	2380	59.5	111.9	99.8	가톨릭	80.9
스리랑카	56.3	0.280	–	2610	–	188.5	102.2	불교	69.1
인도	39.0	0.305	0.619	1530	40.9	72.4	78.7	힌두	80.5
방글라데시	42.4	–	–	870	63.0	49.4	75.5	이슬람	89.5
파키스탄	39.0	0.293	0.569	1620	19.1	40.4	49.6	이슬람	95.0

1) 고등(3차)교육과정 등록 남학생대비 여학생 비율: 필리핀 1980년, 파키스탄 1990년 자료

2) 초·중등교육과정 등록 남학생대비 여학생 비율: 필리핀, 스리랑카, 방글라데시, 파키스탄은 1990년 자료

자료: OECD 사회제도와 젠더 지수 http://stats.oecd.org/Index.aspx?QueryId=35278(검색일: 2014.01.10); UNDP 불평등지수 https://data.undp.org/dataset/GII-Gender-Inequality-Index-value/bh77-rzbn(검색일: 2014.01.10); 종교 구성 https://www.cia.gov/library/publications/the-world-factbook/fields/print_2122.html(검색일: 2014.01.10); 기타 http://data.worldbank.org/(검색일: 2013.12.12)에 기초해 작성

경우에도 사회적 압력으로 작용하는 것으로 보인다. 여성이주 비율의 양극단을 보여주고 있는 필리핀-스리랑카와 방글라데시-파키스탄의 경우를 보면, 여성이주 비율이 낮은 국가의 경우 젠더적 인식, 초등·중등 및 고등교육과정 등록 남학생 대비 여학생 비율, 여성의 노동참여율 등이 낮다. 또한 여성이주 비율이 낮은 국가들의 경우 무슬림 인구의 비율이 높은 편이다. 이들 변수들은 기존 젠더관계연구에서 여성의 지위를 보여주는 통합적 지수나 변수로 제시되었던 것이며, 결국 여성에 대한 사회적 인식과 태도가 여성이주에 영향을 주고 있음을 시사하고 있다.

여성이주에 영향을 주는 비경제적 요인 가운데 주목할 만한 다른 요인은 '거리'와 이주 네트워크와 관련된 것이다. 이주의 물리적 거리와 '사회·문화적 거리', 즉 사회관습, 문화, 언어 등의 차이는 이주의 경제적, 사회·심리적 비용으로 연결된다. 이들 '거리'와 관련해 베인Michel Beine과 살로몬Sarah Salomone의 연구는 여성이주 요인분석에 중요한 시사점을 주고 있다. 이들에 따르면 여성의 경우 '물리적 거리'에 상대적으로 영향을 덜 받으며, 도착지의 안전과 여성에 대한 차별 여부가 더 중요한 영향을 주는 것으로 분석되고 있다(Beine et al., 2013: 367). 그러나 언어나 디아스포라 네트워크와 같은 요인은 이주자의 교육수준에 따라 영향이 다르며, 남녀 성차는 크지 않은 것으로 분석되고 있다. 즉 비숙련 노동의 경우 성별과 무관하게 숙련·전문영역의 노

동에 비해 상대적으로 언어구사능력이 덜 중요하며, 이주 네트워크에 대한 의존도는 더 높은 것으로 나타났다(Beine et al., 2013: 367).[9]

Ⅲ. 중앙아시아 국가들의 여성이주 요인

여성이주의 경제적, 비경제적 요인들은 중앙아시아 국가들의 여성이주에서도 유사한 영향을 미치고 있다. 중앙아시아 국가들에서도 지리적 인접성과 함께 소비에트시기 경험의 공유에 사회적 인접성, 디아스포라 네트워크 등 비경제적 요인이 여성들의 이주결정에 영향을 주고 있다. 특히 탈사회주의 전환과정에서 가중된 경제적 어려움과 함께 국가정체성 형성과정에서 진행된 '이슬람' 혹은 '전통'으로의 회귀와 이에 따른 여성이주에 대한 사회 정당성의 변화는 중앙아시아 국가 간의 여성이주 양상에 차이를 만들고 있다.

1. 경제적 요인

중앙아시아 여성이주의 근본적 이유는 경제적 어려움이다. 체제전환과정에서 여성들의 경제능력은 국가경제의 악화, 여성의 지위 하락, 그리고 여성·아동에 대한 사회보장조치들의 해체에 따라 급속하게 하락되었다. 〈그림 3〉은 2000년과 2012년의 세계은행 기준의 저소득 및 중간소득 국가의 일인당 GNI(불변가격) 대비 CIS국가들(그루지아 포함)의 비율(X축)과 저소득 및 중간소득 국가의 인구증가율 평균(=100.0)대비 CIS 국가들의 인구증가율(Y축)을 표시한 것이다. 〈그림 3〉에서 Y축을 기준으로 오른쪽에 위치한 국가들은 평균대비 소득이 높은 지역이며, X축을 기준으로 하단에 위치한 경우는 인구증가율이 평균보다 낮은 국가들이다. 대체로 4사분면

---

9 교육수준이 높은 고숙련 이주자들의 경우 사회·심리적 유대보다는 직장에 따라 이주하는 양상을 보이며, 이는 비숙련 노동자들의 이주와는 다른 양상이다(Carmon, 1996: 6-7).

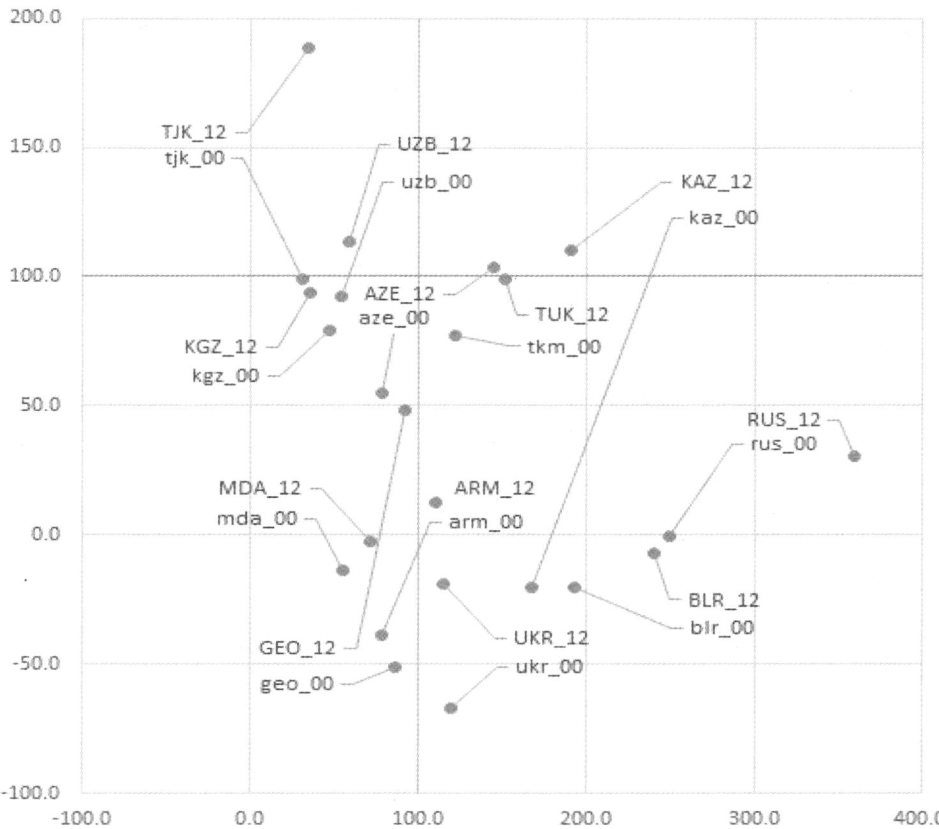

그림 3   CIS 국가들의 GNI 및 인구변화(2000, 2012)

X축: 저소득 및 중간소득 국가(세계은행 기준) GNI 평균(2000년 2,668$, 2012년 6,335$) 대비 비율(%); Y축: 저소득 및 중간소득 국가 인구증가율 평균(2000년 1.5%, 2012년 1.3%) 대비 비율(%); 00은 2000년, 12는 2012년 수치

자료: 일인당 GNI(PPP) in http://data.worldbank.org/indicator/NY.GNP.PCAP.PP.CD; 인구증가율 http://data.worldbank.org/indicator/SP.POP.GROW(검색일: 2013.07.26)에 기초해 작성

에 위치한 국가들은 인구유입 요인이 존재하며, 반대로 2사분면에 위치한 국가들(우즈베키스탄, 타지키스탄 등)은 인구유출 압력이 존재한다고 할 수 있다.

중앙아시아 국가들에서 나타나는 경제적 어려움과 이주양상은 국가별로 차이가 나타나고 있으나, 대체로 여성의 경우 경제적 어려움이 더 심한 것으로 보고되고 있다. 탈사회주의 정책은 소비에트시기에 추진되었던 양성평등정책과 복지정책의 철회 혹은 약화를 초래하였으며, 시장경쟁체제하에서 실업률이 증가하면서 여성들의 취업 기회도 대폭 축소되었다. 상대적으로 경제가 활성화되고 있는 카자흐스탄의 경우 여

성의 노동참여율도 증가하고 있으나, 다른 중앙아시아 국가들의 경우 여성의 노동참
여는 여전히 낮은 수준이다.[10]

　고용시장의 불균형은 노동시장에의 신규진입 외에 농업분야에서의 재진입 등 노
동공급이 급증하면서 더욱 커지고 있다. 예를 들어 우즈베키스탄의 경우 2002년 노
동공급은 신규진입 25만 명, 노동시장 재진입 31만 명, 유휴 노동력 42만 명 등 총 98
만 명 등이며, 노동수요는 농업 5천 명, 소규모 기업체 수요인력 약 20만 5천 명으로
총 21만 명 정도로 노동공급 대비 21.4% 수준이다. 이러한 노동수요는 2007년의 경
우 노동공급(865,000명) 대비 노동수요(201,000명) 비율은 23.2%로 다소 증가하였
으나, 수요 자체는 감소하였다(Abdullaev, 2008: 64).

　여성의 경제적 곤란은 노동기회뿐만 아니라 저임금에서도 야기된다. 아시아개발
은행Asian Development Bank: ADB의 자료에 따르면 남성임금 대비 여성임금 비율은 카
자흐스탄 61.7%, 키르기스스탄 64.9%, 타지키스탄 46.0% 수준이다(ADB, 2006: 9).
이러한 상황은 우즈베키스탄의 경우도 예외는 아니다. 다소 다른 성격의 자료이기는
하지만 우즈베키스탄의 타쉬켄트Тошкент(응답자 68%), 카쉬카다료Кашкадарё(16%),
나만간Наманган(16%) 지역 1천 명(여성 671명)을 대상으로 한 2007년 설문조사에
따르면 응답자 가운데 남성의 월평균 임금은 144,400숨сўм, 여성의 월평균 임금은
113,300숨이었다. 특히 월 85,000숨 이하의 급여를 받는 비율은 남성 응답자 가운데
에서는 36.4%로 여성 응답자 41.3%보다 낮았으며, 17,000숨 이상을 받는 비율은 남
성 26.8%, 여성 20.5%로 남성의 비율이 높았다(Abdullaev, 2008: 95).

　탈사회주의 체제전환과정에서 나타난 큰 충격 가운데 하나는 사회보장제도의 약
화이다. 탈사회주의 개혁과정에서 여성 및 육아관련 지원은 대폭 축소되거나 시장경

10　예를 들어 카자흐스탄의 경우 남성의 노동참여는 1990년 78.0%에서 2012년 77.5%로 다소
　　감소하였으나, 여성의 노동참여는 62.4%에서 67.5%로 증가되었다. 타지키스탄에서는 남
　　성은 75.6%에서 76.9%로 다소 증가하고, 여성은 58.1%에서 58.7%로 거의 유사한 수준을
　　유지하고 있다. 이에 비해 키르기스스탄의 경우 남성은 74.3%에서 79.0%로 증가하고 여성
　　의 참여는 58.4%에서 55.7%로 감소하였으며, 우즈베키스탄에서는 남성은 2012년 75.2%
　　로 1990년보다 약 2% 증가되었으며, 여성의 경우도 47.9%로 다소 증가하였으나 절대비
　　율로는 50%에 미치지 못한 수준이었다. 세계은행 남성 노동참여율 http://data.worldbank.
　　org/indicator/SL.TLF.CACT.MA.ZS(검색일: 2013.07.26); 여성의 노동참여율 http://data.
　　worldbank.org/indicator/SL.TLF.ACTI.1524.FE.ZS(검색일: 2013.07.26).

쟁체제로 전환되었다. 예를 들어 타지키스탄의 경우 2001년 1인당 GDP 300달러 수준에서도 공립유치원은 월 12달러, 사립유치원은 월 60-120달러에 달하였으며, 그나마 농촌지역의 경우 탁아시설은 찾아보기 어렵게 되었다(Fayzullaeva, 2009: 249). 사회보장제도가 해체된 상황에서 '가장'의 실업에 따른 부양능력 상실이나 중혼에 의한 책임 회피는 여성의 경제적 상황을 더욱 어렵게 하는 요인이 되었다. 특히 이주노동에 종사하는 배우자의 송금이 부정기적으로 이루어지거나 이주지에서 새로 가정을 꾸려 연락이 두절되는 경우 등도 여성의 경제적 책임을 가중시키고 있다(Schmidt et al., 2008: 121). 우즈베키스탄의 경우 가계를 책임지고 있다고 응답한 여성이 1999년 2%수준에서 2000년대 말엽에는 58.6%까지 증가되었다는 보고는 이러한 변화를 반영하고 있다(Fayzullaeva, 2009: 525).

경제적 요인 가운데 이주방향을 결정하는 인입요인은 노동수요라고 할 수 있다. 특히 여성의 경우는 물리적 거리보다 여성 노동력의 수요와 안전 등이 중요한 영향을 주고 있다. 2008년 우즈베키스탄에서의 사례연구는 성별 직업차이가 뚜렷함을 보여주고 있다. 국내이주에 초점을 맞춘 경우이기는 하지만 남성의 경우 건설(69%), 농업(36.2%), 수리(25.8%) 등에 종사하고 있으며, 여성들은 청소, 세탁과 같은 가사노동(73.7%), 토지 청소와 개선작업(45%), 농업(39.6%), 과일·채소의 분류와 포장(18.8%) 등이었다(Abdullaev, 2008: 43-44). 이러한 직종별 차이는 문화적 인접성과 함께 우즈베키스탄과 타지키스탄 여성들이 러시아보다 오히려 카자흐스탄 남부 농업지대 더 많이 유입되는 이유를 설명해줄 수 있을 것이다(Fayzullaeva, 2009: 254-525).

2. 여성이주에 대한 태도

이주의 경제적 요인은 여성이주의 많은 부분을 설명해주고 있다. 그러나 여전히 보다 경제적으로 빈곤한 국가에서 이주가 활성화되고 있지 않거나, 남성이주는 활발하지만 여성이주가 억제되는 이유를 설명하는 데 한계가 있다. 특히 기존연구들은 여성과 여성이주에 대한 사회적 인식이 여성이주에 영향을 주고 있음을 보여주고 있으며, 이러한 양상은 중앙아시아의 여성이주에서도 나타나고 있다.

중앙아시아 국가들의 여성에 대한 인식은 탈사회주의 정체성 형성과정에서 뚜렷한 차이를 보여주고 있다. 사회주의시기의 양성평등정책은 여성의 가사노동 부담을 해소하지 못했다는 한계에도 불구하고 여성의 지위향상에 기여하였으며, 이러한 변화는 중앙아시아 국가들의 경우에서도 예외는 아니었다.[11] 그러나 소비에트시기 젠더인식은 이후 탈사회주의 과정의 소비에트역사와 러시아와의 관계, 그리고 민족·국가정체성의 재설정과정에 따라 다른 발전양상을 보여주고 있다.

첫째, 카자흐스탄의 경우 탈사회주의 정체성은 카자흐 민족주의에 대한 강조로 연결되었다. 그러나 1989년 명목민족(카자흐)의 비율이 전체인구의 39.7%로 러시아인 37.4%와 유사한 수준이어서 카자흐의 민족정체성을 국가정체성으로 발전시키기에는 무리가 있었다(Центральное Статическое Управление СССР, 1962: 206). 카자흐스탄의 나자르바예프 Нұрсұлтан Назарбаев 대통령은 카자흐 디아스포라를 역사의 희생자들로 인식하는 카자흐 민족주의자들과 견해를 공유하면서도 다른 한편으로는 카자흐스탄내 거주하는 러시아인들을 과거 '소비에트 식민지의 잔재'로 인식하려는 시도와는 거리를 두고자하였다. 이에 따라 러시아인을 포함한 소수민족을 자극하지 않기 위해 국가건설과정에서 민족적·시민적 요소 간의 균형이 유지되었다(Bonnenfant, 2012: 33). 이러한 발전과정은 여성에 대한 인식이나 양성평등에 대한 입장에서도 소비에트시기의 인식에 시민적 요소가 고려되는 요인이 되었으며, 이주정책은 카자흐 디아스포라의 유입에 초점이 맞추어졌다.

키르기스스탄의 경우는 대체로 민족주의의 발현이 1920년대 이후로 역사가 상대적으로 짧을 뿐만 아니라 명목민족의 구성이 1989년 52.4%로 그 비중이 높지 않은 편이었다. 또한 정치엘리트들의 친러시아 정서로 인해 탈사회주의 과정에서도 친러시아정책은 지속되었다(강봉구, 2011). 이에 따라 키르기스스탄의 경우 탈사회주의 과정을 탈러시아 과정으로 연결하려는 시도가 없었다는 점에서는 카자흐스탄과 다소 다른 출발이기는 하지만 여성에 대한 인식은 유사한 양상을 보여주고 있다. 물론 이러한 인식에도 불구하고 여전히 이주의 장단점, 전통적 대가족제의 해체 위기 등에 대한 논의는 계속 제기되고 있다(Isabaeva, 2011). 그러나 이러한 논의는 개방된 토론이며, 이주에 대한 배타적인 태도라고 보기는 어려울 것이다.

---

11 소비에트시기 가정폭력이나 여아를 학교에 보내지 않는 것은 생각하기 어려운 일이었으며, 이혼도 남성에게 양육책임을 부과하는 등 여성에게 유리한 방향으로 이루어졌다. 소비에트 시기 여성의 지위에 대해서는 Güneş-Ayata et al., 2009: 212-214 참조

타지키스탄의 경우는 상대적으로 명목민족 비율이 높은 편이었으나(1989년 62.3%), 탈사회주의 과정은 1992년 8월 이슬람과 친러 공산주의 세력, 그리고 배후 호족clan들 간의 갈등에 따른 내전으로 이어졌다. 1997년 종전까지 타지키스탄에서는 1백만 명이 넘는 난민이 발생하였으며, 러시아 인구가 유출되면서 명목민족 비율은 2009년 84.3%까지 증가되었다. 정전이후에도 타지키스탄에서는 1997년 8월과 1998년 11월 쿠데타 시도가 있었으며, 2010년에도 이슬람 무장세력과 내무부 병력 간의 산발적인 교전이 이루어졌다. 1994년 11월 선거이후 정권을 장악한 라흐몬Эмомали Рахмон 대통령은 타지키스탄 방식으로 자신의 이름을 개명하는 등 민족주의적인 색체와 함께 친이슬람 행보를 강화하고 있다.[12] 라흐몬 대통령은 이란, 아프가니스탄 등 페르시아어 사용 이슬람 국가들과의 관계를 강화하는 한편, 이슬람 무장세력의 도전을 테러리즘으로 규정해 이슬람내 정통성을 부각시키고 있다. 타지키스탄은 내전에 따른 난민과 이주노동자들의 송금에 대한 국가경제의 의존도가 높아지면서 이주문제와 관련해 국제기구와 적극적으로 협력하는 정책을 취하게 되었으나, 다른 한편으로는 친이슬람정책에 따라 여성이주에 대한 사회적 정당성이 약화되는 양상을 보여주고 있다.[13]

---

12 부칭에 슬라브식 접미사를 사용하지 않는 방식은 1990년대말 민족적 자부심의 표현으로 받아들여졌으며, 대통령도 2007년 개명하였다. 그러나 젊은 층에서는 다시 슬라브식 이름이 유행하기 시작하고 있으며, 이에 대해 민족적 자부심을 망각한 행동이라는 비판도 제기되고 있다. "Ticked 'Ov': Tajik Officials Unhapp.Russian Surnames Back In Fashion," RFE/RL Tajikistan, 24 January 2014, in http://www.rferl.org/content/tajik-officials-unhapp.-russian-surnames-back-in-fashion/25241429.html(검색일: 2014.01.24).

13 예를 들어 2009년 타지키스탄은 러시아로의 이주노동이 경제위기로 침체되는 것을 우려해 사우디아라비아와 2천 명 규모의 노동이주협정을 추진하였다. 동협정은 가사노동에 종사할 여성과 주로 운전기사로 근무할 남성을 대상으로 하였다. 그러나 타지키스탄 정부는 여성은 45세 이상으로 남편을 동반하는 경우에만 이주노동을 승인할 것이라고 밝혔다. "Tajikistan Working On Sending Workers To Saudi Arabia," RFE/RL News, 26 April 2009, in http://www.rferl.org/content/Tajikistan_Working_On_Sending_Workers_To_Saudi_Arabia/1616166.html(검색일: 2014.01.20). 타지키스탄은 러시아와의 협상에도 적극적이었으며, 2013년 10월 러시아와의 합의에 따라 향후 타직 노동자들은 3년간의 노동허가를 받을 수 있게 되었다. "Moscow To Allow Three-Year Work Permits For Tajiks," RFE/RL Tajikistan, 29 October 2013, in http://www.rferl.org/content/tajik-migrant-workers-moscow-/25151692.html(검색일: 2014.01.20). 이러한 정책들은 타지키스탄 정부가 이주에 대

중앙아시아의 체제전환의 또 다른 유형은 우즈베키스탄에서 찾아볼 수 있다. 우즈베키스탄의 탈사회주의 과정은 무엇보다 탈러시아와 '전통'에 대한 강조로 요약될 수 있다.[14] 우즈베키스탄은 상대적으로 높은 명목민족 비율로 인해 탈러시아 및 독자노선 추구가 가능했으나, '우즈벡'이라는 민족구성이 다분히 정치적 산물이었다는 점에서 '민족주의'에 호소하기 어려웠다는 점이 작용하고 있다. 전통이 강조되는 상황에서 이주는 '중앙아시아의 전통'과 일치하지 않는 것으로 해석되었으며, 이러한 해석은 국가주도 이외의 이주를 '자본주의적 잔재'로 평가했던 소비에트시기의 해석과도 일치한다(Abdullaev, 2008: 14). 특히 우즈베키스탄은 2001년 고용촉진센터Temporary Employment Agencies: TEAs를 설치하는 등 일자리 창출과 국내이주 통제를 위한 정부와 마할라의 역할을 강화하고자 하였다(Güneş-Ayata et al., 2009: 230; Abdullaev, 2008: 54).[15] 국제이주와 관련해서도 이주노동협정 체결을 통한 이주를 강조하고 있으며, 정부주도 이외의 이주에 대해서는 부정적인 입장을 견지하고 있다.[16] 이러한 입장은 가부장제, 가족과 공동체의 연대와 통제라는 국가정체성 형성과정에서 전통적인 성역할에 대한 강조가 여성이주에 대한 부정적 입장으로 이어지고 있음을 보여주고 있다(Güneş-Ayata et al., 2009: 231).

해 적극적인 입장을 취하고 있으나, 여성이주에 대해서는 부가적인 조건들을 부과하는 정책을 취하고 있음을 보여주고 있다.

14 예를 들어 마할라 제도는 전통의 핵심으로 이해되고 있으며, 이를 통해 국가의 사회 통제력을 강화해왔다(강봉구, 2008: 28).

15 그러나 이러한 시도는 제공되는 일자리 종류가 다양하지 않고, 임금수준이 높지 않다는 한계를 안고 있다.

16 이와 관련해 카리모프(Islam Karimov) 대통령은 2013년 12월의 우즈베키스탄 TV와의 인터뷰에서 모스크바 이주노동자들에 대해 '게으름뱅이'들이라고 언급한 내용이 보도되기도 하였다(Ferghana.news Information Agency, 24 June 2013). 이러한 인식은 공식 영역에서의 입장이며, 비공식 영역의 경우 이주에 대한 긍정적인 인식도 확산되고 있다. 2007-2009년 사이 진행된 사회조사는 54%의 응답자가 해외이주노동에 대해 긍정적으로 응답하였으며, 15%는 당분간은 계획이 없다고 답하였다. 응답자 가운데 9.3%만 부정적으로 응답하였으며, 9.1%는 무관심하다고 응답하였다(Isakulov, 2010: 113). 동 사회조사는 타쉬켄트 UNDP 지부와 스위스 대사관이 공동으로 진행한 조사의 자료를 언급하고 있는 것으로 보인다. 이러한 공식문화와 비공식문화의 괴리를 반영해 이주관련 제도개선 등의 제안이 이루어지고 있으나, 아직 뚜렷한 변화는 나타나고 있지 않다.

이러한 변화에 비해 투르크메니스탄은 탈사회주의 과정에서 대통령의 개인적 권위에 초점을 맞춘 민족주의가 강화되면서 탈러시아나 친서방과 같은 정치적 노선이 희석되었다. 특히 투르크메니스탄은 지하자원을 기반으로 비교적 안정적인 경제를 유지했으며, 그 결과 2000년 3,300달러 수준의 국민소득은 2012년 9,640달러 수준으로 증가되었다. 투르크메니스탄은 경제적 안정과 함께 자국민의 해외여행을 억제하고 있어 소비에트시기보다 오히려 이주가 감소하고 있는 추세이며, 이주에 대한 사회적 관심도 높지 않은 편이다.

탈사회주의 이행과정은 결국 여성과 관련된 사회적 인식이나 여성이주에 대한 사회적 정당성과 관련해 카자흐스탄과 키르기스스탄에서는 슬라브 혹은 시민적 요소가 강화된 반면, 타지키스탄과 우즈베키스탄에서는 전통적, 혹은 이슬람 요소가 강화되는 결과를 초래하였다. 기존의 젠더연구나 여성이주연구는 이슬람 전통이 여성의 사회적 역할이나 여성이주에 대해 부정적인 '공식문화'를 형성할 수 있음을 보여주고 있다. 〈표 2〉는 타지키스탄, 투르크메니스탄, 그리고 우즈베키스탄의 경우 무슬림의 비율이 높으며, 이들 국가에서 젠더불평등 지수 역시 높게 나타나고 있음을 보여주고 있다. 이러한 성차별적인 양상은 젠더관계를 보여주는 다른 경제·사회지표에서도 발견되고 있다.

결국 민족 혹은 국가정체성의 성립과정에서 '전통', '민족정신', 그리고 무슬림 양식의 강조는 보다 구체적으로는 소비에트시기 공식, 비공식적인 양성평등에서 남성

표 2　중앙아시아 국가들의 사회·젠더지표(2000)

	여성 이주 비율	OECD GID (2012)	UNDP 불평등 지수	GNI ($)	남성대비 여성 비율			무슬림 비율 (%)
					노동 참여	3차 교육	초중등 교육	
카자흐스탄	56.1	0.122	0.343	4,470	84.9	117.6	101.8	47.0
키르기스스탄	54.2	0.176	0.359	1,260	75.8	101.4	101.0	75.0
타지키스탄	49.5	0.225	0.556	830	77.7	44.8	88.9	90.0
투르크메니스탄	51.6	–	–	3,260	64.6	–	–	89.0
우즈베키스탄	52.6	0.305	–	1,430	65.7	83.9	98.0	88.0

자료: OECD 사회제도와 젠더 지수 http://stats.oecd.org/Index.aspx?QueryId=35278(검색일: 2014.01.10); UNDP 불평등지수 https://data.undp.org/dataset/GII-Gender-Inequality-Index-value/bh77-rzbn(검색일: 2014.01.10); 종교 구성 https://www.cia.gov/library/publications/the-world-factbook/fields/print_2122.html(검색일: 2014.01.10); 기타 http://data.worldbank.org/(검색일: 2013.12.12)에 기초해 작성

의 가장으로서의 역할과 여성의 어머니와 아내로서의 역할을 강조하는 차별적 인식으로 전환되었으며, 여성의 경제활동이 비공식영역으로 제한되는 결과를 초래하였다(Güneş-Ayata et al., 2009: 215). 아제르바이잔, 우즈베키스탄, 카자흐스탄, 키르기스스탄의 비교과정에서 진행된 아제르바이잔과 우즈베키스탄의 여론조사결과에 따르면 여성은 '주부'로 인식되며, '민족정신'은 여성에 대한 통제와 공적 영역에서의 퇴출로, 그리고 이주는 가정해체로 인식되었다.[17] 이러한 인식은 여성이주에 사회적 압력으로 작용하고 있으며,[18] 이러한 성향은 특정 사회집단이 공식문화를 독점할 수 있는 정치적 발전과 맞물리면서 여성이주에 대해 보다 폐쇄적이거나 이들을 보호할 수 있는 제도적·정책적 뒷받침이 이루어지지 않는 방향으로 발전하였다.

3. 기타 비경제적 요인

여성이주에서는 물리적 거리보다 '사회·문화적 거리'에 더 영향을 받으며, 남녀 모두 교육수준이 낮을수록 디아스포라 네트워크에 대한 의존도가 높은 것으로 분석되고 있다. 특히 이주는 유입국의 출입국정책이나 이주정책에 의해서도 영향을 받으며, 여성이주의 경우 가사노동 등 여성이 특정화된 정책에 의해서도 영향을 받는다.

CIS 국가들의 경우 소비에트시기동안 제도적·언어적 유사성이 강화되었다. 특히 소비에트시기 인구이동에 따라 다양한 민족의 산개와 집중이 이루어졌으며, 중앙아

---

17 우즈베키스탄의 경우는 가족의 연대감이 마할라를 중심으로 한 공동체의 연대로 이어지며, 이는 국가정체성의 구성요소이기도 하다. 이슬람과 전통적 논의에서 여성은 "좋은 어머니, 상냥하고 올바르고 신앙심 두텁고 남편에 순종적인 어머니"로 묘사되었다(Güneş-Ayata et al., 2009: 229-230).

18 캠프(Marianne Kamp)는 우즈베키스탄의 사회조사를 통한 정체성 변화 분석을 통해 전근대, 이슬람, 그리고 사회주의 여성에 대한 인식이 중첩되어 나타나고 있다고 지적하고 있다. 특히 우즈베키스탄내 러시아인, 우즈벡인, 그리고 타직인 등 서로 다른 민족출신 집단과 다른 지역에서의 인터뷰를 통해 이들 집단 간에 여성 및 여성노동에 대한 인식차이가 있음을 발견하였다. 예를 들어 카라칼팍스탄(Коракалпоғистон)의 경우 다수의 여성응답자들은 자신들이 가족부양의 일차적 책임이 있다고 응답한 반면, 모든 다른 집단에서는 남성의 책임을 강조하였다(Kamp, 2005: 415).

시아의 경우에도 여러 민족의 디아스포라가 존재한다. 예를 들어 소연방 해체 직전 러시아에는 카자흐인(약 640만 명), 우즈벡인(130만 명), 키르기스인(92만 명), 타직인과 투르크멘인(각각 30-40만 명)이 거주하고 있었다. 이와 유사하게 카자흐스탄에는 약 33만 명의 우즈벡인이 거주하고 있었다. 우즈베키스탄의 경우 국내에 약 93만 명의 타직인과 80만의 카자흐인 디아스포라가 존재했으며, 주변국에 거주하는 우즈벡 디아스포라의 규모도 30-100만 명에 달하고 있었다. 또한 타지키스탄에는 1백만 명이 넘는 우즈벡인이 거주하고 있었으며, 키르기스스탄에는 러시아인과 우즈벡 디아스포라가 비교적 큰 규모를 유지하고 있었다. 이러한 인구구성은 우즈베키스탄과 타지키스탄의 문화적 유사성이나 키르기스스탄의 친러시아 성향과도 합치되는 구성이다(Госкомстат СССР, 1991: 13-14, 17-19).[19] 이러한 인구구성은 소련의 해체와 이후 진행된 귀환이주 등을 통해 혈연·학연 등의 네트워크가 CIS국가들에 퍼지는 결과를 낳았으며, 이러한 네트워크는 비자면제레짐과 함께 동지역 이주 전반에 영향을 주고 있다.[20]

IV. 중앙아시아 국가들의 여성이주 양상

1. 여성이주 흐름의 변화

여성이주와 이주에 대한 태도를 기초로 유형화를 한다면 중앙아시아 국가들의 모형

---

19 초기 사회주의 건설과정에서 발생한 카자흐스탄과 키르기스스탄내 우즈벡 디아스포라에 대해서는 성동기, 2013: 190-195 참조.

20 다만 일부 국가 간에는 출입국 규제가 나타나고 있다. 예를 들어 우즈베키스탄의 경우 CIS 국가 가운데 유일하게 출국비자를 운영하고 있으나, CIS국으로의 출국은 예외적으로 출국비자를 면제하였다. 그러나 2012년 6월부터 타지키스탄과 투르크메니스탄에 대해서는 다시 출국비자를 의무화하였다. "Uzbekistan Among Few Countries Keeping Exit Visas," RFE/RL Transmission, 16 January 2013, in http://www.rferl.org/content/uzbekistan-exit-visas/24834087.html(검색일: 2014.01.20).

은 카자흐스탄과 키르기스스탄은 남녀 이주 모두가 활성화되고 있는 개방적 유형, 타지키스탄은 여성이주가 상대적으로 억제된 차별적 유형, 그리고 우즈베키스탄의 경우는 상대적으로 인구대비 이주비율이 낮다는 점에서 본다면 폐쇄적인 유형이지만 여성이주 비율이 낮다는 점에서는 차별적인 유형이라고 볼 수도 있다. 그러나 탈사회주의 체제전환 시기라는 점에서 이주 자체의 지속성과 변화는 물론, 여성이주에 대한 사회적 정당성의 지속과 변화를 고려해 보면 동지역의 이주유형이 보다 명확하게 나타난다.

중앙아시아 국가들의 이주는 소비에트시기동안에도 정치적·경제적 목적을 위해 진행되었다. 다른 탈사회주의 공간의 이주와 유사하게 동지역도 소연방의 해체이후 1990년대 귀환이주를 시작으로 국제이주가 시작되었으며, 2000년대에 이르러 노동이주가 국제이주의 전형이 되고 있다. 중앙아시아의 경우 국가별로 이주규모와 양상에 차이가 발견되며 송금의 의존도 역시 상이하게 나타나고 있다.

카자흐스탄의 경우는 소비에트시기는 물론, 이후에도 높은 수준의 이주가 지속되는 경로의존적 양상을 보여주고 있으며, 여성이주에 대한 사회 정당성 역시 시민적 요소가 더해지면서 여성이주를 수용하는 양상이다. 키르기스스탄과 타지키스탄의 경우는 인구유입이 급감하고 유출이 급증하고 있다는 점에서 소비에트시기의 이주양상과는 다른 모습을 보여주고 있다. 그러나 키르기스스탄은 카자흐스탄과 유사하게 여성에 대한 차별적 인식이 상대적으로 낮은 반면, 타지키스탄의 경우는 차별적 인식이 강하게 나타나고 있다. 우즈베키스탄의 경우는 전반적으로 이주비율이 낮다는 점에서 경로의존적이라고 할 수 있으나, 체제전환과정에서 여성에 대한 '전통적 인식'으로의 회귀에 따라 여성이주는 억제되는 양상을 보여주고 있다.

무엇보다 카자흐스탄의 경우 2010년 유출 약 370만(총인구대비 22.8%)으로 이주가 활발히 진행되고 있으며, 인구유입도 2010년 약 3백만 명(총인구대비 18.9%)로 러시아에 이어 역내 최대 인구유입지로 등장하였다. 키르기스스탄과 타지키스탄

표 3 중앙아시아 국가들의 이주 흐름의 지속과 변화

| | | 여성이주에 대한 사회적 당위성 | |
		수용적	배타적
경로의존	의존	카자흐스탄	우즈베키스탄
	이탈	키르기스스탄	타지키스탄

역시 1990년대 이후 인구유입이 급감하고 유출이 급증하는 양상을 보여주고 있으며, GDP대비 송금 비율은 각각 2013년 31.4%와 48.1%에 달할 것으로 잠정 집계되고 있다.[21] 이러한 양상과 달리 우즈베키스탄의 경우는 2010년 기준으로 약 2백만 명이 유출되고, 약 120만 명이 유입된 것으로 집계되고 있다. 투르크메니스탄의 경우는 2010년 총인구 약 5백만 명에 유출 26만 명, 유입 21만 명 규모이며, 유출입 모두 지속적으로 감소하고 있어 인구규모가 유사한 다른 공화국들과는 달리 이주가 억제되는 양상을 보여주고 있다.[22]

중앙아시아 여성이주의 큰 흐름은 총이주의 양상과 유사해 보인다. 총인구대비 여

표 4　중앙아시아 국가들의 여성이주 변화(총인구대비 비율,%)

		1960	1970	1980	1990	2000
유출	카자흐스탄	7.1	7.9	7.7	9.5	12.8
	키르기스스탄	0.3	2.4	2.9	6.5	7.7
	타지키스탄	0.9	1.2	2.0	3.1	4.5
	투르크메니스탄	6.9	2.8	2.6	4.6	3.9
	우즈베키스탄	1.1	2.5	2.4	2.9	3.6
유입	카자흐스탄	–	14.1	13.2	13.0	11.2
	키르기스스탄	10.3	10.1	9.1	8.4	4.7
	타지키스탄	6.7	6.4	5.6	4.7	3.1
	투르크메니스탄	6.7	6.9	5.9	5.0	3.0
	우즈베키스탄	4.3	5.9	5.2	4.7	3.2

자료: 총인구 http://data.worldbank.org/indicator/SP.POP.TOTL(검색일: 2013.07.26); 1960-2000년 여성 이주자수 http://databank.worldbank.org/data/views/variableselection/selectvariables.aspx?source=global-bilateral-migration#(검색일: 2013.07.26)에 기초해 작성

21　이러한 비율은 세계 1, 2위에 해당하는 수준이다. http://econ.worldbank.org/WBSITE/EXTERNAL/EXTDEC/EXTDECPROSPECTS/0,,contentMDK:22759429-pagePK:64165401-piPK:64165026-theSitePK:476883,00.html(검색일: 2013.12.30).

22　이러한 성향은 경제활성화로 이주압력이 다른 중앙아시아 국가들에 비해 낮은 점도 작용하겠지만 투르크메니스탄 정부가 자국민의 해외여행을 통제하려는 의지가 강하기 때문이기도 하다. "Uzbekistan Among Few Countries Keeping Exit Visas," RFE/RL Transmission, 16 January 2013, in http://www.rferl.org/content/uzbekistan-exit-visas/24834087.html(검색일: 2014.01.20).

성의 유출비율을 보면 카자흐스탄 12.6%(약 190만 명), 키르기스스탄 7.7%(약 38만 명), 타지키스탄 4.5%(약 28만 명), 투르크메니스탄 3.9%(약 18만 명), 그리고 우즈베키스탄 3.2%(약 88만 명)의 순으로 나타나고 있다. 카자흐스탄의 경우 2000년을 기점으로 여성이주의 유출이 유입보다 큰 규모로 진행되었으며, 이러한 변화는 키르기스스탄이나 타지키스탄에서도 유사하게 진행되었다. 우즈베키스탄의 경우 상대적으로 완만한 증가를 보이고 있으며, 그 결과 2000년 여성이주의 유입에서는 오히려 타지키스탄보다 약간 높은 변화 비율을 보였다.

세계은행 자료에 따르면 타지키스탄(49.5%)을 제외한 중앙아시아 국가들의 여성이주자 비율은 전체 이주자의 50% 이상인 것으로 집계되고 있다. 이러한 통계는 여전히 타지키스탄과 우즈베키스탄의 경우 그 비율이 다른 국가들에 비해 낮다는 점에서 여성이주에 대한 사회적 정당성의 영향을 보여주고는 있다. 그러나 이 자료는 유입국 내에 정착한 거주자를 포함하고 있어 여성비율이 다소 높게 나타나고 있는 듯하다.[23] 동지역 이주자들의 주요 도착지인 러시아의 통계는 사회적 정당성이 여성이주에 주는 영향을 단적으로 보여주고 있다. 〈표 5〉에서와 같이 러시아에 입국하는 이주

표 5 러시아 유입인구의 출발국별 구성(2013)

	합계	남성							여성						
	(1천 명)	17세 이하	18-29	30-39	40-49	50-59	60세 이상	소계	17세 이하	18-29	30-39	40-49	50-59	60세 이상	소계
이주자 합계	10,995.0	5.1	25.3	15.3	11.9	6.8	4.6	69.0	3.5	7.7	5.5	4.8	4.4	5.1	31.0
우즈베키스탄	2,455.3	4.2	39.8	19.4	13.6	4.2	0.6	81.8	2.0	5.8	5.1	3.1	1.3	0.8	18.2
우크라이나	1,612.2	3.5	18.6	15.9	13.0	8.5	3.5	63.0	3.0	8.1	6.5	6.6	6.9	6.0	37.0
타지키스탄	1,111.8	8.0	42.4	18.6	10.7	3.1	0.4	83.3	3.3	5.9	4.1	2.3	0.8	0.2	16.7
아제르바이잔	618.5	8.3	21.9	14.3	12.7	8.1	2.8	68.0	6.6	8.2	5.5	5.2	4.1	2.4	32.0
카자흐스탄	598.8	8.6	16.7	11.4	9.4	7.1	4.5	57.8	6.9	9.4	6.3	5.7	6.5	7.4	42.2
몰도바	569.1	4.1	26.6	17.1	11.8	6.5	1.1	67.2	3.1	10.7	7.4	6.3	4.0	1.3	32.8
키르기스스탄	557.8	8.0	31.4	11.6	6.7	2.2	0.6	60.6	6.2	17.6	8.0	4.8	1.8	1.0	39.4
아르메니아	473.4	6.2	20.5	15.1	11.1	10.1	3.6	66.6	4.7	8.6	6.0	4.7	5.6	3.9	33.4
벨라루스	385.1	4.4	19.5	17.6	12.3	7.5	1.9	63.1	4.2	12.6	8.3	5.5	4.3	2.1	36.9
독일	351.2	4.3	4.0	5.3	9.0	10.5	19.1	52.2	4.0	3.9	3.8	7.3	10.0	18.8	47.8

자료: http://www.fms.gov.ru/about/statistics/foreign/details/54891/(검색일: 2014.01.10)에 기초해 작성

---

23 이러한 문제제기는 연구과정에서 진행된 우즈베키스탄과 타지키스탄의 이주관련 연구자와 국제이주기구(International Organization of Migration: IOM) 관계자들과의 면담에서도 제기되었다. 이러한 차이는 세계은행 자료가 기본적으로 이주자를 출생국적과 다른 국가에 살

자는 여전히 남성비율이 높다. 그러나 우즈베키스탄(18.2%)과 타지키스탄(16.7%)은 여성의 비율이 현저하게 낮으며, 이러한 비율은 앞서 살펴본 여성이주에 대한 사회적 정당성의 영향을 보여주는 것이라고 할 수 있다.

2. 여성이주의 지역별 유출입

여성이주 도착지를 국가별로 살펴보면 대체로 카자흐스탄은 러시아로의 이주비율이 높고, 키르기스스탄과 타지키스탄의 경우는 러시아를 도착지로 하는 이주도 높지만 중앙아시아 국가로의 이주가 20% 이상을 차지하고 있다. 이와는 다소 다르게 투르크메니스탄과 우즈베키스탄은 러시아, 중앙아시아, 그리고 우크라이나 등 과거 CIS국가로의 이주가 상대적으로 높게 나타나고 있다. 상위 10개 도착지를 보면 대체로 순서가 조금 바뀌기는 하지만 러시아, 우크라이나, 벨라루스, 중앙아시아 국가, 홍콩, 이스라엘, 예멘 등이며, 카자흐스탄에서는 독일과 몰도바가, 타지키스탄과 우즈베키

표 6　중앙아시아 여성이주의 도착지(2000,%)

	이주자 합계[1]	유럽	CIS[2]	러시아	중앙 아시아	동아시아/ 태평양	중동/북아 프리카	기타
카자흐스탄	1,899	1.8	9.4	76.3	8.6	1.2	2.4	0.3[3]
키르기스스탄	377	0.8	5.5	67.1	22.2	0.7	3.5	0.2
타지키스탄	276	0.6	7.5	68.6	21.5	1.0	0.5	0.4
투르크메니스탄	174	1.2	11.5	54.2	25.7	1.1	6.3	0.1
우즈베키스탄	875	1.7	15.4	55.1	16.8	1.1	7.8	2.1
러시아	6,092	18.7	44.6	-	30.8	0.3	4.8	0.9

1) 단위: 1천 명; 2) CIS에서 중앙아시아 5개국 제외; 3) 남아시아 0.13%와 북미 0.17%임.
자료: http://databank.worldbank.org/data/views/variableselection/selectvariables.aspx?-source=global-bilateral-migration#(검색일: 2013.07.26)에 기초해 작성

고 있는 거주자들을 모두 이주자로 분류하고, 인구조사 등의 자료를 활용하고 있기 때문에 항상 일정비율의 거주자 통계를 포함하고 있는 데에서 비롯된다는 견해도 제시되었다.

스탄에서는 미국이 도착지 10위권에 포함되었다.[24] 그리고 투르크메니스탄의 경우만 예외적으로 아제르바이잔으로의 이주가 2000년 약 8천 명으로 상위 5개국에 포함되고 있다.

유럽지역으로의 이주의 경우 독일(카자흐스탄 11,000명, 우즈베키스탄 3,400명 등), 터키(우즈베키스탄 4,100명, 카자흐스탄 2,800명, 키르기스스탄 770명 등), 그리고 이주규모가 감소하고 있으나 발틱 3국 등을 주요 도착지로 하고 있다. 중동국가 가운데에는 이스라엘(카자흐스탄 39,000명, 키르기스스탄 11,000명, 타지키스탄 600명, 투르크메니스탄 8,500명, 우즈베키스탄 5,800명)과 예멘(카자흐스탄 4,500명, 키르기스스탄 1,600명, 타지키스탄 450명, 투르크메니스탄 1,800명, 우즈베키스탄 7,100명)에 여성이주가 집중되고 있으며, 이외에 레바논, 카타르 등으로 이주하고 있다.[25]

이러한 이주양상은 문화적 인접성과 관련이 있을 뿐만 아니라 제도적 편의성과도 연관이 있다. 예를 들어 CIS국가로의 이주나 역내이주는 비자면제레짐과 디아스포라와 연관이 있으며,[26] 독일과 이스라엘과의 이주 역시 귀환이주와 이들과의 연결에 따른 이주로 보인다. 특히 비자면제나 비자의 편의성은 물리적 거리와 함께 이주지 선택에 큰 영향을 주고 있다. 이러한 사례는 터키로의 이주비중이 상대적으로 높은 데에서도 나타나고 있다. 터키는 CIS국가들에 대해 비자면제 특혜를 제공하고 있으며, 이러한 점이 중앙아시아를 포함한 CIS 여성들이 터키를 장단기 이주노동이나 교역을 위한 도착지로 선택하는 이유가 되고 있다(Demir, 2010: 74-75).

---

24 http://databank.worldbank.org/data/views/variableselection/selectvariables.aspx?source=-global-bilateral-migration#(검색일: 2013.07.26).

25 http://databank.worldbank.org/data/views/variableselection/selectvariables.aspx?source=-global-bilateral-migration#(검색일: 2013.07.26).

26 예를 들어 우즈베키스탄과 타지키스탄은 쌍무협정에 의해 5일간 무비자입국이 가능하도록 하였으며, 페르가나(Фаргона) 주의 경우 러시아나 카자흐스탄으로 여행할 경제적 여력이 없는 사람들은 5일 단위로 출국과 귀국을 반복하며 타지키스탄에서 이주노동에 종사한다. 시르다료(Сирдарё) 지역의 우즈벡인들은 카자흐스탄 남부 면화지대에 송충이 퇴치 등 이른 봄부터 면화수확이 완료될 때까지 계절노동을 위해 이주하기도 한다. 이들은 해충박멸로 약 4-12달러의 일당을 받을 수 있으며, 이는 직장인의 월급여가 약 300달러 정도임을 고려할 때 적지 않은 액수이다. 이들의 이주노동은 여성의 전통적인 노동에 가까우며, 국경검문소도 이들에 대해 별다른 규제를 가하지 않는 것으로 알려지고 있다(Kimmage, 2005).

여성이주 가운데 눈에 띄는 형태의 하나는 아·태지역으로의 이주가 급증하고 있다는 것이다. 이러한 변화는 동지역의 수요와도 무관하지 않다.[27] 전반적으로 1990년이후 호주로의 이주는 급격히 감소하고 있으며, 홍콩, 중국, 그리고 태국으로의 이주가 2000년에 증가된 것으로 나타나고 있다. 특히 홍콩으로의 이주가 급증하고 있는 것은 중국내 인력수요의 증가와 홍콩 인력의 유입, 그리고 이러한 유출로 인한 홍콩내 인력 수요가 증가된 데에서 비롯된 것으로 보인다. 홍콩의 경우 여성인력의 수요가 타지역에 비해 월등히 높아 남성이주자에 비해 여성이주자의 규모는 세 배 이상 크다. 이와 다르게 태국은 여성이주 비율은 전체 이주자의 50% 미만이며, 이러한 현상은 인접지역의 여성노동력의 유입증가와 인신매매와 성매매 문제가 제기되면서 여성이주가 통제되면서 나타난 결과로 보인다.[28]

표 7   중앙아시아 국가들의 여성이주자 유입(2000,%)

	이주자 합계[1]	유럽	CIS[2]	러시아	중앙 아시아	동아시아/ 태평양	중동/북아 프리카	기타
카자흐스탄	1,669	2.0	22.0	68.6	7.5	0.0	0.0	0.0
키르기스스탄	231	0.6	5.7	44.5	46.3	2.5	0.1	0.3
타지키스탄	190	0.4	14.9	55.4	28.9	0.0	0.0	0.3
투르크메니스탄	136	0.7	22.7	56.9	17.6	0.0	2.1	0.0
우즈베키스탄	798	0.4	18.8	56.0	23.4	0.0	1.3	0.0

1) 단위: 1천 명; 2) CIS에서 중앙아시아 5개국 제외

자료: http://databank.worldbank.org/data/views/variableselection/selectvariables.aspx?-source=global-bilateral-migration#(검색일: 2013.07.26)에 기초해 작성

27　타지키스탄 정부는 세계경제위기 이후 이주노동의 러시아 의존도를 벗어나기 위해 이주노동의 도착지를 다변화하고자 노력하고 있다. 2009년 1월 자리피(Hamrohkhon Zarifi) 타지키스탄 전외무장관은 이를 위해 한국과 카타르, 예멘 등의 중동국가들에 이주노동자를 보내기 위해 노력하고 있다고 밝히기도 하였다. "Tajikistan To Expand Labor Migration To Mideast, Asia," RFE/RL News, 23 January 2009, in http://www.rferl.org/content/Tajikistan_To_Expand_Labor_Migration_To_Mideast_Asia/1373845.html(검색일: 2014.01.20).

28　태국의 경우 비숙련 노동자에 대한 규제를 강화하고 있다. 그러나 태국 내무부의 추산에 따르면 2009년 약 250만 명이 유입되었으며, 이 가운데 라오스, 캄보디아, 미얀마 등 인접 3개국과 양해각서를 체결해 합법적으로 등록된 이주노동자는 약 130만 명이다. 이들의 45%는 여성인력이며, 인접국의 풍부한 저임금 노동력이 중앙아시아 이주노동 수요가 억제되는 이유가 되고 있기도 하다(Huguet et al., 2011: 10-11).

여성이주의 도착지가 다변화되고 있는데 비해 중앙아시아의 여성이주자 유입은 대부분은 구소련 공화국이나 폴란드 등 일부 동유럽 국가를 통해 이루어지고 있으며, 유출에 비해 단순한 분포를 보였다. 이주자의 출발지를 보면 카자흐스탄과 투르크메니스탄은 러시아와 CIS 국가로부터의 이주가 두드러진 반면, 키르기스스탄과 타지키스탄, 우즈베키스탄의 경우는 러시아 다음으로 다른 중앙아시아 국가들로부터의 유입이 많았다. 특히 키르기스스탄의 경우 러시아, 카자흐스탄, 우즈베키스탄에 이어 중국(5,500명), 터키(300명), 북한(130명) 등 상대적으로 다양한 국가로부터의 유입이 진행되었다. 우즈베키스탄과 투르크메니스탄의 경우 이란(우즈베키스탄 약 1만 명, 투르크메니스탄 약 3,000명)으로부터 여성이주자들이 유입되었다.

비교적 단순한 여성이주유입 양상은 여성이주노동이 다수를 차지하는 계절농업노동을 통한 인접국가로의 이주가 큰 비중을 차지하고 있기 때문이다. 다만 이란으로부터의 유입은 주목할 만한데 이 역시 문화적·역사적 근접성에 기초한 것으로 보이며, '대이란Great Iran'으로서의 유대감과 정치적인 우호관계의 영향에서 기인하고 있다.

V. 결론

세계최대의 이주가 발생하는 지역으로 부상하고 있는 탈사회주의 공간에서의 여성이주는 여성이주에 대한 젠더적 접근의 필요성을 보여주고 있다. 중앙아시아 국가들의 사례는 대체로 소비에트시기부터 이주가 활발하였던 카자흐스탄, 인구대비 비율을 고려할 때 비교적 이주가 제한적이었던 우즈베키스탄, 인구유입국에서 유출국으로 변화가 급격하게 진행된 키르기스스탄과 카자흐스탄 등 지속과 변화를 보여주고 있다.

여성이주와 관련된 자료가 제약되어 있다는 한계에도 불구하고, 중앙아시아 국가들의 여성이주양상은 대체로 여성이주와 관련해 일반적으로 언급된 요인들의 영향이 그대로 반영된 일반적 성격과 지역의 특수성을 보여주고 있다. 첫째, 중앙아시아 국가들의 여성이주는 경제적 요인이 반영되고 있다. 체제전환기 여성들의 어려움은 다른 국가들에서 나타나는 남녀 간의 교육과 취업 기회, 그리고 임금 격차 등 보편적 요인과 함께, 가부장적 문화에서 남성의 실직으로 인한 가정불화, 장기이주와 중혼에 의한 가정파괴 등 상황적 요인들이 여성의 경제적 어려움을 가중시키는 특수한 상황을 반영하고 있다.

둘째, 여성이주에 영향을 주는 비경제적 요인 가운데 여성이주에 대한 사회적 정당성이 중앙아시아 국가들의 여성이주 양상에 커다란 영향을 주고 있다. 특히 이러한 요인은 경로의존적 발전양상을 보여주고 있다. 예를 들어 카자흐스탄과 키르기스스탄은 탈사회주의 과정에서 민족 혹은 국가정체성 형성과정을 특정민족이 주도할 수 없었거나 친러시아 정치엘리트들이 주도함으로써 소비에트 양성평등의 공식문화에 시민적, 혹은 슬라브적 요인이 지속·강화됨으로써 여성이주에 대한 차별적 정책 추진이 억제되었다. 반면 우즈베키스탄과 타지키스탄은 '전통'이나 이슬람 정체성으로 회귀함으로써 소비에트시기의 양성평등이 후퇴하는 양상을 보이고 있다. 이러한 양상은 탈사회주의 체제전환이라는 특수한 상황을 거치면서 형성된 사회적 변화가 중앙아시아의 여성이주 양상을 보다 다양하게 만들고 있음을 시사하고 있다.

셋째, 전반적으로 이주양상을 보면 러시아가 최대 도착지이기는 하지만 점차 인접 중앙아시아 국가들이나 중동과 아시아 국가들로의 이주 등 남-남이주가 진행되면서 도착지가 다양화되고 있다. 이러한 다양성은 유출국의 정책은 물론 가사노동 등 여성을 특정한 노동수요의 증가의 영향이기도 하다. 결과적으로 중앙아시아 여성이주는 지리적·문화적 인접성에 기초한 계절이주노동과 함께 홍콩 등지로의 가사노동과 같이 특화된 영역으로 확대되고 있다.

중앙아시아의 이주문제는 송금을 통한 빈곤문제 완화효과가 있다는 점에서 경제적 문제이면서, 동시에 사회적 불만의 완화라는 차원에서 정치적 의미가 있는 문제이다. 특히 여성이주는 전통적인 가장의 역할에 대한 인식의 변화, 가족의 해체, 전통생활방식에 대한 변화를 촉진할 수 있다는 점에서 사회적·문화적 문제이기도 하다. 향후 탈사회주의 공간에서 진행되고 있는 이주문제의 복합적 성격에 대한 비교분석이 진행될 필요가 있으며, 이러한 분석은 동지역의 사회변화를 전망하는데 의미 있는 시사점을 줄 수 있을 것이다.

참고문헌

강봉구. 2008. "우즈베키스탄의 국가건설 과정에서 '마할라(mahalla)' 제도," *e-Eurasia* 5, 28-31.

강봉구. 2011. "키르기스스탄의 정치 변동에서 러시아 요인의 작용 양태와 성공 원인." 『국제정치연구』14-1, 1-32.

김성진. 2011. "중앙아시아의 '이주'현황과 쟁점: 정치·사회 변화 및 '사회안보'에 대한 시사점을 중심으로." 2011년 인하대 국제관계연구소/재외한인학회 연례학술회의, 인천, 2월.

김영진. 2012b. "우즈베키스탄의 노동이주와 송금: 현황과 사회경제적 영향." 『러시아연구』 22-2, 199-233.

김영진. 2012a. "중앙아시아의 노동 이주 현황과 사회·경제적 영향." 『슬라브 연구』28-1, 1-26.

김용찬. 2006. "국제이주분석과 이주체계접근법의 적용에 관한 연구." 『국제지역연구』10-3, 81-107.

문경희. 2013. "다문화주의와 여성: 유럽의 최근 이민·사회통합 담론 및 정책의 변화와 여성과 문화에 대한 논의." 『세계정치』19-0, 187-231.

문석우. 2010. "다문화가정의 한국어교육 및 한국문화적응 실태조사: 광주, 전라도지역의 러시아 및 CIS국가 출신 이주여성을 중심으로." 『중소연구』34-1, 233-268.

박채복. 2009. "독일의 여성이주자정책." 『유럽연구』27-3, 67-91.

성동기. 2013. "남카자흐스탄주 거주 우즈베크 디아스포라의 평화적 공존에 관한 원인 분석." 『러시아연구』23-1, 187-205.

오종진. 2009. "한국사회에서의 중앙아시아 이주 무슬림들의 혼인과 정착: 카자흐스탄, 우즈베키스탄, 키르기스스탄, 타지키스탄, 투르크메니스탄, 아제르바이잔 출신 무슬림들을 중심으로." 『한국중동학회논총』30-1, 257-293.

이지영. 2013. "국제이주와 여성: 세계화와 이주의 여성화." 『세계정치』19, 233-268.

Abdullaev, Evgeniy. eds. 2008. *Labour Migration in Uzbekistan: Social, Legal, and Gender Aspects*. UNDP & Gender Programme of Swiss Embassy, Tashkent.

ADB. 2006. *Central Asian Republics: Gender Assessment Synthesis Report*. http://www.adb.org/documents/central-asian-republics-gender-assess-ment-synthesisreport(검색일: 2014.01.21).

Beine, Michel. and Sara Salomone. 2013. "Network Effects in International Migration: Education versus Gender." *The Scandinavian Journal of Economics* 115, April, 354-380.

Bonnenfant, Isik Kuscu. 2012. "Constructing the Homeland: Kazakhstan's Discourse and Policies Surrounding its Ethnic Return-migration Policy." *Central Asian Survey* 31, March, 31-44.

Buckley, Cynthia and Erin Trouth Hofmann. 2012. "Are Remittances an Effective Mechanism for Development?: Evidence from Tajikistan, 1999-2007." *The Journal of Development Studies* 48, 1,121-1,138.

Carmon, Manomi. 1996. *Immigration and Integration in Post-Industrial Societies: Theoretical Analysis and Policy-Related Research.* Basingstoke: Macmillan.

Demir, Oguzhan Omer and James O. Finckenauer. 2010. "Sex Trafficking Around the World Victims of Sex Trafficking in Turkey: Characteristics, Motivations, and Dynamics." *Women & Criminal Justice* 20, 57-88.

Fayzullaeva, Eleonora. 2009. "Labor Migration in Central Asia: Gender Challenges." in Linda Racioand Katherine O'Sullivan See, eds. *Gender Politics in Post-Communist Eurasia.* East Lansing: Michigan State University Press, 237-265.

Güneş-Ayata, Ayşe and Ayça Ergun. 2009. "Gender Politics in Transitional Societies: A Comparative Perspective on Azerbaijan, Kazakhstan, Kyrgyzstan, and Uzbekistan." in Linda Racioand Katherine O'Sullivan See, eds. *Gender Politics in Post-Communist Eurasia.* East Lansing: Michigan State University Press, 209-236.

Horbaty, Gabriela, Anna Gollob, Sayuri Daita and Manuel Carballo. 2006. *Migration in Central Asia and Its Possible Implications for Women and Children.* International Center for Migration and Health.

Huguet, Jerrold W. and Aphichat Chamratrithirong, eds. 2011. *Thailand Migration Report* 2011, *Migration for Development in Thailand: Overview and Tools for Policymakers.* Bankok: IOM Thailand.

IOM. 2009. *Gender and Migration in Asia.* Geneva: IOM.

Isabaeva, Eliza. 2011. "Leaving to Enable Others to Remain: Remittances and New Moral Economies of Migration in Southern Kyrgyzstan." *Central Asian Survey* 30, September-December, 541-554.

Isakulov, Shukhrat. 2010. "The State Control of Migration in Uzbekistan and the Some Aspects of its Further Improvement." *Perspectives of Innovations, Economics and Business* 6, October, 113-115.

Kamp, Marianne. 2005. "Gender Ideals and Income Realities: Discourses about La-bor and Gender in Uzbekistan." *Nationalities Papers* 33, September, 403-422.

Kimmage, Daniel. 2005. "Uzbekistan: Migrating To Make Ends Meet." RFE/RL Kazakhstan, 30 August, in http://www.rferl.org/content/article/1061033.html (검색일 : 2014.01.20).

Mahmud, Hasan, Abdus Sabur, and Sharmin Tamanna. 2009. "International Migration, Remittances and Development." *Journal of Sustainable Development* 2, 147-155.

Mansoor, Ali and Bryce Quillin, eds. 2007. *Migration and Remittances: Eastern Europe and the Former Soviet Union*. Washington, D.C.: The World Bank.

Martin, Susan Forbes. 2003. "Women and Migration." United Nations Division for the Advancement of Women (DAW) Consultative Meeting on "Migration and Mobility and How This Movement Affects Women", Malmö, Sweden, December.

Massey, Douglas S. et al. eds. 1998. *Worlds in Motion: Understanding International Migration at the End of the Millennium*. Oxford: Clarendon Press.

Mazumdar, Indrani, N. Neetha and Indu Agnihotri. 2013. "Migration and gender in India." *Economic and Political Weekly* 48, March, 54-64.

O'Reilly, Karen. 2012. *International Migration & Social Theory*. Basingstoke: Palgrave Macmillan.

Oishi, Nana. 2005. *Women in Motion: Globalization, State Policies, and Labor Migration in Asia*. Stanford: University of Stanford Press.

Parreñas, Rhacel Slazar. 2001. *Servants Globalization: Women Migration and Domestic Work*. Stanford: Stanford University Press.

Radnitz, Scott. 2006. "Weighing the Political and Economic Motivations for Migration in Post-Soviet Space: The Case of Uzbekistan." *Europe-Asia Studies* 58, July, 653-677.

Ross-Scheriff, Fariyal. 2011. "Global Migration and Gender." *Journal of Women and Social Work* 26, 233-238.

Schmidt, Matthias and Lira Sagynbekova. 2008. "Migration past and present: changing patterns in Kyrgyzstan." *Central Asian Survey* 27, June, 111-127.

Semyonov, Moshe and Anastasia Gorodzeisky. 2005. "Labor Migration, Remittances and Household Income: A Comparison between Filipino and Filipina Overseas Workers." *International Migration Review* 39, March, 45-68.

Sinke, Suzanne M. 2006. "Gender and Migration: Historical Perspectives." *The International Migration Review* 40, April, 82-103.

Tverdova, Yuliya V. 2011. "Human Trafficking in Russia and Other Post-Soviet States." *Human Rights Reviews* 12, September, 329-344.

UN Department of Economic and Social Affairs. 2013. "International Migration 2013: Age and Sex Distribution," *Population Facts* 2013/4, September.

World Bank Migration & Remittance Units. 2013. *Migration and Development Brief* 20, April.

Госкомстат СССР. 1991. *Национальный Состав Населения СССР: По данным всесоюзной переписи населения 1989г.* Москва: Финансы и Статистика.

Центральное Статическое Управление СССР. 1962. *Итоги всесоюзной переписи населения 1959 года.* Москва: Госстатиздат.

07

중앙아시아 이주와 송금경제:
키르기스스탄 사례

김영진

I. 서론

1월 1일 유라시아경제동맹EEU이 공식 출범했다. 러시아, 카자흐스탄, 벨라루스, 아르메니아, 그리고 2015년 5월에 가입한 키르기스스탄으로 구성되는 유라시아경제동맹의 출범은 2010년 유라시아관세동맹ECU의 결성과 함께 점진적으로 진행되었다. 유라시아관세동맹의 목표는 이들 국가가 광대한 시장을 개방하여 회원국들 간에 관세장벽을 두지 않는 공동시장을 창설하는 것이다(김영진·윤인하, 2014: 208-211).

2014년 1월 러시아연방이민국은 2015년부터 CIS 국가의 국민이 러시아에 입국하기 위해서는 국제여권을 소지해야 할 것이라고 발표했다. 물론 이 새로운 입국 규정은 관세동맹에 속한 국가에는 적용되지 않을 것이다. 이는 키르기스스탄뿐만 아니라 러시아에서 일하는 이주노동자의 송금에 크게 의존하는 타지키스탄과 우크라이나와 같은 국가에도 큰 영향을 미칠 것이다. 이러한 면에서 러시아 국경의 엄격한 관리는 유라시아 통합을 지지하는 사람들의 입장을 강화시킬 가능성이 크다.

노동이주는 키르기스스탄 경제의 중심적인 기둥을 구성한다. 세계은행의 최근 데

---

* 이 글은 『아시아연구』 제18권 1호에 게재된 논문을 수정·보완한 것입니다.

이터에 따르면, 키르기스스탄으로의 송금 순유입액은 2013년에 약 19억 달러에 달했다. 더욱이 키르기스스탄은 세계 최대의 송금 수취국 중 하나로 분류되는데, GDP의 32%가 외국에서 보낸 송금이 차지한다.[1] OSEC는 키르기스스탄 각지에서 80만 명에서 100만 명에 이르는 이주노동자가 존재하는 것으로 추정한다. 키르기스 이주노동자의 약 80%가 목적지로 삼고 있는 러시아가 2013년에 13만 3,500매의 노동허가증만을 발급했다는 사실을 감안하면 이 숫자는 대단히 놀라운 규모이다.[2]

다른 한편, 키르기스스탄은 유라시아경제동맹 가입이 중국과의 무역에 미치게 될 영향을 우려한다. 키르기스스탄 경제는 중국 제품을 들여와 여타 구소련 국가에 되파는 중계무역에 크게 의존하고 있다. 유라시아경제동맹 가입은 중국 제품의 수입에 새로운 관세장벽을 쌓는 결과가 되기 때문에 기존의 중계무역을 사실상 방해하게 될 것이다. 이러한 이유로 키르기스스탄은 유라시아경제동맹 가입을 연기해 주도록 요청했으며, 결국 2015년 5월에 가입하기로 한 것이다.

중앙아시아에서 노동이주는 새로운 현상이 아니다. 역사적으로 중앙아시아의 노동이주는 여러 가지 형태로 존재했다. 중앙아시아는 아시아와 유럽의 여러 부분을 연결시키는 장대한 실크로드의 일부였으며 사람들의 이동을 위한 통행로의 역할을 했다. 또한 거기에 살았던 유목민족들은 한 지역에서 다른 지역으로 계절적으로 이동하는 관념에 익숙했다. 차르 시대와 나중의 소련 시대 동안 이주는 중앙아시아의 식민화 형태를 취했는데, 이로 인해 중앙의 다양한 인구집단이 식민화된 주변부 영토로 이동했다. 그 다음에는 강력한 정치·경제적 요인에 의해 발생한 스탈린 시기의 강제이주가 있었는데, 당시 이 정책은 소련의 유럽지역에서 중앙아시아 지역으로 인구를 이동시켰다(Schmidt and Sagynbekova, 2008: 111).

석유를 비롯한 풍부한 자원을 보유한 러시아와 카자흐스탄은 2000년대에 높은 경제성장을 시현하기 시작했으며 이에 따른 한 가지 귀결이 구소련 공간에서 급격하게 증가한 노동이주였다. 2000년대의 첫 10년 동안 노동이주는 광범위한 범위에 걸쳐 커다란 경제적·사회적 영향을 발휘한 현상으로 자리 잡았다. 노동이주는 다수의 구소련 국가에서 경제의 성격을 완전히 바꾸었는데, 특히 타지키스탄, 키르기스스탄,

---

1 World Development Indicators, http://data.worldbank.org/indicator(검색일: 2015.01.30)

2 "The Illusion of Choice: Kyrgyzstan and the Customs Union," *Rigistan*, 2014/01/29, http://registan.net/2014/01/29/the-illusion-of-choice-kyrgyzstan-and-the-customs-union/ 검색일: 2014.12.20)

몰도바에서 두드러졌다. 또한 이주 흐름과 송금은 우즈베키스탄, 아르메니아 및 우크라이나에서도 중요한 현상이 되었다. 이주자의 대규모 유입은 노동유입국에서 사회적 불안을 초래했다(김성진, 2013; 김영진, 2012a; 2012b; 2013).

이와 같은 노동이주에 따른 경제상황의 변화는 구소련 공간에서 노동 송출국과 목적지 국가 간에 이주과정을 조정하기 위한 새로운 접근을 필요로 한다. 러시아와 카자흐스탄은 자연스럽게 키르기스스탄 출신의 이주노동자를 끌어들이는 목적지가 되었는데, 불법이주자를 확산시키는 기존의 이민정책의 문제점을 해결해야 할 필요성이 대두된 것이다. 한편, 키르기스스탄이 관세동맹CU과 단일경제공간SES에 가입하는 문제를 적극 고려함에 따라 노동이주를 '문명화하는civilizing'데 따른 잠재적인 이익 또한 도외시할 수 없을 것이다.

키르기스스탄 전체 인구의 15-20%가 현재 외국에서 일하고 있다. 이러한 사회경제적 현상이 사실상 키르기스 경제의 현재와 미래 그리고 사회문화적 변화를 규정하는 요인이다. 그럼에도 불구하고 노동이주 및 관련 주제(인적자본의 개발, 두뇌 고갈, 디아스포라의 역할 및 사회 네트워크)는 충분히 연구가 이루어지 않은 분야로 남아 있다(Vinokurov, 2013: 1-2).

키르기스스탄 노동이주의 사회경제적 영향에 대한 분석과 함께 이 연구의 한 가지 중요한 목적은 키르기스스탄의 관세동맹과 단일경제공간SES에의 참가 가능성이 노동시장, 인적자본, 그리고 경제에 미치게 될 파급효과를 검토하는 것이다. 키르기스스탄의 유라시아 관세동맹 가입은 이 국가의 이주 상황에 어떠한 영향을 미칠 것인가? 노동 이동에 대한 장벽이 훨씬 더 낮아지면 어떤 일이 일어날 것인가?

이 논문은 다음과 같이 구성된다. 먼저 제Ⅱ장에서는 이주 및 송금의 형태에 초점을 맞추고 그것이 중앙아시아 국가, 특히 키르기스스탄의 사회경제적 발전에 미치는 영향을 검토한다. 제Ⅲ장에서는 키르기스스탄의 인구학적 특성과 소득, 송금액을 비롯하여 이주 인구의 특징을 개관하고 나아가 외국에 정착된 사회적 네트워크의 중요성을 강조할 것이다. 이 사회적 네트워크는 키르기스인들에게 러시아와 카자흐스탄으로 이주노동에 나서도록 만드는 역할을 한다. 그리고 제Ⅳ장에서는 키르기스스탄의 관세동맹 가입이 노동이주(그리고 경제성장, 송금, 노동생산성)에 미치게 될 잠재적인 영향을 검토한다. 마지막 제Ⅴ장 결론에서는 본문에서의 논의를 정리하고 키르기스스탄의 관세동맹 및 단일경제공간 가입이 노동이주에 미치는 영향과 관련하여 몇 가지 결론과 과제를 제시한다.

Ⅱ. 키르기스스탄의 노동이주와 송금

1. 키르기스스탄의 이주 역사

키르기스스탄은 1991년 소련의 붕괴 후에 등장한 15개 독립공화국 중 하나지만, 키르기스 민족의 역사는 키르기스 유목민족이 천산산맥의 영토를 지배하고 유지했던 고대시기(AD 840년)로 거슬러 올라간다. 이주 혹은 이동은 키르기스 유목민족의 고유한 특징으로 자리 잡았는데 야채와 동물을 찾아서 혹은 종족 전쟁 동안 한 곳에서 다른 곳으로 계절적으로 이동했다. 이러한 생활양식은 중앙아시아가 1876년 차르 러시아의 주변부로 식민화되고 복속되기까지 계속되었다. 식민화 과정은 식민주의자들이 러시아 제국의 중심부에서 주변부로 이주에 나서는 형태를 띠었다. 러시아의 소농은 한때 토착민족의 수중에 있었던 토지를 차지하기 위해 중앙아시아 지역으로 보내졌다. 이러한 토지의 점령에 저항한 토착인구는 1916년에 폭동을 일으키기도 했다. 그러나 이러한 저항은 폭력에 의해 진압되었으며, 많은 키르기스 인들은 폭력적인 진압을 피해 아프가니스탄과 중국과 같은 주변 국가로 이주했다(Schmidt and Sagynbekova, 2008: 112-113).

소비에트시기에 이주패턴은 다시 변화했다. 소비에트 지도자들은 유목민의 생활양식을 무익한 것으로 결론 내리고, 키르기스 인들을 강제적인 정주과정에 들어가게 만들었다. 또한 이 시기는 강제이주로 특징지어졌는데, 마셰티인, 터키인, 독일인, 고려인, 체첸인 등과 같은 다양한 소수민족 집단이 키르기스스탄으로 이송되었다. 이 대규모 인구유입은 키르기스 인구의 민족구성을 변화시켜 토착인구의 비중을 감소시켰다(Orozalieva, 2010: 57-58).

소련의 붕괴와 함께 새로운 형태의 이주가 나타났다. 특정 소수민족집단의 이동에 기초한 강제이주는 키르기스스탄 내 소수민족이 자신의 고국으로 돌아가는 본국 귀환으로 바뀌었으며, 이러한 소수민족의 본국 귀환이 끝날 무렵에는 자발적인 노동이주[3]가 그 뒤를 따랐다. 소련의 해체 이후 신생독립국들은 각국의 역사적, 경제적 요

3　전쟁이나 분쟁에 의해 직접적으로 발생하는 이주 유형과는 달리 노동이주는 주로 경제적 요인에 의해 유발된다. 여러 가지 이주형태를 구별하려는 경우, 이들 여러 이주유형 간의 경계

인에 입각하여 사회경제발전의 상이한 경로를 선택했는데, 그것이 이들 국가의 현재의 조건을 형성했다. 천연자원의 부존 혹은 부족이라는 조건에 따라, 그리고 정치시스템의 취약성 정도에 따라 구소련 국가들 간에는 사회경제 발전이란 측면에서 커다란 격차가 생겨났다.

키르기스스탄은 소련의 붕괴에 뒤따른 경제위기에 의해 극심한 영향을 받은 중앙아시아 국가 중 하나이다. 제조업, 탄광 및 건설 분야에서의 탈산업화와 '집산적인 국영농장' 철학에 의존해 왔던 농업부문의 파괴는 근로연령인구의 증가와 함께 키르기스스탄의 경제침체를 이끌고 있다(Marat, 2009: 14-16). 효과적인 경제적, 정치적 시스템을 창설하는 데서 키르기스 정부가 보인 무능은 실업의 증가를 가져오고 이는 대규모 인구의 국외 유출을 초래했다. 2002년 통계에 따르면 약 130만 명의 인구가 적어도 한 차례 이상 일자리를 찾기 위해 국내 및 국외로 이동했다(Schmidt and Sagynbekova, 2008: 111). 유라시아개발은행EDB에 따르면, 오늘날 키르기스스탄의 이주노동자는 생산가능인구 중 20%를 차지한다(EDB, 2013a).

이 과정은 국내에서나 외국에서 새로운 유형의 인구이동이 나타나게 된 상황과 관련되어 있다. 노동이주는 그러한 유형의 중요한 한 예이다. 사람들에게 더욱 나은 경제적 기회를 찾아 다른 장소로 이동하도록 강제하는 것은 경제적·사회적 불만과 관련된다. 키르기스스탄 정부에 따르면, 여전히 실업은 대규모 노동이주에 대한 주요 이유 중 하나이다. 대략적인 추정에 따르면, 60만 명에서 100만 명에 이르는 키르기스 국민이 외국에서 일하고 있다(Marat, 2009: 14). 키르기스 이주자들이 선호하는 목적지는 러시아와 카자흐스탄이다(Tishkov, Vitkovskaja, 2005: 26).

하지만 키르기스스탄에서 노동이주의 실제 범위를 측정하기는 매우 곤란하다는 점을 이해할 필요가 있다. 이에 대한 한 가지 이유는 불법 혹은 미등록 이주에 대한 정확한 파악이 곤란하다는 점과 키르기스 정부가 대규모 인구의 국외 유출이라는 긴박한 문제에 대처하는 데 무능하다는 점에서 비롯된다(Orozalieva, 2010: 59).

가 실제로는 모호하다는 사실을 이해할 필요가 있다. 이주는 잠재적으로 다양한 요인에 의해 발생하지만, 여기서는 노동이주를 "돈을 벌기 위해 다른 나라로 떠나지만 원래의 출발지에 돌아올 것으로 기대되는 일시적인 이주"로 정의한다(Olimova & Bosc, 2003: 9).

2. 노동이주와 송금

노동이주는 전반적으로 키르기스스탄과 중앙아시아 내에서 새로운 역동성을 만들어 내었고 새로운 종류의 사회경제적 현상을 낳았다. 노동이주 그 자체는 역사적으로 볼 때 키르기스스탄을 비롯한 중앙아시아에서 새로운 사건이 아니다.

송금은 노동이주와 관련된 새로운 사회경제적 현상의 전형적인 예이다. 송금은 "이주자들이 고국의 국민(가족)을 부양하기 위해 국경을 넘어 행하는 금전적 이전"(Schrooten, 2006: 3)이라 할 수 있다. 송금은 이주자의 금전적 이전을 의미하는데, 국민소득통계에서는 출신국 외부에 거주하는 이주자로부터의 피용자보수^{compensation of employees}를 가리킨다. 이러한 송금은 많은 이주자 가족에 대한 생계수단의 주요 원천으로 여겨진다(Tishkov, Vitkovskaja, 2005: 27).

금융/현금 이전으로서의 송금은 공식적·비공식적 경로를 통해 합법적·불법적 이주노동자들에 의해 노동이주 유입국에서 송출국으로 보내진다. 송금은 현재 송출국의 국가경제 및 지방경제를 지탱하는 데, 특히 빈곤축소와 발전이라는 측면에서 중요한 역할을 수행하고 있다. 정확한 수치에 대한 추정은 각 기관마다 차이가 있지만 이주노동자들이 본국으로 보내는 송금액의 크기가 현저하게 확대되었다는 사실에는 의심의 여지가 없다. 타지키스탄과 키르기스스탄, 우즈베키스탄 등 중앙아시아 송출국들의 경제는 자금의 송금에 기초하고 있거나 거기에 크게 의존하고 있다(김영진, 2012: 17).

송금은 또한 외국인직접투자와 함께 외국으로부터 유입되는 가장 큰 자금원이다. IMF와 세계은행의 데이터는 이주노동자로부터 들어오는 자금흐름이 각국의 GDP에서 큰 부분을 차지한다는 사실을 보여준다. 예를 들면, 2010년 경우 타지키스탄에서 송금은 GDP의 41%를 차지하고, 키르기스스탄에서는 27%, 아르메니아에서는 17%를 차지했다(World bank, 2011). 송금이 GDP에서 큰 부분을 차지하는 타지키스탄, 키르기스스탄 및 아르메니아와 같은 국가들에서 노동자 송금은 외부의 자금원일 뿐만 아니라 이들 국가에서 심각한 문제인 실업을 해소하는 수단이기도 하다.

오늘날 키르기스스탄 경제는 송금에 크게 의존하고 있다. 이주노동자들이 실제 송금한 정확한 금액은 알 수 없지만, 세계은행과 키르기스국가은행의 데이터에 따르면 2013년의 경우 송금유입액의 크기는 17억 2,200만 달러에서 19억 달러 규모에 달했다. 세계은행이 실시한 연구에 따르면 키르기스스탄의 송금 규모는 이미 FDI 유입액을 넘어섰으며, GDP에서 약 1/3의 비중을 차지한다(Alekseyeva, 2014: 10).

키르기스스탄의 발전에 대한 송금의 영향을 충분히 이해하기 위해서는 이주와 송금의 분야에서 이루어진 기존의 발전이론과 학술문헌 및 연구 성과를 검토할 필요가 있으며, 또한 사회경제적 발전의 의미를 명확히 해야 할 필요가 있다.

이주와 송금이 고향에 남겨진 가족의 생계와 생존에 직접적인 기여를 한다는 사실을 부정하는 학자는 거의 없지만, 이주와 송금이 이주자 송출 지역 및 국가의 지속적인 인간개발과 경제성장을 어느 정도 가져올 수 있는가 하는 것은 별개의 문제이다. 이 문제는 지난 40여 년에 걸쳐 뜨거운 논쟁을 불러일으킨 주제였는데, 제2차 세계대전 이후 이주와 발전에 관한 사고를 4단계로 구분할 수 있다. 1950년대와 1960년대에는 '발전주의적' 낙관주의가 지배한 반면, 1970년대와 1980년대에는 광범위한 규모로 비관주의가 만연했다. 1990년대에는 더욱 미묘한 견해가 출현하고, 그 이후 송금에 대한 재인식이 이루어지고, 그리고 최근에는 이주와 발전에 관한 낙관주의가 부활하는 것과 함께 이러한 관점은 변화되었다(**표 1**을 참조).

선행 연구문헌에 대한 검토는 노동이주 현상의 복잡성을 보여주며 송금과 사회경

표 1 주요 국면별 이주와 발전에 관한 연구와 정책

시기	연구 관점	정책 분야
1973년 이전	개발과 이주에 관한 낙관주의	발전주의적 관점. 이주자에 의한 자본과 지식의 이전은 도약기에 있는 개도국의 발전에 도움이 됨. 개발은 (이주노동자의) 귀환과 강하게 연결되어 있음.
1973-1990년	개발과 이주에 관한 비관주의 (종속이론, 두뇌유출)	비관주의 증가. 두뇌유출에 대한 우려. 이주정책의 반복적인 실험 이후 이주자 유입국에서의 (사회)통합에 초점. 이주는 대체로 개발 영역에서 사라짐.
1990-2001년	실증연구 (NELM, 생계 접근, 트랜스민족주의)의 영향으로 더욱 미묘한 견해로 재조정	유입이주 정책. 지속적인 회의론과 이슈에 대한 무시. 이주정책을 더욱 엄격하게 실시.
2001년 이후	특히 송금에 대한 연구 붐. 대체로 긍정적인 견해. 개발과 귀환을 연결시키지 않음.	송금 붐 하에서 이주와 개발에 대한 낙관주의의 부활, 그리고 송금, 두뇌 확보, 디아스포라를 중요한 개발도구로 연결하는 방향으로 관점을 신속하게 선회. 이주의 개발에 대한 기여는 순환이주와 귀환이주에 두어진 새로운 희망 내에서 틀이 형성됨.

출처: H. de Haas (2010: 4).

제적 발전 간의 강한 연관을 해명하는 데 도움이 될 수 있는 각종 기법과 방법을 사용해야 할 필요가 있다는 것을 확인시켜 준다(김영진, 2012: 201-206). 1980년 이후 등장한 이주와 발전에 관한 '노동이주의 신경제학[NELM]'이나 '생계 접근'[4]과 같은 다원주의적인 견해는 구조-행위자의 상호작용 여하에 따라 결과가 달리 나타날 수 있다고 주장한다. 이러한 견해는 개별적 의사결정의 총합이나 구조의 일방적인 영향에 의해 결과가 좌우된다는 견해보다 더욱 다양한 결과가 나타날 수 있다는 관점에 입각해 있다. 그러므로 근본적인 의문은 이주가 개발에 긍정적인 혹은 부정적인 영향을 미치는지 여부가 아니라, 왜 어떤 사회공동체에서는 이주가 개발에 기여해 왔고 다른 사회공동체에서는 훨씬 덜 기여했거나 부정적인 영향을 미쳤는가 하는 것이다. 그리고 어떠한 요인이 이러한 차이를 설명하는가 하는 것이다. 더욱이 종종 이주과정의 상이한 단계에 따라 영향은 변화한다. 따라서 우리는 시간에 걸친 이러한 영향의 변화 양상뿐만 아니라 지리적으로 구분되고 사회적으로 상이한 이주 및 송금이 미치는 영향의 성격을 더욱 잘 이해해야 할 필요가 있다.

Ⅲ. 키르기스스탄 노동이주 현황과 추세

1. 노동이주의 특성과 사회적 네트워크

세계은행과 키르기스국립은행의 가장 최근 데이터에 따르면, 키르기스스탄으로의 송금 순유입액은 작년에 약 19억 달러에 달했다. 더욱이 키르기스스탄은 세계 최대의 송금 수취국 중 하나로 분류되는데, GDP의 31%가 외국에서 보낸 송금으로 구성된다. 숫자로 보면, OSEC는 키르기스스탄 각지에 80만 명에서 100만 명에 이르는 이

---

4 '생계 접근(livelyhood app.oach)'은 이주를 "송출국의 소득원을 다양화하여 사회·경제·제도적 발전의 제약을 극복하려는 폭넓은 '가계의 생계전략(household livelihood strategy)'의 일부"로 간주한다. de Haas(2010: 244-246)를 참조.

주노동자가 존재하는 것으로 추정한다.[5] 키르기스스탄에서 유라시아 관세동맹국으로 떠난 이주자의 총 숫자에 대한 다양한 추정치 간에는 커다란 불일치가 있다. 이러한 사정은 이주의 규제 및 조정과 관련하여 적절한 결정을 채택하거나 조치를 실시하는 과정을 더욱 복잡하게 만든다.

공식 데이터는 노동이주의 주요 측면을 파악할 수 있게 하는데, 약 92%의 국외 이주자가 러시아에서 일하며, 나머지 대부분은 카자흐스탄에서 일하고 있다(**그림 1**을 참조).

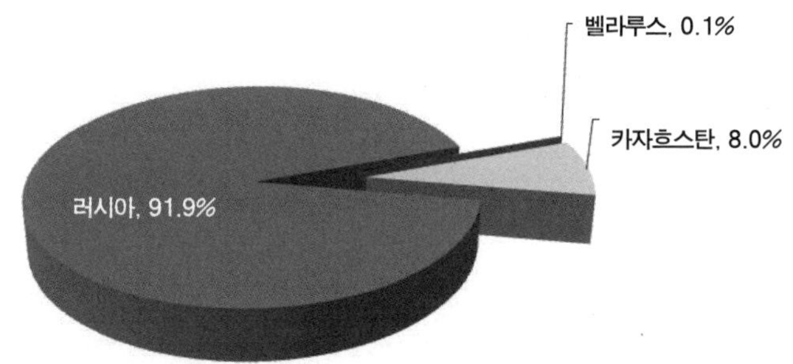

그림 1 키르기스스탄 인구의 국외 이주(2011년, 국가별 출국자 숫자)
출처: National Statistic Committee of the Kyrgyz Republic (2011).

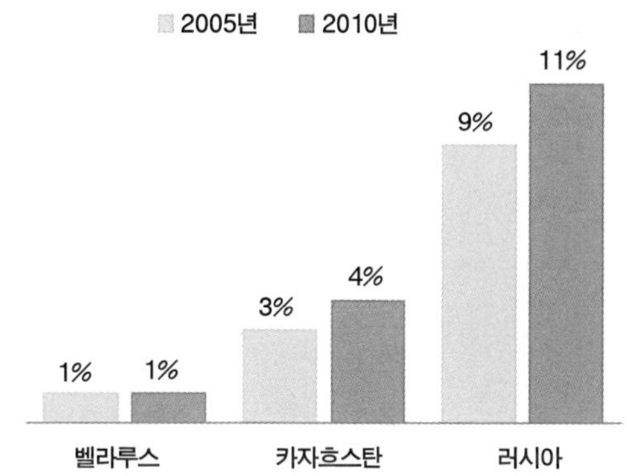

그림 2 관세동맹 3국 내 전체 이주노동자 중 키르기스 이주노동자의 점유율(%)
출처: National Statistic Committee of the Kyrgyz Republic (2011).

---

5 다음을 참조. "The Illusion of Choice: Kyrgyzstan and the Customs Union," *Rigistan*. 2014/01/29. http://registan.net/2014/01/29/the-illusion-of-choice-kyrgyzstan-and-the-customs-union/ (검색일: 2014.12.20)

한편 관세동맹 3국에서 일하는 이주노동자 가운데 키르기스스탄 출신의 이주노동자 비율은 러시아와 카자흐스탄에서 상승하는 추세에 있다(**그림 2**를 참조).

키르기스스탄 출신의 이주 움직임이 러시아와 카자흐스탄을 인기 있는 목적지로 결정하는 주요 요인은 소득과 노동수요에서의 지속적인 차이이다. 러시아나 카자흐스탄으로 일자리를 찾아 떠난 키르기스스탄 출신 이주노동자들이 직면한 주요 '배출' 요인은 낮은 소득수준과 높은 실업률이며, 러시아 및 카자흐스탄의 주요 '흡인' 요인은 증가하는 노동수요라 할 수 있다(Vinokurov, 2013: 2).

1인당 GDP의 차이는 이주 추세를 예측하는 데 있어 대표적인 요인이다. 그러나 그 값과 계수는 목적지 국가보다 송출국에 대해 더욱 중요하다. 이는 이 지역에서 '흡인' 요인보다 '배출' 요인이 훨씬 더 중요하며 이는 이주과정의 규제에 관한 의사결정을 할 때 고려되어야 한다는 것을 의미한다. 유라시아개발은행EDB의 추산에 따르면 송출국 경제지표의 악화는 유출이주의 증가와 직접 연결된다는 사실을 보여주는데, 1인당 GDP가 1% 하락하면 유출이주는 0.65-0.77% 증가한다(Vinokurov and Pereboyev, 2014: 71). 또한 다음의 요인도 키르기스 국민이 이주를 고려하는 데 큰 중요성을 갖고 있다.

- 키르기스스탄과 유입국 간의 소득 격차
- 생활조건, 특히 보건제도에 대한 접근과 의료 서비스의 질
- 물리적·문화적 양 측면에서의 국가 간 거리
- 목적지 국가에 정착된 이주자 커뮤니티의 존재

키르기스스탄에서 가장 이주를 떠나기 쉬운 사람은 35세 미만(평균 29세)으로 소가족(1-2명) 구성원에서 나오며, 추이Chui 지역과 남부의 3개 지역(바트켄Batken, 오쉬Osh, 잘랄라바드Jalal-Abad)에 거주한다. 지역 간 발전의 불균형은 이주 여부를 결정하는 데 커다란 차이를 만들어낸다. 오쉬와 잘랄라바드 지역의 주민들은 일자리를 찾기 위해 다른 지역이나 국가로 이동할 준비가 가장 높은 수준에 있는 것으로 나타난다. 이는 제한된 경작가능 면적과 부족한 가축사육 기회 그리고 낮은 산업발전 수준이란 면에서 남부지역의 척박한 경제적 환경에 기인한다. 추이 지역(비슈케크)은 주로 이주를 떠나는 통과지점으로 역할하고 있다는 사실 때문에 두드러진 지위를 차지하고 있다. EDB의 분석결과는 개인의 경제상황을 개선하려는 목적(94-100%)이 이

주의 가장 큰 동기가 되는 경우는 주로 남부 지역 주민에서 나타난다는 점이다. 그러므로 청년고용정책과 결합한 이들 지역의 발전은 키르기스스탄에서 비롯되는 이주 흐름을 조정하기 위한 수단으로 사용될 수 있을 것이다.

사회적 네트워크의 존재 여부가 임금소득을 목적으로 이주하려는 사람들에게 추가적인 '흡인' 요인으로 나타났다. 지인이나 친척을 통한 사회적 네트워크는 이주를 결정하고 최종 목적지를 선택하는 데 중요한 역할을 한다. 러시아로 이주하는 이주노동자의 90%와 카자흐스탄으로 이주하는 이주노동자의 78%에게 현지의 친척, 친구, 지인 및 동포의 존재는 키르기스스탄에서 고용을 목적으로 이주를 결정하는 데서 결정적인 요인이었다. 목적지의 이주노동자에게 법적 권리의 보호, 일자리와 숙박시설 알선, 도덕적 지원 제공의 측면에서 누가 도움을 주었는지에 대한 질문에 대해 설문 이주자의 대다수(러시아 이주자의 81%와 카자흐스탄 이주자의 63%)는 현지의 이주자 커뮤니티에서 도움을 얻었다고 대답했다(EDB, 2013a). 이는 사회적 네트워크의 중요성을 확인시켜 준다.

동시에 송출국과 목적지 양쪽의 국가기관에 의한 관여와 지원은 극히 낮은 수준에 있다는 것을 보여주는데, 전체 응답자의 3% 미만이 국가기관으로부터 지원을 얻었다고 답했다. 그러므로 키르기스스탄이 단일경제공간에 참가하는 경우, 이 분야에서 활동하는 비정부기구NGOs뿐만 아니라 국가 및 정부 간 기관은 이주자 커뮤니티와 협력적인 관계를 구축해야 할 필요가 있을 것이다. 이들 기관들은 무엇보다 우선 이주노동자의 신고, 지원 및 법적 보호 시스템을 개선시키는 것을 목적으로 한 각종 이니셔티브를 실행하는 데 있어 제도적인 파트너로 활동할 수 있다.

2. 노동이주와 송금의 사회경제적 영향

노동이주는 복잡한 사회경제적 현상을 야기한다는 점에서 더욱 광범한 국가경제에 긍정적 영향과 부정적 영향을 모두 미칠 수 있다. 이와 관련된 전반적인 틀은 〈그림 3〉에 제시되어 있다.

노동이주가 키르기스스탄에 미치는 주요 긍정적인 요인은 이주노동자에 의한 화폐 이전에서 비롯된다. 키르기스스탄을 떠난 이주노동자들이 보내는 송금은 경제의 중요한 소득원이 되고 있는데, 세계은행World Bank의 데이터에 따르면 키르기스스탄

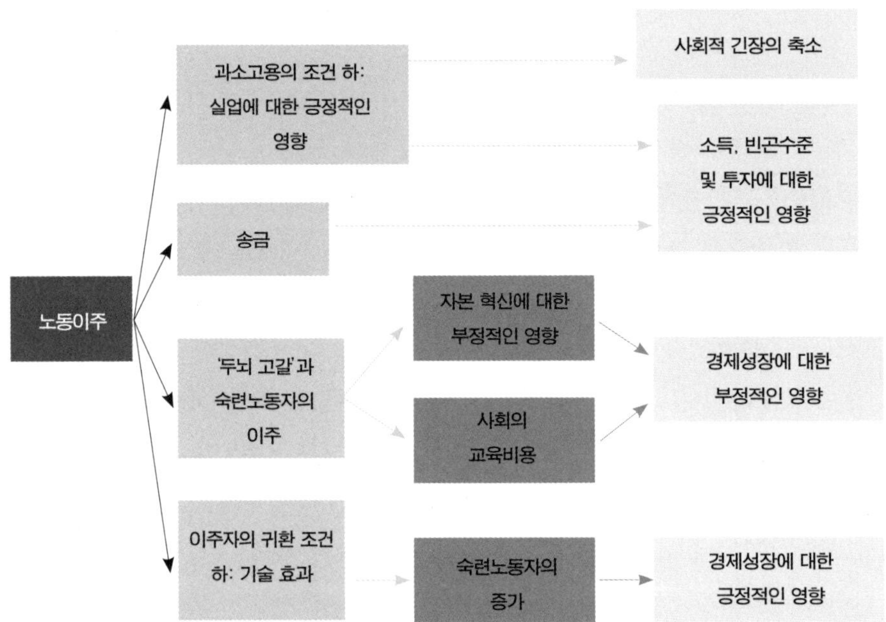

그림 3　노동이주가 경제 전반에 미치는 영향

출처: EDB Centre for Integration Studies(2013a).

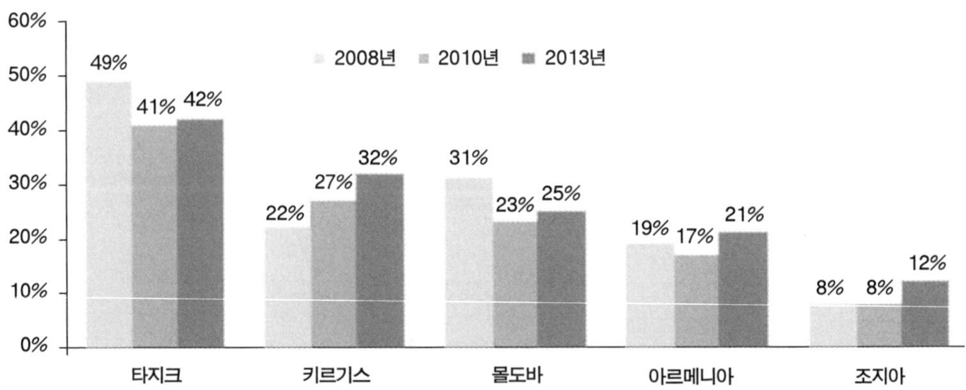

그림 4　주요 송금의존 국가의 GDP 대비 송금액 비율 (2008년, 2010년, 2013년)

출처: World Development Indicators, http://data.worldbank.org/indicator/.

은 2013년 GDP 대비 송금액 순위에서 세계 3위를 차지하였다. 키르기스스탄에서 GDP 대비 송금액의 비율은 2004년 이후 급격히 상승하였으며, 이 지표의 상승 추세는 계속되고 있다. 공식 데이터에 따르면 이 비율은 키르기스스탄의 경우 2008년에는 22%였으나 2010년에는 27%, 2013년에는 32%에 이르렀다(**그림 4**를 참조).

이주의 흐름은 통상 반대 방향으로의 송금흐름을 수반한다. GDP에 대한 송금의 비율을 이주규모의 한 척도로 받아들일 경우, CIS 역내의 4개국(타지키스탄, 키르기스스탄, 몰도바 및 아르메니아)은 '인구 이동'이라는 면에서 세계 최상위 10개국에 속한다. 특히 타지키스탄의 경우 2010년의 송금유입이 GDP 대비 41%를 차지함으로써, 상대적인 송금유입액 규모에서 세계 최선두에 위치한다. 키르기스스탄의 경우 2013년에 GDP 대비 송금유입액의 비율이 32%를 차지함으로써 송금 의존도가 매우 높은 경제라는 것을 알 수 있다(**그림 4**를 참조). 또한 송금은 국제수지를 개선하고 국내소비를 촉진하는 것 외에, 별다른 빈곤대처전략이 없는 취약한 가계에 자체적인 소득흐름을 제공함으로써 빈곤을 완화하는 데 중요한 역할을 수행한다.

〈**그림 5**〉와 〈**그림 6**〉은 키르기스스탄 이주노동자의 월평균임금과 월평균 송금액을 보여준다. 이주자들은 유입국 경제에서 비숙련 노동 및 전문직 노동 양쪽에서 아주

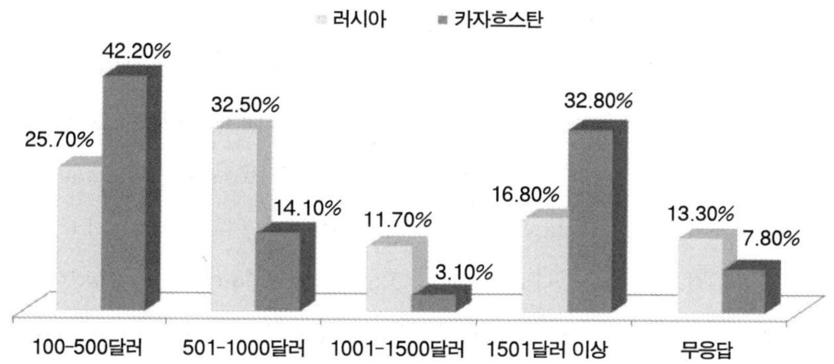

그림 5　러시아 및 카자흐스탄 내 키르기스스탄 이주노동자의 월평균임금
출처: EDB Centre for Integration Studies(2013a)

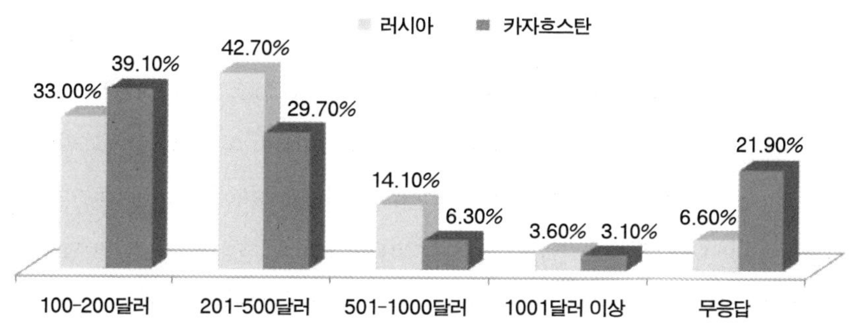

그림 6　키르기스스탄 이주노동자의 월평균 송금액
출처: EDB Centre for Integration Studies(2013a)

다양한 틈새를 메우기 때문에 이주자의 소득수준은 대단히 다양하다. 또한 이주자들이 고국의 가족에게 보내는 월송금액도 소득수준에 따라 다양한 모습을 띠고 있다.

키르기스 노동자들은 주로 비숙련 노동에 종사한다. 이는 이 국가 출신 이주노동자의 40% 이상이 (졸업 여부와는 별개로) 고등교육을 받았는데도 불구하고 그러하다. 그러므로 키르기스 이주노동자의 교육수준과 실제 직업 간에는 커다란 불일치가 존재한다.

키르기스스탄에서 수취한 화폐이전은 주로 소비 목적으로 전환되었으며 적은 부분만이 투자 재원으로 사용되었다. 그러나 현재 소규모 투자가 증가함에 따라 소매부문과 같은 중소규모 사업이 발전하고 있다.

노동이주는 화폐 이전의 채널을 통해 키르기스의 경제와 사회에 주로 긍정적인 영향을 미친다. 가장 가시적인 부정적인 영향은 고국에서의 두뇌 고갈과 고숙련 노동자의 쇠퇴와 연결되어 있다. 이는 임시적인 노동이주뿐만 아니라 엔지니어, 의사, 교사와 같은 전문직 근로자의 영구 이주에 기인해서도 발생한다. 키르기스스탄은 생산 및 혁신의 잠재력이 동시에 쇠퇴하는 데 따른 심각한 상황에 직면해 있다. 이는 빈곤 및 낮은 교육비 수익률을 비롯하여 장기적인 사회경제적 문제를 초래할 수 있다. 경기 침체는 안보 문제와 역내 갈등을 불러일으킬 수 있다. 또한 종교적 근본주의의 영향이 증가하고 키르기스 영토 내에서 마약 밀매가 확산될 수 있다는 점에서 위협을 제기할 수 있다.

이주자의 키르기스스탄 귀환은 인적자본의 발전에 긍정적인 효과를 미칠 것으로 예상해 볼 수 있다. 이는 유입국에서 얻은 새로운 자격과 기술을 갖춘 전문가의 귀국으로 인한 것이다. 키르기스스탄 이주노동자가 고국으로 귀환하는 주된 이유는 가족관계의 존재로 인한 것이다(러시아에서 58%와 카자흐스탄에서는 34%). 두 번째 이유는 키르기스스탄에서 자신의 사업에 착수하고 새로운 기술을 적용하려는 희망에 따른 것으로, 이 이유는 러시아(17%)보다 카자흐스탄(31%)에 이주한 응답자에게 더욱 많이 적용된다(Vinokurov and Pereboyev, 2013: 78). 이는 러시아보다 카자흐스탄 쪽이 연락망 구축, 파트너 및 공급업자 발굴, 그리고 물품 운송 등에서 훨씬 더 수월한 데 따른 것이다. 지리적 근접성 요인은 사업상 거래처를 확대하는 데 중요한 것으로 보인다.

IV. 관세동맹 및 단일경제공간 가입의 영향

지난 수년에 걸쳐 러시아, 카자흐스탄, 벨라루스를 통합하는 관세동맹과 단일경제공간은 일련의 실행 규칙과 제도를 만들어 내었으며, 마침내 2015년 1월 1월을 기해 유라시아경제동맹이 출범하게 되었다. 키르기스스탄은 관세동맹과 단일경제공간에 가입한다는 정치적 결정을 내리고 현재 그러한 목표를 향한 작업을 진행하고 있다. 키르기스스탄의 가입 시기는 2015년 5월이 될 것으로 예상된다.

단일경제공간 가입은 유라시아 동맹의 틀 내에 노동이주를 규율하는 두 개의 협정을 포함하고 있는데, '이주노동자와 그 가족 구성원의 법적 지위에 관한 협정'[6]과 '제3국으로부터의 불법 노동이주 방지에 관한 회원국 간의 협력에 관한 협정'[7]이 그것이다. 첫 번째 협정은 각 국가 내에서 이주노동자에게 내국인 지위를 부여하기 때문에 더욱 중요하다. 이 협정은 노동을 위한 라이선스와 허가증을 폐지하고 이주자와 그 가족 구성원에게 각종 사회적 권리를 부여하는 내용을 포함하고 있다(의료보건 및 교육기회 등을 제공하고, 연금은 아직 포함되어 있지 않다(EDB Centre for Integration Studies, 2012).

관세동맹CU 국가로의 노동이주에 관한 유라시아개발은행EDB의 추정에 따르면, 장기적으로 키르기스스탄의 노동이주는 매년 3.5% 증가할 것으로 추산된다. 그러나 이주 흐름의 증가 추세는 러시아와 카자흐스탄의 이주정책에 크게 의존할 것이다. 또한 이주정책은 이들 두 국가의 인구학적 동향과 경제발전 추세에 의존한다. 표준 시나리오에 따르면, 러시아가 2010-2030년의 기간에 800만 명의 이주자를 새로 받아들인다면 키르기스스탄 출신 이주자가 차지하는 비중은 매년 약 44,000명이 될 것이다.[8]

---

6 "Соглашение о правовом статусе трудящихся-мигрантов и членов их семей," 27 мая 2011. http://www.fas.gov.ru/international-partnership/common-economic-space/documents/documents_30775.html (검색일: 2014.12.01). 이 협정은 관세동맹 3국간에 2012년 1월 1일자로 발효되었다.

7 "Соглашение о сотрудничестве государств-участников Таможенного союза в борьбе с незаконной миграцией граждан третьих стран."

8 계산 방법에 대해서는 다음을 참조. EDB Centre for Integration Studies(2012).

합법적인 노동이주에 대한 주요 장애는 이주 유입국에서 각 개인의 합법적인 체류에 대한 어려운 등록과정이다. 러시아에서는 외국인 노동자에 대한 수요가 점점 더 증가하고 있다. 러시아의 현 쿼터제도와 지속적인 쿼터 축소는 역효과를 낳는 해법이라 할 수 있다. 이는 불법 이주자의 숫자가 증가하고 있는 데서 증명된다. 러시아연방이민국Russian Federal Migration Service 데이터에 따르면, 2011년 러시아의 외국인 노동자는 총계 약 900만 명에 이르렀다(키르기스스탄 출신은 약 50만 명이었다.). 2011년 러시아 정부는 최대 이주노동자 숫자를 170만 명으로 정했다. 카자흐스탄에서 노동이주 제한정책은 이 이주 현상을 임시적인 성격으로 인식하는 데 기초하고 있다. 이주노동의 활용을 위한 노동허가증의 발행 절차는 외국인 노동자를 점차 내국인으로 대체하는 방향으로 조정되고 있다. 이는 그에 상응하는 고용주의 투자를 이용하는 것을 포함한다. 카자흐스탄에서 노동이주는 자연 발생적으로 증가해 왔는데, 현실과 법률 간에 존재하는 각종 격차는 노동이주를 가로막는 행정적 장애가 되어 왔다. 이들 문제 중 일부는 다음을 통해 해결될 수 있다. 즉, 노동자의 자유 이동을 규율하는 제도의 확립, 근로활동에 종사할 권리를 부여하는 허가증의 폐지, 관세동맹 국가 내의 노동시장 및 행정적 절차에 관한 통지의 개선이 그것이다.

이주자 자신의 견해에 따른 노동이주의 주요 문제는 금융적 곤란(러시아의 경우 20%, 카자흐스탄의 경우 15%), 그리고 복잡한 일자리 찾기(러시아의 경우 16%, 카자흐스탄의 경우 17%)이다. 한편, 주택문제와 공익시설 이용문제와 관해서는 러시아와 카자흐스탄 간에 격차가 관찰된다. 이와 관련된 조건은 카자흐스탄보다 러시아에서 더욱 곤란한 반면(러시아의 경우 15%, 카자흐스탄의 경우 7%), 이주경찰 관련 문제는 러시아(17%)보다 카자흐스탄(24%)에서 더욱 두드러진다(EDB Centre for Integration Studies, 2013a).

이주의 중요한 문제는 복잡한 이주자 등록제도, 이주자의 낮은 법률적 인식수준, 불충분한 직업훈련, 러시아어에 대한 낮은 이해수준, 그리고 고용조건과 사회보장에 대해 불균형적인 법률 등으로, 이는 이주자의 낮은 급료와 작업장 차별로 이어진다. 이주노동자가 목적지 국가의 사회에 통합되기 어려운 것은, 특수한 정부간 이주규율 기관, 송출국에서의 효과적인 이주정책, 외국의 고용기회에 대한 공식적인 고시시스템 등이 부재하기 때문이다. 현지 주민과 이주노동자 간의 사회문화적, 경제적 격차는 적대적인 태도와 돌발적인 충돌을 야기한다.

이와 같은 문제를 해결하기 위해 키르기스스탄이 택할 수 있는 강력한 방안은 노동이주에 대한 제한 없이 관세동맹과 단일경제공간에의 가입을 추진하는 것이다. 노동이주와 관련된 요소가 가입 협정에서 제외된다면, 긍정적인 영향을 가진 가장 실재적인 구성요소를 상실하게 될 것이다. 키르기스스탄의 관세동맹과 단일경제공간 가입은 앞서 언급한 협정에 규정된 대로 단일경제공간의 노동시장에 대한 완전한 참여를 포함해야 한다. 단일경제공간 가입은 이주자 및 그 가족 구성원에 대한 일자리 배치와 사회서비스에의 접근과 관련하여 동맹국가의 이주노동자들에게 내국인의 지위를 제공한다. 이는 다음의 긍정적인 결과를 가져올 것이다. 조세 채널을 통한 각종 이득(노동유입국)[9], 범죄 상황의 개선(노동유입국), 국가지출의 절감(노동유입국), 화폐 이전의 증가, 그리고 이주자의 복지에 매우 중요한 사회적 조건의 개선 등이 그것이다.

이와 동시에 제3국(관세동맹 비회원국) 국민의 이동을 제한하고 관세동맹 국가들의 안보를 보증하기 위해 관세동맹의 외부 국경을 지키기 위한 각종 장치를 마련하는 것이 중요하다. 노동이주의 영역에서 키르기스스탄의 참여는 이해관계에 있는 자본이 흐름에 따라 이익을 가져올 수 있어야 한다. 경제적으로 더욱 발전한 러시아와 카자흐스탄으로부터 키르기스스탄으로의 투자 흐름은 일자리 창출과 가계소득 증가 및 지역 발전을 촉진하는 역할을 할 것이다. 이는 다시 외부의 이주를 억제하는 역할을 할 것이다.

이주의 긍정적인 기여 중 중요한 것은 키르기스스탄 이주노동자의 조건과 법적 지위를 향상시키고 국내 노동시장에서의 긴장을 완화시킨다는 것이다. 부정적인 영향은 키르기스스탄의 낡은 경제구조를 고착화시키고 거버넌스의 질적 변화에 대한 요구를 감소시킨다는 것이다(ICCO Cooperation in Central Asia, 2014: 35). 키르기스스탄이 단일경제공간에 가입할 경우, 러시아와 키르기스스탄의 노동시장에 대한 긍정적·부정적 영향은 〈표 2〉에서 대략적으로 알 수 있다. 그러나 여기서 부언해야 할 점은 키르기스스탄의 단일경제공간 가입에 따른 각각의 영향 간의 관계와 그 중요성은 향후의 추가적인 연구를 통해 더욱 명확하게 밝혀질 수 있다는 사실이다.

---

9 키르기스와 타지크의 노동이주 합법화에서 나오는 러시아 연방예산의 수익은 연간 400억 루블 혹은 약 13억 달러를 초과할 것이라고 추정된다(EDB Centre for Integration Studies, 2011).

영향	러시아에 대한 영향	타지키스탄에 대한 영향
긍정적	·노동자원의 부족문제에 대한 긍정적 영향	·빈곤문제의 경감 ·실업의 경감 ·지식과 기술의 전수
부정적	·평균임금의 감소 ·외국인혐오증, 사회적 충돌 ·생산성 향상을 위한 인센티브 감소	·고숙련 전문 인력의 유출 ·제도 및 거버넌스의 질적 변화에 대한 요구의 감소

V. 결론

노동이주는 키르기스스탄의 경제와 사회의 특징을 규정하는 중요한 현상이자 양날의 칼이다. 첫째, 노동이주는 빈곤한 노동자가 외국에서 노동을 착취당하는 중대한 문제를 야기한다. 유라시아개발은행(EDB, 2013)의 조사에 따르면, 이주노동자들은 자신의 임금이 체불되거나 삭감당하기 쉬운데, 이것조차 합법적인 이주노동자에게만 해당되는 일이다. 러시아에서 불법노동자로 일하는 수십 만 명의 키르기스인들의 상황은 더욱 악화되는 것으로 보고되고 있다. 둘째, 노동이주는 키르기스 경제를 러시아와 카자흐스탄의 경제실적에 과도하게 의존하도록 만듦으로써 단기적으로는 경제적 불안정을 야기하고 장기적으로는 국내 정치구조를 취약하게 만든다. 다른 한편, 또한 노동이주는 여러 가지 긍정적인 효과를 갖고 있다. 본문에서 알 수 있듯이, 40% 이상의 이주노동자들이 월수입의 절반에 해당하는 약 200-500달러의 금액을 매달 고향에 보낸다. 또한 평균연령이 35세 미만인 이주노동자들은 새로 얻은 기술과 관계 자원을 활용하여 키르기스스탄에서 독자적인 사업에 착수하려는 의사를 갖고 있다. 이러한 점에서 노동이주는 키르기스스탄에 이익과 손해를 함께 가져다준다.

키르기스스탄의 노동이주 과정에서는 목적지 국가에 있는 사회적 네트워크가 중요한 역할을 수행했다. 이러한 사회적 네트워크는 임금수입을 위해 외국으로 떠나려는 사람들의 노동이주를 더욱 촉진하는 요인으로 작용했으며, 이주를 결정하고 최종 목적지를 선택하는 데서 중요한 역할을 수행했다. 반면 이주와 관련된 국내외의 국가기구는 노동이주 과정에서 중요한 역할을 수행하지 못했다.

키르기스스탄의 집단적인 대규모 노동이동은 비효율적이고 취약한 국내 노동시장의 귀결이다. 이주노동에 대한 키르기스스탄의 의존은 하루아침에 변화할 수 있는 것은 아니지만, 관세동맹 및 단일경제공간 가입을 적절하게 추진하면 키르기스스탄이 독립 이후 절실하게 필요로 하는 구조변화에 착수할 수 있는 계기가 될 수 있다. 이 경우 키르기스스탄의 관세동맹 가입은 관련 당사국 모두에게 이익이 될 수 있을 것이다. 특히 키르기스스탄이 채취산업을 넘어 제조업 등의 산업에 대규모 투자를 유치할 수 있다면 더욱 그러하다. 하지만 관세동맹이 실속 없는 내용으로 채워진 속빈 강정이 되지 않으리라고 단언하기도 어렵다. 관세동맹이 값싼 중국제품의 유입을 막아 현지 물가를 앙등시키고 러시아가 키르기스 시장에 자국의 제품을 투매하는 기회로 삼을 수도 있기 때문이다.

키르기스스탄의 입장에서 볼 때, 관세동맹 및 단일경제공간 가입은 이주노동자에게 내국인 지위를 부여하는 노동이주 협정을 반드시 포함시켜야 할 필요가 있다. 관세동맹 가입 협정에서 이주노동에 관한 내용이 배제된다면 긍정적인 영향을 가진 가장 중요한 요소가 제외되는 결과가 되기 때문이다. 키르기스스탄이 단일경제공간(SES)에 참여하여 '이주노동자 및 그 가족구성원의 법적 지위에 관한 협정'을 체결한다면, 상당한 숫자의 불법 노동자가 합법화될 것이다. 이는 러시아 측에서 볼 때도, 소득세 납부를 통해 예산수입을 증가시킬 수 있다. 매년 러시아는 불법 이주자들의 개인 소득세 미납으로 100억 루블에서 400억 루블에 이르는 예산을 상실하고 있기 때문이다(EDB Centre for Integration Studies, 2012). 또한 불법 이주를 억제하는 비용을 절감함으로써 러시아와 단일경제공간 회원국 모두의 예산지출을 줄이는 효과도 갖게 될 것이다

따라서 단일노동시장에의 참가는 키르기스스탄이 단일경제공간에 가입하는 데 따른 가장 중요한 잠재적인 장점 중 하나이다. 단일경제공간 내 노동이주와 관련된 협정의 중요한 목적 중 하나는 회원국들의 노동자원을 통합하려는 것이다. 이러한 노동자원의 통합을 통해 효율적이고 효과적인 공동노동시장을 구축할 수 있으며 고용에 대한 각종 장애를 해소하여 이주노동자가 일자리를 쉽게 찾을 수 있도록 할 것이다. 이와 함께 이주자의 숙련과 자질을 향상시키는 조치가 필요한데, 이를 위해서는 현행의 직업훈련을 개선하여 노동자원의 질을 개선하는 조치 등이 필요하다. 키르기스스탄 정부로서도 고도로 숙련되고 자질을 갖춘 인력이 국내에서 고용기회를 얻을 수 있도록 노동시장에 대한 적극적인 정책을 통해 일자리 창출 등에 나설 필요가 있다.

그러나 키르기스스탄의 SES 가입에 따른 긍정적인 영향과 함께 러시아와 키르기스스탄 양국에 몇 가지 부정적인 영향이 있을 수 있다. 러시아에 대한 부정적인 영향은 '평균임금수준이 하락할 가능성'과 '노동력 비용이 상대적으로 저렴한 상황에서는 생산 현대화를 위한 인센티브가 감소'할 수 있다는 점이다. 또한 이주자의 대규모 유입은 이주자를 유입국 사회에 적응·통합시키는 것과 관련된 사회적 비용을 초래하고 외국인 혐오증과 사회적 불만의 증가를 가져올 수 있다.

참고문헌

김성진. 2013. "중앙아시아 국가들의 국제이주: 현황과 요인."『중소연구』37(4): 251-289.

김영진. 2012a. "중앙아시아의 노동이주 현황과 사회·경제적 영향."『슬라브연구』 2(1): 1-26.

김영진. 2012b. "우즈베키스탄의 노동이주와 송금: 현황과 사회경제적 영향."『러시아 연구』22(2): 201-230.

김영진. 2013. "타지키스탄의 노동이주와 송금: 글로벌 금융위기의 영향."『슬라브학보』28(4): 113-140.

김영진·윤인하. 2014. "유라시아의 지역통합: 유라시아연합 구상의 조건과 과제."『동유럽발칸연구』38(5): 201-230.

"The Illusion of Choice: Kyrgyzstan and the Customs Union," *Rigistan*, 2014/01/29. http://registan.net/2014/01/29/the-illusion-of-choice-kyrgyzstan-and-the-customs-union(검색일: 2014.12.20).

Acosta, P., Lartey, and E., Mandelman, F. 2009. "Remittances and the Dutch Disease." *Journal of International Economics* 79(1), 102-116.

Aitymbetov, S. 2006. "Emigrant remittances: impact on economic development of Kyrgyzstan." *Working Paper* No. 31. ICEG European Center.

Alekseyeva, A. 2014. "Kyrgyzstan and the Eurasian Economic Union: implications for migration." *Perspectives on Central Asia* 5, 10-12.

Arslan, A., Effenberger, A., Luecke, and M., Omar T. 2009. "International Labor

Migration and Remittances Beyond the Crisis: Towards Development-friendly Migration Policies." *Kiel Policy Brief* No. 10. Kiel Institute for the World Economy.

Aslan, Kürşad. 2011. "Determinants of Productive Investment through Migrants' Remittances in Rural Central Asia." *Eskişehir Osmangazi Üniversitesi İ.İ.B.F. Dergisi* 6(2), 97-121.

Beishenaly, N., Levent, H., and Shamshiev, Ch. 2013. "Labor Migration and Human Capital of Kyrgyzstan: Impact of the Customs Union." The EDB Centre for Integration Studies.

De Haas, H. 2010. "Migration and Development: A Theoretical Perspective." *International Migration Review* 44(1), 227-264.

EDB Centre for Integration Studies. 2011. An Assessment of the Economic Effects of Integration of Kyrgyzstan into the Customs Union. Report No. 1. St. Petersburg: Eurasian Development Bank.

EDB Centre for Integration Studies. 2012. Labour Migration in the SES: Economic Effects and Legal-Institutional Consequences of Labour Migration Agreements. Report No. 3. St. Petersburg: Eurasian Development Bank.

EDB Centre for Integration Studies. 2013a. Impact of Kyrgyzstan's Accession to the Customs Union for the Kyrgyz Labour Market and Human Capital. Report No. 13. St. Petersburg: Eurasian Development Bank.

EDB Centre for Integration Studies. 2013b. Economic Impact Tajikistan's Accession to the Customs Union and Single Economic Space. Report No. 14. St. Petersburg: Eurasian Development Bank.

Fryer, P., Nasritdinov E. and Satybaldieva E. 2014. "Moving Toward the Brink? Migration in the Kyrgyz Republic." *Central Asian Affairs* 1, 171-198.

ICCO Cooperation in Central Asia. 2014. Research on analysis and assessment of the consequent effects (benefits and loses) in terms of accession of the Kyrgyz Republic to the Custom Union. Bishkek: ICCO Cooperation in Central Asia.

Kovalenko, D. 2010. "Implications of the 2008-2009 global economic downturn for rural livelihoods in the Kyrgyz Republic." *POLIS Journal(University of Leeds)* 4, 1-45.

Marat, E. 2009. "Labor Migration in Central Asia: implications of the global economic crisis." Central Asia-Caucasus Institute. Silk Road Studies Program. Washington, D.C.: Central Asia-Caucasus Institute.

National Statistic Committee of the Kyrgyz Republic. 2011. Education and Science in Kyrgyzstan for 2007-2011. Bishkek: National Statistic Committee of the Kyrgyz Republic.

Olimova, S. and Bosc, I. 2003. Labour Migration from Tajikistan. Dushanbe: International Organization of Migration.

Orozalieva, K. 2010. "Impact of globalization on socio-economic and political development of the Central Asian countries." University of South Florida, *Theses and Dissertations*. No. 1,730.

Pieterse, J. 2001. *Development Theory: Deconstructions/ Reconstructions*. London and Los Angeles: Sage and TCS Books.

Roman Mogilevsky et al. 2009. Impact of the Global Financial Crisis on Labour Migration from Kyrgyzstan to Russia: Qualitative overview and quantitative survey. OSCE.

Schmidt, M. and Sagynbekova L. 2008. "Migration past and present: changing patterns in Kyrgyzstan." *Central Asian Survey* 27(2), 111-127.

Schrooten, M. 2006. "Workers' Remittances to Former Soviet States." *Discussion Paper Series A* No. 476. The Economic Research Institute, Hitotsubashi University.

Tishkov, V., Zayinchkovskaya, Z., and Vitkovskaya, G. 2005. "Migration in the Countries of the Former Soviet Union." Global Commission on International Migration. Paper prepared for the Policy Analysis and Research Programme of the Global Commission on International Migration. International Organization for Migration.

Vinokurov, E. 2013. "The Art of Survival: Kyrgyz Labor Migration, Human Capital, and Social Networks." *Central Asia Economic Paper* 7, 1–9.

Vinokurov, E. and Pereboyev V. 2013. "Labour Migration and Human Capital in Kyrgyzstan and Tajikistan: Impact of Accession to the SES." EDB Eurasian Integration Yearbook 2013.

World Bank. 2011. Migration and Remittances Factbook 2011. Washington, DC: World Bank.

World Bank. 2013. Migration and Remittances Factbook 2013. World Bank.

World Bank. 2014a. World Development Indicators. World Bank.

World Bank. 2014b. "Migration and Remittances: Recent Developments and Outlook." *Migration and Development Brief* 22.

Бейшеналы, Н. и Перебоев, В. 2013. "Вступление, Кыргызстана в.ТС и ЕЭП: последствия для рынка труда и человеческого капитала." ЕЭИ (*Евразийская Экономическая Интеграция*) 3(20). 69–88.

Евразийский банк развития. 2013. Последствия вступления Кыргызстана в Таможенный союз и ЕЭП для рынка труда и человеческого капитала страны. Санкт-Петербург: Центр интеграционных исследований. *Доклад* 13.

Центр интеграционных исследований ЕАБР, 2012, ТРУДОВАЯ МИГРАЦИЯ В ЕЭП: Анализ экономического эффекта и институционально-правовых последствий ратификации соглашений в области трудовой миграции. *Доклад* no. 3, Санкт-Петербург: Центр интеграционных исследований.

III

중앙아시아를 둘러싼
강대국 정치와 지전략적 동학

08

중앙아시아 지역개발을 위한
유라시아개발은행의 역할

조영관

I. 서론

1990년대 초 소련의 해체와 함께 독립한 중앙아시아 국가들은 인프라 개발과 에너지 개발 등에 막대한 자금의 투자가 필요하게 되었다. 도로, 철도 등은 소련 시기에 적절하게 투자가 이루어지지 않아 노후하거나 새로운 건설이 필요한 상태였으며, 에너지 부문은 미개발 유전, 가스전에 대한 개발과 새로운 수송로가 필요한 상황이었다.

이러한 인프라 개발을 위해서는 외국으로부터의 투자를 유치해야 했으며, 대규모 투자는 여러 국가의 기업들로 구성된 컨소시엄을 통해 이루어졌다. 다자개발은행들은 이러한 프로젝트의 금융지원에서 큰 역할을 하였다.[1]

이와 같은 다자개발은행이 지원하는 개발금융은 정부 재정과 시장차입 재원을 활용하여 개발도상국의 개발사업에 금융지원을 하는 것이다. 개발금융은 위험도가 높

---

* 이 글은『슬라브학보』31권 3호(2016)에 게재된 논문을 수정·보완한 것입니다.

1　최근 우리나라에서도 개발금융의 역할이 주목되고 있다. 2013년 11월에 유상원조자금인 EDCF를 개발금융 수단으로 활용하기 위한 '개발금융 활성화방안'이 수립된 바 있다. 개발금융 제공시에 한국 국책은행의 금리차이 손실에 대한 보전 근거를 마련한 대외경제협력기금(EDCF)법이 2015년 12월 국회를 통과했으며, 2016년 3월부터 시행되고 있다.

은 개도국 개발사업에 대한 금융지원시 원조자금과 민간 상업금융의 중간 공백을 메울 수 있는 장점이 있으며, 양허성 차관, 준상업차관, 보증지원, 지분투자 등 다양한 방식의 지원이 포함된다.

개발도상국의 입장에서는 국가의 국제신용도가 낮아 상업금융지원의 활용이 어려운 경우 금융지원을 받을 수 있는 특징이 있다. 한국에서도 해외에 대한 개발금융이 점차 활성화되는 추세이며, 동북아시아 국가들 가운데도 일본은 'All Japan'이라는 구호하에 민관협력체를 구성해 원조자금과 수출금융을 포괄하는 종합패키지 금융을 지원하고 있다. 또한 중국은 대규모 금융지원을 통해 발주국의 특성을 감안한 맞춤형 재정지원을 실시하고 있다(건설경제, 2016/01/14).

중앙아시아 지역에서도 다자개발은행들이 다양한 부문에서 지원활동을 하며 각 국가들의 경제 발전에 큰 역할을 하고 있다. 구소련 지역에 대한 개발을 위해 유럽국가들에 의해 설립된 유럽부흥개발은행EBRD과 일본과 미국이 주요 지분을 보유한 아시아개발은행ADB 등이 다른 개발은행들에 비해 활발한 투자를 해왔다. 특히, 인프라 개발 부문에서 유럽부흥개발은행은 '트라세카TRECECA', 아시아개발은행은 '중앙아시아 경제협력CAREC'등의 프로젝트를 추진하며 투자를 하고 있다.

최근 몇 년 사이에도 새로운 개발은행들이 설립되어 신흥국들에서 사업을 추진할 계획이다. 특히, 아시아인프라개발은행AIIB, 신개발은행NDB 등은 각각 자본금이 1,000억 달러의 대규모로 기존의 개발은행들과 함께 신흥국들의 인프라 개발에 영향을 주는 세계주요 개발은행으로 자리잡을 것으로 전망된다. 아시아인프라개발은행은 중국이 최대지분을 보유하고 있으며, 중국이 추진하는 동북아시아와 중앙아시아, 중동, 러시아, 유럽을 육로와 해상으로 연결하는 일대일로 사업과 연계될 수 있다는 점에서 향후 활발한 프로젝트 추진이 전망되며, 신개발은행은 세계 주요 신흥국들인 브릭스 국가들 주도로 설립되었다는 점에서 향후 활동이 주목되고 있다.

이러한 다자개발은행들과 함께 최근에는 이 지역에 기반을 둔 러시아, 카자흐스탄이 설립한 유라시아개발은행EDB도 사업을 추진하고 있다. EDB는 유라시아경제연합EAEU와 연계된 금융기관으로 기능하고 있으며, 유라시아경제연합이 규모를 확대해 가면서 EDB의 역할도 커질 것으로 전망된다.

이 연구의 목적은 유라시아개발은행의 특징과 활동을 평가하는 것이다. 구체적으로는 유라시아개발은행이 중앙아시아 국가들의 경제협력이나 인프라 발전, 에너지 개발 등에 어떤 역할을 하고 있는가를 살펴보고자 한다. 또한 기존의 개발은행들과 유라시아 개발은행의 중앙아시아 지역에서의 주요 활동 부문과 특징 등을 비교하고자 한다.

기존에 국내에서는 유라시아경제연합에 대한 다수의 연구가 이루어졌으나, 유라시아개발은행에 대한 본격적인 연구는 이루어지지 않고 있다. 외국에서도 유라시아개발은행에 대한 연구에 대해서는 아직 두드러진 연구성과가 나타나지 않고 있으며, 이와 관련된 몇 건의 연구가 있을 뿐이다.[2] 이것은 유라시아 개발은행의 성과를 평가하기에는 아직 추진된 프로젝트의 규모가 크지 않은 것이 원인이라고 할 수 있을 것이다. 이 논문에서도 유라시아개발은행의 성과를 분석하기에는 아직 설립된 연도가 길지 않고, 추진된 프로젝트가 미흡한 것을 고려하여, 특징과 활동을 기존의 다자개발은행들과 비교하는 방법으로 연구를 진행하고자 한다.

II. 중앙아시아 지역에서 개발은행의 역할과 특징

1. 중앙아시아 경제발전에서 개발은행의 역할

개발은행은 세계 각 지역의 경제발전에서 큰 역할을 하고 있으며, 신흥국의 경제발전에 주요한 역할을 하고 있다. 신흥국에서는 선진국에 비해 열악한 인프라 환경을 개선하기 위한 인프라 건설 프로젝트 추진과 빈곤 탈출과 같은 부문에 대한 투자가 필요하며, 개발은행은 이를 위한 지원역할을 하고 있다. 이러한 측면에서 인프라 개발과 빈곤을 극복하는 것이 중요한 과제인 중앙아시아에서도 개발은행의 역할은 매우 중요한 의미를 갖는다. 특히 중앙아시아 지역에서의 개발은행은 다른 지역과 다른 특징을 가지며, 다자개발은행의 활동에 각국의 이해관계를 조정하고 체제 전환을 지원

---

2 이와 관련된 연구로는 사파로브의 논문(Azer M. Safarov, 2015)과 유라시아개발은행의 부의장인 샤탈로프의 연구(S.I. Shatalov, 2012) 정도가 유일하다. 사파로프의 연구는 중앙아시아를 포함한 구소련 지역에서 다자개발은행의 투자현황을 제시하고 있으며, 샤탈로프의 연구는 '유라시아 안정화 및 발전기금'(EFSD: Eurasian Fund Stabilization Development)의 유라시아 경제연합에서의 역할에 대해 다루고 있다.

하는 역할이 포함되고 있다.

첫째, 중앙아시아 지역에는 기존의 인프라 설비들이 노후하거나 운송 능력의 부족으로 새로운 인프라 건설이 필요하다. 〈표 1〉에서와 같이 중앙아시아 국가들의 물류지수는 세계 평균에 크게 미치지 못하는 열악한 수준으로 기존의 노후한 철도나 도로가 새로 건설되어야 하고, 대외 에너지 수출 확대나 물류 증가의 필요성으로 송유관, 가스관의 수송량이 증대되어야 한다.

표 1 중앙아시아 5개국의 국제물류지수 순위

국가	종합순위	분야별 순위			
		통관	물류 인프라	국제운송	물류기업 경쟁력
카자흐스탄	77	86	65	82	92
우즈베키스탄	118	114	91	130	116
투르크메니스탄	140	143	103	127	145
타지키스탄	146	156	150	152	151
키르기즈	153	150	130	151	143

주: 2015년 전체 평가대상국은 160개 국가

자료: World Bank, 2016.

또한 지역적으로 다른 지역으로부터 접근성이 낮은 중앙아시아 국가들의 에너지 수송로, 운송망은 중앙아시아 국가들의 필요성뿐만 아니라 인근 주변국들의 필요성에 따라 국제적인 에너지 수송로, 운송로와의 연결이 필요하다. 중국의 일대일로 정책에 따라 중앙아시아를 통해 유럽과 연결되는 운송로 건설이 대표적인 사례라고 할 수 있을 것이다. 이러한 여러 요인들로 인해 중앙아시아 지역의 인프라 건설 수요는 매우 높다. 더구나 중앙아시아 국가들에서 경제가 급격하게 성장하고 있는 것도 이러한 대내외적인 건설 필요성을 높이고 있다.

아시아 개발은행의 평가에 따르면 〈표 2〉와 같이 아시아 전체적으로 에너지와 운송 부문에 대한 투자 수요가 많으며, 중앙아시아 지역에서도 이와 마찬가지로 에너지 수출로와 운송망 건설 수요가 다른 부문에 비해 더 높을 것으로 추정된다.[3] 국가별로

---

3 최근 한국의 해외건설이 침체된 상황에서도 중앙아시아 지역으로의 인프라, 플랜트 투자는 확대되고 있는 추세이다. 투르크메니스탄의 경우, 2015년 우리 기업의 세계 투자순위에서 1

표 2   중앙아시아 4개국과 아제르바이잔의 부문별 및 국가별 인프라 건설 수요: 2010-20년

부 문	금액 (백만 달러)	국 가	예상 투자 규모	전체 투자에서 차지하는 비중		연간 투자액
				신규 설비 건설	기존 설비 유지	
에너지	167.16					
운 송	104.48					
공 항	1.41					
항 구	5.38	아제르바이잔	28,317	64%	36%	2,574
철 도	6.03					
도 로	91.65					
통 신	78.62	카자흐스탄	69,538	61%	39%	6,322
전 화	4.45					
휴대폰	71.97	키르기즈	8,789	38%	62%	799
광대역 통신망	2.21					
수도,위생	23.40	타지키스탄	11,468	47%	53%	1,043
수 도	8.60					
위 생	14.80	우즈베키스탄	41,768	48%	52%	3,797
총 합계	373.66					

자료: Biswa Nath, Bhattacharay, 2010.

는 카자흐스탄과 우즈베키스탄의 투자 수요가 높게 나타나고 있다.

막대한 투자 자금의 유치가 필요한 인프라 투자에서 큰 역할을 할 수 있는 것이 개발은행이다. 개발은행은 세계 많은 지역에서 지역 인프라 개발에 참여하고 있다. 중앙아시아 지역에서도 개발은행은 한 국가적 차원에서 추진하기에는 큰 부담이 되는 막대한 자금의 투자가 필요한 인프라 개발을 위해 투자하고 있다.

둘째, 중앙아시아 지역은 빈곤 극복이 필요하며, 개발은행은 이를 지원하는 역할을 하고 있다. 중앙아시아 국가들에서 점차로 산업이 다양해지고 있으나, 여전히 농업이 경제에서 차지하는 비중이 높고, 농촌 인구가 전체 인구에서 높은 비중을 차지하고 있다(CER, 2015). 특히, 에너지 자원 생산이 많지 않은 타지키스탄, 키르기스 공화국은 국민소득이 낮고 빈곤층의 비중이 높은 편이다. 이러한 문제 해결과 관련된 농촌 빈곤 해결, 도시 빈곤층 지원 등도 국가적 차원에서의 투자 우선 순위가 낮아 개발은행들의 지원 대상이 되고 있다

셋째, 여러 국가들이 공통의 이해관계를 갖고 있는 부문들이 있으며, 서로 의견이

위를 기록한 바 있다. 이에 대해서는 조영관(2016)의 자료를 참조.

대립되는 문제들이 있으므로, 개발은행은 이를 조정하는 역할을 할 수 있다.

중앙아시아 국가들 간에는 공통적으로 정치적, 역사적, 경제적 유산을 극복하기 위해 공동으로 협력이 필요한 부문이 있다. 에너지 수송로와 운송로 건설을 위해서는 역내국가들 간 또는 역내 국가들과 주변국들 간의 협력이 필요하다. 또한 중앙아시아 지역은 아시아 지역과 유럽을 연결하는 운송, 물류 허브로 발전하고자 하며, 이를 위해 통관 시스템 등에서 협력할 필요가 있다.

이와 함께 각 국들이 공동으로 이용하는 수자원의 보호와 이용을 위해서는 각국의 이해관계를 조정하고 협력해야 한다. 대표적인 사례로 세계은행은 수자원과 관련된 협력을 위해 '중앙아시아 에너지 및 수자원 개발 프로그램Central Asia energy water development program'[4]을 통해 각 국들의 에너지 및 수자원 안보와 관련된 이해관계를 조정하는 역할을 하고 있다. 또한 세계은행은 중앙아시아 국가들 간에 전력 공급협력을 위한 프로그램도 추진하고 있다.[5] 이를 통해 중앙아시아 각국들은 상호 안정적인 전력의 공급과 소비를 위한 협력을 하고 있다. 향후에도 이러한 가능성이 있을 것으로 전망된다. 예컨대, 카스피해를 둘러싼 국가들 간의 영유권 분쟁도 여전히 완전히 해결되고 있지 않으므로 다자개발은행이 이에 대한 중재 기능을 수행할 수도 있을 것이다.

넷째, 중앙아시아 국가들은 구소련의 사회주의적인 유산들이 남아 있는 국가들이며, 다자개발기구들은 경제체제의 자본주의화, 시장화를 위한 지원을 한다. 여기에는 다양한 경제영역에서 국제기준에 적합한 제도 도입, 민간 중소기업의 활성화, 금융시스템의 발전 등에 대한 지원이 포함된다. 특히, 유럽부흥개발은행이 체제전환을 지원하고 있으며, 각 국의 체제전환 정도를 평가하는 '체제전환 보고서Transition Report'를 발간하고 있기도 하다. 이 보고서에서는 각 국의 체제전환지수를 발표되고 있으며, 이 체제전환지수는 국제금융기관들의 금융지원에서 평가 기준이 되고 있기도 하다.

이와 같이 중앙아시아 지역의 다자개발은행들은 일반적인 세계 다른 지역에서의 지원분야인 사회, 경제 인프라 건설과 빈곤 문제 해결 등과 함께 중앙아시아 각 국의 특정 부문에 대한 이해관계 조정과 체제 전환을 지원하는 역할을 동시에 하고 있다.

---

4 www.worldbank.org/eca/caewdp(검색일: 2016.03.24) Central Asia energy water development program(CAEWDP). 기존에 알려진 것과 같이 중앙아시아 국가들 간에는 풍부한 수자원을 보유한 키르기즈, 타지키스탄과 수자원이 부족한 카자흐스탄, 우즈베키스탄 간에 수자원 이용을 둘러싼 분쟁이 있으며, 여전히 해결되지 않고 있다.

5 www.casa-1000.org(검색일: 2016.06.24)

2. 중앙아시아 지역 개발은행의 현황과 특징

다자개발은행은 사업을 추진하는 지역적 범위에 따라 몇 가지 은행으로 구분된다. 세계적 차원, 하위 차원, 지역 차원으로 구분된다. 먼저 전세계적 차원에서는 세계은행 계열의 IBRD, IDA, IFC 등이 활동하고 있다. 또한 지역 차원에서는 각각 아시아, 유럽, 아프리카 등을 지원대상으로 사업을 추진하는 ADB, EBRD, AfDB 등의 은행이 활동하고 있다.

표 3　세계 다자간개발은행 체제

World Bank 그룹	IBRD, IDA, IFC, MIGA			
	아시아	유럽	미주	아프리카
지역개발은행	ADB AIIB IsDB	EBRD EIB	IADB	AfDB
지역개발은행 펀드	ADF	ESM		AfDF
하위 지역개발은행	BSTDB EDB		CABEI CAF	PTA BOAD EADB
하위 지역개발은행 펀드	EFSD CMIM			

자료: R. Faure, A. Prizzon and A. Rogerson., 2015.

　중앙아시아 지역에도 세계은행 계열의 국제부흥개발은행IBRD, 국제개발협회IDA 등이 활동을 하고 있으며, 지역차원에서도 아시아개발은행, 유럽부흥개발은행 등이 활동하고 있다. 흑해지역 국가들에서는 흑해무역개발은행BSTDB이 활발하게 활동하고 있다. 또한 최근에는 사우디아라비아 등 중동의 이슬람국가들의 주도로 설립된 이슬람개발은행IsDB이 같은 이슬람 국가들인 중앙아시아 국가들에서 활동하며, 점차 사업 영역을 확대하고 있다. 〈표 3〉에서와 같이 아시아 지역의 개발펀드로는 아시아개발은행 산하의 아시아개발기금ADF과 함께 아세안과 한국, 중국, 일본이 참여하는 치앙마이 이니셔티브가CMIM가 아시아 금융위기를 계기로 2000년부터 추진되어 2010년 설립되었다.

　〈표 4〉에서 나타나듯이 회원국의 수와 자본금 규모에서는 ADB가 가장 크며, 이 논문에서 다루는 유라시아개발은행이 참여 회원국의 수와 자본금 규모가 가장 작은

표 4   중앙아시아 지역 주요 개발은행

개발은행	지역	참여국	설립	자본금
EDB	구소련 지역 (Subregional Development Bank)	6개국	2006	70억 달러
ADB	아시아 지역 (Regional Development Bank)	67개국	1966	1,637억 달러
EBRD	동유럽, 구소련 사회주의권 (Regional Development Bank)	64개국	1991	300억 유로
IsDB	중동, 중앙아시아, 동남아시아 이슬람 지역	56개국	1975	330억 달러

자료: 각 개발은행 홈페이지

편이다. 설립연도에서도 ADB가 가장 먼저 설립되었으며, EBRD는 동유럽 사회주의권 붕괴와 소련 해체를 계기로 1991년 설립되었고, 유라시아개발은행은 가장 최근에 설립되었다.

　이외에도 하위지역 차원에서는 유라시아 개발은행이 설립되어 활동하고 있으며, 개별 국가차원에서도 '카자흐스탄 개발은행Development Bank of Kazakhstan'이 설립되었다. '카자흐스탄 개발은행'은 2000년 카자흐스탄 국내의 필요성에 따라 대통령령으로 설립되어 공공투자 확대, 산업 인프라 및 생산 확대, 외국인 투자 유치 등을 주요 활동으로 하고 있다(*Development strategy of* 〈*Development Bank of Kazakhstan*〉 *JSC for 2014-2023*, 2014, Development Bank of Kazakhstan). 이미 2008년에 설립된 러시아 개발은행Bank for Development은 정부 예산, 중앙은행과 국부펀드 자금을 통해 국가차원의 개발은행 역할을 하고 있다.

III. 유라시아개발은행의 활동의 특징과 기존 개발은행과의 비교

1. 유라시아개발은행의 활동과 특징

중앙아시아가 포함된 유라시아 지역에서도 자체적으로 개발은행의 필요성을 인식하

고 유라시아개발은행이 설립되었다. 기존에 다자개발은행들에 의해 다수의 프로젝트
가 추진되고 있으나 전체 개발수요에 비해서는 지원되는 규모는 크게 부족한 상황이
다. ADB의 평가에 따르면 아시아지역 전체적으로 연간 8,000억 달러의 투자 수요가
있는 것으로 평가된다. 그러나 아시아 전체에서 매년 약 1,200억 달러의 인프라 투자
가 이루어지고 있을 뿐이다. 민간자본의 비중이 약 50%, 정부 재정의 비중이 약 40%,
외부 공여자금의 비중이 약 10%로 추정되고 있다(ADB, 2010). 'Estimating Demand
for Infrastructure in Energy, Transport, Telecommunications, Water and Sanitation
in Asia and the Pacific: 2010-2020', 2010, *Working Paper Series* no. 248, p.13.이
가운데 외부 공여자금 가운데는 ADB가 절반가량을 담당하고 있다(최필수, 2015; 임
호열 외, 2015). 이러한 상황에서 기존의 투자자금 부족과 새로운 투자 수요 확대에
따른 개발은행의 설립과 투자 확대가 필요하다고 할 수 있으며, 지역 차원에서의 개
발은행 설립이 추진되었다.

유라시아개발은행은 2006년에 러시아와 카자흐스탄의 주도로 설립되었으며, 이후
벨라루스, 타지키스탄, 아르메니아, 키르기즈가 가입하여 회원국은 6개국[6]으로 구성
되어 있다.[7] 유라시아개발은행은 역내에서 설립된 은행으로 아시아 개발은행이나 유
럽부흥개발은행 등 다른 개발은행과 차이가 있다. 무엇보다 지역 경제협력체인 유라
시아경제연합EAEU과 긴밀한 연관관계를 가지고 있다는 특징을 가진다.

유라시아개발은행의 자본금은 70억 달러이며, 이 가운데 납입자본금이 15억 1,600
만 달러이며, 55억 달러는 납입 가능한 자본이다. 국가별 지분 구조는 러시아. 카자
흐스탄, 벨라루스, 타지키스탄 순이다. 현재 러시아의 자본금이 46억 1,799만 달러로
65.97%, 카자흐스탄이 23억 927만 달러로 32.99%, 벨라루스 6,929만 달러로 0.99%,
타지키스탄 214만 달러로 0.03%, 아르메니아와 키르기즈가 각 64만 8,000 달러로
0.01%씩의 지분을 보유하고 있다. 유라시아개발은행은 투자 자금을 확보하기 위해
유로채권 발행, 지역 시장 채권, 은행간 대출 등을 활용한다. 2015년 7월 기준으로 금

---

6 유라시아개발은행은 아르메니아, 벨라루스, 카자흐스탄, 키르기즈, 러시아, 타지키스탄 6개국
   이 회원국이며, 이 지역은 전체 면적 2,040만 *km²*의 면적과 1억 8,700만 명의 인구가 거주하고
   있다.

7 유라시아개발은행의 본부는 알마티에 있으며, 지부는 페테르부르그에 있고, 아스타나, 비쉬
   켁, 두샨베, 민스크, 모스크바, 예레반에 대표사무소가 있다.

융시장에서 대출한 자금은 모두 23억 달러에 이른다. 이 가운데는 러시아 금융시장에서의 루블화 채권(50억 루블), 카자흐스탄에서의 텡게화 채권(400억 텡게) 발행이 포함되어 있다.[8]

물론 기존의 개발은행들에 비해 자본금이나 투자규모는 적은 규모이지만, 중앙아시아 국가들이 자체적으로 운영하는 유라시아개발은행의 운영 방향은 유라시아 경제연합의 추진과 관련하여 주목된다고 할 수 있다.

유라시아개발은행의 설립목표는 크게 역내 경제발전을 지원하는 것과 역내 통합을 지원하는 것으로 구분된다. 개발은행은 경제발전을 위해 자금 지원을 통해 역내에서 각 국가들의 주요 프로젝트를 추진하거나, 상업은행에 대한 금융지원을 통해 기업들에 대한 지원을 한다.

또한 유라시아개발은행은 금융차원에서 통합을 지원하는 역할을 수행하며, 역내 경제통합을 주요한 사업으로 고려하고 있다. 유라시아 경제연합은 2016년 의약, 의료분야의 단일시장, 2019년까지 전력 부문의 단일시장, 2022년까지 유라시아 경제연합내의 단일 금융조정, 2025년 석유, 가스 및 관련 제품의 단일 시장을 추진하고 있다(EDB. 2016). 이러한 통합과정에서 금융 부문은 큰 역할을 한다. 의약, 의료 부문의 단일시장을 형성하기 위해서는 관련 분야의 제조업이 경쟁력을 가져야 하며, 이것은 금융 지원을 필요로 한다. 또한 전력 부문의 단일 시장 형성에는 변전소, 송전망 등 인프라 건설이 필요하고 이러한 사업에도 금융 지원이 뒷받침 되어야 한다.

이와 함께 유라시아개발은행의 관련 조직인 '유라시아 안정화 및 발전기금EFSD'을 통해 금융위기 상황에 있는 회원국들을 지원하는 역할을 하고 있다. 이처럼 유라시아개발은행의 활동을 통해 유라시아 경제연합이 주도하는 경제통합을 지원하는 금융기관의 역할을 하고 있다.

이처럼 유라시아개발은행의 활동은 역내 개발과 경제발전을 위한 역내 인프라 투자 지원과 경제협력 확대를 위한 활동으로 구분할 수 있다. 첫째, 무엇보다 인프라 개발은 유라시아개발은행의 주요한 지원 분야이다. 유라시아개발은행이 추진하는 인프라 개발 프로젝트는 몇 몇 분야들에 집중되어 있는데, 주요 분야들은 에너지, 운송, 무역 원활화 등이다. 유라시아 국가들은 개별국가차원에서도 철도, 도로, 에너지 수

---

8 현재 유라시아개발은행의 신용등급은 러시아, 카자흐스탄 등 회원국들의 신용등급이 높지 않아 S&P는 BBB-, 무디스는 Baa1, OECD 4등급으로 그다지 높은 등급을 받고 있지 못하다.

송로 등의 인프라 건설이 필요하며, 다른 국가들과 연결되는 대규모 국제운송로 건설
이 필요하기도 하다. 이에 따라 에너지와 운송 인프라 건설이 주요 투자분야이며, 에
너지 분야에 전체 투자의 24%, 운송 인프라에 34%가 이루어진다. 에너지 부문에서
유라시아 에너지 수출국들은 수출통로의 건설이 절대적으로 필요하며, 에너지 수입
국으로서는 안정적인 수입로를 확보하는 것이 필요하다. 동시에 에너지 효율화를 위
한 기술, 대체에너지 개발 등에서 공통의 이해관계를 가지고 있다. 유라시아개발은행
은 이러한 에너지 관련 인프라 사업을 지원하고 있으며, 이외에도 농업, 광물 등의 인
프라 건설부문에 지원을 하고 있다.

개발은행은 2016년 7월 기준으로 모두 47억 4,500만 달러를 투자하였으며, 현
재 집행되고 있는 투자규모는 21억 달러이다. 전체 투자 프로젝트는 모두 60여 개이
며, 6개 회원국들에서 이루어지고 있다. 산업별 투자를 구체적으로 살펴보면, 2016
년 7월 1일 기준으로 에너지 부문이 28.8%, 운송 부문이 19%, 금융 13.6%, 기계제작
11%, 금속 부문이 9.5%, 인프라 부문이 6.1%, 광물 부문이 4.4% 등이다. 국가별로
는 카자흐스탄이 가장 많은 39.4%, 러시아가 32.8%, 벨라루스가 24.2%, 아르메니아
1.1%, 타지키스탄 0.4%, 키르기즈 0.3% 등이다.[9]

주요 투자에는 카자흐스탄의 에키바즈투스 화력발전소 건설과 보가티르 코미르
석탄공장 기계 및 설비 구입, 러시아의 티흐반 화물 철도차량 공장과 서부 고속도로
건설, 벨라루스의 철강 압연공장 건설과 폴로츠크 수력발전소 건설 등이 있다.

두 번째, 유라시아개발은행은 지역에서의 경제 협력과 통합을 주요한 목적으로 하
고 있다. 통합 효과 평가에서는 금융지원을 통한 두 국가들의 교역, 투자 증대를 고려
하고 있다. 유라시아개발은행에서 추진하고 있는 프로젝트들을 통해 은행은 지역통
합에 기여하고 있는 정도를 평가한다. 역내 지역통합 기여도 평가는 은행의 프로젝트
를 통해 발생한 역내국가들 간의 교역, 투자 규모를 통해 평가한다. 예컨대 이러한 교
역의 통합기여도 평가에서는 역내 국가들 간의 원료, 최종생산품, 장비 거래 등이 포
함된다.

2014년의 평가에 따르면, 유라시아개발은행의 전체 투자에서 지역통합과 관련된
프로젝트의 비중이 49.42%에 이르는 것으로 평가되고 있다. 은행은 2017년까지 은
행의 투자에서 통합효과를 가지는 투자의 비중을 50%로 높일 계획이다. 개별은행의

---

9 www.eabr.org/about/staus(검색일: 2016.07.01)

역내 국가 간 경제협력의 역할에 있어서는 몇 가지 사례를 들 수 있을 것이다. 첫 번째 사례는 에너지 부문의 협력이다. 2010년에 유라시아개발은행과 러시아의 대외경제은행이 공동으로 7억 7,000만 달러를 15년 동안 융자하여 '에키바스투즈 발전소' 건설을 지원하기로 하였다. 이를 통해 러시아 우랄과 시베리아 지역에도 전력을 공급할 수 있을 것으로 고려하고 있다. 국경을 통과하는 에너지 협력과 동시에 유라시아개발은행과 개별국가 은행의 협력이라는 금융협력도 추진하고 있다.

두 번째 사례는 에너지 협력과 설비협력이 동시에 추진된 경우이다. 유라시아개발은행은 2011년 카자흐스탄 '보가티르 코미르'에 5,000만 달러를 투자하였다. 향후 러시아로의 석탄 수출 증가로 양국의 석탄 교역이 연간 3,000만 달러까지 늘어날 수 있을 것으로 전망하고 있다. 카자흐스탄은 석탄 생산을 위한 설비는 러시아에서 대부분 수입하였으며, 이를 통해 협력이 성과를 거두었다.

이와 같이 유라시아개발은행은 주로 러시아와 카자흐스탄의 협력 사업에 투자하고 있다. 이것은 두 국가의 산업이 다른 국가들에 비해 상대적으로 발달하여 상호 협력 사업을 추진하기가 용이하기 때문이다.

지역 통합과 관련하여 은행은 기술지원펀드TAF를 2008년 설립하였다. 현재 이 펀드는 60개 프로젝트에 657만 달러를 지원하고 있다. 지원 분야는 투자 프로젝트에 대한 금융 지원 52%, 통합 연구 지원 30%, 경제혁신 지원 10%, 지역 간 및 국제간 프로그램 지원 8%로 구분된다.

연구 부문도 유라시아개발은행의 활동 가운데 포함된다. 특히, 유라시아경제통합에 대한 연구 분야는 은행의 주요 사업 가운데 하나이다. 현재 은행 내 '통합연구센터'에서 각국 정부 관계자, 학자들과 함께 거시 경제 분석 모델, 유라시아 교역 및 투자 현황, 인프라, 이주 노동, 지역통합에 대한 여론 등에 대한 연구를 수행하고 있다. 이외에도 유라시아개발은행은 프로젝트 추진을 통해 시장경제발전, 산업 생산증대, 고용 확대 등을 지원하고 있다.

유라시아개발은행은 그동안의 3개년 개발 목표, 5개년 개발 목표를 세우고 추진해왔다. EDB의 2011-2013년 추진 목표들은 2012년 말 달성된 것으로 평가되고 있다. 2013년 말까지 43억 달러의 투자를 목표로 하였으나, 2012년 말 이미 46억 달러의 투자를 기록하였다(EDB. 2014). 현재는 2014년 8월에 승인된 2013-2017년 전략이 추진되고 있다. 이 기간 동안 교통인프라, 전력 및 에너지 효율, 통신인프라, 금융 등이 주요 투자 부문으로 고려되고 있다. 2016년 5월 운영위원회는 최근의 국제유가 하락에 따른 대외경제환경 변동요인을 반영하여, 2013-2017년의 전략을 새롭게 수정하였다. 수정 전략에서는 역내통합을 위한 프로젝트 추진을 늘리고 투자 규모를 현재의 21억 달러에서 33억 달러로 확대하는 것이 반영되었다.[10] 이처럼 유라시아개발은행은 크게 투자 프로젝트에 대한 지원과 금융지원을 하고 있으며, 이를 통해 인프라 발전과 지역경제협력을 추구하고 있다.

2. 유라시아 안정화 발전기금의 활동과 특징

중앙아시아 국가들의 경제는 세계 경제 변동, 국제금융시장의 변동에 크게 영향을 받는 취약한 경제구조를 가지고 있다. 또한 상호경제현황에 영향을 주고 받기도 한다. 카자흐스탄, 투르크메니스탄, 우즈베키스탄은 에너지 자원 수출국으로 국제에너지 시장의 영향을 크게 받으며, 키르기즈와 타지키스탄은 러시아와 카자흐스탄의 경제에 직접, 간접적으로 영향을 받는다. 최근 국제에너지 가격의 하락과 이에 따른 러시아 경제의 침체 등으로 중앙아시아 국가들의 경제성장률이 크게 하락하였다. 또한 재정수지는 적자로 전환되거나, GDP 대비 적자 비율이 높아지고 있고, 수출 규모도 크게 감소하고 있다(조영관, 2016b). 이러한 경제침체로 인해 각 국의 환율과 소비자물가상승률은 급격히 상승하였으며, 실업률도 높아지고 있다.

　이러한 경제적 상황에서 IMF, ADB 등 국제기구들이나 중국 등과 같은 국가로부터 지원을 받아왔다. 따라서 내부적으로 금융위기를 방지할 수 있는 기금의 설립은 매우 큰 의미를 갖는다. 이런 배경에서 회원 국가들에게 위기 대응자금을 지원하는 지역금융조정기구RFAs: Regional Finanacial Arrangement인 '유라시아 안정화 및 발전기금 EFSD: Eurasian Fund Stabilization Development'이 설립되었다(Sergey shatalov, 2013).

　EDB의 여섯개 회원국은 산하에 85억 달러 규모의 '유라시아 안정화 및 발전 기금'을 조성했다. EDB는 EFSD의 전문가 회의, 이사회에 안건을 제안하고, 펀드를 운영하며 자산을 관리하는 역할을 한다. 각 국가별로 출자 금액은 러시아 75억 달러, 카자흐스탄 10억 달러, 벨라루스 1,000만 달러이며, 아르메니아, 키르기즈, 타지키스탄이 각 100만 달러씩이다. 이 출자금의 10%는 달러나 유로로 현금으로 납입하며, 90%는

10　www.eabr.org 24 May 2016(검색일: 2016.07.01)

어음으로 납입하게 된다. 납입 자본 규모는 전체 30억 5,800만 달러이며, 이 가운데 러시아의 지분이 83.65%, 카자흐스탄이 16.25% 다른 국가들이 0.1%이다.

EFSD는 각 국가들의 재무부 장관이 참여하는 이사회가 의사결정권을 가지고 있다. 또한 각국의 재무부 국장으로 구성된 전문가 위원회가 이사회에서 논의될 프로젝트에 대한 사전 평가를 하게 된다. 이를 토대로 이사회에 추진 안건을 제안한다(EDB, 2016).

EFSD는 금융지원과 투자대출이라는 두 가지 방법으로 금융 지원을 하고 있다. 금융지원은 각 국가들의 대내외 경제충격에 대응하기 위한 안정화 프로그램을 지원하기 위한 것으로 각 국의 예산이나 경상수지 개선을 위해 자금이 지원된다. 또한 회원국들 간의 금융 및 경제협력을 위해서도 지원이 이루어진다.

금융지원은 회원국에 대해 지원이 되며, 〈표 5〉와 같이 소득수준으로 저소득국가와 중진국으로 구분되어 지원조건이 달라진다. 지원조건으로는 기존에 기금이나 다른 회원국, 국제금융기구들에 대한 연체가 없으며, 최소 대출 금액은 1,000만 달러이다.[11]

투자대출은 〈표 6〉에서 나타나듯이 회원국가나 국가 간 투자 프로젝트를 추진하는 기업을 대상으로 지원이 이루어진다. 투자대출에서는 기존의 금융시장에서 프로젝트에 대한 투자가 어려운 프로젝트에 대해 대출이 이루어진다.

투자대출은 몇 가지 특징이 있다. 회원국 정부나 기업이 추진하는 장기 경제 안정에 기여할 수 있는 대형프로젝트에 대해 지원되며, 기금은 회원국가에게는 15년, 기업에게는 10년 대출이 이루어지며, 프로젝트 투자액의 20% 이상에 대해 대응투자를 의무화하고 있다.

또한 ESFD의 국가별 지원 상한은 일인당 GNI에 따른 비율에 따라 정해져 있다. 러시아는 기금의 37%인 31억 4,980만 달러, 카자흐스탄은 기금의 24%인 20억 4310만 달러, 벨라루스는 21%인 17억 8,780만 달러를 지원할 수 있다. 아르메니아는 13%인 11억 670만 달러, 키르기즈는 3%인 2억 5,540만 달러, 타지키스탄는 2%인 1억 7,030만 달러이다(EFSD, 2014). 이 한도는 다른 회원국가로 재배정이 가능하며, 러시아는 자신의 한도 12억 달러를 벨라루스에 대해 재배정하기도 하였다.

2014년 말까지 〈표 7〉에서와 같이 벨라루스와 타지키스탄에 대한 금융지원과 키

---

11 http://efsd.eabr.org/e/projects_acf_e(검색일: 2016.06.21)

표 5　EFSD의 금융지원 조건

	저소득국	중진국
이자율	1~3%	리보
상환만기	20년	10년
유예기간	최대 5년	
지원기간	최대 3년	

자료: EFSD. 2016.

표 6　EFSD의 투자대출 조건

	회원국	프로젝트 추진 기업
이자율	러시아와 카자흐스탄 지원비용에 따라 변동	
선취 수수료	최대 1%	
약정 수수료	0.5%	
상환만기	최대 15년	최대 10년
유예기간	최대 5년	
대응자금비율	프로젝트 비용의 20% 이상	

자료: EFSD. 2016.

표 7　추진되고 있는 금융 지원

프로젝트	국가	부문	단계	금액 (단위: 백 만 달러)
사회지출에 대한 예산지원	타지키스탄	예산지원	완료	70
경상수지 안정을 위한 금융지원	벨라루스	예산지원	지원단계	2,560
대출	아르메니아	예산지원	서명	300
대출	타지키스탄	예산지원	서명	40

자료: http://efsd.eabr.org/e/projects_acf_e(검색일: 2016.06.21)

르기즈에 대한 투자대출이 이루어졌다. 2011년 7월 벨라루스의 안정화 프로그램으로 경상수지 균형과 외환보유고 확충을 위해 지원이 결정되었다. 2014년까지 아르메니아(5건)와 키르기즈(2건)에 4억 5,000만 달러의 투자대출이 이루어졌으며, 추가로 〈표 8〉과 같이 키르기즈에 대한 세 건의 프로젝트와 아르메니아에 대한 한 건의 프로젝트가 사전 승인되었다. 이에 따라 3년 거치 기간을 포함한 10년 동안 상환조건으로 25억 6,000만 달러가 지원되었다. 2014년 말까지 국가별 금융지원이나 투자대출 비중은 벨라루스 83%, 키르기즈 8%, 아르메니아 6%, 타지키스탄 2%이다(EFSD, 2014). 이 프로젝트들은 해당 국가들에서 새로운 고용창조와 국가들간의 운송망 연

프로젝트	국가	부문	단계	금액
비쉬켓-오쉬 도로 개축	키르기즈	운송 인프라	서명	60
키르기즈 농기계 공급	키르기즈	농업	서명	20
북-남 도로 건설	아르메니아	운송 인프라	서명	150
관개시설 현대화	아르메니아	농업	서명	40
톡토굴(Toktogul) 수력발전소	키르기즈	에너지 인프라	서명	100
캄바라타(Kambarata) 수력발전소	키르기즈	에너지 인프라	사전 합의서 서명	80
키르기즈 농산물 수출 인프라	키르기즈	물류	사전 합의서 서명	25
마스터라(Mastara) 저수지 건설	아르메니아	농업	사전 합의서 서명	25

자료: EFSD, 2015.

결 및 물류 활성화, 역내 교역 활성화, 노동생산성 향상, 농업 수출 확대, 빈곤감소, 에너지 안보 향상 등에 초점을 둔 것이다.

2015년 12월 31일 기준으로 모두 62개 프로젝트에 대해 집행되고 있는 투자 금액은 22억 달러이며, 전체 누적 투자액은 45억 달러이다.

이와 함께 EFSD는 회원국가들에 대해 보조금을 지급하고 있다. 보조금은 교육, 보건, 거버넌스, 사회 안전 등의 분야에 대해 50만 달러에서 500만 달러까지 지급된다. EFSD는 여러 세계 국제금융기관들과 협력하고 있다. 국제금융기관들 간의 공동, 협력 금융 지원이 추세이며, 이에 따라 2014년에는 ADB와 2건의 프로젝트를 공동 지원하기로 합의하였다.

EDB는 다른 다자개발은행들의 안정화 기금이 보다 독자적인 운영체계를 가지고 있는 것에 비해, EFSD의 금융지원이나 투자대출을 심사하여 승인하고, 지원 금액의 집행을 감시하고, 평가하는 밀접한 역할을 하고 있다.

3. 기존의 다자개발은행과의 비교

중앙아시아 지역에는 여러 다자개발은행들이 수 십년 동안 활동하고 있다. 따라서 중앙아시아 지역에서 기존에 적극적인 활동을 추진해온 세계은행, ADB, EBRD 등 다자개발은행들 간의 역할, 기능, 개발 프로젝트 추진 등을 비교할 수 있다.

세계은행은 국가 경쟁력 향상과 발전을 주요 지원 분야로 하고 있다. 이를 위해 중소기업 발전, 도로 건설 등을 비롯한 인프라 부문과 농업 부문을 지원하고 있다. 주로 중소기업은 카자흐스탄, 인프라 건설은 우즈베키스탄, 농업 부문은 키르기즈, 타지키스탄, 우즈베키스탄을 대상을 지원되고 있다.

세계은행 그룹은 IBRD, IDA, IFC, MIGA, ICSID 등 다섯 개의 기구로 구성되어 있다. 이 가운데 신흥국을 대상으로 장기개발 자금을 지원하는 국제부흥개발은행IBRD와 개도국대상 양허성 자금을 지원하는 국제개발협회IDA가 중앙아시아 지역에서 주로 활동을 하고 있다. IBRD는 경제개발차관, 협조융자, 지급보증, 자문서비스 등을 제공하고 있는데, 경제개발 차관 지원대상은 1인당 GNI 7,035 달러(2012년 기준) 이하인 100여 개 국가이다. IBRD 차관에는 장기개발 프로젝트에 대한 융자인 '투자차관'이 있으며, 정책이나 제도 개혁 목적의 단기지원 자금인 '개발정책차관'이 있는데, 투자차관의 비중이 70-80%로 높다. IDA는 1인당 GNI 1,195 달러 이하의 개도국에 장기 무이자로 개발자금을 융자 또는 무상으로 공여하는 것을 주 업무로 한다. 상환조건은 10년 거치에 융자기간 20-40년이다. 이외에도 개발도상국의 민간 기업에 대한 투자 및 융자를 담당하는 IFC도 활동하고 있다.

특징적으로 EBRD는 동유럽 국가들을 효율적으로 지원하기 위해 설립된 개발금융기관이다. 이에 따라 기존의 다자개발은행들과 달리 다소 정치적 성격을 가지고 있다. 체제전환국가들의 개발금융을 지원하고 있으며, EBRD의 지원을 통해 해당 국가들의 시장 자본주의 형성을 촉진하고자 한다. 따라서 국영기업의 사유화, 정부 소유 기업의 구조조정 등 민간부문 확대에 대해 지원이 이루어지고 있다.

EBRD는 체제전환이 완료된 국가들과 체제전환이 추진되고 있는 나라들을 구분하고 있다. 체제전환이 완료된 국가들에는 동유럽의 국가들이 포함되며, 체제전환이 추진되고 있는 나라들은 러시아와 CIS 국가들이 포함된다. 중앙아시아 국가들도 여기에 포함된다. EBRD 프로젝트에는 회원국 이외 국가들의 기업들도 참여가 가능하며, 대출이나 투자, 지급보증 등을 통해 기업을 지원한다(R. Faure, A. Prizzon and A. Rogerson, 2015).

EBRD는 유라시아 지역에서 러시아가 주요 지원국이며, 2014년 기준 러시아에 대한 사업 비중이 누적기준으로 18%이다. 2015년 러시아에 대한 제재로 인해 터키, 중앙아시아 등에 대한 지원을 주로 하였다.

아시아개발은행은 인프라 건설에 대한 투자에 집중하고 있으며, 인프라 투자가 전체 투자의 62%를 차지하고 있다. 전체 아시아 지역에 대한 투자 가운데 서남아시아가 31%, 남아시아가 29%, 중앙아시아와 서아시아 지역이 차지하는 비중이 23%, 동아시아 13%이다(R. Faure, A. Prizzon and A. Rogerson, 2015).

아시아개발은행은 CAREC이라는 하위 프로그램을 통해 적극적으로 중앙아시아 지역에 투자하고 있다. CAREC은 중앙아시아, 몽골 지역의 투자를 위해 추진되고 있으며, 10개 국가와 5개 국제금융기구가 참여하고 있다. 국제금융기구에는 세계은행, EBRD, IMF, IDB, UNDP 등이 포함되어 있다. ADB가 주도적인 역할을 하며, 사무국의 기능을 하고 있으며, 점차로 중국의 영향력이 확대되고 있다. 최근에는 CAREC Institute가 중국의 우르무치에 본부를 두는 것이 결정되기도 하였다.

이슬람 개발은행IsDB은 1993년 키르기즈, 1994년 투르크메니스탄, 1995년 카자흐스탄, 1996년 타지키스탄, 2003년 우즈베키스탄이 가입하였다. 이슬람 개발은행은 주로 사우디아라비아와 쿠웨이트의 자본을 위주로 운영되고 있으며, 다른 개발은행들인 세계은행, EBRD, 아시아 개발은행 등과 유사한 인프라 프로젝트 지원, 사회개발지원 등의 기능을 한다. 신흥국을 대상으로 투자를 하고 그것에 대한 이익을 회수하지만, 이슬람 금융에 기반한 샤리아 원칙에 따른다. IsDB는 이슬람 국가들 간의 통신, 교통 발전을 추진하고 있으며, 대부분 도로, 통신, 항공, 운하 등 인프라 건설을 위주로 지원을 하며, 학교, 병원, 농업 등 사회 개발에 지원활동을 한다.

IsDB는 산하에 여러 특화된 기관을 포함하고 있으며, 중앙아시아 5개국은 모두 '이슬람 민간 개발기업ICD'에 가입해 있다. ICD는 중소기업 발전을 위해 민간 부문에 투자하는 역할을 하고 있다. 또한 카자흐스탄이 가입하고 있는 '이슬람 투자보험사와 수출 금융ICEIC'는 국가나 국영대기업이 수출 전략을 세우는 것을 지원하고 샤리아 법에 따른 보험 제공을 한다.

EDB는 이러한 개발은행들과 차별성을 가진다. 중앙아시아 지역 역내 주도로 설립된 것과 개발은행이 역내 국가들 간의 협력을 추진하고 있으며 역내 사회, 경제 발전에서 주도적인 역할을 수행하고 있는 것이 특징이다. 다만 단점으로는 자금 동원력 측면에서 다른 다자개발은행과는 큰 차이가 있으며, 이에 따라 사업 추진이 지역 국가들의 경제상황에 따라 크게 변동될 가능성이 있다는 것이다. 더구나 유라시아개발은행을 주도하고 있는 러시아와 카자흐스탄은 에너지 부문이 경제에서 큰 비중을 차지하고 있으므로 유라시아개발은행의 신용등급이나 자금 조달이 국제에너지 가격의 변동과 이에 따른 두 국가들의 경제변동에 큰 영향을 받는다. 따라서 소규모 프로젝트에 대한 독자적 사업 추진과 함께 대규모 인프라 사업에서는 다른 다자개발은행들과의 협력을 통해 프로젝트를 추진할 필요가 있다.

표 9 중앙아시아 프로젝트 추진 개발은행의 주요 사업 부문과 국가

	주요 특징적인 추진 분야	관련 프로젝트	중앙아시아내 주요 추진 국가	최대 투자지역	특징
세계은행	수력 발전	CAEWDP (Central Asia Energy Development Program)	카자흐스탄 (IBRD), 우즈베키스탄 (IDC)	아프리카 26%	사회인프라에 대한 투자 우선 (IBRD 46%, IDA 40%) 산하의 여러 기구가 프로젝트, 금융지원 등을 각각 지원
	노동이주	MiRPAL			
EBRD	농업		카자흐스탄	러시아 18%	시장경제정착 지원, 국가별 3개년 발전계획 수립
	중소기업				
ADB	인프라 (교통, 물류, 에너지)	CAREC	우즈베키스탄	동남아시아 31%	인프라 건설에 62% 투자. 국가별 5개년 발전계획 수립
	중소기업				
IsDB	농업, 교육, 보건		우즈베키스탄	이집트 19%, 방글라데쉬 17%	'이슬람 금융' 원칙 적용
	인프라				
EDB	인프라		카자흐스탄, 키르기즈, 타지키스탄 등 회원국	러시아, 카자흐스탄	중앙아시아 및 러시아 통합 지원, 유라시아 경제연합 지원
	산업				

자료: 각 개별은행 홈페이지 자료 참고하여 저자 작성

IV. 결론

향후 중앙아시아 지역에는 AIIB가 새로운 다자개발은행으로 투자를 추진할 것으로 예상된다. AIIB에는 중앙아시아 국가들에서 투르크메니스탄을 제외한 카자흐스탄, 우즈베키스탄, 키르기즈가 57개 창립회원국에 참여하고 있으며, 2016년 1월 정식으로 출범하였다. 중국이 가장 많은 지분을 보유한 AIIB는 중국의 정책이 반영될 가능성이 크며, 중국이 추진하고 있는 일대일로와 관련하여, 중앙아시아 지역에 대한 인프라 부문에 많은 투자가 이루어질 가능성이 높다.

이러한 새로운 대규모 다자개발은행의 설립으로 중앙아시아 지역을 대상으로 인프라 건설이 더욱 활발하게 추진될 것으로 예상되며, 이는 중앙아시아 지역의 경제발전과 지역 국가들 간의 협력에 큰 영향을 줄 것으로 예상된다.

또한 브릭스 국가들이 설립한 NDB도 향후 이 지역에 투자를 할 수 있을 것이다. 이외에도 지역개발은행으로 기능하고 있는 이슬람개발은행과 중앙아시아 국가들이 가입해 있는 상하이협력기구SCO내의 은행위원회도 향후 중앙아시아 지역에서 활발한 프로젝트 투자를 추진할 가능성이 높다.

이처럼 중앙아시아 지역을 둘러싼 다양한 개발은행들의 인프라 투자가 활발하게 추진될 것으로 전망되는 가운데, 유라시아 경제연합을 추진하며, 중앙아시아 지역과 러시아의 통합을 이루고자 하는 목적을 가지고 있는 유라시아개발은행의 역할과 발전이 주목된다.

유라시아개발은행은 프로젝트 추진과 금융지원을 주요 사업으로 하고 있다. 프로젝트 부문에서는 역내 에너지, 운송, 무역 협력을 주요한 핵심 프로젝트로 추진하고 있다. 기존에 중앙아시아 지역에 세계은행, EBRD, ADB, IsDB 등의 다자개발은행들이 활동하고 투자하는 상황에서도 중앙아시아 개발을 위한 금융지원은 수요에 비해 크게 부족한 것으로 평가되고 있다. 반면 새로운 운송로, 에너지 수송로 건설 수요는 높아지는 추세이다. 이에 따라 개발은행의 역할은 더욱 확대될 것으로 전망된다. 이런 상황에서 역내 국가들의 주도로 설립된 유라시아개발은행은 다른 다자개발은행들과 차별되는 특징적인 요소들을 가지고 있다. 무엇보다 지역 국가들 차원에서 실질적으로 필요로 하는 우선 추진 분야를 선정할 수 있으며, 유라시아경제연합과 연계하여 각 국가들의 통합에 영향을 줄 수 있는 사업을 추진할 수 있다는 특징을 가진다.

기존에 중앙아시아 지역에 투자프로젝트를 추진하고 있던 ADB에서 일본의 영향력이 크고, CAREC 프로젝트에서도 일본과 중국의 영향력이 강하며, 유럽부흥개발은행에서는 유럽의 영향력이 강한 반면, EDB는 지역내 국가들의 영향력이 크고 각 국가들 간의 협력을 통해 회원국들이 보다 주도적으로 프로젝트 추진에 참여할 수 있는 가능성이 확보되었다는 점에서 긍정적이라고 할 수 있다.

반면 아직까지는 참여국이 많지 않고 자본금 규모가 크지 않으며, 주요 주도국들이 에너지 의존형 경제구조를 보유하고 있으므로 유라시아개발은행의 투자 활동도 국제에너지 가격의 변동에 영향을 받는다는 점은 취약한 요소이다. 또한 유라시아개발은행에는 유라시아 경제연합을 추진하는 러시아의 영향력이 매우 크다고 할 수 있을 것이며, 이는 어떤 측면에서는 경제규모가 작은 참여국가에게는 불리한 요소라고 할 수 있을 것이다. 또한 지역 협력을 강화하기 위해 추진되는 국가 간 산업협력은 지역 통합에 긍정적인 영향을 줄 수 있을 것으로 전망되지만, 국가 간 산업 격차로 인해 모든 국가들이 산업협력에 참여하기에는 다소 시간이 걸릴 수도 있을 것이다. 이러한 점에서 유라시아개발은행의 역내 통합을 위한 활동은 단기간에 성과를 거두기보다 중장기적인 차원에서 성과를 거둘 가능성이 높은 것으로 전망된다.

또한 향후 다른 주요 개발은행들이 새롭게 출범하며, 활동을 확대하는 상황에서 기존에 중앙아시아에서 다양한 사업을 추진하고 있는 다른 다자개발은행과의 협력 사업이 중요한 의미가 있을 것이다. 유라시아개발은행은 이미 ADB와 협력 사업을 추진하고 있으며, 2013-2017년 사업전략을 통해 AIIB, NDB 와의 협력을 추진할 계획이기도 하다. 따라서 이러한 다자개발은행들과의 협력 프로젝트의 성사여부가 향후 유라시아개발은행의 발전에도 영향을 줄 것으로 전망된다.

참고문헌

임호열 외. 2015. "AIIB 추진 현황과 한국의 대응방안." 『KIEP 오늘의 세계경제』, (4월 27일). 15(12) 6.

조영관. 2016a. "AIIB 출범과 한 · 중앙아시아 인프라 협력." 『한국수출입은행』 (4월).

조영관. 2016b. "CIS 에너지 수출국들의 경기침체 대응 산업정책 동향과 시사점." (5월).

최필수. 2015. "AIIB 설립과 동북아 개발금융." 『한국사회과학연구』13-1, 154.

건설경제.2016 (10월 14일)

ADB. 2010. "Estimating Demand for Infrastructure in Energy, Transport, Telecommunications, Water and Sanitation in Asia and the Pacific: 2010-2020", *Working Paper Series* 248, 13-15.

Safarov, Azer M. 2015. "On the Significance of Development Banks in the Economies of Post-Soviet Countries," *Review of European studies* 7/10.

Bhattacharay, Biswa Nath. 2010. "Estimating Demand for Infrastructure in Energy, Transport, Telecommunications, Water and Sanitation in Asia and the

Pacific: 2010-20", *Working Paper Series* 248, 12. ADBI.

CER. 2015. *Social policy for economic transformation on social sustainability.*

Development Bank of Kazakhstan. 2014. *Development strategy of ⟨Development Bank of Kazakhstan⟩ JSC for 2014-2023.*

EDB. 2015. Annual Report.

EDB. 2016. *Eurasian economic integration.* April.

EDB. 2014. *Strategy of Eurasian development bank for 2013-2017.4-8.*

EFSD. 2014. Annual Report. 6.

EFSD. 2015. *Financial Statements.* December.

Faure R, Prizzon A, Rogerson A. 2015. *Multilateral development banks.* December. ODI.

Shatalov S. I. 2012. "Regional Financial Cooperation in Eurasia: the EurAsEC Anti-Crisis Fund," May 21.

Shatalov S. 2013. *RFATs as tools for policy coordination in economic unions,* G20 Seoul conference.

State Committee of Statistics in Uzbekistan.

World Bank, 2016, *Logistics Performance Index.*

http://www.eabr.org 24 May 2016(검색일: 2016.07.01)

http://www.worldbank.org/eca/caewdp(검색일: 2016.03.24)

http://www.casa-1000.org(검색일: 2016.06.24)

http://www.eabr.org/about/staus(검색일: 2016.07.01)

http://efsd.eabr.org/e/projects_acf_e(검색일: 2016.06.21)

09

푸틴-오바마 시기
러시아-미국 관계와 중앙아시아

윤익중

I. 서론

21세기 중앙아시아 지역은 석유 및 천연가스로 대표되는 에너지 자원의 보고인 동시에 냉전 붕괴 후 복원되고 있는 유라시아 대륙의 육로 교역로를 연결하는 교통, 물류, 통신망 등이 교차하는 지역으로써 전통적인 실크로드 물류의 중심지 지위를 급속히 회복하고 있다. 왜냐하면, 일반적으로 21세기 중앙아시아 지역은 전통적인 '지정학적인geo-political' 가치 뿐 만 아니라 오일달러 유입과 경제성장으로 인한 새로운 구매시장-세계 최대시장으로 성장하고 있는 중국, 인도, 그리고 러시아 등에 둘러 싸여 있으며-등장이라는 '지경학적geo-economic' 가치가 부가되어지고 있기 때문이다.[1]

이 지역에서의 강대국들 간 파워게임을 주목해야 하는 이유는 21세기 새로운 국제질서의 향방을 가늠할 수 있는 척도가 될 수 있기 때문이다. 21세기는 탈냉전 시대 패권적 지위를 유지하였던 미국의 쇠퇴와 신흥 경제대국으로서 중국의 상승과 도전,

---

* 이 글은 『중소연구』 40권 3호(2016)에 게재된 논문 "러시아-미국 관계발전과 중앙아시아 지역 (2012-2015): 푸틴 집권 3기를 중심으로"를 수정·보완한 것입니다.
1 중앙아시아를 둘러싼 일반적인 국제정세의 변동은 홉커크(2008)를 참조할 것.

그리고 과거 소련의 영광을 부활시키려는 러시아 복귀 등 3국이 경쟁하는 다극화 시대로 변해가고 있다. 이 지역은 이들 3국이 자원과 영향력을 놓고 각축전을 벌이면서 다극화 시대의 첫 전략적 각축지가 되고 있다.

결과적으로 21세기 동지역은 러시아와 미국 등 강대국들 간의 새로운 '전략적 공간strategic space'으로 발전하고 있다. 이것은 동지역에서 강대국들 간 '경쟁'-또는 '갈등'-과 '협력'이 반복·지속되어지고 있다는 것을 의미한다. 한편, 중앙아시아 지역의 이러한 대외적인 환경변화는 동지역 국가들에게 새로운 '도전'과 '기회'가 되는 동시에 강대국들을 상대로 한 '등거리 외교' 등을 포함한 다양한 외교적 옵션 등이 제공되어 지고 있는 것을 의미한다.

이러한 변화 속에 21세기 들어 -특히, 2000년 푸틴 대통령의 등장 이후-중앙아시아 지역에 대한 러시아의 외교정책은 전방위적으로 급속히 강화되어지고 있다. 푸틴 집권 이후 동지역에 대한 러시아 연방의 대외정책은 이전 옐친 정권의 그것과는 비교가 안 될 정도로 적극적으로 강화되었다. 이후 2008년 집권한 메드베데프 정권에서도 동지역에 대한 러시아 연방의 대외정책은 이전 푸틴 정권의 연장선상에서 지속적으로 강화되었다(Jackson, 2003). 2012년 5월 출범한 푸틴 집권 3기에서도 러시아 정부는 동지역을 여전히 러시아 대외정책에서 가장 중요한 '핵심적 이익core interests'과 직결되는 '가장 중요한 지역top priority region'이라고 지속적으로 강조하고 있다. 즉, 푸틴 집권 3기에서도 동지역에 대한 러시아 연방의 대외정책은 공세적이며 적극적인 행태를 지속적으로 나타내고 있다.

한편, 21세기 초반 부시정권의 미국은 지정학·지경학적인 이유와-특히, 2001년 911 테러 사태 이후-테러리즘 등에 대항하며 중앙아시아 지역에서 비교적 적극적인 영향력 확대를 추구하였다. 그러나, 이후 부시 이후 2009년 출범한 오바마 정권에서는 미국의 동지역에 대한 정책이 이전 부시정권의 그것과는 분명히 구분되어지는 대외정책을 추구하고 있다. 예를 들면, 미국 오바마 정권이 2014년 말까지 동지역에서 주둔 미군을 철수하며 새로운 전략을 모색하고 있는 것 등은 이전의 동지역에 대한 비교적 공세적이고 적극적인 부시정권의 정책과는 분명히 구별되어지고 있다. 따라서, 적어도 표면적으로 미국 오바마 정권의 외교정책에서 중앙아시아 지역은 유럽이나 아시아 보다 결코 미국 국익 추구의 우선 대상 지역이 아닌 것으로 간주되어 질 수 있다. 이러한 오바마 정권의 동지역에 대한 정책과 우선순위는 러시아 푸틴 집권 3기 러시아의 그것과는 극명히 대비되어진다.

그렇다면, 중앙아시아 지역에 대한 양국 간의 이러한 목적과 중요성의 상이함 속에 21세기 동지역에서 러시아-미국 간 관계발전은 어떻게 이루어지고 있는가? 특히, 동지역에서 푸틴 집권 3기의 러시아와 미국 오바마 정권의 미국은 어떻게 협력하고 충돌하고 있는가?

양자관계 측면에서 볼 때, 일반적으로 동지역에서 최근 러시아-중국 간 관계발전이 러시아-미국 간 관계발전 보다 더 큰 영향을 끼치는 것으로 평가되어진다. 그러나, 동지역에서의 러시아와 미국 간 관계발전은 향후 러시아-중국 관계발전과 미국-중국 관계발전 등에 커다란 영향을 끼칠 수 있는 중요한 양자관계이다. 따라서, 미국의 대 중앙아시아 정책과 러시아의 대 중앙아시아 정책을 바탕으로 하는 동지역에서의 러시아-미국 간 관계 발전에 대한 연구와 이해는 중앙아시아 지역의 대내외적인 변화를 '글로벌 수준global-level'과 '지역적 수준regional-level'에서 이해하는 데에 있어 매우 중요한 양자관계이다.

본 논문의 주요 목적은 2012년 푸틴 집권 3기 이후 2015년 말까지 중앙아시아 지역에서 러시아와 미국의 관계발전을 체계적이고 심도있게 고찰하고 이해하는 것이다. 이러한 목적을 위하여 본 논문에서는 첫째, 러시아와 미국의 대 중앙아시아 외교정책을 고찰하고 분석하고자 한다. 둘째, 본 논문에서는 푸틴의 대 미국정책과 오바마의 대 러시아 정책을 분석하고자 한다.

탈냉전시대 러시아-미국 간 관계발전에 관한 국내외 연구는 상당히 이루어져 왔다. 동 주제에 관한 최근의 비교적 심도 있는 국내연구는 제성훈(2016), 강봉구(2013), 이홍섭(2013) 등에 의해 이루어져 왔다.[2] 사실, 국내에서는 러시아의 국제관계 연구 측면에서 볼 때 본 논문의 주제인 러시아-미국 간 관계발전에 대한 연구보다는 한국-러시아 관계/러시아-북한 관계/러시아-중국 관계/러시아-일본 관계에 대한 연구가 보다 활발히 진행되어져 왔음은 주지의 사실이다. 따라서, 동 주제에 대한 국내연구는 '양quantity과 질quality'적인 측면에서 앞으로 보다 심도있게 연구되어져야 할 필요성이 있다. 왜냐하면, 여전히 미국과 러시아는 주요 국제정치 행위자로써 향후 동지역에서 막대한 영향력을 끼칠 것이며 양국 간 관계발전에 대한 이해는 중앙아시아 지역 뿐 만 아니라 세계 각지 분쟁과 협력 문제 이해에 대한 기본적인 필수조

---

2 이외에도 강봉구(2015; 2005), 문수언(2009; 2010), 이창주(2010), 유영철(2008), 이동형(2001) 등의 연구가 있다.

건이기 때문이다.[3]

본 논문에서는 주로 '문헌 조사방법' 등을 통하여 양국 간 관계발전에 관한 기존문헌을 다양한 각도에서 분석하며 그것들을 본 논문의 주요 자료로써 활용하고자 한다. 그리고, 연구 분석 및 방법적인 측면에서 본 논문은 동지역에서의 러시아와 미국의 대외정책과 관계발전을 각각 '지역안보'와 '지역경제' 측면에서의 협력 및 경쟁의 관점에서 고찰하고 이해하고자한다. 본 논문은 연구시기(범위)를 푸틴의 집권3기 출범 이후인 2012년 5월부터 2015년 12월까지로 한정하고자 한다. 본 논문에서는 미국의 오바마 대통령의 집권 시기보다는 러시아 푸틴 대통령의 집권 시기에 다소 초점을 두고 양국 간 관계발전을 분석하고 고찰하고자 한다.

본 논문의 2장에서는 21세기 중앙아시아 지역의 전략적 환경변화에 대하여 간략히 고찰하고자 한다. 3장에서는 러시아와 미국의 대 중앙아시아 정책을 푸틴 집권 3기와 오바마 집권 2기의 외교정책을 중심으로 지역안보와 지역경제 협력과 경쟁의 관점에서 고찰하고자 한다. 4장에서는 2012년 이후 러시아의 푸틴과 미국의 오바마 정부의 관계발전을 중앙아시아의 지역안보와 지역경제의 협력체제 이슈 등을 중심으로 고찰하고자 한다.

II. 21세기 중앙아시아 지역의 전략적 환경 변화

기본적으로 중앙아시아 지역의 전략 환경은 미국, 러시아, 중국 등 강대국들의 세계전략에 의하여 규정되어 왔다. 동지역은 이러한 러시아와 미국 간의 첨예한 안보적, 경제적 이해가 충돌하는 지역인 동시에 나아가 미국, 중국, 러시아, EU, 인도, 그리고 중동 국가들의 세력 확장의 주요 무대가 되고 있다. 특히, 21세기 들어 동지역은 미국의 '일방주의unilateralism'를 견제하려는 러시아와 중국 중심의 연대와 미국과 일본, 호

3　러시아와 미국 관계발전에 대한 서방(그리고 러시아)의 주요 선행연구는 다음을 참조할 것. Ditrych(2014), Saunders 외(2014), Suslov(2014), MacHaffie(2010), Blank(2010), Ziegler(2014a; 2014b).

주 등 친미국가들의 연대가 충돌하는 '지전략적geo-strategic'인 요충지대가 되고 있다.[4] 따라서, 중앙아시아 지역을 둘러싼 국제관계는 21세기 유라시아 대륙 전체의 국제질서 형성에 막대한 영향을 주고 있다.

강대국들은 지정·지경학적 우위를 점하기 위하여 21세기 판 경쟁에 돌입하며 동 지역의 전략적 환경은 지속적으로 변화하였다. 특히, 2001년 911 테러 이후 중앙아시아 지역을 둘러싼 국제질서 재편은 세계적 차원의 탈-탈냉전시대Post-post Cold War 구축과 범아시아 전략지형의 전면적인 변화과정에 유기적으로 연동되어 진행되어 왔다. 특히, 아시아 지역-중앙아시아 지역 포함-의 전략지형 변화는 아래의 2가지 요인에 의하여 미국이 주도하였다. 첫째, '강대국 협조체제Concert of Great Power'적 경향의 실현을 도모하고 있다는 점이다. 미국은 아시아-태평양 지역에서 미국, 일본, 호주 등의 '협조체제Concertation' 제도화를 통하여 부상하는 러시아-중국 연대인 '유라시안 벡터Eurasian Vector'를 저지하려는 구상을 하고 있다. 둘째, 제2차 세계대전 종전 이후인 미국과 일본에 의하여 구축되었던 '샌프란시스코 체제'의 변화 조짐이다. 냉전시기 샌프란시스코 체제는 미국이 구축한 아시아-태평양 지역의 평화체제를 상징하게 되는데 냉전 붕괴 이후 가상의 적이었던 소연방이 소멸함에 따라 미국은 이를 재편하려는 구상을 실행하고 있었다. 재편의 주된 내용은 미-일 동맹 중심의 안보벨트를 확대하는 것으로서 새롭게 등장한 중앙아시아와 인도, 동남아-호주를 기존의 한국-일본-대만을 잇는 방어선에 포함시키는 것이다. 이러한 방어선의 확장 동기에는 냉전 시기의 전통적인 전략적인 이해가 있었다. 그러나 미국의 보다 근본적인 동기는 범아시아 지역에서 미국의 경제적 영향력을 증대시키는 자유무역지대FTA 구축, 그리고 에너지 자원 확보라는 중앙아시아 지역에 대한 경제적 구상이 있었으며 군사·안보적 동기는 이러한 경제적 동기들과 연동되어 있다(백준기, 2007).

한편, 1991년 구소연방 붕괴와 더불어 시작된 새로운 국제질서 구축과 이에 따른 대내외적 여건은 신생 러시아 연방의 급속한 국제적 위상 추락으로 나타났다. 국제환경이나 구조적 조건의 변화는 냉전시대 소연방의 절대적 영향권 지역이었던 중앙아시아 지역에서 가장 극명하게 진행되었다. 이러한 변화의 외적요인으로 국가 간의

---

4 백준기(2007)는 중앙아시아에서는 러시아와 중국의 연대를 지칭하는 '유라시안 벡터 (Eurasian Vector)'와 미국과 일본, 호주 등의 연대강화를 지칭하는 '트랜스퍼시픽 벡터(Trans-Pacific Vector)'가 충돌하는 지전략적 요충지대가 되고 있다고 설명한다.

힘의 관계패턴의 변화(예를 들면, 러시아-미국 관계)는 러시아로 하여금 대외정책을 제한하거나 변화시키도록 하였다. 마침내, 1990년 대 여러 가지 시행착오 끝에 러시아 정부는 21세기 새로운 국제환경에 대응하기 위하여 대외정책을 수정하게 되었다. 21세기 푸틴 등장 이후 러시아의 대 중앙아시아 정책 역시 이러한 전략적 목표와 방향성의 재설정과 깊이 연관되어 진행되어 왔다. 다시 말해, 옐친 시기(1992-1999)와 푸틴 집권 초기 러시아는 중앙아시아 지역에서 미국에 대항하기 어려운 하위국가로서 정책적 양보와 축소 또는 협조를 선택할 수밖에 없는 상황이었다. 따라서, 러시아는 전통적으로 자신의 절대적 '세력권sphere of influence'이었던 중앙아시아 지역에서 미국과 중국의 존재를 상당한 정도 인정하지 않을 수 없게 되었다. 결과적으로 푸틴 등장 이전 동지역에서의 미국의 영향력에 비례하여 러시아의 입지는 상대적으로 축소되었다. 중국은 표면적으로는 신중한 중립외교를 표방하면서도 내부적으로는 성장하는 경제력에 상응하는 영향력을 동지역에서 확장해 나아가고 있었다.[5]

1. 지역안보협력체 측면

21세기 중앙아시아 지역은 다자간 지역안보협력 체제가 새로운 모습으로 변화하고 있다. 1990년대에는 중앙아시아 지역 국가들 중심으로 다자간 안보협력체를 구성하는 것과 역외 다자간 협력체에 가입하는 것이 주류이었다. 예를 들면, 중앙아시아 국가들의 주도 하에 창설된 다자지역협력체는 '아시아 교류 및 신뢰구축회의Conference on Interaction and Confidence Building Measures in Asia: CICA'와 '중앙아시아 협력기구Central Asia Coopereation Organisation: CACO 등이 있다.[6] CICA의 주요 아젠다는 군축, 비핵지대화 등과 가은 전통적인 안보 이슈와 더불어 분리주의, 불법유입, 테러 등과 같은 비전

---

5 중앙아시아 지역에서 중국의 영향력 확대에 대한 전반적인 이해는 신범식 외 (2015)를 참조할 것.

6 CICA는 1992년 카자흐스탄의 나자르바예프 대통령의 주도로 창설되어 중앙아시아와 주변국들의 신뢰구축 및 갈등예방 등을 위한 조치들을 논의하여 오고 있다. 그 동안 옵저버로 참여하여 오던 한국은 2006년 6월 개최된 CICA 정상회의 직전에 회원국으로 가입하였다. 그러나, 미국, 일본, 인도네시아, 베트남 등은 아직 옵저버 국가로 활동하고 있다.

통적인 안보 이슈 등을 다룬다. 그러나, CICA는 최근 들어 회원국들 간 협력 부진 및
유사 다자간 협력체인 SCO의 부각 등으로 활동이 상대적으로 침체되어지고 있는 실
정이다.

중앙아시아 국가들 중 투르크메니스탄을 제외한 나머지 국가들은 '집단안보조약
기구Collective Security Treaty Organisation: CSTO'에 참여하고 있다. CSTO는 1992년에 창
설되어 1994년부터 공식적인 활동에 들어간 러시아 주도의 CIS내 집단안보협력기구
로서 911 테러 사태 이후 2002년 10월 기구의 역할과 기능을 확대하면서 CSTO로 개
칭되었다. CSTO에는 러시아, 아르메니아, 벨로루시, 카자흐스탄, 키르기스스탄, 타
지크스탄, 우즈베키스탄 등 7개국이 참여하고 있다. 즉, 모스크바의 정치 엘리트들은
CSTO를 통하여 중앙아시아 국가들을 러시아가 주도하는 다자협력 틀 내에 재결합
함으로써 지역안보와 테러, 분리주의, 마약 밀매 방지 등 폭넓은 현안들에 대응하고
자 하였다(김용환, 2009; 고재남, 2010). 그러나 1990년 대 이러한 러시아 정부의 노
력에 대하여 당시 중앙아시아 국가들은 러시아의 패권적 지배를 재현하려는 야심이
라고 경계하였다. 그러나, 21세기 푸틴 집권 이후 러시아의 대 중앙아시아 정책이 강
화되어지며 이러한 상황은 급격히 변화하여 러시아 뿐 만 아니라 중앙아시아 지역 국
가들도 러시아와의 협력을 다방면으로 모색하게 되었다.

중앙아시아 지역 국가들은 역외 다자간 협력체로써 유럽안보협력기구OSCE와 협
력하고 있으며 투르크메니스탄을 제외한 4개국이 나토NATO의 평화를 위한 동반자
프로그램Partnership Programme for Peace 등에 참여하고 있다. 또한 중앙아시아 5개국은
EU와 '동반자 및 협력협정Partnership and Cooperation Agreement'을 체결한 바 있다. 그리
고 터키도 중앙아시아 지역에서 자신의 영향력을 복원하기 위하여 창설한 '투르크 협
력Turk Cooperation'에 카자흐스탄, 투르크메니스탄, 우즈베키스탄, 아제르바이잔 등이
참여하고 있다.[7] 한편, 아제르바이잔과 우즈베키스탄은 1997년에 창설된 GUUAM에
도 참여하여 왔으나 GUUAM이 너무 친서방적이고 반러시아적인 정책을 추진한다
는 이유로 2005년 우즈베키스탄은 GUUAM에서 탈퇴하였다.

---

7 투르크 협력은 터어키 계통의 언어를 사용하는 국가들 간의 문화협력 및 교류를 강화하여 투
   르크 공동체를 복원하고자 하는 터키의 야망이 내재되어 있다는 평가를 받기도 했다. 이러한
   터키의 태도와 목적에 자극을 받은 이란이 투르크 협력에 대항하여 창설한 다자기구가 바로
   '카스피해 협력(Caspian Cooperation)'이다.

21세기 들어 중앙아시아 지역에서 미국, 중국, 이슬람 국가 등 외부세력의 역할이 증대되어지고 있었지만 안보에 있어서는 러시아가 가장 주도적인 역할을 하고 있다. 이러한 맥락에서, 특히, 미국의 일방주의에 대항하는 21세기 들어 러시아와 중국 주도의 '상하이협력기구SCO'[8]가 동지역에서 다자간 지역 안보협력체의 핵심적인 역할을 하고 있다.

한편, 미국은 다자간 안보협력체제보다는 2001년 9·11 테러 이후 군사기지 구축과 주둔 그리고 진출 등을 앞세워 동지역에서 안보적 영향력 확장을 도모하는 형태를 띠었다. 그러나, 키르기스스탄과 우즈베키스탄에서의 미군 기지가 폐쇄되면서 미국의 동지역에서의 지역안보적 협력에 대한 영향력은 급속히 약화되었다. 더군다나, 2014년 말 아프가니스탄에서 미군철수 계획을 발표함에 따라, 동지역에서의 지역안보적 상황은 21세기 초와는 현격히 다른 새로운 양상으로 변화하였다.

요약하면, 동지역에서의 안보환경은 CSTO 형성과 발전 → 9·11 테러 사태 이후 미군 군 기지 주둔과 나토의 확장 → 러시아와 중국 주도의 SCO의 발전 → 미군 및 나토 기지 떠남 등으로 급속히 변화하였다.

2. 지역경제협력체 측면

21세기 중앙아시아 지역은 다자간 경제협력 체제 역시 새로운 모습으로 변화하고 있다. 특히, 러시아가 주도하는 '유라시아경제공동체Eurasian Economic Community: EurAsEC'와 중국이 주도하는 '일대일로' 전략 등이 다자간 경제협력체의 주류를 형성하며 동지역에서 정치·안보적인 측면에서도 큰 영향력을 끼치고 있다. 미국도 '신실크로드 전략'[9] 등을 통하여 동지역에서의 경제적 이익 극대화 및 정치적 목적을 달성하려고

---

8 SCO의 주요 활동은 초기 회원국들의 국경지대 군비통제에서부터 시작하여 현재 안보, 경제, 교통, 문화, 법집행 등 광범위한 범위로 확대되어지고 있으며, 안보와 경제 분야의 협력이 SCO의 최우선 협력분야가 되고 있다. 안보협력으로는 테러리즘, 분열주의, 극단주의, 진압이 SCO 안보협력의 중점사항이며 지역정세 협의, 핵무기 비확산, 중앙아시아 지역안전 보장, 국제 분쟁 중재 등도 주요 안보 협력 내용이다.

9 미국의 신실크로드 전략은 지정학적인 고려에서 1990년대 클린턴 정부에 의해 중앙아시아를 코카서스와 유럽으로 연결하려는 '신실크로드 법안'이 통과되면서 구체화되기 시작하였다(박

노력하고 있다. 그러나, 미국은 기본적으로 동지역에서 다자간 경제협력체제보다는 동지역에서 '에너지 시장진출'과 개별국가들에 대한 '경제원조' 등을 통하여 영향력 확장을 도모하고 있다.

1996년 러시아, 벨라루스, 카자흐스탄, 키르기스스탄, 타지키스탄 등 옛 소련권 5개국이 CIS 관세동맹을 설립하며 역내 완전한 관세동맹의 구축과 EU와 유사한 공동 경제공간을 만드는 것을 목적으로 하였다. 동 지역경제협력체는 2000년 유라시아 경제공동체로 개명되었으며 동지역에서 유사한 경제협력을 지향하고 있었던 중앙아시아협력기구Cetral Asian Cooperation Organisarion:CACO가 해체된 이후 그 역할이 강조되었다. 21세기 초반 경제회복을 바탕으로 러시아가 유라시아경제공동체를 통한 유라시아 지역의 경제통합을 적극적으로 추진하고 있음은 물론이다.

2010년 유라시아 지역의 효과적인 경제 통합을 위해 러시아, 벨라루스, 카자흐스탄 3국이 관세동맹Customs Union: CU을 출범시켰다. 관세동맹을 통해 3국간에는 관세가 철폐되었으며, 국가인증제도 역시 단일 인증제도로 통합되었다. 2011년 3국은 유라시아 경제 통합 성명을 내고 '유라시아 최고 경제 이사회Supreme Eurasian Economic Council'를 발족하였다. 유라시아 최고 경제 이사회는 관세 동맹 및 단일 경제 구역의 정책과 운영에 대한 주요 사항을 결정하는 최고 의사 결정 기관으로, 3국의 국가 원수로 구성된 초 국가적 기관이다. 유라시아 최고 경제 이사회를 통해 본격적으로 유라시아 지역의 경제 통합에 대한 합의가 이뤄지면서 2015년 1월 유라시아경제연합Eurasian Economic Union: EEU이 공식적으로 출범하게 되었다.[10] 사실, 러시아 주도의 유라시아 경제연합은 CIS 국가들의 정치, 경제, 군사, 문화를 통합하려는 '유라시아연합Eurasian Union: EAU' 계획의 하나로 간주되어지고 있다.

뿐 만 아니라 중앙아시아 5개국은 범 이슬람권 국가인 이란, 터키, 파키스탄 등에 의하여 창설된 '경제협력기구Economic Cooperation Organisation: ECO에도 1992년부터 참

상남, 2014: 102).

10 유라시아 경제연합(EEU)은 회원국 간의 단일 세금과 단일 기술 규정, 노동법과 이민법 등의 조화, 내부경계 강화 등을 합의하였다. 유라시아 경제 연합의 인구는 약 1억 7천만 명이며, 연간 역내총생산(GDP)는 약 4조 달러(한화 약 4,400조 원)에 이른다. 시장의 잠재력과 2,000만 제곱킬로미터 이상의 영토에서 추출되는 원자재, 그리고 러시아의 군사 기술 등이 맞물려 잠재력이 높다고 평가된다. 이에 대한 자세한 설명은 김상원(2014)와 성원용(2015) 참조할 것.

여하고 있다. ECO는 회원국 간 교역, 부정거래 단속, 공동 에너지 체제, 공동의 상업 은행 설립 등을 촉진시킬 것을 목적으로 하고 있다.[11]

2012년 푸틴 집권 3기 이후 중앙아시아 지역에서 지역경제협력은 급격히 변화하고 있다. 앞서 언급하였듯이, 2015년 1월 러시아 주도의 유라시아경제연합이 마침내 출범하였으며, 중국도 시진핑 국가주석이 2013년 9월 키르기스스탄 SCO 정상회의에서 일대일로 정책에 따른 '신실크로드경제벨트' 구상을 선언하며 동지역에서의 경제협력 강화를 천명하였다. 사실, 2008년 글로벌 금융 위기 이후 동지역에서 중국의 경제적 영향력이 급속히 증대되어지며,[12] 중국 주도의 중앙아시아자유무역지대 FTACA가 러시아 주도의 유라시아경제공동체와 각축을 벌일 가능성도 조심스럽게 제기되기도 하였다. 이후 푸틴 집권 3기에 러시아 주도의 유라시아경제연합 출범과 중국의 신실크로드경제벨트가 출범하여 다시 양국 간 경제적 충돌 가능성이 제기되었으나, 양국 지도자들은 동지역에서의 양국 간 경제적 이해의 충돌을 염려하며 양국이 서로 협력할 것을 지속적으로 강조하고 있다. 러시아 요소를 고려해 보면, 중국이 동지역 국가들을 연합하여 중국 중심의 지역경제협력체를 발전시키기에는 아직 시기상조인 듯하다.

요약하면, 탈냉전 시대 동지역에서 지역 경제협력체는 여러 가지로 형성되어지고 발전·변화하고 있다, 2000년 대 들어 푸틴의 강력한 CIS 중심의 정책은 동지역에서 여러 단계를 거쳐 2015년 1월 마침내 러시아 주도의 유라시아경제연합을 출범시켰다. 물론 2014년 3월 러시아의 크림반도 합병 이후 동지역에서의 러시아 중심의 지역 경제협력체 발전도 이전과는 다소 다른 양상을 보이고 있지만, 동지역의 지역 경제협력체는 러시아 주도의 협력체를 대신할 사실상의 대안이 아직까지 없는 실정이다.

11　경제협력기구(Economic Cooperation Organization: ECO)는 아시아의 10개 국가로 구성된 국제기구이다. 이 기구에 가입한 국가들은 아프가니스탄, 아제르바이잔, 이란, 카자흐스탄, 키르기스스탄, 파키스탄, 타지크스탄, 터키, 투르크메니스탄, 우즈베키스탄으로 구성되어 있다. 이란의 테헤란에 ECO 본부가 있다.

12　중앙아시아에 대한 중국의 경제적 진출 현황과 평가는 신범식(2015)를 참조할 것.

III. 러시아와 미국의 대 중앙아시아 정책 (2012-2015)

1. 러시아의 대 중앙아시아 정책: 푸틴의 외교정책

중앙아시아 지역은 역사적으로나 지정학적으로 러시아 연방의 중요한 세력권이자 영토의 일부이었다(박창규, 2009; 박상남, 2010). 동지역은 역사, 문화, 군사, 안보, 외교, 경제 등 다양한 측면에서 러시아에게 매우 중요한 가치를 지니고 있는 지역이다. 따라서, 중앙아시아 지역이 러시아에게 지니는 전략적 가치는 다른 어떤 강대국들보다 매우 크다(Malashenko, 2013; Ziegler, 2014). 물론, 동지역에 대한 이해관계의 우선순위는 러시아의 국내외 상황에 따라 변화하여 왔음은 주지의 사실이다.

21세기 초반 동지역에서 국제사회의 주요 행위자 중의 하나로 축소된 러시아의 입지는 푸틴으로 하여금 대 중앙아시아 정책을 '경쟁과 협력'의 탄력적인 실용정책으로 전환하게 하였다. 2000년대 초 중앙아시아 지역을 둘러싼 상황과 국제적 조건은 '쇠퇴기'에 있는 러시아로 하여금 쉽게 '현상유지 정책'을 허용하지 않을 만큼 지속적인 압력을 가하였다. 따라서, 동지역의 환경은 러시아로 하여금 이전(특히, 냉전시대)에 유지되었던 우월적 지위와 영향력의 축소를 강요하였으며 결국엔 '현상유지 정책'의 수정이 불가피함을 인식시켰다. 여러 시행착오를 거친 푸틴정부는 2002년에 이르러 '양보와 축소'라는 전략적 옵션 선택과 외교적 '실용주의', 그리고 '안보개념의 수정' 등을 모색하게 되었다. 이러한 맥락에서, 중앙아시아 지역은 더 이상 러시아의 독보적인 지분이 유지되는 공간이 아니라 중국, 터키, 이란은 물론 새로운 패권적 지위를 획득한 미국과 불균형한 경쟁을 해야 한다는 현실을 인정한 푸틴정권은 패권이 아닌 '상호 평등'이라는 관점에서 동지역 국가들과 새로운 관계설정을 모색하기 시작하였다. 2000년 대 초 이러한 푸틴의 정책적 축소는 러시아가 동원할 수 있는 전략자원의 한계를 반영한 것임과 동시에 '세력전이'에 따른 '패권이동'이라는 중앙아시아 지역의 국제적 조건을 극명하게 나타내는 것이었다(Lo, 2002).

여러 변화의 단계를 거쳐 동지역을 다시 러시아 중심의 질서에 다시 편입시키려는 시도는 푸틴 집권 2기(2004-2008)부터 본격적으로 나타나게 된다. 즉, 중앙아시아 지역에서 나타나는 푸틴의 대외정책 전환의 전반적인 특징은 집권 전반기 '미국에 대한 협조' 경향을 보였지만 집권 후반기와 메드베데프 집권에 이르기까지 러시아-중국 연대강화를 통한 미국견제와 독자세력 구축 경향을 보이고 있다는 것이다(이문영, 2005).

주지하다시피, 2000년 푸틴 집권 이후 급격한 오일달러 유입으로 자신감을 회복한 러시아는 강대국 간 협조체제와 상하이협력기구SCO 강화를 통하여 미국의 진출을 견제하고 동지역에서 자신의 영향력을 복원하려고 하였다. 그러나, 이러한 러시아의 영향력 회복 의지는 과거처럼 힘에 의존하기 보다는 중앙아시아 신생독립국들과 상호 동등한 쌍무관계 발전을 통해서만 실현 가능하다는 것을 푸틴의 러시아가 깨닫게 되었다. 즉, 푸틴 집권 이후 러시아는 중앙아시아 지역에 대한 예전의 패권적 방식에서 벗어나 상호호혜와 평등한 관계 설정을 천명하였다. 따라서, 푸틴정부는 중앙아시아를 포함한 CIS국가들에 대한 정책을 수정하는데 이는 비현실적인 완전한 통합전략을 지향하지 않고 통합을 위한 전단계로 독립국가연합 회원국들 간의 쌍무관계를 강화하는 것이었다(이바노프, 2003: 109-122). 이는 중앙아시아를 전체적으로 접근하기 보다는 사회·경제 발전속도나 정치발전 과정에 격차가 있는 중앙아시아 각국과 쌍방향 관계를 발전시켜 상대국의 태도에 따라 차별적으로 접근하고 상호간 이해관계에 대하여서도 분명히 인식해야 함을 깨달은 결과이었다. 사실, 푸틴은 대통령 취임 이후 첫 해외방문지로 탈러시아의 경향이 가장 강하였던 우즈베키스탄과 투르크메니스탄을 택함으로써 러시아의 대외정책 1순위가 근외지역인 중앙아시아 지역에 있음을 대내외에 천명하였다. 이에 따라, 이행체제 과정에서 경제난에 허덕이던 러시아는 경제회복을 계기로 중앙아시아 국가들에 대한 지원을 늘려나갔으며, 외교관계도 과거의 수직적 관계에서 탈피한 대등한 수평적 관계 설정을 추구하면서 중앙아시아 국가들의 경계심을 완화시켰다.

결과적으로 이러한 러시아의 정책선회는 구소연방 붕괴 이후 중앙아시아 지역에서 후퇴하였던 입지와 역할을 다시 회복하게 만들었다. 푸틴 집권 이후 러시아는 SCO와 CIS 정상회담 등을 통하여 경제·군사적으로 미국과 서방의 중앙아시아 진출을 견제하고 자국의 기득권을 회복하는 데 상당 부분 성공적이었다(Mankoff, 2009). 이러한 러시아의 동지역에 대한 목적과 의도는 2008년 그루지야 전쟁을 통하여 그 정점에 이르렀다. 이후, 메드베데프 집권(2008-2012) 시기 러시아는 역사·문화·제도적으로 미국 등 기타 강대국들보다 유리한 입지를 활용하여 동지역에서의 정치·경제적인 통합을 가속화하였다. 예를 들면, 러시아-중국 연대가 중심이 된 상하이협력기구SCO는 물론 러시아 중심의 CSTO, GECF, EurAsEc 등을 통하여 자국 중심의

질서를 동지역에서 구축하려 하였다.[13]

사실, 2000년 초 푸틴의 등장은 중앙아시아 지역에 대한 러시아의 이전의 (1990년
대 옐친시대) 소극적인 정책과 대응에서 적극적인 정책과 대응으로 전환하는 결정적
인 계기가 되었다. 무엇보다도, 21세기 푸틴의 러시아는 근외정책의 핵심으로 부상한
중아아시아 지역을 러시아가 주도하는 다자간 안보·경제 협력체제 내에 묶어 둠으
로써 냉전시대 이 지역에서 누려왔던 우월적 지위를 회복하겠다는 강력한 의지를 지
속적으로 나타내었다.

푸틴의 적극적인 노력으로 2001년 무렵, 러시아는 군사정치적인 영역과 지역안보
적인 측면에서 중앙아시아 지역에서 상당한 정도 입지를 회복할 수 있었다. 푸틴의
반테러 선언은 표면적으로는 체첸 반군의 배후로 지목되었던 과격 이슬람 원리주의
자들을 겨냥한 것이었지만 실질적으로는 중앙아시아 지역 국가들과의 상호협력 강화
를 통하여 지역안보 상황을 안정시키고 이 지역에서 러시아의 입지를 강화하고자 하
는 의지를 담고 있었다. 당시 중앙아시아 신생국들 역시 자신들의 정권안보에 위협적
인 요소인 과격 이슬람 원리주의자들에 대항할 역내 안보기구의 필요성을 느끼고 있
었다. 특히, 1999년 8월 이슬람 과격단체인 IMUIslam Movement of Uzbekistan 행동 대원
들에 의한 키르키스스탄 내의 바켄 지역 무장 점령사건은 중앙아시아 국가 수뇌부들
에게 과격 이슬람 원리주의자들의 위협을 현실적으로 느끼게 하는 계기가 되었다. 이
렇듯 이슬람 원리주의에 대한 중앙아시아 신생국들의 공포감은 역내 안보수호자로서
러시아의 지위를 강화시켰다.[14]

이것은 기본적으로 전술한 바와 같이 미국이 유일한 초강대국이라는 점을 수용하
고 '세력전이'를 인정하면서 최소비용으로 중앙아시아에서 지위 현상 유지를 추구하
고자 하였던 푸틴 정부의 전략적 옵션으로 설명되어질 수 있다. 당시 체첸 전쟁에서
벗어나지 못하며 별다른 정책적 실효를 거두지 못하고 있던 푸틴정부로서는 이러한
정책적 선회는 미군의 힘을 빌려 지역안보상황을 일거에 개선할 수 있는 '실용적인

---

13 재정러시아와 소비에트시기를 거치면서 형성된 중앙아시아와 러시아의 문화, 역사적 연대
    의식은 러시아의 대 중앙아시아 정책에 큰 자산이 되고 있다. 푸틴 집권 3기 중앙아시아인
    들은 강대국 중 러시아에 대하여 가장 큰 신뢰와 우호적인 연대의식을 가지고 있는 것으로
    나타나고 있다.

14 푸틴 집권 1기와 2기 동안의 러시아의 대 중앙아시아 전략에 대한 설명은 박정호(2009)를
    참조할 것.

선택'이었다.[15]

그러나 아프가니스탄에 대한 공습이 계속되고 미군 주둔이 우즈베키스탄, 키르기스스탄, 타지키스탄 등에서 강화되어 갈수록 모스크바는 기존 입장을 선회하기 시작하였다. 예를 들면, 2002년 초 미국 의회와 미국 육군사령부 대표들로 구성된 미국 파견단이 '군사원조'와 '경제협력'을 논의하기 위하여 중앙아시아를 방문했을 때 러시아 또한 대표단을 중앙아시아 국가들에 급파하였다. 이것은 러시아의 불편함과 동시에 정책변화의 신호이기도 하였다.

푸틴 집권 2기에 들어서면서 러시아는 동지역에 대한 정치·경제적 입지 복원에 강한 의지와 실천력을 보여 왔다. 특히, 약 200여 년에 걸친 러시아와 중앙아시아 국가들의 역사, 문화 그리고 정서적 유대감과 인맥들은 중아아시아 국가들이 독립한 이후에도 양 진영을 연결하는 고리가 되어왔다. 이러한 정서적 친근감으로 인하여 중앙아시아 각국 정부와 국민들은 주변 강대국 중 러시아를 다시 가장 중요하고 가까운 우방으로 인식하기 시작하였다. 특히, 1990년대 초 독립 과정에서 러시아와 어떠한 물리적 충돌도 없었던 점은 이러한 정서적 유대감이 지속될 수 있는 요인으로 분석된다. 더불어, 최근 부상하는 중국의 대 중앙아시아 영향력을 견제하고 지속적인 우위를 점하기 위하여 러시아의 노력은 더욱 다양해지고 있다.

러시아의 대 중앙아시아 정책의 핵심 중의 하나는 '에너지' 부문에 대한 장기적인 협력 강화 체제를 제도화하는 것이다. 에너지 자원 수출에서 얻어지는 막대한 재원이 중앙아시아 국가들은 물론 러시아 국가경제에서 막대한 비중을 차지하고 있어 에너지 부문협력은 양 진영의 이해관계를 보다 긴밀히 할 수 있는 방안이기 때문이다. 또 다른 차원에서 러시아는 에너지 전략 자원화로 냉전 붕괴 이후 상실해 왔던 국제적인 영향력 회복을 강력히 추구하고 있다. 이러한 현실적인 이유 때문에 러시아의 대 중앙아시아 정책의 핵심은 중앙아시아 에너지 생산국들과 함께 '가스수출포럼GECF'을 창설하여 자국의 통제력을 강화하고자 하고 있다.[16] 만약 이러한 구상들이 성공한다

---

15 아프가니스탄에서 미군과 연합군이 군사작전에 나섰을 때 러시아는 국내의 반대를 이유로 군대를 직접적으로 참여시키지 않았으며 이는 러시아 병력의 추가적인 손실 없이 이 지역에서 안보상황을 향상시키려 했던 모스크바의 속셈이 작용한 것으로 보인다. 러시아의 대 중앙아시아 정책 변천은 양정훈(2005)을 참조할 것.

16 GECF에는 세계 최대의 가스 보유국인 러시아를 비롯하여 15개국들이 참여하고 있다. 이들 국가는 전 세계 천연가스 매장량의 약 73.1% 그리고 생산량의 약 41.8%를 차지하고 있다,

면 GECF는 가스를 무기로 21세기 국제정치에서 막강한 영향력을 행사하는 국제기구가 될 가능성이 크다.

요약하면, 2000년 푸틴 대통령 등장 이후 러시아의 대 중앙아시아 전략의 주요 방향은 지정·지경·군사적 이해관계의 총체적인 틀 안에서 다음과 같은 장기적인 목표에 기반을 두어 왔다. 첫째, 안보적인 측면에서 중앙아시아 지역은 러시아 남쪽 국경지역의 완충지대로 남아있어야 한다. 따라서, 근접지역에서 핵 분쟁을 포함한 대규모 분쟁이 일어났을 경우, 러시아의 군사력을 즉각적으로 중앙아시아지역에 배치할 수 있어야 한다. 둘째, 중앙아시아 지역이 갖는 특별한 의미는 막대한 에너지 자원을 보유하고 있다는 점이며 러시아는 카스피해에 대한 영향력을 강력히 유지하여야 한다. 셋째, 중앙아시아의 주요 교통·통신망과 송유관에 대한 통제권을 갖는 것은 중앙아시아 지역을 실질적으로 통제할 수 있는 수단이며 정치·경제적으로 중요한 의미를 갖는다. 넷째, 중앙아시아 지역에 거주하는 러시아인과 러시아어 사용 인구를 보호하고 러시아어와 러시아 문화의 정치적인 역할을 유지하여야 하는 의무가 러시아 정부에 있다(박상남, 2004: 86-87).

2. 미국의 대 중앙아시아 정책: 오바마의 외교정책

'세계의 중심축인 유라시아 중에서도 중앙아시아는 지정학적, 안보적, 역사적 가치와 잠재적으로는 경제적인 중요성 때문에, 지리적 거리에도 불구하고 동지역은 미국의 포괄적 지정 전략의 일부가 되어야 한다'(브레진스키, 2000: 165-198)고 브레진스키가 지적하였듯이 동지역은 탈냉전 시대 미국의 주요한 전략적 지역으로 등장하게 되었다(장병옥 외, 2009).

전반적으로 미국의 대 중앙아시아 정책 목적은 다음과 같은 분명한 목표를 가지고 지속적으로 동지역에 대한 국익을 추구하여 왔다. 1) 민주적 체제로의 개혁 및 민주적 시장 경제체제 수립 등; 2) 대 테러 및 마약 밀매 근절; 3) 핵확산 금지; 4) 역내 에너지 개발 등. 그리고, 미국이 중앙아시아 지역에서 당면하고 있는 역내 국가들과의 주요쟁점과 정책목표는 다음과 같다. 1) 철군 이후 아프간의 안정적 관리와 발전; 2) 역내 국가들의 경쟁과 갈등; 3) 민주적 개혁과 부패; 4) 이슬람 극단주의 척결 등(박상남, 2014: 101).

탈냉전 시대 중앙아시아 다극체제의 영향으로 미국의 대 중앙아시아 정책은 크게 3단계의 변화 과정을 거쳤다. 첫째, 소극적 개입시기(1991-2001). 둘째, 일방주의 시기(2001-2008). 셋째, 러-중의 역할을 인정하면서 다극체제를 수용하는 시기(2008-2015)(박상남, 2014: 89). 보다 자세히 설명하면, 1990년 대 클린턴 행정부는 중앙아시아 지역에 대해 적극적인 관심을 가지지 않았으며, 동지역에서 러시아의 세력을 차단하는 데에도 적극적인 노력을 경주하지 않았다. 이것은 외교 대상국의 민주주의와 인권 상황에 초점을 맞춘 미 의회의 외교활동 견제 그리고 당시 국제질서 상황에서 러시아 서부 경계선 봉쇄라는 선결과제 등이 있었기 때문이다.[17]

이후, 2000년대 들어 부시 행정부에서 행하였던 미국의 적극적인 중앙아시아 진출 전략은 동지역에서 러시아의 영향력을 축소시킬 수 있는 호기를 만들어 내었지만, 푸틴 정부 등장 이후 고유가를 통한 러시아의 급성장과 세력회복 그리고 중국과의 공조체제 등을 통한 동지역 국가들과의 동맹 강화 등을 통하여 결과적으로 성공하였다고 평가하기 쉽지 않다. 다른 측면에서 보면, 당시 동지역에서 러시아의 강력한 도전이 제기되고 있음에도 불구하고 부시행정부는 이에 대해 적극적인 대응을 하지 않았다.[18] 동시에 부시 행정부의 러시아를 무시하는 일방주의적이며 오만함도 일정 부분 이러한 상황의 결과에 영향을 끼쳤다(성동기·최준영, 2009: 452).

부시정권의 대 중앙아시아 정책은 기본적으로 '일방주의'와 '선제공격'의 대외정책이었다. 이러한 맥락에서, 2001년 9.11 이후 미국은 대테러 전쟁의 일환으로 중앙아시아 지역의 국가들과 긴밀한 관계를 맺기 시작하였다. 그러나, 중앙아시아 국가들의 권위주의 체제와 중앙 아시아인들과 미국의 인식의 차이, 미국의 관심과 자원의 부족, 국제질서상의 제약 등은 동지역 대한 미국의 목표를 현실화하는 데에 있어 한계로 작용하였다. 더불어, 2004년 이후 키르기스스탄 등에서 발생한 일련의 민주화 물결로 인하여 독재적 정권의 존속 문제에 위협을 느낀 대다수 중앙아시아 국가들은 미국에 대한 의존도를 이전과는 달리 축소하기 시작하였다. 즉, 민주적 이념의 전파와 확산을 강조하였던 미국 부시정권의 대 중앙아시아 정책은 2000년대 초 역사상 유례

---

17 클린턴 행정부의 대 중앙아시아 정책은 민주주의와 인권을 강조하는 대외정책의 기조와 전략적 관심 대상이 중앙아시아보다는 동유럽과 러시아 서부경계선에 있었기 때문에 그리 큰 효과가 없었다(성동기·최준영, 2009: 446).

18 여러 가지로 오히려 미국은 중앙아시아보다 러시아의 서부 경계지역에 치중하며 그루지아와 우크라이나 시민혁명을 조성해 나아갔다(성동기·최준영, 2009: 449).

없던 관계강화와 그 약화를 동시에 겪었다.

2005년 이후 중앙아시아 권위주의 국가들이 색채혁명으로 상징되는 미국의 민주주의 가치의 확대에 위협을 느끼면서 동지역에 대한 미국의 영향력은 러시아보다 상대적으로 더욱 줄어들었다. 이에 대하여서 미국도 더 이상의 원조 및 영향력 회복 노력을 보이기보다 한발 물러서서 러시아와 중국이 동지역에 대한 영향을 확대해나가는 것을 지켜보았다. 미국의 대 중앙아시아 정책의 한계성은 다음과 같이 정리되어질 수 있다(Boyer, 2006: 59). 1) 아시아 내부적인 특성에 기인하는 한계; 2) 미국 능력의 한계; 3) 주변 강대국들과의 관계에서 오는 한계 등.

국내외 비판에 직면했던 이러한(이념적 편향의) 부시정권의 대 중앙아시아 정책은 2008년 오바마 등장 이후 안보·경제적인 측면을 이념보다 강조하며 상당 수준 변화하기 시작하였다. 물론, 오바마 집권 이후에도 미국은 중앙아시아 신생국들의 항구적인 독립과 안정, 민주적 개혁과 성숙한 시장경제로의 이행, 극단주의와 테러리즘, 마약밀매 근절을 통한 역내 안보확보, 에너지 자원의 개발과 수송로의 다변화 등을 주요 목표로 동지역에서 국익을 추구하고 있다(박상남, 2014: 82). 한편, 오바마 행정부는 중앙아시아 국가들과의 관계발전에 있어 대화와 협력을 중요시하는 다자주의 방향으로 상당히 선회하였다. 즉, 오바마 정권에서는 다자주의와 연성권력을 중심으로 동지역의 안정을 추구하여 왔다. 이러한 오바마 행정부의 대 중앙아시아 정책과 동지역 국가 및 주변 이해대상국의 상호작용에 있어 상당 부분 긍정적인 작용을 한 것은 사실이다.[19] 그러나, 동지역은 역사, 문화, 군사, 안보, 외교, 그리고 경제 등 다양한 측면에서 21세기 이전까지 미국에게 그리 중요한 가치를 지니고 있었던 지역이 아니다. 그리고 21세기 들어 동지역에 대한 이해관계의 우선순위가 미국의 국내외 상황에 따라 변화하여 왔으나, 그 우선순위가 미국 외교정책에 있어 여전히 그리 높은 지역이 아니었다. 예를 들면, 동지역의 미국인들에 대한 보호 명목 등이 미국의 대 중앙아시아 정책에는 없었다. 나아가, 동지역은 지리적으로 미국과 지구의 반대편에 위치하고 있을 뿐 아니라, 문화·정치·경제적으로 상반된 모습으로 미국과 거의 상관관계가 상대적으로 적었다. 더구나, 동지역은 역사적으로나 지정학적으로 러시아 연방의 중요한 세력권이자 영토의 일부이었기 때문에 동지역에서의 미국 국익 추구를 위하

---

19 오바마 대통령의 대외정책 기조는 이미 대선 과정에서부터 기존 부시 대통령의 그것과 차별성을 가지는 국제주의적 다자주의에 입각하였다. 이러한 그의 대외정책 기조는 '스마트파워 전략'으로 나중에 이론화되며 대외정책의 핵심 키워드가 되었다(이상현, 2008).

여서는 여하간 상당 부분 러시아의 협조가 필수적이다(박창규, 2009; 박상남, 2010).

2014년 말까지 미군의 아프가니스탄 철수 선언을 계기로 미국의 대 중앙아시아 정책은 새로운 변화의 계기를 맞이하고 있다. 특히 오바마 미국 정부의 정책자원이 아시아·태평양 지역으로 집중되고, 2008년 금융위기 이후 국방비 삭감이라는 어려운 조건 속에서 상대적으로 미국의 대외정책우선 순위가 변화하면서 중앙아시아가 소외될지도 모른다는 동지역 국가들의 불안감을 고조시키고 있다(박상남, 2014: 96). 따라서, 현재 오바마 정권에서 미국이 중앙아시아에서 당면하고 있는 역내 국가들과의 주요쟁점과 정책목표는 철군 이후 아프간의 안정적 관리와 발전, 역내 국가들의 경쟁과 갈등, 민주적 개혁과 부패, 빈곤문제, 이슬람 극단주의 척결 등이다(박상남, 2014: 101).

요약하면, 중앙아시아 국가들에 대한 오바마 행정부의 전략은 이전 부시 행정부와 큰 차이는 없었지만, 동지역에 대한 접근방식은 상당부분 변화하였다. 그리고 오바마 행정부는 동지역의 지정학·지경학적 중요성을 인지하였음에도 불구하고, 러시아 푸틴 정권만큼 동지역에서 미국 국익을 위하여 적극적으로 접근하지 않았음은 분명하다. 예를 들면, 오바마 행정부가 관계개선을 추진하고 있던 국가들의 목록 중 중앙아시아 5개국이 포함되어 있지 않았었다. 오바마 행정부의 대 중앙아시아 정책은 아프가니스탄 문제가 해결될 때까지 러시아의 우월성을 인정하는 수준에서, 현상유지 차원에서 머무를 가능성이 매우 높다. 역설적으로, 중앙아시아를 둘러싸고 벌어지는 신 거대게임에 미국이 적극적으로 개입하기 위하여서는 아프가니스탄 문제가 선결과제로서 해결되어야 함을 의미한다(성동기·최준영, 2009: 454-455).

IV. 푸틴과 오바마의 관계발전과 중앙아시아 (2012-2015)

푸틴 러시아 대통령의 집권 3기가 시작되었던 2012년 상반기부터 러시아와 미국은 미국의 대 러시아 인권법안 채택,[20] 시리아 사태, 스노든의 러시아 임시망명, 우크라

---

20 2012년 미국 하원은 냉전시절 채택된 미국의 대러 무역 제한 법인 '잭슨-베닉 수정안'을 폐

이나 사태, 그리고 MD 구축망 등 사사건건 이견을 나타내며 심각한 수준으로 충돌하는 양상을 나타내고 있다. 특히, 2014년 3월 러시아의 크림반도 합병 이후 양국 간 관계는 급속도로 악화되어 양국관계를 '신냉전New Cold War' 시대라고 불리고 있다. 물론, 2016년 들어 케리 미 국무장관과 라브로프 러시아 외무장관 등이 시리아와 우크라이나 문제에 대하여 공조하기로 하는 등 양국은 화해 해빙 모드로의 전환을 모색하는 분위기도 감지되고 있으나, 여전히 양국 관계는 신냉전 모드로 설명되어진다.[21] 러시아와 미국 양국은 푸틴 집권 3기 이후 (2012-2015) 중앙아시아 지역에서도 지역안보와 지역경제 측면에서 '대결과 견제' 구도를 형성하며 '세력 보전'(러시아)과 '세력 확보'(미국)를 시도하고 있다.

1. 푸틴의 대 미국 정책과 중앙아시아

2012년 재집권 이후 푸틴 대통령은 철저하게 '실용적'인 접근법으로 대미 정책을 추구하였다.[22] 푸틴은 국내에서 자신의 재집권을 반대하는 야권의 시위가 이어지자 미국이 배후를 조종하고 있다며 오바마 정권을 강하게 비판하였다. 한편 푸틴은 비영리기관들이 미국 등 해외의 자금 지원을 받지 못하도록 제한하는가 하면 국제기구에 대한 지원 행위도 '반역죄'로 처벌할 수 있도록 하였다. 사실, 푸틴 대통령이 재집권한 이후 러시아는 민주주의를 억압하는 새로운 법을 다수 만들고 정치범의 형사처분을

지하면서 동시에 러시아인 인권변호사 세르게이 마그니츠키 피살 사건과 관련된 러시아 인사들에 대한 제재 내용을 담은 '마그니츠키 법안'을 채택하였다. 러시아인 변호사 마그니츠키는 2008년부터 자국 검찰과 경찰, 판사, 세관원 등 고위공무원들이 연루된 대규모 비리사건을 파헤치다 탈세 방조 혐의로 기소되어 조사를 받던 중 2009년 11월 모스크바 구치소에서 숨졌다. 미국 의회는 그동안 마그니츠키 사건을 러시아의 대표적 인권침해 사례로 지목하고 이 사건 관련자들에 대한 제재를 미국정부에 촉구해왔다.

21 그러나, 21세기 '신냉전'은 20세기 냉전과는 달리 사안별로 상호 협력 분야도 적지 않음을 주시하여야 한다. 특히, 국제테러의 확산 방지나 기후 변화 대처, 사이버 안보, 마약 및 해적 퇴치, 자연재해, 재난 구호, 국제보건 등 초국경 사안은 양국의 주요 협력 의제이다. 따라서, 러시아와 미국 양국 간 쟁점 영역별로 상호 갈등과 견제, 협력 성격이 공존하고 있음을 주목하여야 한다.

22 푸틴 집권 3기 러시아의 대 미국정책은 서동주(2014)를 참조할 것.

본격화하는 등 미국적 가치에 반하는 행보를 상당한 수준으로 이어가고 있다.

2012년 푸틴 집권 3기 이후 이러한 러시아의 대미 정책은 푸틴과 러시아 엘리트의 대미 불신과 반서구적 세계관을 기본 바탕으로 하고 있다. 즉, 푸틴과 오바마 체제 하 양국 간 갈등은 미국 패권과 일극지배 체제에 대한 푸틴과 러시아 엘리트의 혐오감이 반영되어 있는 것이며 자유, 민주주의, 인권 등 서방의 가치관에 대한 러시아의 반발이 그 기저에 있다. 이러한 러시아 지도부의 근원적인 대 반미 성향은 옐친집권(1992-1999) 초기 러시아가 친미, 친 서방 외교를 전개하면서 국제사회에서 미국에게 많은 것을 양보했으나, 오히려 미국이 러시아를 소외 및 무시했다는 인식에 뿌리하고 있다. 이러한 맥락에서 볼 때, 미국과 서방은 중앙아시아 지역 국가 등 CIS 국가들에서 발생한 색채혁명과 이후 친미 정권 수립, 중동의 정변 등을 '인류 보편적' 민주주주의 확산으로 바라보지만, 푸틴과 러시아 정치엘리트들은 이를 미국의 패권 음모로 인식하고 있다. 나아가, 푸틴은 2011년 12월 러시아 총선과 2012년 3월 대선 과정에서 불거진 반푸틴 대중 시위를 미국이 배후에서 사주하였다고 강력히 비난하였다. 2014년 초 우크라이나 사태가 본격화 된 이후 러시아의 반미 정서는 언론매체를 통해 러시아 국민들에게 더욱 확산되고 있는 추세이다.

이러한 푸틴 정권의 반미 정책과 정서에는 다음 아래에서 설명되어지듯이 미국 요인이 상당히 중요하게 작용하고 있다. 첫째, 2000년 푸틴 집권 이후 러시아는 강대국으로서의 지위 회복을 천명하고 미국에 이를 인정해 주도록 요구해 왔다. 그러나, 부시와 오바마 행정부는 이에 대하여 사실상 무성의로 일관하였다. 둘째, 오바마 행정부는 메드베데프 정권과 2009년 관계 재설정reset 이후, 메드베데프 대통령에게 지나치게 '베팅'하였다. 즉, 당시 총리였던 푸틴 변수를 상당히 간과하면서 그렇게 중요시하지 않았다. 셋째, 2012년 5월 푸틴 재집권 이후 양국정상은 상대국 개최 국제행사 불참(예를 들면, 워싱턴 DC에서의 G8과 블라디보스토크에서의 APEC 정상회의 등)이나 예정된 정상회담 취소 등으로 맞대응하며 감정의 골이 깊어졌다. 이는 오바마와 메드베데프 사이에 정상회담 및 회동이 빈번히 이루어진 것과는 대조적이다. 넷째, 오바마 행정부가 인권과 민주주의를 중시하는 입장을 푸틴에게 피력하였다. 즉, 오바마는 지속적으로 러시아의 인권 문제를 제기하여 푸틴을 자극하였다.

2. 오바마의 대 러시아 정책과 중앙아시아

메드베데프-오바마(집권 1기) 체제에서 미국정부는 러시아에 화해와 협력의 손길을 내밀었고 상당부분 가시적인 성과도 이루어내었다고 평가된다. 예를 들면, 러시아는 미국의 대 이란 제재를 지지하면서 이란 핵 프로그램과 관련한 대화의 장이 마련되었고, 아프가니스탄에 대한 미국의 군사물자 공급에 있어서 러시아 영토 경유를 러시아 정부가 협조한 것 등이다. 러시아는 그 대가로 세계무역기구WTO에 가입하였다. 당시 양국 간 관계발전은 '재설정reset'이라고 명명되어질 정도로 미국의 오바마 대통령은 러시아 메드베데프 당시 대통령과 국제사회에서 협조해 나갔다. 사실, 오바마 대통령의 이러한 정책은 2009년 메드베데프 당시 러시아 대통령으로 하여금 신중한 개혁정책을 내놓게 할 정도로 일정 부분성과를 거두기도 했다.[23]

그러나, 푸틴 집권 3기 오바마 대통령은 러시아에 대하여 '분리대응 정책'을 추구하였다. 예를 들면, 오바마 행정부는 러시아의 인권 문제에 대해서는 강하게 비판하면서도 아프간전과 이란 핵개발 의혹, 세계적인 핵비확산 논의 등 국제적 의제에서는 러시아와의 협력기조를 유지하였다.

2014년 우크라이나 사태가 본격화되면서 오바마 미국 행정부는 푸틴의 러시아에 대하여 보다 장기적인 외교전략을 모색하고 있다. 이른바 신냉전 시대에 적합한 새로운 대 러시아 '봉쇄정책containment policy'이다. 푸틴 대통령이 이끄는 러시아와 국제사회의 정치·경제적 관계를 단절시켜 러시아를 국제사회에서 고립시키는 것이 동전략의 핵심사항이다. 심지어, 크림반도와 우크라이나 동부에서 미국과 러시아와의 대치 상황이 해소되더라도 오바마는 푸틴과는 더 이상 건설적 관계를 갖지 않기로 했다는 보도가 있을 정도로 오바마의 반 푸틴정책은 강경하고 분명하다(*New York Times*, 2014.04.20; 검색일: 2016.08.25). 즉, 2014년 중반 우크라이나 사태에 대한 서방의 제재가 본격화 된 2014년 중반 이후 오바마는 남은 임기 (약 2년 6개월)에 푸틴 대통령을 철저하게 무시하거나 최소한의 형식적인 협력만을 유지하면서 푸틴이 유발할 분쟁을 최소화하는 방향으로 대 러시아 정책을 추구하겠다는 것이다. 미국은 우크라

---

23 미국이 지난 2009년 버락 오바마 행정부 출범 직후 이른바 '리셋'(Reset)이라는 표현까지 써가며 러시아와의 관계 회복을 자신했지만 결국 제자리로 '유턴'한 것은 푸틴이라는 중대 변수를 애써 무시했기 때문이라는 것이다.

이나 사태의 단기적 해결 전망이 없으며 동사태를 계기로 오바마 행정부는 푸틴 대통령이 존재하는 한 더 이상의 대 러시아 유화정책은 별 의미가 없다고 판단하는 듯하다. 이것이 오바마 2기 행정부에서 대 러시아 신봉쇄 정책을 다시 적용하게 된 직접적인 이유이다.

다시 말해, 2012년 푸틴 재집권 이후 미국의 대러시아 정책은 이전의 '리셋Reset'에서 이른바 '무시와 불협'으로 후퇴한 후 최근 우크라이나 사태를 계기로 푸틴 대통령에 대한 맹렬한 비판으로 선회하였다. 미국의 셰일가스 생산 붐 등으로 2014년 6월 이후 원유가격이 약 50% 이상 폭락함으로써 푸틴을 길들이려는 미국의 계획에 완벽히 부합하였지만, 오바마 미국 대통령은 2014년 크림 반도 합병 사태 이후 자신이 취한 '전략적 인내'가 푸틴 러시아 대통령과의 싸움에서 성공을 거뒀다고 평가하였다.[24] 그러나, 미국 정부 당국자들은 양국 간 양자관계가 악화되더라도 여전히 러시아와 글로벌 안보 (핵비확산과 국제 테러 등) 사안과 관련해서는 양국 협력이 계속될 것으로 기대하고 있다.

2016년 2월 러시아를 방문한 키신저 전 미국 국무장관은 양국이 논쟁적 사안들을 조정하는 틀로 이용할 수 있는 새로운 '전략적 관계 개념'을 정립해야 한다고 주문하였다. 그는 양국의 장기적 이해는 지금의 혼란과 가변성이 다극적 체제와 글로벌화에 기초한 새로운 균형으로 변모되길 요구하고 있다고 강조하였다. 그러면서 그는 "현재 형성되고 있는 다극적 세계에서 러시아를 미국에 대한 위협이 아니라 새로운 국제적 균형의 중요한 한 요소로 바라보아야 한다"고 주장하였다. 나아가 그는 "국제 세력 균형을 위해 러시아와 미국 간의 본질적 대화가 중요하며 러시아를 고립시켜서는 안 된다"고 주장하였다. 나아가 키신저는 "지역적 위기와 이슬람 테러리즘, 대량살상무기 확산, 식량안보 등의 복잡한 문제해결을 위해 러시아의 역할이 필수적라고 주장하였다(조선일보, 2016.02.05; 검색일: 2016.08.25). 오바마 행정부 이후의 새로운 미 행정부는 이러한 새로운 전략적 관계개념을 수용하며 양국 간 관계발전을 시킬 것인가?

---

24 오바마 대통령은 특히 "6년간의 백악관 경험을 통해 배운 것은 '전략적 인내'의 가치"라며 자신의 러시아 정책이 먹혀들었음을 은근히 자랑했다. 그는 "3-4개월 전만 해도 워싱턴의 모든 사람들이 푸틴이 천재라고 확신했고 푸틴은 우리를 압도하면서 러시아의 힘을 확대했다"며 "당시 나는 러시아와의 전쟁은 원하지 않지만 러시아의 타국 주권 침해에 반대하는 국제적 공조를 통해 러시아에 꾸준히 압력을 가할 수 있다고 말했다"고 상기시켰다(*Financial Times*, 2014.12.29: 검색일: 2016.08.24).

3. 중앙아시아 지역안보·경제 협력체제에 대한 양국의 경쟁과 견제 그리고 중국

1) 지역안보협력체 이슈

푸틴 집권 3기 러시아는 지역안보 협력체제 측면에서 집안안보조약기구CSTO, 상하이협력기구SCO, 그리고 아시아 교류 및 신뢰구축회의CICA 등을 통하여 전체적으로 미국 오바마 정권과의 대결과 견제의 관계에서 우위를 점하였다고 평가된다.

무엇보다, 동시기 푸틴은 중국과 '사상 최고의 전략적 동반자관계'[25]를 구축하며 역내 안보기구로써 중국과의 협력을 통하여 상하이협력기구SCO의 발전을 가속화하였다. 더불어, 2014년 5월 시진핑 중국 국가주석은 아시아 교류 및 신뢰구축회의CICA를 아시아의 안보협력기구로 만들자고 공식 제안하였고,[26] 푸틴 대통령은 이에 적극적인 지지를 표명하였다. 중국은 러시아의 지지를 확보하며 아시아의 새로운 안보협력기구 창설을 추진함으로써 미국의 '아시아 중시' 또는 '아시아 재균형' 전략에 적극적으로 대응하고자 하는 목적이다. 이러한 시진핑의 구상은 푸틴의 러시아로부터도 강한 지지를 획득하였다.[27] 시 주석의 제안은 미국이 북대서양조약기구(나토) 회원국의 경험을 아시아에 적용, 아시아의 동맹국을 중심으로 이른바 '아시아판(또는 동방) 나토'를 만들자는 구상이 거론되는 가운데 이뤄진 것이었다. 즉, 푸틴 집권 3기 러시아와 중국 양국은-반미 연대적인 맥락에서-SCO를 통하여 미국과 북대서양조약기구NATO에 맞설 수 있는 새로운 지역안보기구의 창설을 구상하고 있다.

나아가, 동시기 러시아와 중국 양국은 기타 지역에서도 새로운 '안보대화' 및 '기구'를 창설하고자 적극 노력하였다. 예를 들면, 2013년 10월 양국은 동남아시아국가연합(아세안) 회원국과 미·중·러·일 등 주변 강대국이 참여하는 새로운 안보대화 창설을 추진하였다. 이미 러시아는 2012년 11월 라브로프 러시아 외무장관의 제안을

---

25 동시기 러-중 관계발전에 대하여서는 윤익중(2015)을 참조할 것.

26 2014년 5월 중국의 시진핑 주석과 러시아의 푸틴 대통령, 이란의 로하니 대통령, 반기문 유엔사무총장 외, 24개의 가맹국으로부터 정상과 고관이 출석하며 중국의 상하이에서『아시아 상호 협력 신뢰 양성 회의(CICA)』가 개최되었다.

27 중국이 CICA를 미국의 패권을 부정하는 유라시아의 독자적인 안보체제를 제창한 것은 중국 자신의 전략이기도 하지만, 푸틴의 러시아의 반 서방주의에 동조하는 것이기도 하다.

시작으로 동아시아정상회의EAS 18개 회원국이 참가하는 새로운 안보 대화 창설을 제안하였다.

1994년 7월 나토확장과정의 일부로 중앙아시아 지역 국가들을 포함하여 모든 구소련 공화국들이 소위 '평화동반자Partnership for Peace: PfP' 프로그램에 가입함으로써 NATO의 준회원국이 되었다. 1995년 중앙아시아는 미국 중부사령부의 관할 지역으로 공식으로 편입되었다. 1997년 9월 사상 최초로 카자흐스탄, 키르기스스탄, 그리고 우즈베키스탄에서 미국과 나토 동맹군이 중앙아시아 3국과 공동으로 군사합동 훈련을 실시하였다(Bakshi, 1999: 1-7). 이것은 중앙아시아 지역이 미국의 영향력 아래에 놓이게 되었다는 것을 의미한다. 2001-2004년 기간은 아프가니스탄에서의 테러전쟁으로 인하여 미국의 동지역에서의 영향력이 최고조에 이른 시기이었다. 동시에 당시 러시아와 중국은 대체로 동지역에서 미국의 주도권을 인정한 시기이기도 하였다. 2005-2008년은 SCO의 급속한 발전 등 미국의 동지역에서 영향력이 러시아와 중국으로부터 강력하게 도전을 받는 시기이었다.[28] 즉, 러시아와 중국은 사상 최고의 전략적 동반자 관계발전을 지속하며 동지역에서 적극적으로 반미 연대를 형성하며 지역안보와 지역경제적인 측면에서 영향력 회복을 강력히 추구하였다.

2005년 이후 미국의 중앙아시아 외교는 21세기 초반의 절박한 중요성을 잃어가고 있었다. 예를 들면, 중앙아시아 안보문제 해결에 있어서도 2002년과 2003년에는 미국의 군사원조 비용이 급격히 늘어났으나 2004년과 2005년에는 급격히 삭감되는 등 미국의 단기 군사작전이 종료됨과 함께 미국의 중앙아시아 정책도 서서히 그 중요성을 잃어가기 시작하였다. 따라서, 푸틴 집권 3기 중앙아시아 지역에서 미국의 영향력이 뚜렷이 감소하고 있다. 특히, 오바마 정부가 천명한 2014년 말 아프가니스탄에서의 미군철수 결정은 지난 20여 년 지속된 미국의 대 중앙아시아 정책에 있어 중대 전환점이 되었다. 2011년 오바마 미국 대통령은 2014년 12월까지 아프가니스탄 주둔 미군과 연합군 13만 명을 소수 병력만 남기고 철수하겠다고 발표하였다. 2013년 미국 시카고에서 열린 나토정상회의는 2014년 말 철군을 다시 확인하였다.[29]

---

28 미국은 SCO의 결속으로 중앙아시아 지역에서 최초로 전략적 패배의 실패를 경험하였다고 평가된다.

29 그러나, 2015년 3월 아프가니스탄의 아시라프 가니(Ashraf Ghani) 대통령의 요청으로 2015년 말까지 9,800명을 유지하기로 결정하였다. 오바마 대통령은 2016년 말까지는 원래 계획

러시아는 2014년 말 국제원조군의 아프가니스탄으로부터의 철수를 중앙아시아 지역안보적인 측면에서 위기이자 기회로 인식하고 있다.[30] 미군의 아프가니스탄 철수 선언을 계기로 러시아는 동지역에서 그동안 상실하였던 영향력을 급속히 회복하려고 하고 있다. 동시에 러시아는 미군 철수이후 아프가니스탄의 안보 공백이 중앙아시아로부터의 테러와 마약밀매 확산으로 이어져서 결국 러시아 안보에 부정적인 영향을 미칠 것을 염려하고 있다(Lang, 2014).

미군철수 이후 테러세력의 중앙아시아 진입을 차단하고 동시에 러시아의 영향력 회복을 위해 러시아가 우선적으로 추진하는 것은 중앙아시아 지역의 군사안보 지역 협력체인 CSTO를 강화하는 것이다. CSTO는 2002년에 설립된 중앙아시아 지역에서는 가장 발전된 지역안보기구로서 7개 국가를 회원국으로 두고 있으며 지역의 다양한 형태의 안보위기에 대응하기 위하여 신속대응군을 설치해 놓았으며 러시아군을 키르기스스탄, 타지키스탄, 아르메니아 등에 주둔시키고 있다(Baev, 2014: 40-48). 나아가, 러시아는 SCO와 CSTO를 연계하여 동지역 안보협력 체제를 구축하려는 계획을 갖고 있다.

아프가니스탄으로부터의 미군철수는 중앙아시아 안보에 많은 위협과 문제를 불러올 것으로 예측된다. 왜냐하면, 미국철수는 미군 병력의 감축 뿐 만이 아니라 지난 16년 동안 아프가니스탄 전쟁 수행을 위해 중앙아시아 국가들에 제공되었던 다양한 형태의 미국의 '군사원조'와 '경제원조'가 동시에 감축됨을 의미하는 것이다. 따라서, 동지역 국가들은 외교와 군사정책에 있어 상당한 변화가 초래될 수밖에 없다(Blank, 2012: 147-160). 이러한 상황은 지역안보협력체 구축에 있어 동지역에서 미국에 대한 러시아의 우위 확보이기도 하지만, 향후 미국의 안보적 영향력이 동지역에서 급속히 약화될 경우 현재 사상 최고의 동반자 관계를 구축하고 있는 러시아와 중국 사이에 균열이 나타날 수 있는 주요 변수 중의 하나가 될 가능성도 있다.[31] 그러나, 아직

대로 소규모의 미대사관 경비병력을 제외한 모든 미군을 철수한다는 원칙을 다시 확인하였다.

30 사실, 상당한 정도 미국의 아프가니스탄 전쟁 목적 중 하나는 중앙아시아 지역에 미군과 나토군을 상주시킴으로서 러시아와 중국 간의 협력관계를 약화시키는 것이기도 하다.

31 러시아와 중국은 겉으로 드러난 협력에도 불구하고 상당한 갈등 가능성이 존재했다. 중국의 중앙아시아에서의 영향력 확대는 러시아의 전략적 불안을 증가시키고 있었다. 중국은 전반적으로 중앙아시아와 CSTO에서 러시아의 주도적 위치를 인정하고 SCO와 CSTO의 연계를

까지 대체로 동지역의 지역 군사·안보협력에 있어서 중국은 러시아의 동지역에서의 기득권 또는 우선권을 인정하고 있다.

이미 미국은 우즈베키스탄과 키르기스스탄에서 미군 기지를 철수하며 동지역에서 군사안보적인 측면에서의 영향력이 이전보다 약화되었다. 당초 미국은 우즈베키스탄에서 군기지를 25년 동안 임대하고 병력 3,000명과 전투기 50-60대를 배치할 계획을 세워 놓는 등 중앙아시아의 전초기지로 삼는다는 복안을 가지고 있었다. 그러나, 미국은 우즈벡 정부의 요구로 해외기지를 철수할 수밖에 없었다. 이것은 21세기 들어 처음으로 미군이 해외기지에서 외국정부의 요구로 철수한 것이었다. 반면, 우즈베키스탄은 미군철수 이후 러시아와 상호 군사보호조약을 체결하였다.[32] 미국은 키르기스스탄에서도 군기지 사용이 더 이상 연장되지 않으며 철수하여야 했다. 키르기스스탄은 안보적으로는 미국과 러시아의 공군기지가 동시에 존재하는 유일한 국가였으나 2014년 6월 마나스 미군 공군기지를 폐쇄하는 등 최근 러시아의 정치군사적 영향력이 늘어나고 있다.

동지역의 지역안보협력체 구성에 있어 러시아는 기존에 창설된 집단안보조약기구CSTO를 상하이 협력기구SCO와 연계하는 방안을 적극적으로 모색하고 있다. 그러나, SCO의 역할에 있어 러시아는 군사 분야를 중시하는 것에 비해 중국은 SCO를 통하여 상대적으로 경제적 영향력 확대에 더 많은 관심을 갖고 있음은 주지의 사실이다. 그럼에도 불구하고, 중국은 SCO 회원국들을 지원하기 위해 신속대응군을 창설하는 등 지역 군사안보협력 분야에서도 러시아와의 협력을 강화하고 있다.

미국은 러시아와 중국이 SCO를 확대시키면서 자국에 도전해오자 당황한 기색이

반대하지 않았다. 그러나 2007년 SCO의 군사훈련을 CSTO와 공동으로 실시하자는 러시아의 제안을 거절한 바 있고 러시아 분석가들은 중국이 SCO안에서 영향력을 상실할 것을 염려하여 거절한 것이라고 보았다. 러시아는 또한 SCO의 군사블록화를 주장해 온데 반해 중국은 중앙아시아 국가들과 함께 반대하였다. 중국의 일관된 주장은 SCO는 경제협력을 중심으로 활동해야 한다는 것이었다.

32 이 조약은 한쪽 국가가 외부로부터 공격 받을 경우 다른 국가가 개입할 수 있도록 하는 것을 주요 내용으로 하고 있다. 또 이 조약에는 우즈베키스탄이나 러시아 둘 중 한 국가에 대한 제3국의 공격은 양국 모두에 대한 공격으로 간주되며 피해국에 군사적 수단을 포함한 모든 필요한 지원을 할 수 있다는 내용도 포함됐다. 양국은 이와 함께 안보와 평화를 위해 필요한 경우 상대방 군사기지를 이용할 수 있는 조약까지 맺었다.

역력하다. 예를 들면, 미국은 러시아와 중국이 SCO에 이란을 포함시킨 것을 강력하게 비판하고 있다. 러시아는 2015년 국제사회의 대 이란 제제 이후 이란의 SCO 가입이 모든 회원국들에게 안보를 추가적으로 보장해 주고, 역내 인프라 개발 프로젝트에도 일조할 것이라고 생각한다. 미국은 향후 러시아-중국-이란으로 이어지는 반미의 축 '유라시아 삼각동맹'이 만들어지는 것을 최악의 시나리오로 보고 있다.

따라서, 미국은 현재 SCO에 대항하는 국가들을 세력화하는 데에 노력하고 있다. 흑해 연안국들의 모임인 '민주주의와 발전을 위한 조직-구암GUAM'[33]이 제1순위이다. 미국은 구암을 주축으로 하는 흑해 연안국가들과의 군사협력도 가속화하고 있다. 특히, 미국이 중앙아시아와 흑해에 대한 장악력을 높이기 위하여 동유럽의 루마니아와 불가리아와의 협력을 강화하고 있다. 미국은 또 이란과 관계가 좋지 않은 터키와의 관계도 강화하고 있다. 특히, 중앙아시아 카자흐스탄에 대한 미국의 영향력 강화 시도는 러시아와 중국의 국경지역에 친 서방 병력을 주둔시킴으로서 러시아 주도의 집단안보조약기구CSTO와 상하이협력기구SCO를 약화시키기 위한 미국의 목적이다.

요약하면, 동시기(2012-2015) 지역안보협력체 발전 측면에서 볼 때, 러시아와 미국이 경쟁을 하기 보다는 러시아 주도의 지역안보협력체 결성 및 발전에 대하여 미국은 구암 등을 통하여 러시아의 확장을 견제하는 모양새이다. 특히, 러시아는 중국과 SCO 등 지역안보기구의 발전과 신설기구의 창설 등을 통하여 동지역에서 반미 연대를 효과적으로 발전시키고 있다. 더불어, 러시아는 우즈베키스탄과 키르기스스탄 등에서의 미군기지 철수에 대하여 향후 다시 미군이 동지역 국가들에 주둔할 수 없도록 개별 국가차원에서도 군사안보협력을 강화하고 있다. 동지역에서 오바마의 지역안보협력체의 발전정책은 일관성과 적극성이 모두 푸틴의 그것보다 떨어진다는 것이 일반적인 평가이다.

2) 지역경제협력체 이슈

집권 3기의 푸틴정부는 2015년 1월 마침내 유라시아경제연합을 출범시키며 중앙아시아 및 CIS 국가들과 러시아 중심의 역내 단일 시장경제 구조를 발전시키려고 노력

---

33 구암은 그루지야(G), 우크라이나(U), 아제르바이잔(A), 몰도바(M)의 맨 앞 글자를 딴 이름으로 1997년 출범하였다. 우즈베키스탄은 1998년에 가입했지만 탈퇴하였다.

하고 있다. 유라시아경제연합은 회원국 간의 경제·통화 정책을 보다 긴밀히 조율하고 완전한 의미의 경제동맹을 형성하는 초국가 조직체가 될 것을 목표로 하고 있다(한양대학교 아태지역연구센터 러시아·유라시아연구사업단, 2015). 이미 언급하였듯이, 탈냉전시대 중아아시아 역내 지역경제협력체는 유라시아경제공동체 등 여러 모습과 단계를 거치며 새로운 형태로써 발전하여 왔다. 푸틴 집권 3기 러시아 정부가 중앙아시아 국가들을 중심으로 역내 지역경제협력체를 본격적으로 출범시킨 것은 여러 의미가 있다.

무엇보다, 푸틴의 러시아는 2014년 중반 이후 서방의 대 러시아 경제제재와 유가 폭락 이후 가속화되어지고 있는 경제난에도 불구하고 2015년 1월 계획대로 유라시아경제연합을 출범시켰다. 이것은 푸틴이 목적하고 있는 러시아 외교정책 우선순위와 목적에 있어서 동지역을 서방의 대 러시아 경제제대 등 여러 가지 어려움에도 불구하고 여전히 최우선 순위에 두고 있다는 것을 의미한다. 이미 수차례 강조하였듯이, 이것은 푸틴이 등장한 2000년 이후 러시아 외교정책의 가장 기본적인 우선 방향이자 최우선 목적이다. 다시 말해, 동지역에서 러시아는 더 이상 미국 또는 기타 강대국에게 지역경제협력의 주도권을 다시 내주지 않겠다는 것을 유라시아경제연합이라는 공식 기구의 출범을 통하여 대내외에 천명한 것이다.

중앙아시아 지역에서 이러한 푸틴의 지역경제협력체 강화와 적극적인 실행은 미국이 동지역에서 경제력을 확장하는 것에 대하여 분명한 견제와 반대를 시사하는 것이다. 그리고 동지역에서 푸틴의 대 미국 경제 봉쇄정책은 상당 부분 중국의 시진핑 정부와의 협력을 바탕으로 하고 있음은 주지의 사실이다. 즉, 지역경제협력적인 측면에서도 러시아의 푸틴 정권과 중국의 시진핑 정권은 새로운 경제전략을 바탕으로 하는 미국의 동지역에서의 경제력 확장을 동시에 경계하며 협력하고 있다. 물론, 러시아와 중국 간 향후 동지역에서의 경제적 경쟁 등이 예측되어지기도 하지만, 푸틴 집권 3기 양국은 동지역에서 미국의 경제적 영향력 침투와 확대에 대하여 강력히 경계하며 연대하고 있다. 이러한 맥락에서, 예를 들면, 2015년 5월 러시아 모스크바 전승절 기념행사 정상회담에서 러시아 정부는 중국과 유라시아경제연합 간 경제무역 협력파트너 협정에 서명하였다. 중국의 입장에서도 당분간 동지역에서 지역경제협력체를 통한 중국의 영향력 확대보다는 개별국가와의 무역량 증대 등을 통한 중국 의존도 심화전략이 러시아와 불편한 관계가 되는 것을 방지할 수 있는 방법이기도 하기 때문이다.

주지하다시피, 푸틴 집권 3기 미국은 동지역에서 지역경제협력체를 통하여서 보다는 개별국가 차원에서 경제적 영향력을 확대하려고 노력하고 있다. 이것은 미국의 전통적인 동지역 국가들에 대한 경제적 지원과 신흥시장 참여 방법 등을 의미한다. 이러한 맥락에서, 오바마 정권은 자국의 글로벌 전략 중의 하나인 '신실크로드 전략'[34]을 통해 아프가니스탄 등 동지역의 운송, 에너지, 안보 인프라 지원을 통한 신흥 경제시장에 동참하며 경제적 영향력 확대를 시도하고 있다.

미국 오바마 정권의 글로벌 전략 가운데 하나인 '신실크로드 전략 구상'은 2011년 가을 미국 존스 홉킨스대학 포럼에서 미국 고위관리에 의하여 처음으로 언급되기 시작하였다. 미국의 '신실크로드 전략'의 요지는 미국이 지난 2001년 9·11테러 이후 10년 동안 전쟁을 통해 개입한 아프가니스탄과 파키스탄을 중심으로, 남아시아와 중앙아시아를 연결하는 선상에 있는 국가들의 '경제적 재건' 추진이다(김재관, 2015). 2011년 11월 당시 미국의 클린턴 국무장관은 하와이에서 '미국의 태평양 세기America's Pacific Century' 구상을 발표했고, 오바마 대통령의 '아시아 중시Pivot to Asia' 정책은 힐러리의 '태평양 세기' 전략구상의 연결선상에서 만들어진 구상이다.

중국은 미국의 신실크로드 전략이 아프간과 파키스탄을 주축으로 해서 남아시아와 중앙아시아를 연결하여 '중국 포위망'을 구축하겠다는 미국의 구상과 의도에서 만들어진 것으로 이해하였다. 시진핑 중국 국가주석이 그러한 미국의 새로운 전략에 맞서기 위해 그리고 '중국의 꿈'을 실현하기 위하여 2013년 가을 중국판 '유라시아 중시Pivot to Eurasia' 정책을 제시하였다. 그것이 바로 시진핑 정권의 '일대일로 신실크로드' 전략 구상이다(이주형, 2016).[35] 시진핑의 '일대일로' 구상은 바로 미국의 신실크로드 전략에 맞서기 위해 중앙아시아를 통해 유럽과 중국을 하나의 경제권으로 연결하겠다는 구상이다. 상당 부분 중국의 신실크로드 전략은 미국의 '중국 포위전략Containment Policy for China'에 대항하기 위해 만들어진 것이라고 볼 수 있다. 즉, '신실크로드 전략'을 먼저 내놓은 것은 중국이 아니라 미국이다.

따라서, 미국은 동지역에서 군사안보적인 측면에서보다는 경제적인 측면에서의

---

34 미국적 개념으로는 '뉴 실크로드 이니셔티브(New Silkroad Initiative)'이다.

35 시진핑 중국 국가주석이 '중국의 꿈'을 제기한 건 2012년 11월이었다. 중국 권력의 정점인 총서기에 오른 직후다. 당시 그는 '중화민족의 부흥이야말로 가장 위대한 꿈'이라고 했다. 1년여 뒤 시 주석은 카자흐스탄(2013년 9월)과 인도네시아(11월)를 잇따라 방문하면서 '일대일로' 구상을 내놨다.

신실크로드 전략을 바탕으로 하여 동지역 국가들과 경제협력을 도모하며 영향력 확대를 추구하겠다는 것으로서 러시아 중심의 유라시아경제연합보다도 중국의 경제적 확장을 경계하는 대 중국 봉쇄정책적인 측면의 성격이 강하다. 미국의 입장에서는 동지역에서 러시아가 주도하는 유라시아경제연합을 기본적으로 차단할 방안이 없는 것으로 판단하며 -또는 상당한 정도 동지역에서 러시아의 기득권을 인정하며- 동지역에서 중국의 확장세를 무마하며 자국의 경제적 영향력 확보를 목적으로 하는 것이 더욱 중요하다고 판단하는 듯하다.

푸틴 집권 3기 중앙아시아 지역에서 러시아, 중국, 미국 간 경제적 측면에서의 경쟁과 협력은 2015년 5월 모스크바 전승절 기념행사에서 푸틴 러시아 대통령과 시진핑 중국 주석은 신실크로드 건설과 유라시아경제연합EEU을 연계하기로 합의하며 러시아와 중국의 대 미국 공동전선을 다시 한 번 천명하였다.[36] 푸틴 주도의 유라시아경제연합과 시진핑의 신실크로드 전략의 제휴로 중국은 중앙아시아 국가들을 실크로드 프로젝트에 가담시킬 수 있게 되었고, 러시아는 유라시아경제연합 확대에 박차를 가할 수 있게 되었다. 결과적으로 미국 오바마 정권의 신실크로드 전략은 푸틴 집권 3기 성공적이라고 평가하기 그리 쉽지 않다.

요약하면, 동시기(2012-2015) 중앙아시아 지역에서 지역경제협력체 발전 측면에서 볼 때, 러시아와 미국은 여전히 동지역에서 경쟁을 하고 있으나, 상당한 정도 러시아 주도의 유라시아경제연합이 상당한 정도 미국 구상의 신실크로드 전략보다 앞서나가고 있다. 특히, 2014년 봄 우크라이나 사태가 본격화 된 이후, 미국 등 서방의 대 러시아 제재가 강화되고 유가가 폭락하는 등 여러 악재가 있었음에도 불구하고 집권 3기의 푸틴정부는 계획대로 2015년 1월 유라시아경제연합을 출범시켰다. 푸틴의 러시아는 동지역에서 경제협력체 발전에 있어 미국과 서방에 한 치의 양보도 할 수 없는 러시아의 가장 중요한 핵심적 이익 지역이라고 지속적으로 천명하고 있다.

---

36 2015년 5월 모스크바 정상회담에서 양국 정부는 중국과 EEU간 경제무역 협력파트너 협정에 서명하였다.

V. 결론

러시아와 미국 양국은 2012년 푸틴 집권 3기 이후 중앙아시아 지역에서 지역안보협력과 지역경제협력 측면에서 대결과 견제 구도를 형성하며 '세력 보전'(러시아)과 '세력 확보'(미국)를 시도하고 있다. 특히, 양국은 유라시아경제연합, SCO, 미군주둔, 미국의 신실크로드전략 등에서 첨예하게 대립하며 중앙아시아 지역에서 지정·지경학적 우위를 점하기 위하여 21세기 판 경쟁을 하고 있다.

푸틴 집권 3기 러시아의 대 중앙아시아 정책은 더욱 공세적으로 외교정책의 최우선 순위를 차지하며 지역안보·경제 협력체를 만들어 가는 실행정책을 강력하게 추구하고 있다. 이는 동지역에서 러시아가 미국과의 협력보다는 경쟁을 통한 지역 헤게모니 장악 및 보전 목표를 뚜렷하게 나타내는 것이다. 그러나, 동지역에서 러시아의 미국에 대한 공세적이며 실용적인 대외정책은 2013년 말부터 본격화된 우크라이나와의 갈등으로 인하여 양국 간의 관계와 러시아의 입지가 크게 변화하게 되었다. 그 결과 2015년 말 러시아는 동지역에서 지역안보·경제적인 측면에서 푸틴 집권 3기 초기와는 현격히 다른 양상을 나타내고 있다. 오바마 정권입장에서 보면 우크라이나 사태를 계기로 동지역에서의 미국의 영향력 회복 – 달리 표현하면, 러시아의 위상 약화– 이 상당 부분 긍정적으로 이루어지고 있는 형국이다.

한편, 오바마 행정부 2기 미국은 아프가니스탄에서 2014년 말까지 미군철수 발표 이후에도 중앙아시아 국가들과 인도, 파키스탄, 아프가니스탄 등을 연결하는 교역망인 '신실크로드'를 구축함으로써 동지역에서 영향력을 유지하려는 전략을 구사하고 있다. 그러나, 미국이 당분간 동지역에서 러시아의 영향력에 맞서기에는 여러모로 쉽지 않을 전망이다. 무엇보다, 오바마 행정부는 중앙아시아 지역을 미국의 핵심 국익 추구지역으로 간주하지 않고 있기 때문이다. 동시기 미국은 '아시아 중시 정책Pivot to Asia'을 강력하게 실행하며 동북아시아 지역에서 중국의 위상 강화를 허용하지 않으려는 대 중국 봉쇄정책 실행에 우선하고 있다. 따라서 향후 미국(오바마)의 대 중앙아시아 정책은 역내 안보와 경제발전을 위해 많은 현안에 대하여 러시아, 중국의 역할과 비용분담을 독려하면서도 세력균형자, 안보 관리자로서의 적정한 수준의 개입과 지원을 모색할 것으로 전망된다(박상남, 2014: 111).

요약하면, 푸틴 집권 3기 중앙아시아 지역에서 양국은 결과적으로 이해관계의 '균형’ 모색에 실패하며 경쟁과 충돌 양상을 지속하고 있다. 주지하다시피, 동지역에서 양국 간 이해가 서로 너무 다르기 때문이다. 특히, 2014년 러시아의 크림반도 합병 이후 양국관계는 장기적 불신시대로 접어들고 있고 이러한 상황은 상당 기간 지속될 것으로 전망되어진다. 나아가, 양국 간 갈등은 가치 투쟁적 측면이 있으므로 단시일 내에 해소될 성질의 것이 아니다. 양국 관계의 악화 추세는 2008년 글로벌 금융 위기 이후 조성되고 있는 범지구적 정치·경제 질서의 재편과 깊은 관련이 있기도 하다. 따라서, 양국은 향후 유라시아(옛 소련) 지역과 동북아, 중동 및 아프리카 등지에서 경쟁과 충돌, 그리고 대결과 견제가 극심해질 것으로 전망된다.

러시아와 미국 양국이 새로운 단계의 상호관계로 이행하려면 ‘또 다른 리셋another reset’이 필요하다. 그러나 어떠한 방법으로 언제 회복관계로 양국관계가 변화할지는 예측하기 어렵다. 일단 오바마 행정부의 임기가 만료되는 2017년 2월까지는 별다른 큰 변화 없이 양국 간 관계발전은 21세기 신냉전 구도로 진행되어질 전망이다. 중앙아시아 지역도 예외가 아니다. 즉, 적어도 푸틴-오바마 체제에서는 양국 간 화해모드를 찾기가 어려울 것으로 전망된다.

참고문헌

강봉구. 2015. “우크라이나 위기와 미국-러시아 관계: 대외정체성 대립의 장기화.” 『슬라브학보』30-3, 1-42.

강봉구. 2005. “편승과 균형: 21세기 세계정치와 러-미관계.”『국제정치논총』45-3, 263-285.

고재남. 2010. “러시아의 중앙아시아정책과 다자주의.”『한국과 국제정치 』26-1, 199-233.

김상원. 2014. “유라시아경제연합과 중앙아시아: 경제통합 실현을 중심으로.”『슬라브학보』29-4, 31-60.

김용환. 2009. “중앙아시아 지역안보체제의 국제정치학적 의미.”『국제지역연구』13-4, 129-154.

김재관. 2015. “미국의 ‘신실크로드 전략’과 중러의 대응.”『평화연구』23-2, 163-206.

문수언. 2009·2010. "러시아와 미국의 핵전략 관계와 핵확산방지체제에서의 함의." 『중소연구』 33-4 통권124호, 157-185.

박상남. 2014. "탈 냉전기 미국의 대 중앙아시아 정책과 함의: 구조적 현실주의 관점에서." 『동북아연구』 29-1, 79-116.

박상남. 2010. 『현대 중앙아시아』. 서울: 한신대학교 출판부.

박상남. 2004. "러시아의 중앙아시아 복귀." 『중동연구』 23-2, 86-87.

박정호. 2009. "21세기 러시아의 중앙아시아 국가전략: 푸틴 집권기 중앙아시아 정책의 기본 방향과 특성을 중심으로." 『슬라브연구』 25-2, 65-91.

박창규. 2009. 『중앙아시아의 이해』. 서울: 씨네스트.

백준기. 2007. 『중앙아시아의 국가발전 전략과 이행 경로』. 오산: 한신대학교 중앙아시아 연구팀.

브레진스키 저. 김명섭 역. 2000. 『거대한 체스판: 21세기 미국의 세계전략과 유라시아』. 서울: 삼인.

서동주. 2014. "푸틴의 대미 정책 러시아 푸틴정부의 대미관계: 특징. 전망. 정책적 함의." 『JPI 정책포럼』 01-02, 7-18.

성동기·최준영. 2009. "탈냉전기 미국의 대중앙아시아 정책의 변화와 연속성: 오바마 정부에 미치는 교훈을 중심으로." 『21세기정치학회보』 19-2, 440-460.

성원용. 2015. "유라시아 경제공간의 해체와 재통합: 유라시아경제연합 출범을 바라보는 관점에 대한 분석." 『러시아연구』 25-2, 117-146.

신범식. 2015. "중국의 부상과 중앙아시아 국가들의 대응." 『슬라브학보』 30-2, 205-246.

신범식 외. 2015. 『중국의 부상과 중앙아시아』, 과천: 진인진.

양정훈. 2005. "러시아의 대 중앙아시아 외교정책의 변천과정." 『슬라브연구』 21-1, 141-163.

유영철. 2008. 『동북아안보정세분석: 미국 신정부에 대한 러시아의 반응과 미러관계 전망』. 서울: 한국국방연구원.

윤익중. 2015. "러시아-중국 간 신 밀월관계의 발전과 한계: 푸틴과 시진핑 체제를 중심으로." 『중소연구』 39-3, 221-267.

이고르 이바노프. 2003. 『새로운 러시아의 외교』. 서울: 단국대학교출판부.

이동형. 2001. "부시 신행정부의 출범과 러-미관계." 『세계지역연구논총』 16, 69-85.

이문영. 2005. "포스트 소비에트 시기 러시아와 중앙아시아의 관계." 『국제지역연구』 9-3, 735-759.

이주형. 2016. "중국의 다자주의 외교와 일대일로 전략." 『대한정치학회보』 24-1, 131-150.

이창주. 2010. 『제국의 대립 패권인가 균형인가: 21세기 다극화시대 러시아와 미국』. 서울: 우리시대.

이홍섭. 2006. "중앙아시아의 부상과 미-러 관계: 에너지자원과 9·11테러를 중심으로." 『중소연구』 30-2 통권110호, 127-145.

이홍섭. 2015. 『푸틴의 반(反)서방주의와 러-미 관계 조망』. 제주평화연구원.

장병옥 외. 2009. 『미국의 대 중동·중앙아시아 외교정책』. 서울: 한국외국어대학교 출판부.

제성훈. 2016. "탈냉전기 미-러 관계의 변화와 우크라이나 위기." 『국제지역연구』 20-1, 31-57.

피터 홉커크. 2008. 『그레이트 게임: 중앙아시아를 둘러싼 숨겨진 전쟁』. 서울: 사계절출판사.

한양대학교 아태지역연구센터 러시아·유라시아연구사업단 편. 2015. 『유라시아경제연합: 지역통합의 현실과 전망』. 서울: 한울.

조선일보. 2016.02.05. (검색일: 2016.08.25)

Baev, Pavel. 2014. "The CSTO: Military Dimensions of the Russian Reintegration Effort." in Frederick Starr and Svante Cornell, eds. *Putin's Grand Strategy: The Eurasian Union and Its Discontents*. Washington, D.C., Johns Hopkins University.

Bakshi, Jyotsna. 1999. "Russian Policy towards Central Asia- I & II." *Strategic Analysis: A Monthly Journal of the IDSA* Vol. 22, 1-7.

Blank, Stephen. 2012. "Whither the New Great Game in Central Asia?" *Journal of Eurasian Studies* Vol. 3, 147-160.

Blank, Stephen. 2010. "Beyond the Reset Policy: Current Dilemmas of U.S.-Russia Relations." *Comparative Strategy* Vol. 29, No. 4, 333-367.

Boyer, Alan Lee. 2006. *U.S. foreign Policy in Central Asia*, Naval War College review. Academic Research Library.

Ditrych, Ondrej. 2014. "Bracing for Cold Peace. US-Russia Relations after Ukraine." *The International Spectator* Vol. 49, No. 4, 76-96.

Jackson, Nicole J. 2003. *Russian Foreign Policy and the CIS: theories, debates and actions*. New York, Routledge.

Lang, Jozef. 2014. "Afghanistan: The View from Russia." *European Union Institute for Security Studies*, February.

Legvold, Robert. 2007. *Russian Foreign Policy in the twenty-first century and the shadow of the past*. New York, Columbia University Press.

Lo, Bobo. 2002. *Russian Foreign Policy in the post-Soviet era: reality, illusion, and mythmaking*. Basingstoke, Hampshire; New York, Palgrave Macmillan.

MacHaffie, James. 2010. "China's Role in Central Asia: Security Implications for Russia and the United States." *Comparative Strategy* Vol. 29, Issue 4, 368-380.

Malashenko, Alexey. 2013. *The Fight for Influence Russia in Central Asia*. Washington D.C., Carnegie Endowment for International Peace.

Mankoff, Jeffrey. 2009. *Russian Foreign Policy : the return of great power politics*. Plymouth, Rowman & Littlefield.

Sakwa, Richard. "Putin's Foreign Policy : Transforming the East, Russia between East and West : Russian Foreign Policy on the Threshold of the Twenty-First Century, 174-177.

Saunders, Emily Cura, Ariana Rowberry and Bryan L. Fearey. 2014. "Obstacles and Opportunities for a Tactical Nuclear Weapons Treaty between Russia and the United States." *Contemporary Security Policy* 35-1, 53-72.

Stent, A. 2012. "US-Russia Relations in the Second Obama Administration." *Survival*, Vol. 54, No. 6, 123-138.

Suslov, Dmitry. 2014. "US Global Leadership Dilemma As A Challenge For The Us-Russia Relations." *Higher School of Economics Research Paper* No. WP BRP 3.

Ziegler, Charles. 2014a. "Russia in Central Asia: The Dynamics of Great-Power

Politics in a Volatile Region." *Asian Perspective* Vol. 38, No. 4, 589-617.

Ziegler. Charles. 2014b. "Russian-American relations: From Tsarism to Putin." *International Politics* 51, 671-692.

New York Times. 2014.04.20. (검색일: 2016.08.25).

Financial Times. 2014.12.29. (검색일: 2016.08.24).

10

강대국 영향력과 중앙아시아 지역 정치 변동

신범식

I. 문제 제기

우크라이나 사태 이후 러시아가 미국을 비롯한 서방측과 대립하는 구도가 강화되면서 러시아와 중국의 밀착을 예측하거나 분석하는 많은 관측들이 쏟아져 나왔다. 이는 해양세력과 대륙세력의 경쟁으로 특징지어지는 "(고전적) 지정학의 귀환"에 관한 논의를 연상시키곤 한다(Mead, 2014). 하지만 이같은 논의를 가지고 중앙아시아의 지역정치를 이해함에 있어서 다음과 같은 부분을 비판적으로 고려하여야 할 필요가 있다.

첫째, 서방 제재 국면에서 선택지가 좁아진 러시아가 지구적 및 지역적 수준에서 러시아와 중국이 협력하는 강도와 범위가 확대되고 있는 것이 사실이지만, 구체적으로 양국이 각 지역적 이슈를 두고 벌이는 경쟁에 대한 이해가 필요하다. 우크라이나 사태 이후 푸틴 대통령이 열성적으로 추진하고 있는 유라시아경제연합Eurasian Economic Union과 시진핑 주석 취임 이후 가속화되고 있는 일대일로One Road, One Belt 구상의 일환으로 추진되고 있는 중국판 실크로드경제벨트Silk Road Economic Belt 구축 정책은 다분히 경쟁적 상호관계에 놓여 있는 두 시도로 보는 것이 타당하다. 이 두 시도가 중앙유라시아를 둘러싼 경쟁을 근본적으로 회피하기란 쉬워 보이지 않는다.

둘째, 더 중요한 것은 유라시아의 지역정치 구도는 강대국 중심의 설명틀만으로는 적절하게 이해되기 어렵다는 것이다. 탈냉전 이후 유라시아, 특히 중앙아시아 지역정치를 설명함에 있어서 신거대게임과 같은 강대국 중심의 설명틀은 자주 활용되어 왔다. 하지만 유라시아의 지역정치에 대한 이해를 위해서는 강대국들의 상호작용뿐만 아니라 역내 국가들의 이합집산으로 나타나는 다양한 동학에 대한 고찰도 중요하며, 특히 역내 국가들의 국내정치 변동이 가져올 지역정치의 변화 가능성 또한 매우 높다. 따라서 러시아와 서방의 대립이 자연스럽게 러시아와 중국의 협력으로 연결되어 중앙아시아의 지역정치를 규정하게 될 것이라는 주장은 역내 국가들의 역할과 그 상호작용의 동학을 무시한 지나치게 단순화된 논의라 할 수 있다.

결국 강대국들의 세력 배열이 가지는 구도에 대한 이해와 더불어 역내 국가들의 상호작용과 그 국내정치의 대외정책적 영향이 보여주는 동학을 모두 관찰하는 것이 지역정치를 입체적으로 이해하는데 필수적이라 할 것이다. 즉 강대국 간의 경쟁과 협력의 상호관계에 대한 이해도 중요하지만 강대국의 정책에 대한 역내 국가들의 반응이 어떤 구도를 형성해 가고 있는가를 파악하는 것도 대단히 중요하다는 것이다. 따라서 본 연구는 우선 중앙아시아 지역정치에서 나타나고 있는 강대국 정치의 맥락을 개괄할 것인데, 특히 최근의 중요한 변화로 러시아와 중국이 역내 국가들에 대한 어떤 정책을 펼치면서 지역정치의 어떤 특징을 형성해 가고 있는지, 그리고 그 영향력의 수단들은 어떤 강점과 약점이 있는지를 파악함으로써 향후 이 중앙아시아 지역정치의 미래를 가늠해 보려는 시도이다. 특히 21세기 세계정치의 특징으로 지적되고 있는 경쟁과 협력의 복합적 특성을 지닌 강대국 정치의 영향력이 중앙아시아 지역정치의 구도 속에서 어떻게 드러내나고 있는지를 평가해볼 것이다.

상기 연구의 목적을 달성하기 위하여 본고에서는 다음과 같은 연구과제들을 수행해 나갈 것이다.

첫째, 유라시아에서 강대국 관계는 시기별로 다양한 특징을 보이며 전개되어 왔다. 이같은 강대국 관계의 특징은 비교적 시기별 요청에 맞는 협력의 틀을 러시아와 중국이 찾기 위한 노력을 기울여 왔음을 보여준다. 본 연구는 그동안 중국과 러시아가 중앙아시아에서 추구해 온 목표가 전적으로 상치되기 보다는 서로 다른 목표와 영역을 가지고 전개되어 온 부분이 크기 때문에 지금까지 양국관계가 비교적 협력적인 관계를 유지할 수 있어왔음을 보일 것이다. 이와 비슷한 연구는 쿨리(2012)에 의하여 제기된 바 있는데, 다만 그의 연구에서는 미, 중, 러를 개괄적으로 관찰하면서 양자 관계의 협력이 지니는 특징을 드러내는데 한계를 보인다. 따라서 본 연구는 주로 러-중 양자관계가 중앙아시아 컨텍스트 속에서 보여온 '협력'과 '경쟁'의 복합적 양상과 양국 간 전략적 협력의 특징 및 구조를 파악함으로써 양자의 협력이 가진 내구성과 한계 그리고 전망의 논거들을 찾아볼 것이다. 이를 위해 양국의 중앙아시아에 대한 무역, 투자, ODA 등에 대한 지표들, 군사적 협력 관계와 지원 등의 측면을 살펴볼 것이다.

둘째, 최근 지역정치를 이해함에 있어서 다자주의 협력과 이를 둘러싼 경쟁 그리고 "제도적 균형institutional balancing"에 대한 논의가 점차 중요해지고 있다(He, 2008). 제도적 균형이란 세력균형을 논함에 있어서 전통적으로 관찰해 왔던 내적 균형화와 외적 균형화 외에 지역 다자기제를 활용하여 자신의 세력을 유지 내지 확장하려는 전략과 그 효과를 지칭하는데 주목한다. 중앙아시아에서 중국과 러시아는 함께 때로는 따로 다양한 역내 다자기구들을 만들고 참여하고 활성화하고 견제하고 있으며, 이는 단기간 내에 역내 다자주의 제도들의 급속한 발전을 이루어 왔다. 따라서 본고는 중앙아시아에서 제도적 균형의 전략과 특징이 어떻게 형성되고 있는지 살핌으로써 중-러 간 어떤 힘겨루기가 벌어지고 있는지, 그리고 그 힘겨루기는 제도적으로 어떻게 경쟁을 완화 내지 고조시키는지 드러내 볼 것이다.

마지막으로, 본고는 중앙아시아를 둘러싼 러시아와 중국의 경쟁과 협력이라는 이중적 성격을 지닌 "신형 강대국관계"의 특징이 중앙아시아 지역 국가들의 대응과 맞물려 나타나는 지역질서의 전망해 보도록 할 것이다.

Ⅱ. 유라시아 신거대게임의 전개

유라시아를 둘러싸고 각축을 벌이고 있는 주요 강대국들로는 역시 지구적인 패권국으로서의 면모를 여전히 유지하고 있는 미국과 이 지역에서의 전통적인 강자였던 러시아 그리고 최근 들어 적극적인 유라시아 정책을 구사해 가고 있는 중국을 들 수 있을 것이다. 물론 유럽연합의 경우 이 지역 국가들과 중요한 무역 파트너이지만, 지역전략은 미국의 기본적인 입장을 크게 벗어나는 노선을 취하지 않고 있으며 그럴 의도를 가지고 있는 것으로 보아 본 장에서는 논의의 대상에서 제외하기로 하였다. 또한 새롭게 부상하고 있는 인도나 이 지역에 대한 깊은 관심을 가진 터키 등 다른 행위자들의 의의도 점차 증가하고 있지만, 아직까지 이들을 중앙아시아 지역의 강대국 정치의 주요한 축으로 인정하기에는 한계가 그 영향력은 한계가 있다. 따라서 중앙아시아를 중심으로 벌어지고 있는 역내 강대국정치의 윤곽을 파악하기 위하여 우리는 미국과 러시아와 중국이 지역정치의 환경과 주요 행위자를 어떻게 인식하고 있는지 살펴볼 필요가 있으며, 그러한 판단 하에 어떤 전략과 그 성취를 위한 수단을 고려하고 있는지에 대한 종합적인 판단을 할 필요가 있다. 주요 문헌들[1]에 대한 연구를 통하여 세 국가의 국가정책에서 추출해 볼 수 있는 지역정치에 대한 이해의 핵심적 내용을 정리하여 보면 〈표 1〉과 같은 결과를 얻을 수 있다.

표 1　미국, 러시아, 중국의 유라시아/중앙아시아 지역정치에 대한 인식과 전략목표

수준	국가	미국	러시아	중국
지역환경	안정요인 (질서)	미국 중심의 단극패권질서에 조응하는 지역질서 민주주의와 자유시장경제 기반의 역내 국가레짐 확산	세계적 다극질서에 조응하는 역내 세력균형 질서의 구축 유라시아 공간의 사회문화적 결속에 기초한 협력구조	세계적 다극질서에 조응하는 역내 세력균형 자유로운 경제교류 여건이 보장되는 지역구조
	도전요인 (불안정성)	비대칭위협의 근원세력 확산 대량살상무기 확산 지역 강국들의 미국견제정책 내지 반미동맹 형성노력 비민주·반인권 국가의 존속	미국의 제국주의적 지역질서 재편 시도 지역 분열적인 지정학적 다원주의의 고조 극단적 분리주의 및 테러세력 부흥	미국의 중앙아시아 진출 및 세력확장 러시아의 지역적 패권을 회복하려는 시도 극단적 분리주의 및 테러세력의 부흥
행위자	자기역할 인식	적극적: 유라시아질서 주도자 소극적: 유라시아질서 균형자	적극적: 유라시아 중심 강대국 소극적: 역내 다극질서의 한축	적극적: 유라시아 강대국 소극적: 역내 다극질서의 한축
	적 개념	국제적 테러세력 및 대량살상무기를 확산하는 불량국가 잠재형) 러시아, 중국의 반미 역동맹	테러 및 WMD 확산 세력 미국의 단극적 패권확산 노력 탈러시아 지향의 지역국가 잠재형) 세력확장 지향 중국	테러 및 분리주의 세력 미국의 대중국 봉쇄정책 내지 헤징(hedging) 노력 잠재형) 지역패권 추구 러시아
전략·수단	전략	역내 군사기지 및 작전통로 공여국 확보 친미국가군 형성 민주화·자유시장체제 확산	중층적 근외정책을 통한 유라시아 통제력 강화 중-러연대를 통한 균형화	중-러 연대를 통한 균형화 전략적 경계의 안정화 유라시아로의 중국 생활권의 확대
	주요 수단	양자관계에 기초한 정치·외교·경제적 지원 NATO, PfP, GUAM	경제협력 블록형성 및 군사적 지원 및 동맹체계 강화 EurAsEC(EEU), CSTO, SCO	대유라시아 투자의 증대를 통한 양자 및 다자관계 강화 SCO, CICA, AIIB

1　대표적으로 Cooley(2012), Walberg(2011), Patnaik(2016), Brobst(2005), Menon(2003), Blank(2012), Smith(1996), Swanstrom(2007) 등을 참조.

　기본적으로 미국은 자국 중심의 단극적 패권질서에 조응하는 지역질서의 형성을 구축하는 것을 기대하고 있으며, 이를 위하여 자유민주주의 및 자유시장경제 체제의 확산과 공고화에 개한 깊은 관심을 가지고 있으며, 이 지역에서 확산될 높은 잠재력이 있는 테러 등 비대칭적 위협의 전파와 그 영향력 확대에 대한 깊은 우려를 가지고 있다. 동시에 미국은 중앙유라시아 지역에서 자국 영향력의 거점을 확보함으로써 러시아의 영향력을 견제하고 특히 최근 이 지역에 대한 적극적인 영향력 확대를 추구하고 있는 중국을 견제하고자 하는 의도를 숨기지 않고 있다. 하지만 이를 위하여 그간 미국이 추진해 온 정책은 부분적인 성과 밖에 거두지 못하였으며, 특히 최근 우크라이나 사태는 이같은 미국의 전략이 더 이상 효과적이지 않은 지역정치의 구도가 형성되고 있음을 보여준다고 할 수 있을 것이다.

　한편 단일정치체로서 중앙아시아에 존재해 온 준가르 제국을 청과 제정러시아가 양분하여 그 서편(서투르케스탄)을 차지하게 된 이후 중앙아시아 지역의 전통적인 강국이었던 러시아는 소련 해체 이후 독립한 중앙아시아 국가들에 대한 영향력을 유지하기 위하여 다양한 노력을 기울여 왔다. 전반적으로 이 지역을 자국의 사활적 이익이 걸린 지역으로 규정하면서 미국의 단일 패권의 확산을 저지하고 중국의 영향력 확산을 저지하는데 부심하여 왔다. 이를 위하여 소극적으로는 다극적 세계질서의 한 축으로 유라시아의 의미를 부각하고 그 전통적인 강대국으로서의 면모를 일신하기 위한 지난한 노력을 기울이고 있는 것이다. 하지만 이 지역을 중심으로 확산되고 있는 비대칭적 위협과 테러의 위험에 대하여 깊은 우려를 가지고 있으며, 그 실제적인 피해국으로서 대책 마련에 대한 역할에도 깊은 관심을 가지고 있다. 하지만 러시아가 이 지역에서 활용할 수 있는 정책적 수단이 시간이 지나감에 따라서 점점 고갈되고 있으며, 이를 만회하기 위한 다방면의 노력을 기울이고 있는 중 최근 지역에 대한 중국의 공세적인 영향력 확대는 러시아에게 중대한 도전이 되고 있는 상황이다.

　한편 러시아와 준가를 제국을 분할하면서 그 동쪽(동투르케스탄, 지금의 신장-위구르 지역)을 차지하게 된 청의 유산을 물려받은 중국은 오랜 기간 이 지역이 가지고 있는 분리주의적 지향을 경계하여 왔으며, 지역이 중앙아시아 지역과 상호작용을 강화함으로써 생길 수 있는 다양한 위험에 대응하여 폐쇄적인 인근 정책을 구사하여 왔던 것이 사실이다. 하지만 2000년대 들어 중국은 상승하는 경제력을 바탕으로 중앙아시아에 대한 적극적인 정책을 시작하게 되었다. 전반적으로는 다극적 세계질서의 형성을 위한 러시아와의 공동 노력의 기조 하에서 미국의 간섭을 배제하고, 분리주의와 테러 위협에 대응하며, 특히 러시아가 과거와 같은 배타적인 영향력의 권역으로 이 지역을 회복하려는 노력에 대해서는 강력히 경계하고 있다고 볼 수 있을 것이다. 중국이 가진 가장 강력한 수단은 중국의 확대되고 있는 경제력을 바탕으로 한 다양한 수단들이다. 특히 최근에는 다양한 다자주의 정책수단을 강화함으로써 중국의 이 지역에서의 우월적인 지위를 구축하려는 정책을 적극적으로 구사함으로써 미국의 영향력 침투 및 러시아의 영향력 재구축을 견제하고, 유라시아 강대국으로서의 지위를 기반으로 명실상부한 지구적 강대국으로 발돋움하려는 정책을 적극적으로 구사해 가고 있는 것이다.

표 2   탈냉전 이후 미-러-중 유라시아정책과 러-중 전략협력

	1기(소련해체 이후-)	2기(9.11 이후-)	3기(색깔혁명 이후-)	4기(세계경제위기이후-)
	미국패권의 확립기	미국주도의 테러전쟁과 강대국 협력기	미국패권의 상대적 후퇴와 새로운 균형의 모색기	중국의 부상과 세계질서의 재편기
미국	클린턴: 지구적 다자주의 확대 및 지역질서 재편 노력	부시1기: 테러전과 자유·민주주의 연대	부시2기: 이라크전과 지역별 영향력 침식	오바마: 불완전 테러전 종식과 아시아 재균형화 정책 한계
러시아	옐친: 수세적 수세의 영향력의 보존 노력과 한계	푸틴1기: 실용적 및 중층적 전방위 외교	푸틴2기·메드베데프: 강대국 외교와 다극적 균형화 정책	푸틴3기: 공세적 수세의 세력 유지·강화 정책
중국	전략적 동반자관계 선언(1996)	러-중 선린·우호 협력조약(2001)	21C 신(新) 국제질서 선언(2005.7.)	러-중 정상 선언 (2014.9.)
	장저민: 韜光養晦	후진타오: 有所作爲 / 和平崛起	후진타오: 和平發展 / 調和世界	시진핑: 中國夢 / 新型大國關係
전략협력	비대칭적 전략협력 러: 지구적 균형화 중: 양자적 필요성	순응적 전략협력 러: 지역적 필요+지구적 필요 중: 양자적 필요+지역적 필요	포괄적 전략협력 지구적 다극질서+지역적 균형화+양자적 필요성	포괄적·전면적 전략협력 지구적 다극질서+지역적 양극화+양자적 필요성

출처: 신범식(2015)

이같은 세 나라의 전략적 지향과 목표는 다양한 수준에서의 경쟁구조를 구축해 왔으며, 이같은 유라시아의 신거대게임은 각국 국내정치에서의 리더십의 변화 및 각국이 마주하는 국제관계 변동에 대한 인식에 따라 상이한 특징을 보이면서 크게 네 시기를 거쳐 변화해 오고 있다(**표 2** 참조).[2]

---

2 이하의 주요 내용은 신범식(2015) 연구의 해당 내용에 최근 변화를 반영하여 작성되었다.

소련이 해체된 직후 중앙아시아에서 러시아의 영향력이 약화되는 틈을 타서 미국이 입지를 넓혀갈 수 있었고, 중국도 신장 위구르 지역과 중앙아시아 사이의 빗장을 조금씩 풀기 시작하였다. 9·11의 공격이 발생한 이후 미국은 테러와의 전쟁에서 러시아의 협조를 받아 중앙아시아에 본격적으로 진출하게 되었고, 우즈베키스탄과 키르기스 공화국의 군사 기지 임차를 통하여 역사상 최초로 유라시아 "심장부heartland"에 해양세력이 군사기지를 운용하게 됨으로써 역내 전략적인 위를 점유할 수 있게 된 시기도 있었다. 후진타오 주석이 취임한 이후 적극적인 외교적 태세를 취하기 시작한 중국은 러시아와 '선린우호협력조약'을 체결하면서 중앙아시아에서 전략적 협력의 가능성을 높였다. 미국이 테러와의 전쟁을 지속하면서 중앙아시아에서의 세력 확장을 지속해 가려하자 러시아와 중국은 공동으로 중앙아시아에서의 미국 영향력에 맞대응하기 시작했고, 특히 상하이협력기구SCO와 같은 지역협력기구를 통해 공동으로 유라시아 전략을 공조하게 되었다. 그리고 중앙아시아의 미국 군사기지를 폐쇄하게 만드는데 성공하기도 한다.

중앙아시아에서의 미-러-중의 신거대게임은 2008년 세계경제위기가 찾아오면서 새로운 국면을 맞이하게 되었는데, 이 시기는 미국의 전략적 입지가 축소된 것과 러시아의 "공세적 방어전략"에 따른 미국 및 서방과의 강경한 대립구조가 확산된 것이 주요한 특징이라 할 수 있다. 하지만 무엇보다 중국의 부상에 따른 새로운 지역 패권의 성립 가능성과 그에 따른 지역질서 재편 가능성이 높아가고 있다고 볼 수 있다. 최근에는 러시아의 유라시아경제연합EAEU을 중심으로 하는 유라시아 역내 국가들 간의 경제적 통합을 추진하려는 노력이 진행되고, 중국이 일대일로 전략을 다듬으면서 아시아인프라투자은행AIIB를 통한 중앙유라시아로의 진출을 가속화하고 있는 가운데 미국은 상대적으로 중앙아시아에서 영향력이 크게 축소되고 있는 상황이다.

현 단계에서 향후 유라시아 거대게임과 역내 강대국의 영향력을 예측함에 있어서 가장 중요한 것은 러시아와 중국 사이에 진행되고 있는, 조용하지만 점증하는 경쟁의 추이와 실제를 살피는 것이다. 다음 절에서는 러시아와 중국이 지니는 다양한 분야별 영향력의 실제를 비교해 보도록 하겠다.

Ⅲ. 유라시아 지역정치와 중국과 러시아의 영향력

1. 군사적 영향력

유라시아, 특히 중앙아시아에 대한 군사적 영향력을 평가해 보기 위하여 크게 무기이
전과 군사기지 운용 등과 같은 전통적인 군사적 영향력 통로와 관련된 현황을 파악해
보는 작업을 진행해 보았다. 예상했던 바와 마찬가지로 군사적 영향력과 관련해서 러
시아는 압도적인 영향력을 유지하고 있음을 알 수 있었다.

우선, 유라시아 역내 국가들의 역내 무기 수출량에 관하여 스톡홀름국제평화연구
소SIPRI: Stockholm International Peace Research Institute에서 1991-2012년에 발행한 연감
Year Book 자료를 바탕으로 이 기간 유라시아 국가들의 무기수입량에 대한 데이터를
정리해 보았다. SIPRI 데이터에 의하면 1991년부터 2012년까지 러시아는 유라시아
주요 9개국에 총 3,467개의 무기를 판매하고, 꾸준히 가장 많은 무기를 판매하고 있
는 나라라는 것을 알 수 있다.

그런데 이같은 절대적인 무기수출량에 대한 판단에서 더 나가 그것이 상대적으로
어떤 의미를 가지는지 검토해 볼 필요도 있다. 러시아 외 유라시아 국가들에게 무기
를 판매하는 다른 경쟁국들, 즉 미국, 중국, 그리고 유럽연합이 역내 국가들에게 판매
하는 무기 판매량 관련 데이터를 러시아의 그것과 비교하여 분석해 본 결과 〈**도표 1**〉
과 같은 결과를 얻을 수 있다. 세계 모든 국가의 대對유라시아 무기수출량을 보면, 유
라시아에 위치한 10개의 무기수입국 중 6개국(타지키스탄, 투르크메니스탄, 카자흐
스탄, 벨라루스, 우즈베키스탄, 아르메니아)이 총 무기수입량에서 50% 이상을 러시
아에 의존하고 있음을 알 수 있다. 이들 중 타지키스탄, 투르크메니스탄, 벨라루스,
우즈베키스탄, 그리고 아르메니아 5개국은 자국 총무기수입량의 90%를 러시아로부
터 수입하였고, 우즈베키스탄과 타지키스탄 같은 일부 국가들은 무기수입의 100%를
러시아에 의존하고 있음을 알 수 있다. 이같은 상황으로 미루어 보건대 중앙아시아에
서 러시아의 무기판매와 관련된 영향력은 여전히 압도적이며, 이는 러시아가 소련 시
기에 구축한 무기 및 방위체계가 중앙아시아 각국에서 여전히 강력히 존재하고 있음
을 간접적으로 보여주는 증거라 할 수 있을 것이다.

하지만 이같이 무기거래를 통하여 드러나고 있는 간접적인 군사적 영향력에서 러

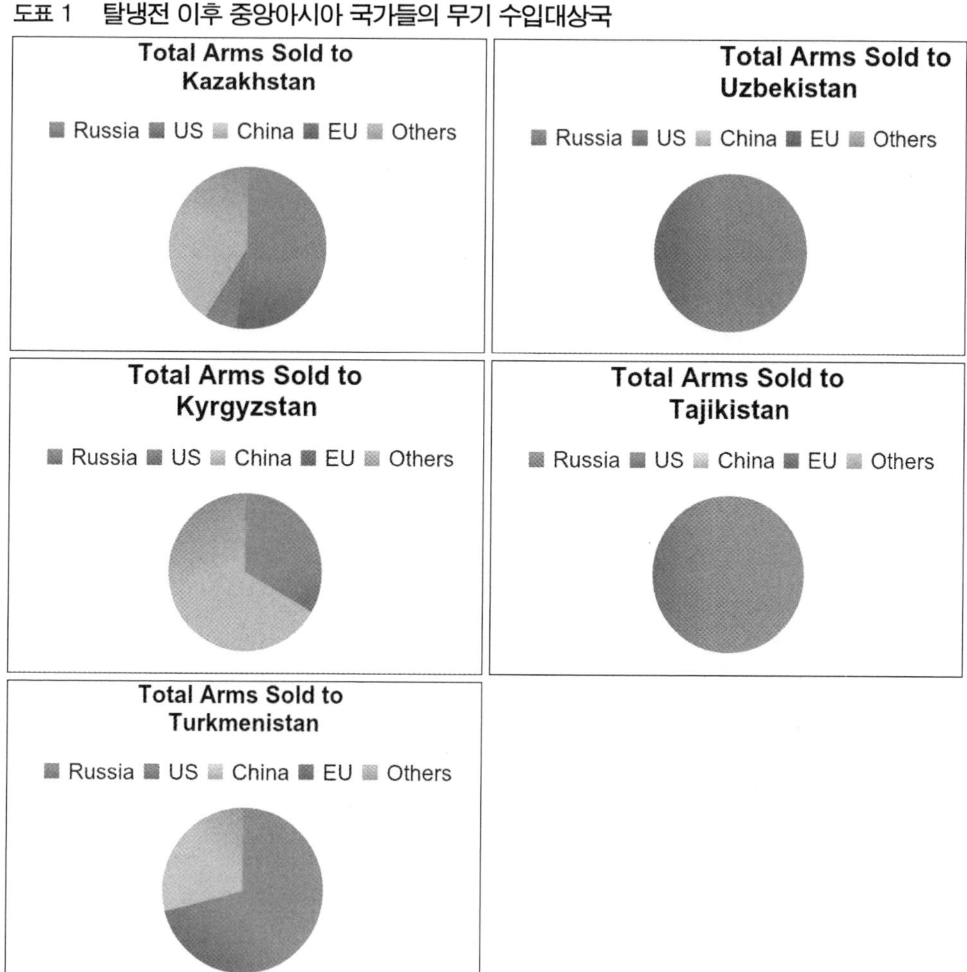

시아가 압도적인 영향력을 가진다는 점 외에도 양자 관계에서 직접적인 군사적 영향력을 행사할 수 있는 강력한 증거로써 군사시지 운용에 대한 현황을 살펴보면 이같은 러시아의 압도적인 군사적 실제presence에 대해서 실감할 수 있다. 〈표 3〉은 러시아가 유라시아 내에 운용하고 있는 군사기지의 현황이다.

〈표 3〉에서 보는 바와 같이 러시아는 중앙아시아의 카자흐스탄과 타지키스탄 그리고 키르기스스탄에 군사시지를 운용하고 있으며, 기타 인접한 유라시아 각지에 군사기지를 운용하고 있음을 알 수 있다. 러시아 외에 군사기지를 운용하고 있는 국가로는 미국이 9·11 이후 테러와의 전쟁을 수행하는 과정에서 아프간 전쟁의 수행을 위하여 러시아의 양해와 협조 하에 키르기스스탄에 공군기지를 수년 간 운영한 사례와 인도가

국가	기지명	주둔 군사수	활동 기간	계약종료 시기
타지키스탄	Dushanbe, Qurghonteppa, Kulab, Ayni Air Base, Okno Space Facility	5500+	1991	2042
키르기스스탄	Kant Air Base	700+	1993	2032
카자흐스탄	Dnep Radar Station, Sary Shagan Testing Grounds, Cosmodrome	알수없음	1991	2050
벨라루스	Volga-type Radar Station, Baranovichi, Vileyka	850+	1991	불확실
아르메니아	Yerevan	3000+	1991	불확실
아제르바이잔	Daryal Radar Station	900+	1991	2013
몰도바	Transnistria	1500+	1991	불확실
남 오세티아	Tskhinvali, Java, Leningor	3500+	1991	불확실
Abkazia	Bombora Airfield	3500+	1991	불확실
[우크라이나]	Sevastopol	26000+	1991	2047*

* 러시아에 의한 크림반도 합병으로 세바스토폴에 있는 흑해함대는 러시아영토에 귀속되었다.
출처: Lavrov(2009)와 Klein(2009)에서 발췌 및 정리

병력 훈련소를 제공하고 소수의 무관을 파견한 경우를 제외하면 거의 없는 실정이다.

이같은 상황으로 보건대 중앙아시아 지역에서 러시아가 가지고 있는 군사적 영향력에 필적할 수 있는 국가는 아직 없는 것으로 보인다. 중국은 물론 미국도 역내 군사적 영향력의 측면에서 러시아의 지위를 탐하기는 어려워 보인다. 하지만 이같은 외형적인 러시아의 군사적 영향력의 압도적 상황이 과연 이 지역에 대한 영향력 전체에서 그만큼의 효과를 가져오고 있는 것일까? 꼭 그렇지 않을 수도 있다. 그것은 우선 현대의 군사력과 그 영향력은 점차 경제적인 요인에 의하여 크게 영향을 받게 되기 때문인데, 러시아의 경제적 상황은 그 군사력의 사용에 있어서 지속적 능력을 확보하는가에 대하여 충분한 신뢰를 주고 있지 못하고 있는 것이 사실이기 때문이다. 또한 러시아의 이같은 군사력이 지역 안보문제에서 효과적인 해결수단으로 작동하지 못하고 있는 상황과도 연관된다. 중앙아시아 역내 국가들의 입장에서 자국 안보에 커다란 위협요인으로 작동하는 아프가니스탄의 불안정성 및 극단주의 세력 발흥의 문제나 기타 지역에서의 극단주의 및 테러세력이 보여주는 위협적 상황에 대한 러시아 군사력의 효용은 매우 낮은 것이 사실이다. 이같은 이유로 인하여 러시아의 군사력이 가지는 외양적 압도성에 비하여 그 실질적인 효과성은 상대적으로 그렇게 높지는 못하다는 평가도 비판적으로 수용하면서 염두에 둘 필요가 있어 보인다.

2. 경제적 영향력 평가

일단 유엔무역통계UNCTAD를 활용하여 중앙아시아 5개국의 대외 무역에 대한 동향을 파악하여 보면 이들 국가들에 대한 경제적 영향력에 대한 개괄적인 윤곽을 그려볼 수 있을 것으로 보인다. 중앙아시아 국가들의 대외무역 상황의 변천은 다음과 같다.

소련이 붕괴된 이후 1990년대 새롭게 독립한 중앙아시아 국가들의 무역은 전반적으로 감소하는 추세를 보였다. 물론 소련 산업체계의 분업구조에 속해 있었기 때문에 러시아와의 무역은 높은 비중을 차지하는 것이 당연하였다. 하지만 90년대 전반적인 산업구조가 붕괴되고 경기 침체의 여파로 무역은 상당히 축소되었다. 특히 1998년 러시아의 모라토리움 이후 중앙아시아 국가들의 러시아와의 무역은 전반적으로 하락세가 가속화되었다. 그럼에도 2000년대 초반까지 러시아는 비공식 무역을 포함한 무역량에서 볼 때 중앙아 국가들의 가장 중요한 무역 상대국의 지위를 어렵사리 유지하고 있었다. 하지만 이후 중앙아시아 국가들의 적극적인 대외무역 파트너와의 협력을 통하여 무역관계가 강화되면서 러시아는 더 이상 가장 중요한 무역파트너가 아니며 2010년대 들어서는 중국보다 덜 중요한 무역파트너가 되었다.

한편 유럽연합EU은 그동안 미국과 함께 이 지역에서는 서방 세계라는 명칭으로 이해되었다. 서방과의 무역은 페레스트로이카 이후 급속히 증가했으며, 그러나 〈도표 1〉을 통해서 확인할 수 있듯이 무역 의존의 차원에서 EU는 오히려 미국과 중국을 압도하면서 러시아와 경쟁 구도를 형성해 왔다.

UNCTAD 통계에 따르면, 2001년 유라시아 국가의 러시아와의 무역량은 미화 약 268억 달러 정도로 증가하였지만, 유럽연합EU과의 무역량은 약 270억 달러를 돌파하면서 결국 2000년대 초반까지 접전을 벌이던 러시아와 EU에 대한 유라시아 역내 국가들의 무역의존도의 역전이 일어났다. 비록 2008년 글로벌 금융 위기로 인하여 EU의 무역총량이 급격하게 감소되었으나, 러시아 역시 금융 위기의 여파로 인해서 무역량이 급감했기 때문에 EU와 러시아의 순위는 바뀌지 않았으며, 그 이후 EU에 대한 무역량이 회복됨에 따라 EU는 경제적 차원의 이 지역에서 가장 중요한 무역 파트너로서 강력한 경제적 영향력을 유지하고 있다.

하지만 2000년대 중반 이후 새로운 양상이 나타났다. 중국 경제의 급격한 성장과 중국의 서부대개발정책의 일환으로 추진된 향서발전向西發展 전략으로 중앙아시아 국가들과 중국 사이의 경제적 교류가 확대되게 된 것이다(최다원, 2013). 〈도표 2〉에

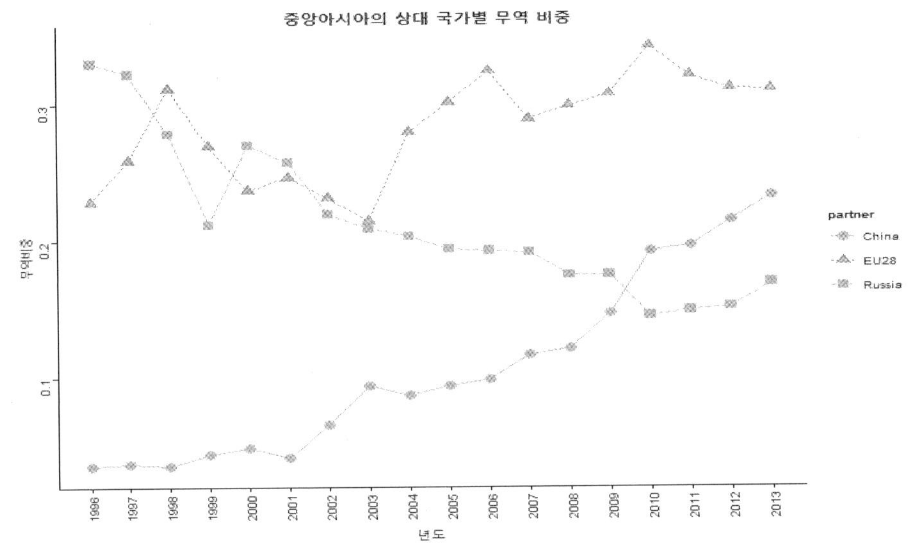

서 확인되고 있듯이 2000년대 이후 중앙아 국가들의 무역의존도에서 중국의 약진이 러시아에 대한 무역의존도의 하락과 맞물리면서 역내 경제 중심이었던 러시아가 서방은 물론 중국에게 그 자리를 내주는 상황이 발생하고 있는 것이다. 전 세계의 경제성장의 엔진으로 부상한 중국에 대하여 러시아의 대응은 역부족이었다. 결국 2009년을 전후해 중국에 대한 역내국가들의 무역비중은 러시아를 추월하게 된다.

전반적으로 볼 때에 유라시아 전체 단위에서 중국의 무역을 중심으로 한 경제적 영향력은 러시아와 EU를 압도하고 있다고 보기는 아직 어렵다. 요컨대 경제적 협력에 관해서 중국은 유라시아에 대한 전략적인 경제적 관여를 전개하고 있다기보다는 중국 서부지역의 안정 및 발전을 위한 중앙유라시아 지역과의 협력에 초점을 두고 중앙아시아 국가들과의 경제관계를 발전시켜 왔다고 할 수 있을 것이다. 하지만 한 가지 흥미로운 점은 세계적인 경제대국이자 신거대게임의 주요 행위자 미국의 유라시아에 대한 경제적 영향력이 매우 제한적이라는 점이다. 유라시아 역내 국가들과 미국의 경제적 협력의 수준은 다른 주요 행위자들에 비해 별로 높지 않을 뿐만 아니라, 이러한 약세를 극복하려는 가시적인 노력을 기울이는 것 같지도 않아 보인다. 실제로 동일한 기간 동안 중국은 급격하게 무역의존도를 증가시킨 상황이지만, 미국은 거의 비슷한 수준의 의존도를 유지하면서 4개의 주요 행위자 중 최하위가 되었다.

중앙아시아 개별 국가별 대외무역의존의 특징을 살펴보자면, 각국의 상황에 따라 차별적 특성을 지닌다는 점이다. 카자흐스탄의 경우 서방과의 무역수준이 매우 높게 유지되고 있는 가운데 중국과 러시아가 비슷한 수준의 무역 비중을 가지고 각축하고 있는 형국이다. 한편 엄격한 외환관리와 과실송금이 금지되어 있는 우즈베키스탄은 유럽의 비중이 약화되는 가운데 주요 세 무역파트너가 비슷한 수준의 무역비중을 가

도표 3   중앙아시아 개별 국가들의 서방, 러시아, 중국에 대한 무역비중 추이

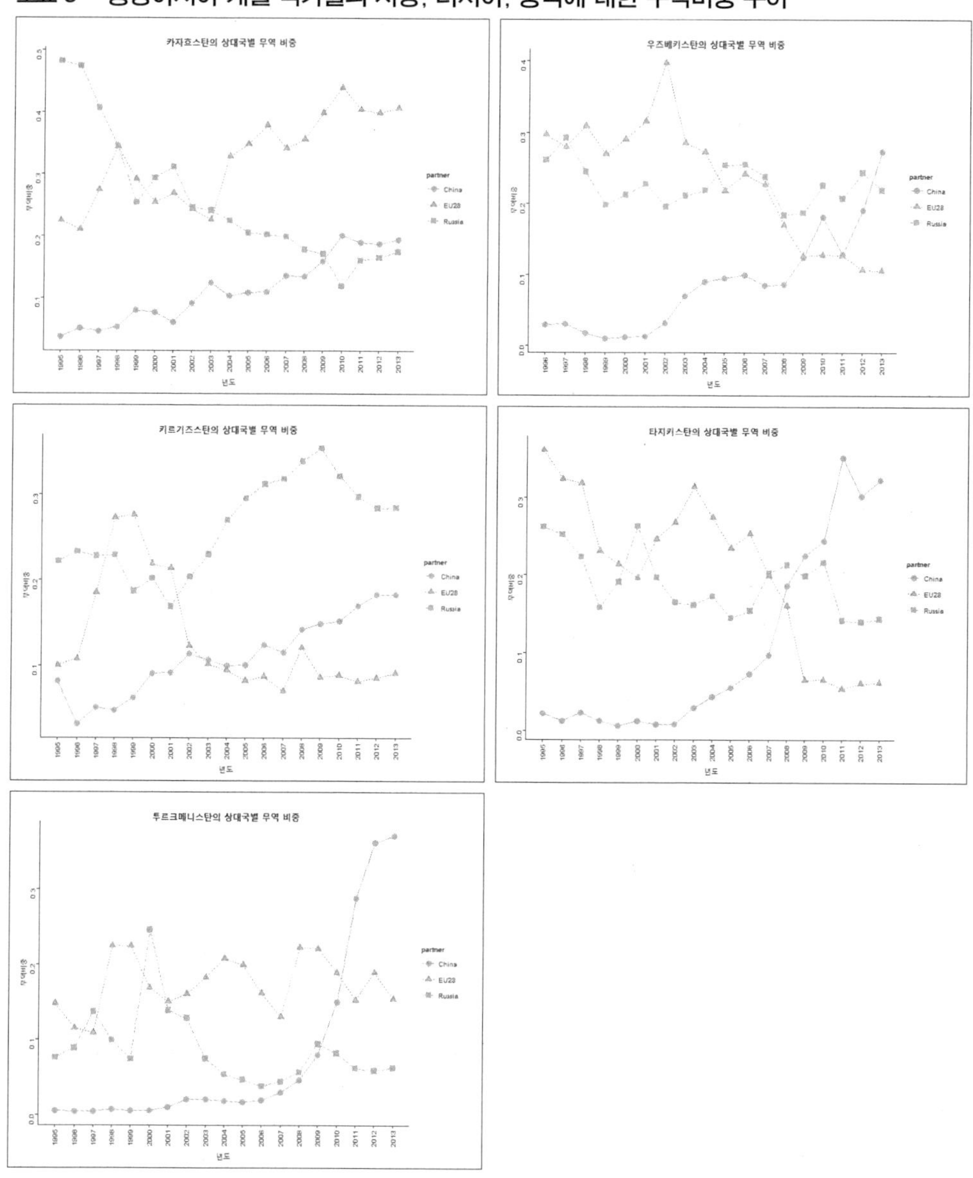

지는 방향으로 수렴되고 있다. 한편 타지키스탄과 키르기스스탄에서는 각각 중국의 약진과 러시아의 약진이 특징적으로 눈에 띈다. 투르크메니스탄의 경우 중국으로의 가스수출이 개시된 이후 중국에 대한 의존이 매우 급속하게 강화된 특징을 가진다.

결국 전반적으로 러시아의 경제적 영향력이 하락하고 있는 가운데 중국의 경제적 중요성과 영향력이 강화되고 있는 유라시아에서 중앙아시아는 중국의 주요한 진출 및 경제적 공략대상이 되고 있음을 알 수 있다. 국가에 따라서는 이에 대하여 균형화적 접근을 꾀하기도 하지만 새로운 영향력의 원천으로서 중국을 활용하는 문제는 역내 국가들에게 주요한 도전거리가 되고 있는 것이다.

3. 에너지 의존도

에너지에 대한 강대국 간의 각축이 점차 치열해지는 상황 속에서 유라시아 역내 국가들은 에너지 자원을 확보하기 위한 경쟁을 벌이는 다양한 강대국들에 대하여 다양한 대안을 가지고 협력관계 구축에 임할 수 있다. 따라서 에너지 이슈에서 벌어지는 역내 거대게임은 점차 강대국 간의 치열한 경쟁에 덕분에 역내 국가들이 비교적 높은 자율성을 가지고 움직일 수 있는 가능성이 드러나는 지점이기도 하다. 실제로 에너지 자원을 가지고 있는 역내 국가들 가운데에는 강대국에 의해서 일방적으로 지배되는 구도가 아닌 유라시아 역내 국가들의 다변외교Multi Vector Policy가 가능한 환경이 조성될 수 있다는 주장이 제기되기도 했다.[3] 그러나 구체적으로 드러나는 데이터를 다차원적으로 고려해 보면 에너지 자원에 대한 의존도에 대해서 러시아가 가진 영향력이 압도적이라는 점이 다시 한 번 드러나게 된다. 이를 에너지 수출의 차원과 에너지 수입의 차원으로 살펴보고자 한다.

중앙아시아 국가들의 주요국들에 대한 에너지 수출의존도를 보면 〈표 4〉와 같은

---

3 Multi Vector Foreign Policy와 관련하여 Reuel R. Hanks, 2009, "'Multi-vector politics' and Kazakhstan's emerging role as a geo-strategic player in Central Asia", *Journal of Balkan and Near Eastern Studies 11:3*, Routledge: Taylor & Francis Group, pp.257-267.; Pinar İpek, 2007, "The Role of Oil and Gas in Kazakhstan's Foreign Policy: Looking East or West?", *Europe-Asia Studies 59:7*, Taylor & Francis. Ltd., pp.1,179-1,199. 등을 참조.

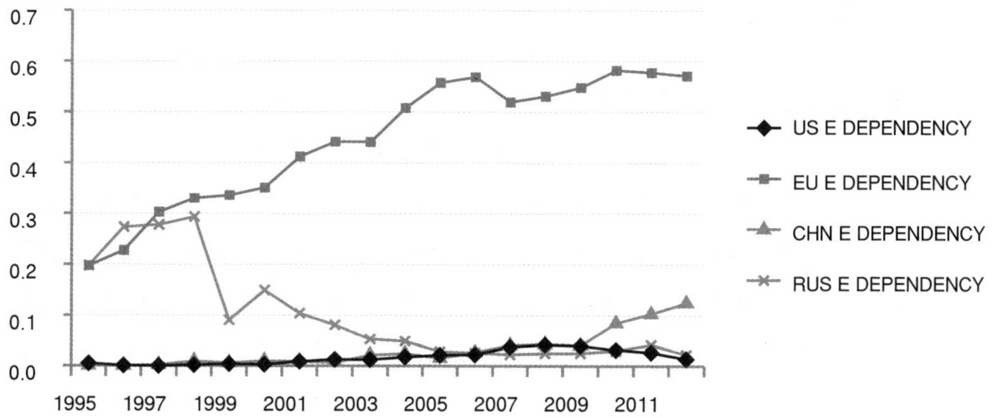

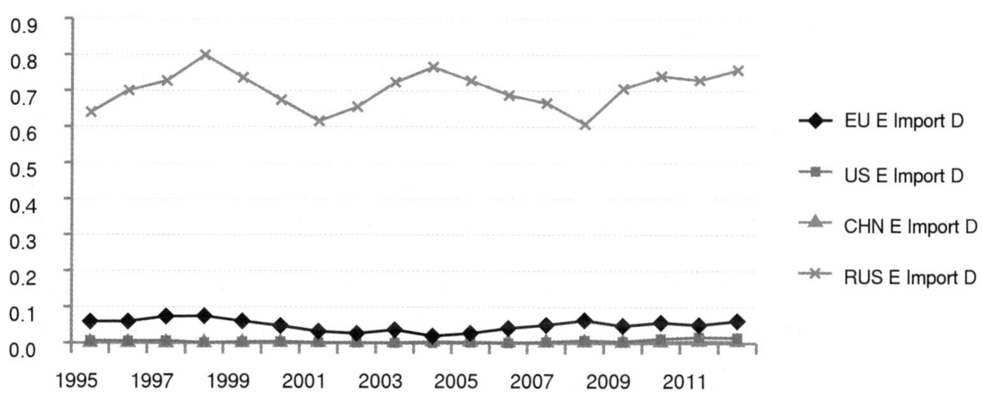

결과가 나타나는데, 압도적으로 유럽에 대한 에너지 수출비중이 높다고 볼 수 있다. 그리고 중앙아시아로부터 유럽으로 에너지를 수출할 수 있는 우회수출경로가 만들어 진 이후 러시아에 대한 에너지 수출은 급속히 줄어들었다. 그리고 투르크메니스탄의 가스가 중국으로 수출되면서 중국에 대한 수출의 비중이 조금씩 증가하고 있다.

한편 중앙아시아 국가들 가운데 에너지를 수입하는 국가들이 주로 의존하고 있는 나라는 역시 러시아가가 압도적이다. 즉 많은 나라들이 에너지가 필요한 경우 러시아 로부터 수입하는 구조를 가지고 있다는 것이다. 따라서 러시아가 이 지역의 에너지 국제정치에 있어서 중앙아시아의 에너지를 외부로 수출하는 역할은 약화되었지만, 이 지역에 대한 에너지 공급국으로서의 지위는 여전히 유지하고 있다는 점은 변하지 않고 있다고 할 수 있을 것이다.

Ⅳ. 지역 국가들의 대응

지역 국가들의 대응과 관련하여 다양한 측면의 대응양상을 살펴볼 수 있을 것이다. 특히 러시아와 중국과 같은 강대국들의 관계가 지역정치의 주요 구도를 결정하는 가운데, 역외균형자로서 미국의 역할은 상대적으로 약화되고 있는 것이 사실이다. 이같은 상황 하에 중앙아시아 국가들의 정책적 선택은 대단히 피동적으로 이해될 수도 있겠지만, 이들처럼 지정학적으로 중간지대에 위치한 국가들의 중간국으로서 다양한 선택지를 가질 수 있다. "지정학적 단층선" 상에 존재하고 있는 이들 중간국들은 강대국들이 각축하는 지정학적인 세력구도 하에서 그 대외적 지향성에 있어서 균형balancing, 편승band-wagoning, 헤징hedging 등과 같은 다양한 전략적 선택지를 두고 고민하면서 그 역량과 중장기적인 전략적 지향에 따라 다양한 생존 및 번영 전략을 구사하게 된다. 그런데 중앙아시아 국가들은 러시아의 영향력이 점차 약화되는 가운데 중국의 영향력이 확대되는 상황에서 다양한 전략을 구상하기 보다는 도리어 지역주의 수단을 활용하는 다양한 지역기구의 활용에 대해서 관심을 더 가지고 있는 것으로 보인다. 특히 이같은 기구들은 러시아나 중국의 영향력 각축의 수단으로 활용될 수 있을 뿐만 아니라 서방의 영향력의 통로로도 활용될 수 있기 때문에 다면적인 지정학적 벡터들이 경쟁하면서, 이에 대한 지역 국가들의 대응을 관찰할 수 있는 장으로 이해해 볼 수 있을 것이다.

경제적인 의존과 안보적인 의존 사이에서의 비대칭성을 넘어서는 방법으로 중앙아시아 국가들은 물론 중국과 러시아도 역내 세력균형에 도달하기 위한 정책적 대안으로서 "제도적 균형화institutional balancing"에 대하여 주목하고 있다(He, 2008). 역내 국가들의 입장에서 러시아의 과도한 영향력의 확대도 부담스럽지만 중국 영향력의 과도한 확대도 부담스럽다. 따라서 중앙아 국가들은 다양한 역내 안보기구를 구상, 실현하고 이에 참여함으로써 제도의 중층적 존재가 주는 제도상의 균형을 이루는데 깊은 관심을 가지고 있다.

따라서 이들은 〈표 4〉에서 나타나는 바처럼 다양한 역내 제도 및 역외 국가들까지 포함하는 제도에 참여함으로써 이같은 러시아와 중국의 영향력 확대 및 그 경쟁으로부터의 위험에 대하여 대응하려고 한다. 가령, 우즈베키스탄의 포괄적인 탈소비에트 공간의 안보를 담당하는 독립국가연합CIS의 강화에 대한 요구나 집단안보조약기구

표 4   유라시아 및 중앙아시아의 다양한 지역기구들

CSTO	Collective Security Treaty Organization	집단안보조약기구
SCO	Shanghai cooperation Organization	상하이협력기구
BSEC	Black Sea Economic Cooperation	흑해경제협력기구
EURASEC-CU	Custom Union	유라시아경제공동체
CIS	Commonwealth of Independent States	독립국가연합
EURASEC	Eurasian Economic community	유라시아경제공동체
CICA	Conference on Interaction and Confidence Building	
CC	Caspian Cooperation	
CISFTA	Commonwealth of Independent States Free Trade Association	
EDB	Eurasian Development Bank	
GUAM	Organization for Democracy and Economic Development	
ECO	Economic Cooperation Organization	
CDC	Community of Democratic Choice	
TC	Turk Council	
NATO	North Atlantic Treaty Organization	
EU	Europe Union	
TRACECA	Transport Corridor Europe-Caucasus-Asia	
OIF	Organisation internationale de la Francophonie	
SECI	Southeast European Cooperative Initiative	
RCC	Regional Cooperation Council	
EEC	Energy Community	
CEI	Central European Initiative	
ADB	Asian Development Bank	

CSTO에 대한 가입과 탈퇴의 반복은 이같은 지역 국가들의 고민을 대변한다고 볼 수 있으며, 최근 카자흐스탄의 다변외교 정책multi-vector foreign policy 또한 이러한 제도적 균형화의 대표적인 사례이다(Blank, 2012). 또한 카자흐스탄의 경우 러시아가 주도하는 CSTO나 유라시아경제연합EEU에 적극적으로 참여하는 것은 물론 2014년 EU와 '강화된 동반자관계와 협력에 관한 협정Enhanced Partnership and Cooperation Agreement'을 맺어 서방과의 협력에 통로들을 개척하는 노력을 지속하고 있다. 또한 상하이협력기구SCO에 대한 참여와 더불어 자신이 발의, 설립한 아시아신뢰구축회의CICA 등을 활성화함으로써 포괄적 안보 구도 하에서 중앙아시아의 안보를 증진시키기 위한 노력을 기울임으로써 미국, 중국에 이어 추가적인 외교 파트너를 찾으면서 자국이

속한 안보제도들 사이에서의 균형을 찾기 위한 노력을 지속하고 있다(Starr, 2014).

표 5 유라시아 국가들의 다자 지역협력체 가입 현황 (2014년 기준)

지역기구/가입국	CSTO	EURASEC	CC	EURASEC-CU	CISFTA	CIS	EDB	SCO	CICA	BSEC	CDC	NATO	TRACECA	OIF	SECI	RCC	EEC	CEI	ADB	AIIB
아르메니아	×				×	×	×			×		×2	×	×			×**		×	
아제르바이잔			×			×			×	×	×**	×2	×		×**				×	×
벨라루시	×	×		×	×	×	×					×3						×		
조지아										×		×1	×		×**		×**			×
몰도바					×	×				×	×	×2	×	×	×	×	×	×		
우크라이나					×	×			×##	×		×1	×	×	×**		×	×		
카자흐스탄	×	×	×	×	×	×	×	×	×			×3	×						×	×
키르기스스탄	×	×			×#	×	×	×	×			×3	×						×	×
타지키스탄	×	×			×#	×	×	×	×			×3							×	×
우즈베키스탄					×#	×		×	×		×	×3	×						×	×
투르크메니스탄			×			×						×3	×						×	
러시아	×	×	×	×	×	×	×	×	×	×										×
미국									×**	×**	×**	×			×**	×			×****	
EU										×**/***	×**	×***	×	×***	×**	×	×	×**	×****	
중국								×	×										×	×

\# 비준되지 않음/ ## 계류중/ * 옵서버/ ** EU일부가입국 및 역외국가/ *** Non regional member

X[1] – Accelerated dialogue participants

X[2] – Participants Individual Partnership Plan

X[3] – "Partnership for Peace"

※ 2005-2007년 비교하면 우즈베키스탄만이 CSTO와 EURASEC 탈퇴

※ CACO(Central Asia Cooperation Organization)은 2005년 10월 6일 상트페테르부르크 CACO 정상회담에서 EURASEC과 통합. SES(Single Economic Space)도 2006년 6월 EURASEC에 통합.[4]

※ EURASEC은 2015년 EAEU로 통합.

---

4 CSTO(Collective Security Treaty Organization), SCO(Shanghai cooperation Organization), BSEC(Black Sea Economic Cooperation), EURASEC-CU(Custom Union), CIS-(Commonwealth of Independent States), EURASEC(Eurasian Economic community), CICA(Conference on Interaction and Confidence Building), CC(Caspian Cooperation), CISFTA(Commonwealth of Independent States Free Trade Association), EDB(Eurasian Development Bank).

〈표 5〉를 비교해 보면 러시아가 참여하는 기구들의 수가 중국의 그것보다 월등히 많음을 알 수 있다. 이에 대하여 중국은 상하이협력기구SCO와 아시아안보협력기구CICA를 적극적으로 활용하는 것은 물론 최근에 아시아인프라투자은행AIIB의 설립을 통하여 자국의 제도적 영향력을 강화하기 위한 조처에 나선 것은 어쩌면 당연한 일인지도 모른다. 이 기구의 설립을 중국의 미국에 대한 경쟁의 차원에서만 주로 해석하려는 세간의 시각은 미국뿐만 아니라 중앙아시아에서 러시아의 제도적 영향력을 견제하고 나아가 유라시아 전역에서 제도적 영향력을 강화하기 위한 목적으로 설립되는 기관의 성격도 지닌 다목적의 제도적 균형화 정책으로 이해될 필요가 있다. 한 가지 더 지적되어야 할 것은 〈표 5〉에서 나타나는 바와 같이 러시아나 중국이 아니라 미국이나 서방 내지 중앙아 국가들만이 참여하는 다양한 제도들이 설립되어 활동하고 있다는 점은 바로 중앙아 국가들의 제도적 균형화를 위한 노력을 입증하는 증거로 보아도 좋을 것이다. 이러한 중층적 네트워크 전략이 제도적 균형화 정책에서는 핵심적인 요소가 됨을 알 수 있다

국내적, 지역적, 국제적 수준에서 제기되는 다양한 도전들에 직면하는 가운데 지난 20여 년간 국가 건설과 다층적 체제전환의 과제들을 헤쳐 나오면서 중앙아시아 국가들은 역내 중요한 행위자들로 자리 잡게 되었다. 그리고 이제 이들은 중국의 부상이라는 새로운 형태의 도전에 직면하게 되었다. 하지만 중국의 부상은 진행 중이고 중국은 아직 압도적인 역내 영향력을 차지하게 된 것은 아니다. 이 과정에서 중앙아시아 국가들은 중국의 부상을 자국의 안정과 독립을 유지하고 번영의 조건을 창출하기 위한 유용한 기회로 사용하고자 한다. 국가별 전략이 그 지리적 위치, 자원의 분포, 그리고 역사적 유산 등에 따라 달리 나타나고 있는 것도 사실이다. 중앙아 국가들은 새롭게 부상하는 강대국인 중국에 대하여 한편으로는 경제적으로 편승하여 러시아와 서방에 대한 균형추로서의 역할을 부여하지만, 동시에 과도한 영향력의 확장이 이루어지는데 대한 경계를 게을리 하지 않고 있는 것으로 보인다. 중국의 경제적인 확장에 대하여 많은 분석들이 있지만 중앙아 국가들은 전반적으로 경제적 영향력에 대한 일정 정도의 균형적 배분에 대한 지향을 추구하고 있는 것으로 보인다. 동시에 이처럼 증대되는 중국의 경제적 영향력이 러시아의 정치 및 안보적 영향력을 완전히 상쇄하기란 어렵다는 점도 잘 인지하고 있어 보인다. 이 과정에서 경제 부문에서의 경쟁과 안보 부문에서의 타협이라는 구도가 윤곽을 드러내면서 이제부터는 "제도적 균형"을 둘러싼 기획과 "편 모으기"가 더욱 중요해 지게 되었으며, 이에 대한 역내

국가들의 고민이 더 깊어가고 있는 것으로 보인다(신범식, 2015).

따라서 중앙아 국가들은 한편으로는 국내적으로 급격한 변동이 발생하지 않도록 관리하면서 우크라이나 사태 이후 강대국 중심의 지정학적 충돌로 인하여 역내 국가들의 안정과 지역 협력을 위한 노력이 사라지게 되면서 나타날 수 있는 "지역정치의 실종"이라는 위기적 상황을 방지하면서 이를 안정화할 수 있는 제도적 틀의 개발을 통하여 협력과 번영의 기회를 일구려는 노력을 지속하고 있다.

Ⅴ. 지역질서의 전망

1. 중앙아시아에서의 미국 리더십의 부침

앞서 살펴본 바와 같이 2010년대 들어 러시아와 중국의 중앙아시아에 대한 영향력이 강화되고 있는 한편 미국의 리더십은 부침을 겪으며 약화되고 있다. 2014년 6월 키르기스 공화국의 마나스 미 공군기지의 폐쇄를 끝으로 미국의 중앙아시아 부대 주둔이 공식적으로 종료된 것은 미국의 중앙아시아에서의 영향력 감소를 보여주는 상징적인 사건이었다(Pillalamarri, 2014). 미국의 그 동안의 중앙아시아에 대한 전략적인 접근은 경제나 통상, 민주주의 전파 등 보다는 안보적 측면에 치우친 편이었다. 특히 미국은 아프가니스탄에서 테러와의 전쟁을 효과적으로 수행하는 한편, 투르크멘-아프간-파키스탄-인도를 연결하는 타피TAPI 가스파이프라인 계획을 안전하게 착수하기 위한 국가 안정화 작업 등에 중점을 두면서 중앙아시아에서의 활동을 전개했다. 반면 미국의 중앙아시아 국가들과의 경제적인 관계는 대단히 제한적인 수준에서만 이루어져 왔다. 2010년 기준으로 중앙아시아 5개국의 미국과의 무역 비중은 1-3% 수준에서 머물러 있으며, 이는 중국, 러시아뿐만이 아니라 터키, 이란, 대한민국 등보다도 낮은 수준이다(Laruelle 외, 2013).

미국의 개발도상국에 대한 관계에서 민주주의의 확산은 미국 외교의 매우 중요한 주제로 이해되어 왔는데, 중앙아시아 국가들과의 관계에서 민주주의 확산의 성과도 미흡한 것이 사실이다. 프리덤하우스가 측정하는 중앙아시아 국가들의 민주주의 지

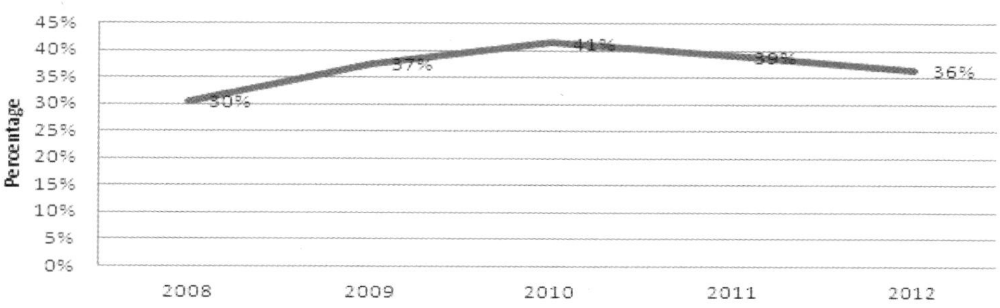

자료 : Gallup(2008-2012)

수에 따르면, 이 국가들의 민주주의 지수는 2015년에도 여전히 10년 전 수준을 유지하고 있다고 한다.[5]

중앙아시아에 대한 미국의 이와 같은 비균질적인 접근은 이 지역에서 미국의 리더십을 안정적으로 만드는데 한계로 작용하였으며, 그 결과 미국의 역내 리더십은 〈도표 6〉에서 나타나고 있듯이 중앙아시아 주민들 사이에서 미국에 대한 지지도는 절반 이하의 수준에 머물고 있으며, 2010년대 중반 이후 더욱 낮아지고 있는 것으로 드러나고 있다. 미국의 글로벌 패권국으로서의 지위는 중앙아시아에서는 이미 상당한 침식이 이루어져 있으며, 당분간 회복하기는 쉽지 않아 보인다.

2. 러시아와 중국의 경쟁

앞서 서술한 미국의 부침과는 달리 러시아와 중국은 중앙아시아에서 자신의 영향력을 정치, 안보, 경제 등 다양한 분야에서 점차적으로 강화시켜 나가고 있다. 앞에서

---

5 스케일(1-10)의 수치가 낮을수록 민주주의 정도가 높은 것을 나타내는 이 지수에 따라 2005년과 2015년 지수 변화를 비교해 보면, 카자흐스탄(5.5 → 5.5), 우즈베키스탄(7 → 7), 타지키스탄(5.5 → 6), 키르기즈 공화국(4.5 → 5), 투르크메니스탄(7 → 7) 등은 모두 민주주의의 낮은 수준에서 벗어나지 못하고 있는 것으로 나타나고 있다. 출처: Freedom House https://freedomhouse.org(검색일: 2017.05.14).

설명하고 있듯이 지금까지 두 나라가 중앙아시아에서 추구해온 목표가 서로 다른 영역에서 전개되었기 때문에 비교적 협력이 유지되었다고 말했다. 하지만 러시아와 중국은 중앙아시아에서 서로가 서로에게 잠재적인 경쟁상대가 될 지점이 분명 존재한다.

먼저 안보적인 측면에서 CSTO와 SCO 내지 CICA가 경쟁관계에 놓일 수 있다. 러시아는 CIS 역내 국가들의 안보적 공동체의 수단으로 CSTO를 중시하고 있는 반면에, 중국이 주도하는 SCO나 CICA가 중앙아시아 국가들을 포용하는 안보체제로 발전하는 것을 경계하고 있다(박병인, 2015). 경제적인 측면에서도 유라시아를 연횡連橫하려는 중국의 AIIB와 러시아 주도로 유라시아를 합종合從하고자 하는 EAEU 또한 서로 부딪힐 가능성이 있다. 따라서 강대국 중국과 러시아의 이같은 제도적 균형화 전략이 상호 충돌하는 지점은 역내 국가들이 펼치는 제도적 균형화 전력과 더불어 향후 중앙아시아 지역질서의 형성에 영향을 미치는 요인이 될 것임에 틀림없다.

향후 중앙아시아에서의 강대국 영향력의 향배 그리고 특히 러-중 관계의 미래적 양상을 전망해 보기 위해서, 양자관계를 유라시아 질서의 유형화 속에 대비하는 방식으로 세 가지의 시나리오를 상정해 볼 수 있을 것이다. 강대국 사이의 힘의 배분 상태가 변화하는 한 축과 제도화와 그 안정성을 다른 한 축으로 놓고 4개의 사분면에 강대국 정치의 구도를 위치시켜 놓으면 〈**표 6**〉과 같은 다양한 강대국 세력구도의 모델을 얻을 수 있다. 이를 개념화하여 1990년대 이후 중앙아시아 및 유라시아 질서의 변동을 추적해 보는 작업은 중앙아시아에서 강대국의 영향력, 특히 최근 중요한 관찰 대상으로 부상하고 있는 러시아와 중국 관계가 어떤 방식으로 발전해 가는지를 살펴보는데 유용하다.

냉전이 종식된 이후 1990년대 중앙아시아는 미국의 일방적인 경제적 원조와 시장경제, 민주주의에 대한 가치 전파로 새로운 시대를 맞이했었다. 이에 대해서 러시아나 중국 등 주변의 강대국은 미국이 주도여 새롭게 구축하려는 지역질서에 대해서 적극적인 대응을 취하지는 않았다(지역질서유형 IV). 하지만 러시아 연방 옐친Yeltsin 대통령의 두 번째 임기와 함께 러시아는 유라시아에 대한 적극적인 영향력의 확산을 위한 외교적 노력을 경주하기 시작하였고, 푸틴 대통령의 취임과 함께 러시아와 중국은 2001년 6월 러-중 선린우호 협력조약을 체결하면서 중앙아시아에서 일정 수준의 세력 균형을 추구할 수 있게 되었다(지역질서유형 V). 2001년 이후 미국이 테러와의 전쟁을 계기로 중앙아시아에 적극적으로 침투해올 때 러시아와 중국은 미국과 함께

힘의 분배 제도화	세력분산 정도 낮음	세력분산 정도 보통	세력분산 정도 높음
안정성 및 제도화 수준 높음	I 미 또는 러 주도의 단극 패권체제		III 다자적 안보 · 경제협력체제
안정성 및 제도화 수준 보통		II 미국 주도의 단 · 다극 강대국협조체제	
안정성 및 제도화 수준 낮음	IV 미국 주도의 현상타파 질서변형체제	V 미국 : 중-러연대 양극/양진영 세력균형체제	VI 미 : 러 : 중 : ? 다극적 경쟁체제

협력하면서 공동의 전략적 목표를 달성하는 노력을 기울이게 되었다면(지역질서유형 II), 오바마 정부가 들어서면서 테러와의 전쟁이 종식되면서 점차 미국의 영향력이 축소되는 틈을 타 러시아, 중국의 유라시아 진출 전략은 가속화되었다. 면서 현재는 (지역질서유형 V)가 변용된 질서의 형태가 자리잡아가고 있다고 볼 수 있다. 트럼프 대통령의 등장 이후 미국의 고립주의적 외교 정책은 중앙아에서의 영향력을 더욱 약화시킬 것으로 보이며, 러시아와 중국은 후자의 보다 공세적인 정책, 즉 일대일로 프로젝트의 추진을 통한 서진정책으로 말미암아 더욱 경쟁적인 양상을 띠게 될 가능성이 높아가고 있다.

하지만 이런 강대국 중심의 구도만을 가지고 지역질서의 미래를 전망하는 것은 충분치 않다. 이런 강대국 구도에 개별 국가들이 러시아와 중국에 대한 반응을 결합하면서 어떤 시나리오에 힘을 보탤 것인지가 중요한 변수가 될 것이기 때문이다. 따라서 중앙아시아를 둘러싸고 있는 강대국에 못지않게 중앙아시아 각 국가들의 정치, 경제적인 변화도 함께 추적하는 것이 필요하다. 카자흐스탄은 세계 경제위기 이후 중앙아시아의 다른 국가들에 비해서 경제적 저성장이 상대적으로 부각되고 있다. 특히 세계은행이 발간한 자료에 따르면 카자흐스탄은 2015년 GDP 성장률이 1.2%를 기록하였고, 2016년의 GDP 성장 예측치는 0.1%로 기록될 정도로 낮게 나타나고 있다

(IMF, 2015). 우즈베키스탄에서는 독립 이래 연속적으로 대통령직을 유지하면서 강력한 리더십을 행사해 오던 카리모프Karimov 대통령이 사망하면서 새롭게 취임한 미르지요예프Mirziyoyev 대통령이 정치, 외교의 새로운 구상을 하고 있는 것으로 알려지고 있다. 미르지요예프는 대선 직후 주변 국가들을 지속적으로 방문하면서 이전의 카리모프가 소극적으로 대처했던 유라시아 내 협력을 강조하고 있다. 특히 독립 이래 국경과 민족 갈등으로 마찰을 자주 빚었던 타지키스탄과의 정상회담, 그리고 25년 넘게 닫혀 있었던 타슈켄트Tashkent-두샨베Dushanbe 항공편 재개는 중앙아시아 역내 국가들 간의 협력을 다시 추동하게 만드는 동력을 일깨우게 될 것으로 보인다. 이같은 노력이 힘을 얻어 우즈베키스탄과 카자흐스탄의 지역주의적 협력 구도의 창출을 위한 협력이 강화될 경우 〈도표 7〉에서 나타난 바와 같이 (지역질서유형 III)을 지향하는 지역질서의 변화도 불가능한 것은 아닐 것이다. 하지만 타지키스탄은 현 라흐몬Rahmon 대통령의 아들에게로 권력 세습을 위한 제도 변경까지 시도하는 등 비민주적인 움직임을 강화시키고 있는 반면, 키르기스 공화국은 여전히 공고화된 민주주의로 나가고자 하는 험난한 여정을 진행하고 있어, 역내 민주주의의 발전 전망은 불투명하다고 볼 수 있을 것이다. 이렇듯 다양한 모습으로 펼쳐지는 중앙아시아 국가들의 동학에 미국, 러시아, 중국 등이 어떻게 대응할 것이고, 또한 그들의 지역정책과 기획에 중앙아시아 국가들이 어떤 반응을 보일 것인지를 모두 지켜보는 것은 이 지역의 미래 질서의 변화를 가늠하기 위하여 필수적인 작업이 될 것이다.

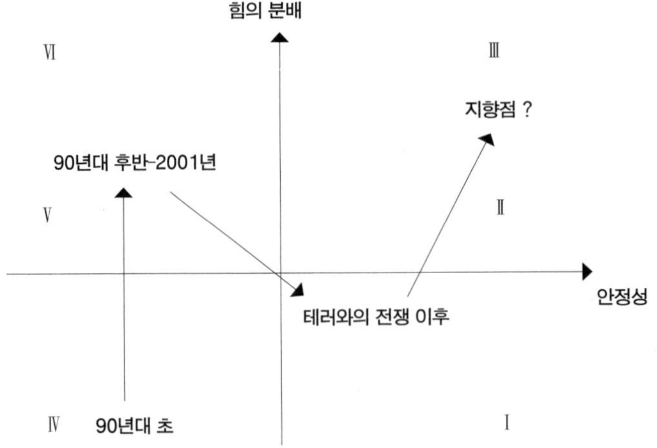

도표 7　모델에 따른 1990년대 이후 유라시아의 '지역질서'의 변화 도식

VI. 결론

중앙아시아를 둘러싼 강대국의 영향력과 그 경쟁적 성격은 이 지역 국제정치의 특성을 결정하는 중요한 요인이다. 신거대게임의 양상은 이제 러시아의 후퇴를 미국이 파고드는 양상을 넘어 중국의 부상이라는 새로운 변수에 의하여 크게 영향을 받게 될 것으로 보인다.

중국이 중앙아시아 국가들에게 매력적인 부분은 그 경제력으로부터 기인하는 바가 크지만, 그에 못지않게 러시아나 미국과는 달리 중국이 중앙아 국가들의 국내정치에 대한 불개입의 원칙을 철저히 지키려 한다는 점에 있다. 초기 중앙아시아에 대한 중국의 정책은 카자흐스탄과 투르크메니스탄에 집중되어 있었는데, 에너지 및 천연자원의 중요한 공급처에 대한 관심과 이익이 기반이 되어 있었다. 특히 신장 등 서부지역의 발전을 추구하는 중국 지도부는 가스, 석탄, 석유 등의 개발을 위한 중앙아시아에 대한 투자와 개발을 지속할 것이다. 그리고 천연자원의 원활한 수송과 중국 상품 시장의 확대를 위하여 그리고 나아가 유럽 시장 진출에 용이한 조건을 만들기 위하여 중국은 점차 중앙아시아의 교통물류 인프라의 구축과 개선에 점점 더 큰 노력을 기울이게 될 것으로 보인다. 가능하다면 중앙아시아 국가들과의 자유무역지대 창설을 모색하게 될 가능성이 높아 보인다.

이러한 중단기적인 목표들을 달성하기 위하여 중국은 SCO의 틀을 적극 활용하려 하고 있으며, 나아가 아시아인프라투자은행AIIB의 설립을 통한 제도적 영향력의 확대를 시도하고 있으며, 양자 관계를 통한 투자 확대도 적극 모색하고 있다. 특히 최근 신新실크로드경제벨트 구축을 위한 일대일로 정책의 강력한 추진은 중국의 서진정책의 새로운 브랜드로 자리잡아가고 있다.[6] 이런 중국 정책에 대해 중앙아시아 국가들은 적극적으로 호응하고 있다. 자국 시장의 발전과 투자의 유치 그리고 인프라 개발을 위한 투자 등은 매력적인 유인이 되고 있다. 따라서 현재 중국과의 경제 관계를 강화하고 무역을 확대하는 중앙아 국가들의 정책은 계속될 것이며, 그에 따른 중국의

---

6 중국의 유라시아 정책에서 SCO의 대안으로 CICA를 논의해 볼 수도 있을 것이다. 하지만 당분간 SCO가 지닌 영향력을 바탕으로 지역질서에 대한 모색을 유지하되 CICA와 AIIB 등의 제도들이 지닌 틀을 적극적으로 모색해 갈 것으로 보인다.

영향력은 지속적으로 확대될 것이 거의 확실해 보인다. 하지만 중국이 경제적인 영향력의 확대에 걸맞은 안보적 및 정치적 영향력의 확대를 얼마만큼 꾀할 수 있을지는 확실해 보이지 않는다. 특히 안보 분야에서 중국의 영향력은 중단기적으로 러시아와 연관되어 있는 제약적 여건을 타개하기 쉽지는 않아 보인다. 러시아는 군 기지의 운용으로부터 동맹 제도의 정비에 이르기까지 여전히 유라시아 및 중앙아시아의 가장 강력한 군사적 파트너임에 틀림없어 보인다.

따라서 안보 분야에서 기존에 러시아가 지니고 있던 영향력은 당분간 유지될 것이다. 하지만 우크라이나 사태 이후 러시아의 안보 분야에서의 강점도 상당히 타격을 받은 상황에서 중국이 적절한 계기를 찾게 될 경우 중국의 안보적 영향력의 확대도 불가능한 것은 아닐 것으로 보인다. 우즈베키스탄의 미군 철군 이후의 아프가니스탄의 불안정에 대한 우려는 지역 국가들의 현실적이고도 긴박한 우려이다. 그러나 현재 경제적 영향력 확대에 매진하고 있는 중국이나 역내 안보에 실질적으로 기여할 수 있는 CSTO 내 신속대응군을 구축하지 못하는 러시아도 이에 적절히 대처하고 있지는 못하다. 결국 지역 국가들이 고민하는 안보 문제에 대한 실질적인 도움을 줄 수 있는 국가가 누구냐가 중요하다. 그런 의미에서 러시아가 주도하는 CSTO가 지역의 평화 유지, 테러근절, 역내 안보에 얼마만큼 기여할 수 있을 것이냐가 그 영향력 유지에 관건이 될 것으로 보인다. 아니면 미국의 일정한 정도의 부분적 역할이 다시 요청될 가능성도 완전히 배제하기는 어렵다. 우즈베키스탄은 미국의 재진입을 논의하고 있는 것으로 알려지고 있다.

정치적 영향력에서 중국의 영향력은 경제적 영향력의 확장에 따라 점차 러시아의 그것에 필적해 가고 있는 것으로 보인다. 정치적 영향력과 관련하여 중요한 것은 결국 제도적 균형화를 얼마만큼 효과적으로 달성해 갈 수 있는지에 달려 있어 보인다. 그런 의미에서 중국이 공들이고 있는 SCO나 CICA의 발전방향과 러시아가 주도하고 있는 EAEU와 CSTO의 제도화 방향을 면밀히 관찰할 필요가 있다.

결국 중앙아를 둘러싼 신거대게임은 전통적인 강대국 세력경쟁의 게임으로부터 점차 역내 국가들의 요구에 대해 주요 강대국들이 얼마만큼 부응할 수 있는가의 싸움으로 변화해 가고 있으며, 그런 의미에서 경제적 자원과 매력은 이 지역 질서의 변화를 주도하려는 강대국들의 중장기적 성공을 담보하는 열쇠가 될 것이다. 이런 의미에서 중국의 중앙아시아에 대한 경제력을 앞세운 매력 공세는 앞으로 더욱 거세질 것이

며, 이에 대한 러시아의 균형화를 지향하는 대응도 만만치 않을 것이다. 이 사이에서
중앙아시아 국가들의 지역 내 세력균형을 위한 노력은 때로는 중국의 경제적 팽창에
대한 편승으로, 때로는 러시아와 유럽 등 서방과의 경제관계를 유지, 발전시키는 혜
징hedging의 노력으로 나타날 것으로 보인다. 그리고 이러한 역내 균형을 향한 중앙
아시아 국가들의 노력은 중국이 주도적으로 끌어가고 있는 제도에 대한 참여는 물론
이고, 러시아나 기타 국가들이 참여하는 제도의 활성화 노력에도 참여하게 함으로써
강대국의 주도하는 틀을 넘어 역내 국가들의 활동이 중요해지는 "제도적 균형"을 달
성하기 위한 노력이 지속될 것으로 예상해 볼 수 있다. 우크라이나 사태 이후 "강대국
중심의 지정학"이 다시 부활함에 따라(Mead, 2014) 지역 정치의 실종을 우려하는 목
소리가 있는 것도 사실이지만, 신거대게임의 중심지인 이 중앙아시아에는 역내 국가
들의 편승과 헤징hedging 사이에서의 끊임없는 균형 잡기와 그로부터 파생되는 자기
역할 찾기가 여전히 지속될 것이며, 지역 내 세력의 급속한 변동을 막고 균형을 유지
하려는 강대국들과 지역 국가들이 만들어낼 동학은 계속될 것이다.

참고문헌

박병인. 2015. "시진핑 정부의 대중앙아시아 안보, 경제 병진전략 탐구: 상하이협력
　　　기구(SCO)와 "신 실크로드"구상을 중심으로." 신범식 외 13인. 『중국의 부
　　　상과 중앙아시아』, 50-74. 과천: 진인진.
신범식. 2015. "중국의 부상과 중앙아시아 국가들의 대응." 신범식 외 13인. 『중국의
　　　부상과 중앙아시아』, 98-129. 과천: 진인진.
최다원. 2013. "중국, "실크로드 경제벨트"로 더 가까워지는 유라시아 경제권"
　　　https://news.kotra.or.kr/user/globalBbs/kotranews/4/globalBbs
　　　DataView.do?setIdx=243&dataIdx=126127(검색일: 2013.12.15).

Blank, Stephen. 2012. "Whither the new great game in Central Asia?" *Journal of
　　　Eurasian Studies* 3(2), 147-160.
Brobst, Peter John. 2005. *The Future of the Great Games*. Univ. of Akron Press.
Cooley, Alexander. 2012. *Great Games, Local Rules: The New Power Contest in*

Central Asia. New York: Oxford University Press.

Cooley, Alexander. 2012. "The New Great Game in Central Asia: Geopolitics in a Post-Western Word." *Foreign Affairs*, August.

Freedom House https://freedomhouse.org(검색일: 2017.05.14)

He, Kei. 2008. "Institutional balancing and International Relations theory: economic interdependence and Balance of Power strategies in Southeast Asia." *European Journal of International Relations* 14(3), 489-518.

IMF. 2016. *World Economic Outlook* (April) https://www.imf.org/external/pubs/ft/weo/2016/01(검색일: 2017.05.14).

Klein, Margarete. 2009. "Russia's Military Capabilities." *Stiftung Wissenschaft und Politik German Institute for International and Security Affairs*.

Lavrov, Anton. 2009. "Post-war Deployment of Russian Forces in Abkhazia and South Ossetia." In Ruslan Pukhov. *The Tanks of August*. Centre for Analysis of Strategies and Technologies.

Laruelle, Marlene and Sebastien Peyrouse. 2013. *Globalizing Central Asia: geopolitics and the challenges of economic development*. ME Sharpe.

MacFarlane, S. N. 2004. "The United States and Regionalism in Central Asia." *International Affairs* 80(3), 447-461.

Mead, Walter. 2014. "The Return of Geopolitics: The Revenge of the Revisionist Power." *Foreign Affairs* (May/June).

Menon, Rajan. 2003. "The New Great Game in Central Asia." Survival 45(2), 187-204.

Patnaik, Ajay. 2016. *Central Asia: Geopolitics, Security and Stability*. Taylor & Francis.

Pillalamarri, Akhilesh. 2014. "The United States Just Closed Its Last Base in Central Asia." *The Diplomat*(June 10) http://thediplomat.com/2014/06/theunited statesjustcloseditslastbaseincentralasia(검색일: 2017.04.15).

Smith, Dianne. 1996. "Central Asia: A New Great Game?" *Asian Affairs* 23(3), 147-175.

Swanstrom, Niklas. 2007. "China and Central Asia: A New Great Game or Traditional Vassal Relations." *Journal of Contemporary China* 14(45), 569-584.

Starr, S. Frederick. 2014. "Reaffirming Balance: Kazakhstan's Expanded Foreign Policy Strategy and its Response" https://www.cacianalyst.org/publications/analytical-articles/item/13081-reaffirming-balance-kazakhstans-expanded-foreign-policy-strategy-and-its-response.html(검색일: 2015.03.20).

"Uzbekistan Resumes Flights To Dushanbe After 25 Years". RadioFreeEurope. https://www.rferl.org/a/uzbekistan-resumes-flights-to-dushanbe-after-25-years/28422811.html(검색일: 2017.05.14).

Walberg, Eric. 2011. *Postmodern Imperialism: Geopolitics and the Great Games.* Clarity Press.